JN289295

越境する
雇用システムと
外国人労働者

丹野清人［著］

東京大学出版会

Transnational Employment Systems and Migrant Workers in Japan

Kiyoto TANNO

University of Tokyo Press, 2007
ISBN 978-4-13-056102-0

目 次

序章　外国人雇用の実態と社会的無関心 ——— 1

1. はじめに　1
2. 「分業」と雇用システム　2
3. 掻き消される存在＝請負労働力　5
4. ナショナリティとジェンダー　8
5. 正規雇用と非正規雇用の境のゆらぎ　11
6. なぜわれわれは外国人に無関心のままなのか　14
7. 本書の構成　15

第Ⅰ部　越境する人びとをとらえる論理

1章　グローバル化と労働市場改革 ——— 23

1. はじめに　23
2. グローバル化は受益者を拡大するのか　24
3. 労働市場改革と外国人労働　26
4. 外国人労働市場は存在するか　28
5. 福祉国家から契約の時代＝グローバル化へ　31
6. 結語にかえて　33

2章　ブローカーの社会学　ピンポイント移住と「地域労働市場」 ——— 39

1. はじめに　39
2. 理論の限界・実証の限界　39

i

3. ピンポイント移住　41
   4. ピンポイント移住の生成経路　43
   5. ブローカーと「地域労働市場」　46
   6. 組織の隙間をつなぐブローカー　49
   7. ニッチの自己運動と地域労働市場　50
   8. 結語にかえて　53

3章　労働市場と生活様式の相補性 ─────── 59

   1. はじめに──バブル経済と雇用構造のゆらぎ　59
   2. 労働力のインターフェース装置　61
   3. 定住化の進展と多様化・複雑化するデカセギ労働　65
   4. デカセギ日系人の媒介者　68
   5. セーフティネットとコミュニティ　72
   6. 労働市場と生活様式の相補性　75
   7. 資格外就労者のネットワークの変化と生活環境の相補性　79
   8. 結語にかえて　84

4章　外国人の労働市場はどうして分断されるのか ── 91

   1. はじめに　91
   2. 景気低迷期の外国人労働者　91
   3. 分断される外国人労働市場　94
   4. 外国人労働市場と戦略的補完性　96
   5. 戦略的補完性がもたらす階層性　100
   6. 雇用機会と外国人労働者の組織化　102
   7. 結語にかえて　105

5章　産業組織のなかの外国人労働者 ─────── 109

   1. はじめに　109

2. 外国人労働者の多様化を説明する　109
3. 賃金ゲーム・滞在ゲーム・権利ゲーム　111
4. 下請企業間の「命令なき秩序」　113
5. 「命令なき秩序」と無責任を再生産する社会構造　115
6. 強制されたフリーライダー　117
7. 結語にかえて　119

第II部　越境する労働者と日本

6章　契約の時代と日系人労働者 ― 127

1. はじめに　127
2. デカセギ現象の歴史的概観　128
3. デカセギの誕生　130
4. 変わる受け入れ企業にとってのデカセギ　132
5. 労働市場の適応進化と労働者個人の不適応の拡大　134
6. 越境する雇用システムの論理　136
7. 結語にかえて　139

7章　産業再編と地域労働市場 ― 147

1. はじめに　147
2. 豊田市内工業の概要　148
3. 自動車産業の下請構造と外国人労働者　152
4. 雇用をめぐる企業間のルールの崩壊と外国人労働者　154
5. 下請関係のなかでの親企業の要請と労働市場　156
6. 日本人に置き換えられる外国人労働力　158
7. 親会社の経営戦略と下請の「後ろ向きの雇用戦略」　162
8. 新しい労働パラダイムか，古くからある根本問題か　166
9. 結語にかえて　168

8章　在日ブラジル人の労働市場 ── 175

1. はじめに　175
2. 業務請負業の定義と担い手　176
3. 業務請負業の規模と市場　180
4. 産業社会のなかの業務請負業　182
5. 業務請負業のなかの日系ブラジル人労働者　187
6. 結語にかえて　193

9章　日系人労働市場のミクロ分析 ── 199

1. はじめに　199
2. 調査対象地域と業務請負業　199
3. 業務請負業者の組織形態　202
4. 業務請負業者の1日　204
5. 業務請負業における日々の仕事　207
6. 解雇をめぐる経営者・通訳スタッフ・労働者の関係　211
7. フレキシブルな労働力を利用する取引先　214
8. 結語にかえて　217

第III部　経済社会と法社会の分裂

10章　総合デカセギ業の誕生 ── 225

1. はじめに　225
2. 国境を越える労働市場 ── 日系旅行社と業務請負業の連携　226
3. 変容しつづける制度 ── ネットワーク・市場・アセソリア　230
4. 進化しつづけるデカセギ旅行社 ── 総合デカセギ業の誕生　233
5. 古典的デカセギ旅行社の現在
   ── 日本の請負業の支配とデカセギ旅行社の疲弊　237

6. 9.11 とデカセギ　240
  7. 変容しつづける制度＝デカセギ旅行社を理解する
      ──新制度論からのアプローチ　241
  8. 結語にかえて　244

11章　在留特別許可の法社会学 ──────────── 251

  1. はじめに　251
  2. データと方法について　253
  3. 現在の入管実務を規定する法的背景　254
  4. 本事件の経緯　260
  5. 申立人側による問題提起　262
  6. 入管側意見書にみる国の主張　265
  7. 申立人側意見書にみる入管政策批判(1)──実務の運用　268
  8. 申立人側意見書にみる入管政策批判(2)──法務大臣の裁量　270
  9. 申立人側意見書にみる入管政策批判(3)──行訴法25条　272
  10. 東京地裁はどのように判断したか　274
  11. 法治国家を凌駕する行政統治　277
  12. 外国人から見る日本の権力のあり方　280
  13. 結語──自由・平等・川島武宜　284

参考文献　297

あとがき　313

人名索引　321

事項索引　323

序章　外国人雇用の実態と社会的無関心

1. はじめに

　1980年代に移民研究が注目されたのは，それが国際分業の変化を表しただけではなく，福祉国家が掘り崩されていく一つのモメントとしても典型的な問題と受け止められたからであろう．ナッシュとケリー編はそうした国際分業，隘路に陥った先進社会の内側からの変化と移民との関係を真正面から問うた総合研究と言ってよい（Nash and Fernandez-Kelly, eds., 1983）．この潮流の研究はサッセンで一つの頂点を迎える（Sassen, 1988=1992）．日本でも，森田桐郎が国際分業と移民の関係に比較的早くから注目し，森田編（1987）は日本においてこの問題に取り組んだものであった．

　ところが，1990年代になると，移民はもっぱらグローバル化と身の回りの世界との関係で語られるようになり，そのとたんに「サバルタン」とか「ディアスポラ」をキーワードにしたポストコロニアルな観点から論じられるようになるか，きわめて抽象的な空間概念の再編とのコンテキストで論じられるようになった．前者の代表例がサイードなどのオリエンタリズム論であり，後者の例は都市論に見いだすことができる．前者は文学・思想の様相が強いので実証研究に大きな影響を与えているとは言えないが，後者は日本の実証研究にも強い影響を与えている．例えば，現代日本の都市下層研究を代表するような青木秀男ですら，労働市場の階層化とともに，フリードマンらの都市論を引きつつ都市下層の外国人労働者に対する大衆のまなざしや感覚の持ち方を研究のテーマとして取り上げていることは，一つの傾向を示すものとして示唆的である

(青木，2000：第5章).

　もちろん，時代の雰囲気や感覚に敏感なことは重要である．しかし筆者は，社会制度がグローバル化のもとでどのような変化を遂げようとしているのか．さらには，グローバル化のもとで生じる社会制度の変化は，日本社会に生きる人びとにどのような生き方を要求しているのか，という問題により強い興味がある．そこで筆者は，いま一度，最も基底的な社会制度である分業関係の変化に立ち戻って社会制度の変化を考えてみたい．このとき，社会制度の変化の指標として本書で取り上げるのが外国人労働者である．それゆえ筆者にとって，本書は単なる外国人労働者研究という位置づけではない．終身雇用・年功序列と言われた日本型雇用システムの世界に外国人労働者が入ってくることで，日本社会のなかだけで完結していた雇用システムが，海外からも労働力のインプットを受けるようになった．日本の雇用システムが国境を越えて必要な労働力を取り込む「越境する雇用システム」となり，この雇用システムがグローバル化のもとでの特異な分業関係の再編として生成したことを，本書は示したいのである．

2. 「分業」と雇用システム

　分業は，アダム・スミスが言うように「私のほしいこれをください，そうすればあなたのほしいこれをあげましょう」（Smith, 1937：14=2000：38）ということをお互いに実行する結果,「自分自身の労働の生産物のうちで自分が消費しきれない部分をすべて，他人の労働の生産物のうちで自分が必要とする部分と，確実に交換することができるのだということが，各人を特定の職業に専念するように，そしてその特定の仕事にたいして彼が持つあらゆる才能や資質を育成し完成するように，しむける」（傍点筆者）（Ibid., 1937：15=2000：40）．その結果，異なる職業に従事する（＝差異を持った）人間が，自らの仕事にのみ専門化しつつ，全体として一つの有機体＝社会を取り結ぶようになる．スミスの分業では交換が行われることが前提となっており，言うまでもなく取引を行う行為主体者は対等であると想定されている．

　のちにマルクスは使用者と労働者の間の労働契約では，対等な立場の交換関

係であっても労働者は搾取され続けることを問題とし，近代市民社会を契約の原理で見る限り，労働者は永遠に搾取され続けると考えた．川島武宜に至っては，日本社会はマルクスが論じた以前の状態であると捉えた．彼は「日本の社会においては，権利の社会的基礎であるところの独立主体者間の対抗関係とその相互承認という関係は，長い間微弱にしか存在しなかった．日本の社会は，種々の形態での協同体によって構成されており，人は常にこれらのいくつかの協同体の構成員として存在し，独立の個人としては極めて限られた範囲においてしか存在しなかった」と評し（川島，1982a：230），そもそも日本では近代的市民社会を基礎づける市民同士の対等な関係が建前の上でも成立したことがなかったことを問題とする．そこから川島は，分業が行われつつも個人の利益は常に集団の利益に資するよう期待される「『帰一』の原理」の働く社会が日本である，と論じた[1]．川島は，もっぱらこの集団主義の性向のもとでの分業関係を農村調査に基づいて実証しているが，農業人口が1割を切った現代日本においても，川島の言う集団主義は会社主義へと転換されて，グローバリゼーションの影響を受けつつも存続し続けていることは，多くの論者が指摘するところでもある[2]．

ところで，もし筆者が「現代のグローバリゼーションの本質とは何か」と問われたなら，「それは差異の再導入である」と答えるだろう．筆者は，グローバル化こそ，中流社会ニッポンを叩き壊した元凶以外のなにものでもない，と考えている．もちろん，正社員とパート労働者という二重構造は古くから存在していた．しかし，二重構造が存在し，いわゆる終身雇用・年功序列賃金の正社員が労働人口でマジョリティになったことはなくても（＝実態として終身雇用・年功序列賃金社会になったことはない），頑張って大卒の学歴を持って労働市場に参入できれば安定した雇用に就くことができる（＝イデオロギーとしての終身雇用・年功序列賃金の成立）という神話はあったであろう．グローバル化はこの神話を決定的に崩壊させた[3]．労働の現場における正社員の権利の尊重は，社会的には正社員家族をモデルにした福祉国家の基盤であった．正社員雇用に手をつけることは，とりもなおさず福祉国家の再編に繋がらざるを得ない．そして終身雇用・年功序列賃金の神話が破壊された後に，派遣労働者，請負労働者，アルバイター，フリーター，そして外国人労働者といった差異を

前提にした労働力が労働市場のなかで急速に拡大してくる．しかもこれらの差異を前提にした労働力が，無視できない規模で存在し続けるような労働市場改革が行われる．その結果，差異化された労働力をあてにした企業のリストラやニュービジネスが立ち上げられ，いまやこうした波に乗って大きくなってきた企業が，財界のメインストリームに乗り始めてきている[4]．

　その一方で，企業社会には，従来型の集団主義を要求する部分が強固に残される．しかも，雇用不安として世紀転換期に吹き荒れたリストラの嵐は，終身雇用・年功序列賃金の部分に居続けようとする人びとにも競争の原理を持ち込むとともに（＝成果主義の流行はまさにこれを示す），以前にも増して会社のカラーに染まることを要求する．これは会社組織内部にだけ生じたのではなく，下請関係にも同じロジックがより強く持ち込まれた．よい例は，規模の経済を追求する親会社が下請の統合を進めたことである（＝下請企業の選別）．その一方で，下請に自社以外の新たな取引先を開拓することも要求する（＝下請企業の自立化）．下請企業は，親企業に選別されながら，親企業に依存しない経営基盤を確立せざるを得なくなった．しかしながら，技術で自立できる下請企業はまだよい．コストだけを期待されている下請企業には，当然ながら差異化された周辺部労働力を労働力のポートフォリオとして活用することが望まれるのである．

　これらの結果，社会はいよいよ個人の権利を認めようとしない法システムを必要とする．守られるべき労働者性や人としての権利に違いがあることで初めて，差異を持った労働力を企業が活用できるようになるからだ．労働者の働き方への志向やライフスタイルに差異があるから，多様な働き方が望まれるようになったのではない．労働契約を行うときに異なる性質の人間という差異がまずはじめに持ち込まれ，契約者をある特定の「地位」に固定させるのであり，人はその地位がもたらす収入のあり方に生活様式を合わせるだけなのだ．いまや人は人格を持った権利の主体と捉えられるのではなく，集団や社会の利益に資すべき存在で（この点では川島の指摘した日本社会は存続している），なおかつ人格のない労働力として定義される．この矛盾は，海外から新たに入った人びとにおいてデフォルメ化された形で表出することになる．本書はこの点を明らかにしていく．

3. 掻き消される存在＝請負労働力

　外国人労働者の用いられ方の変容は，日本の労働力編成の変容を示す，と筆者は考えている．では，具体的に，現代日本で外国人労働者がどのように用いられているのかを見てみよう．

　1990年代，バブル経済が崩壊した日本は長い景気低迷期に喘ぐことになった．右肩上がりの経済成長が期待できなくなったことは，誰の目にも明らかであった．企業にとって日本経済の成長がもはや自明ではなくなると，正社員を雇用し続けることは重荷以外の何ものでもなくなった．年功序列賃金をとる大企業では，特に賃金の高い中高年のリストラは避けては通れない課題となっていた．請負労働は炭坑や造船，鉄鋼など需要変動の大きな産業では，明治の近代化の時代から盛んに用いられていた．輸送用機械器具製造（＝自動車産業）や電機産業といった戦後の基幹産業でも，現業職場の労働力として請負労働は常に存在していた．しかし，現業職場の請負労働が古くから存在していたとしても，量的には一定の限界が設定されていたように思われる．また，複雑な下請構造を特徴とする日本の産業社会では，請負労働は下請企業の問題と考えられてきたふしが強い．しかし，大企業にもリストラが行われるようになると，下請構造の頂点に立つ企業でも大量の請負労働者が用いられることが決して珍しくはなくなった．

　この請負労働力の現代的存在を端的に示すのが日系人労働者である．日系人労働者は，その滞在に関する法的地位が血統の論理によって与えられていたり，就労資格とは異なるカテゴリーであらゆる仕事に就くことができたりと，アジアからを中心とする資格外就労の外国人労働者とはまったく異なる社会環境で働いている[5]．そのため，日系人労働者の状態から外国人労働者一般を議論することはできない．しかし，日系人労働者は異常なぐらいに請負労働市場に集積しており，日系人労働者の受け入れられ方は，請負労働者として働く外国人のあり方の典型的パターンを示す．ここから，本書の議論を開始しよう．

　図0-1はある自動車部品メーカーの最近の従業員構成の変化を示したものである．この部品メーカーは，正社員の人数で約2,600人，売上高で1,100億円

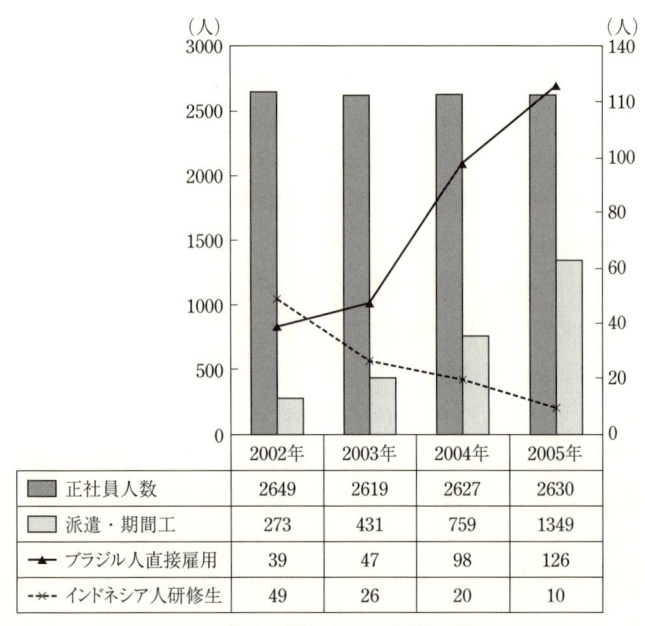

	2002年	2003年	2004年	2005年
正社員人数	2649	2619	2627	2630
派遣・期間工	273	431	759	1349
ブラジル人直接雇用	39	47	98	126
インドネシア人研修生	49	26	20	10

図 0-1　ある自動車関連会社の従業員構成の変化

を誇る．中小企業統計では，製造業の場合，従業員規模で 300 人以下を中小企業と呼んでいるのであるから，この部品メーカーは十分に大企業に分類される規模である．図 0-1 は 2002 年から 2005 年の 4 年間に限ったものであるが，正社員の水準がほぼ 2,600 人で横ばいであるのに対して，非正規雇用である派遣労働者や期間工が増加しているのがわかる．また，ブラジル人の直接雇用労働者もほぼ非正規雇用の増分傾向と同じ割合で伸びている[6]．

ところで，図 0-1 は注意して読まねばならない．それは業務請負業で働く労働者数が（図 0-1 では派遣・期間工として表示されている労働者である），この企業の工場で労働者としてカウントされていない人びとを含んでいることである．工場で働いているにもかかわらず，彼らを管理するのは人事・労務管理部門ではない．部品の購買を担当する調達部門である[7]．なぜ，人間でありながら部品として調達されるのか．それは，業務請負契約が，ライン作業の請負契約であるから，契約はそのラインを流れる製品の製作費用としてなされるためである（月産何個の製品をつくるからこれだけの契約になる，という考え

方).工場側の経営的観点から見れば,業務請負業との契約は製作費・加工賃の契約であって,特定の人間を工場に配置してもらうための派遣契約でもなければ,ましてや雇用契約ではない(人を対象にした契約関係ではない).その結果,工場と業務請負業との契約の中で立ち現れてくる人間とは,契約対象である製品の製作・加工に必要な人数としての労働量である.具体的に言うと,請負労働者は1人2人という人数で把握されているのではなく,1人工,2人工という人工数＝仕事量で測られて,必要な労働力の全体としての大きさとしてしか現れてこない.すなわち,請負部門で働く外国人労働者は,工場の記録では,誰が働いていたかではなく,どのくらいの人工数の仕事が工場にあるのか,としてしか把握されていない[8].

　この正規の記録として存在しない典型例を一つ紹介したい.筆者が浜松で工場を見せてもらったある企業では,日系人労働者の労務管理のために用いるタイムカードには,すべての労働者の姓が「松尾」となっており,名前に「1」,「2」,「3」,「4」……とナンバーがふられていた.これは「松尾1」が休んでいるのか,それとも「松尾2」が休んでいるのかの区別を付けたうえで,全体として何名の「松尾」が出てきているのかを把握するシステムであり,働く者を意志と権利を持った主体としての労働者と捉えるのではなく,全体としての労働力の量として計ろうとするものであった[9].また,外国人労働者のタイムカードに「松尾」などという日本人の姓を割り振っておくのは,労働基準監督署等が入ったおりに(あるいは筆者のような外部からの工場見学者が入ったおりに),外国人が工場のなかで働いているのを隠すためのものであることは言うまでもない.しかし,筆者がタイムカードまで見せてもらうことのできた工場の労務管理担当者のなかに,こうした現実を誇らしげに語る者はいなかったし,むしろ,皆が疑念を抱きつつも,コスト削減のためのやむを得ない現実と捉えていた.ある一部上場企業の工場長は,「監督官庁がきちんと工場の現実を知り,工場のどのような書類を分析しなければならないかを分かっていないから,実際には外国人労働者が働いているにもかかわらず働いていないかのような数字が出てくる」という厳しい言葉を筆者に語ってくれた[10].

　工場における労働者と労働力の区別をつけたとき,図0-1の企業における2002年から2005年にかけての急激な非正規雇用の伸びはいったい何であった

のだろうか．273人から1,349人への急増は，そのまま当該企業にとっての非正規雇用の急増を意味しない．このことを少し詳しく説明しておこう．2002年から2003年にかけての「派遣・期間工」の273人から431人への増加，2003年から2004年にかけての431人から759人への増加は，この企業で請負業から送り出されて働いている人びとを，人間としてカウントすることによって増えた見かけの数字上の増加である．2002年の段階から750人前後の労働者が働いていたにもかかわらず，請負業から送り出されていた労働者が，労働力としてしか考慮されていなかったがゆえに消えていたのだ．これに対してブラジル人労働者は，この企業が直接雇用するブラジル人労働者で，雇用契約としては期間工として雇われている存在である[11]．請負業にもブラジル人労働者は働いているが，この請負で働くブラジル人は図0-1では派遣・期間工の数字のなかに埋もれている．

4. ナショナリティとジェンダー

請負業で働く労働者には，ナショナリティ（国籍）とジェンダーによって二重の分断線が引かれている．請負労働の特徴は，一般的に言って，同じ仕事については年齢や職歴によって賃金の違いがほとんどないことである．しかし，国籍の違いおよび男女の違いは，賃金の違いとなっている．これは賃金の違いというよりも，工場と業務請負業者が契約する請負契約時点での単価の違いと言ってよいだろう．工場と業務請負業者は，通常，表の契約と裏の契約の二つの契約を結ぶ．表の契約とは前節で説明した，請負うラインでX個の製品を1個Y円の手間賃で請負うという契約書である．裏の契約書とは，1人の労働者を送り出してもらうにつき1時間Z円の請負賃を払う，というものである．裏の契約書のZ円が一般に請負単価と呼ばれる．

表0-1は2節で取り上げた工場とは異なる企業の工場が，請負業者と結んだ請負単価表である．簡単に請負単価の違いの理由の説明をしておこう．まず注目したいのは，所定内賃金（これが基準額となる）において，日本人と外国人に男女ともに70円の差が生じていることである．これは，外国人の請負労働者が社会保険に加入していないことを反映していることによる[12]．外国人は

表 0-1 国籍とジェンダーによる請負単価の違い

(単位:円)

	日本人男子	外国人男子	日本人女子	外国人女子
所定内	1,770	1,700	1,420	1,350
時間外	1,970	1,900	1,620	1,550
深夜所定内	1,970	1,900	1,620	1,600
休　日	1,970	1,900	1,620	1,600
深夜時間外	2,170	2,100	1,820	1,750
法定休日所定内	2,070	2,000	1,720	1,650
法定休日所定外	2,270	2,000	1,920	1,850

注:2003年現在.

請負契約の時点で，社会保険に入らないことが前提になっているのだ．男子と女子の請負単価の差は，必ずしも就労する職場が異なるからというわけではない．一般的には，力仕事を要する職場に多くの男子が配置されるが，男女が同じ仕事をしている職場もある．そうしたところでも日本人の男子であれば1,770円/時の，外国人女子であれば1,350円/時の請負単価である．男女の間の請負単価の差は，仕事の内容によるものというより，労働者を集めるための相場となっている賃金が反映された結果であった．であるならば安価な労働力である女子だけで集めてしまえばよさそうにも思えるが，男女雇用機会均等法の完全施行によって女子の深夜勤務が解禁されても，法律との関連で，女子を夜勤に就かせるためには工場内に男子用とは区別された女子用の休憩室を設けなければならないといった制約がある．そのため表0-1の工場では，女子に代えられるすべての労働力を女子に代えているわけではなかった．

とはいえ，この工場は，女子労働力にウェイトをおいた労働力編成に変わりつつある．その理由は，厳しくなる国際競争のなかで，工場でつくる製品の構成を大きく変えたからである．重量物の大きな製品をつくる作業場を減少させて，付加価値が高くより軽量で輸出しやすい商品をつくるラインを増加させている．このような工場での生産物の変更は，単なる安い労働力を求めて女子労働にシフトするのではなく，力を必要としない細かい作業の仕事が増えたことで女子労働への需要を増加させている[13]．また，この生産物の変更は，工場で働く労働者数の季節変動をきわめて大きくした．工場の繁忙期と閑散期で，工

場で働く労働者の人数が1年間で1対3の割合で変化する．工場の側からすると，必要労働力の大きな変化に対応できないのであれば，日本で製造業を続けていくことはできない．重量物の大きな商品の製造は，安定した生産が可能であるが付加価値は小さく，日本の高い賃金ではアジアのライバル企業と競うことができない．そのため，この企業は重量物の生産を中国工場に移管した．

ところで，表0-1における外国人労働者とは日系人労働者のことである．ここで「出入国管理及び難民認定法（以下，入管法という）」が引き起こす問題を簡単に述べておく．なぜ入管法にふれなくてはならないのかというと，この法律がすべての外国人の滞在資格を決めるからである．入管法は，アメリカ移民法を母法にしていると言われる（坂中・斉藤，2007：vi）．筆者の友人の三木恵美子弁護士は，このことを「別表1と別表2の区別が，移民か非移民かで行われており，それぞれの区別がさらに短冊形に区分されていること」だと言う[14]．別表とは入管法における外国人の日本滞在に関する在留資格の一覧表であり，二つの表から成り立っている．別表1は職務内容に応じて発給される就労可能な在留資格であり（一般に，この別表1の資格に基づいて発給されるビザは「労働ビザ」と呼ばれる），これに対し別表2は「定住者」，「永住者」，「日本人および定住者・永住者の配偶者等」の地位または身分に基づいて発給され居住することを目的とする在留資格である．その結果，別表1の在留資格では就労は可能であっても職務内容を異にする転職が禁じられているのに対して，別表2の在留資格には就労に関する制限がない[15]．

在留資格の観点からすると，日本には単純労働に就く3種類の外国人労働者が存在する．別表1によって管理されている研修生・技能実習生[16]，別表2に入る日系人労働者，それ以外の資格外国人労働者である．別表2に入る日系人労働者は一番厄介な問題だ．参政権を持てないことは他の外国人と同じであるが，完全な職業選択の自由を持ち，貧困状態に陥れば生活保護等の社会的扶助を受ける社会権も持っている．外国人であっても日本に渡ってきた移民と考えれば社会権が保証されるのも当然であろう．

その一方で，未だ日本は単純労働者を受け入れていない，というのが国のスタンスであるから，現実には典型的な非典型雇用・非正規雇用である業務請負業に日系人労働者が集積していても，これは外国人労働者問題ではない（それ

は日系人労働者の職業選択の自由のたまたまの結果でしかないから).また,職務内容に基づいて在留資格が出される別表1の外国人は厚生労働省(以下,厚労省という)の政策領域に入るが,別表2の外国人は就労資格とは関係ないから労働政策のなかに位置づけることができない[17].梶田孝道は日系人労働者の導入をサイドドアからの導入と議論したが(梶田,2001;2002),筆者はサイドドアもバックドアもまだ開かれていないと考えている[18].どこのドアが開いたのかということは些末な議論に過ぎない.むしろ,ドアが未だ開かれてもいないにもかかわらず,サイドであろうとバックであろうとドアが開いたと議論できてしまうことに,より根本的な問題がある.こうした議論が行われるのは,外国人労働者をめぐって行政上の「嘘の効用」が機能しているからである.嘘の効用とは,「あった事をなかったことと云ひ,なかった事をあったと云って,法の適用を避け……(中略)……兎に角『法』が一度社会の要求に適合しなくなると,必ずや其処に『嘘』が効用を発揮」するというものだ(末弘,1988:20-22).単純労働者の導入を認めない,という国のスタンスを変えないがゆえに,現実には単純労働者として日系人労働者が就労しているにもかかわらず,彼らは労働者ではないという虚構(嘘)が生まれ,政策的な対象から抜け落ちていくのである.

5. 正規雇用と非正規雇用の境のゆらぎ

1990年代後半から2000年代前半の日本では,ニートやフリーター問題,さらには雇用不安という言葉が示すように,拡大する非正規雇用が大きな耳目を集めていた(玄田,2001;小杉編,2002;野村,1998).こうした議論は,安定した正規雇用が減少し,非正規雇用が増大することが社会問題として論じられてきたと一括できると思う.しかし,非正規雇用を中心に見ている筆者からすると,この時期は,非正規雇用においてこれまで考えられなかったような回路が開き始めた時期でもある.この点を,1節でみた企業を例にとって説明したい.

この企業にとっての正規雇用と非正規雇用の費用の違いがどれほどのものかを確認しておこう.**表0-2**は,基本的に同じ等級の仕事をしている労働者の比

表 0-2　1次下請企業における正社員と非正規雇用のコスト比較

	時間当たりコスト（円）	定着率（％）
正社員	2,430	100
ブラジル人直接雇用	1,700	100
インドネシア人研修生	1,557	100
人材派遣・請負	1,850	68
期間工	1,388	75

較である．この企業では現業職の職種をAからDの四つのランクに分けている[19]．これまではAからCのランクの仕事を正社員が担い，期間工および派遣や請負業からの労働者がDランクの仕事に就いてきた[20]．高卒の新卒者は，それまでまったく現場の経験がないので正社員でもDランクの仕事に就くことになる．しかし，この高卒正社員は翌年にはCランクに引き上げられる．このDランクの仕事に正社員，ブラジル人直接雇用，インドネシア人研修生，期間工が就いているときに，工場にとってそれぞれがどのくらいのコストになるのか（時間当たりコスト），そしてそれぞれの労働力が1年後にどのくらい会社に残っているのか（定着率）を計算したのが**表 0-2**である．

期間工として雇用することができれば1,388円／時の労働者を，人材派遣や請負業から入れようとすると，派遣会社・請負会社のコミッション部分の費用が生じるから1,850円／時となる（1,850円が請負単価ということになる）．研修生は，研修生自身に渡される金額は低いものであるが，メーカーが直接負担する座学にかかる費用の他に，研修生受入れ団体に支払う費用が発生するから，期間工より高い1,557円／時となる[21]．これに対してブラジル人の直接雇用は，雇用契約をこの工場（企業）と直接結ぶが，彼らは寮における生活管理から職場における労務管理にいたるまで，請負業者のもとにおかれている．労働者に支払われる賃金額は時給1,400円で，ほぼ期間工と同じ金額であるのに対して，1人当たり300円／時が管理する請負業者のもとに支払われている．会社側は直接雇用と言っているが，実質的には請負労働力として扱われている．

直接雇用であるのに，なぜブラジル人労働者は業務請負業の管理のもとにおかれるのか．第1に，ブラジル人直接雇用とは，契約期間を半年とする期間工に過ぎない．そのため，直接雇用と言っても，昇給や昇格のある正規雇用を意

味するものではない（ブラジル人の直接雇用はブラジル人の正社員を意味しない）．第2に，正規雇用・正社員になりうる労働者と会社側に認知されていない．この節で論じている企業は東証一部上場企業でもあるが，こうした企業における正社員とは，会社側から見て，その労働者の能力開発に会社が投資する価値のある者である．この点で，「ブラジル人の能力開発に会社が投資を行うこと，あるいはブラジル人は会社が能力開発を行う対象である存在であると想定できないことが大きい」[22]とこの会社の労務担当者は筆者に説明した[23]．会社側から能力開発の対象と想定できないことが，直接雇用であっても非正規雇用に固定される理由なのだ．

この点で，日本人の期間工とは大きな違いが近年生じてきている．例えば2005年，トヨタ自動車はおよそ1万2,000人の期間工のなかから，900人を正規雇用に登用すると発表している．こうした動きは部品企業でも見られ，下請企業でも，絶対数は少なくなるが期間工からの登用は完成車メーカー以上のパーセンテージでみられる．図0-1および表0-2の企業のある事業所（工場）では，200人の期間工が働いていてそのうち半数が正規雇用への登用試験を受けている．合格者はおよそ年に50名で，期間工の約25％が正規雇用になるというのである（この人数は高卒の新卒採用とほぼ同じ規模である）．なぜこのような事態が生じているのか．会社側はフリーターやニートといった働く意欲に疑問符のつく労働者をつかんでしまうことよりも，非正規雇用からの登用によって就労意思のはっきりした労働力を選好するからである．かつては高校を出たこと，大学を出たことを示す学歴が，その人の就労意欲を計るバロメーターとして用いられたが，いまや就労意欲のバロメーターは「今働いている」という事実に求められるようになったのだ．かつまた，期間工の時期がなかば訓練期間となることによって，期間工は即戦力の労働力給源となっている．

しかし，同じ期間工であっても，ブラジル人にはこうした対応が取られていなかった[24]．非正規雇用のなかで，日本人には正規雇用登用への道が開かれるが，外国人には非正規に固定する道しか用意されていないのである[25]．しかしながら，かつては一部の専門職の技術者を除けば，新卒時にどの企業に入るのかによって大きくその人の人生は決定されると考えられていた．それが，いったん非正規雇用になったとしても大手企業の正規雇用に入る仕組みができつつ

ある．正規雇用と非正規雇用の境がゆらぎ始めている．

6. なぜわれわれは外国人に無関心のままなのか

　外国人労働者の問題は治安・犯罪の問題から外国人子弟の教育問題に至るまで，新聞をはじめ雑誌でも伝えられ続けているし，本章で紹介した工場の例が示すように，外国人労働者を受け入れている工場ですら働き方や社会的処遇の仕方に疑問を持っている．日本政府も政府公報誌『時の動き』2006年6月号で「外国人労働者問題――外国人労働者を取り巻く現状と不法就労対策の強化」のタイトルで，外国人労働者の必要性を認めつつも現状に多くの問題があり，特に不法就労問題は深刻で，これへの対応なしには外国人労働者の受け入れが必要ではあっても，今以上の受け入れには慎重に臨まなければならないことを強調する（『時の動き』2006：12-19）．

　誰もが問題ありと認識し，その一方で日本の産業界が必要としているということも理解している．こうした認識は10年以上前に出版されていた書物でも明らかにされており，この意味で何の進展も見られない．外国人労働者の問題が認識され，理解されているにもかかわらず，10年前とかわらぬ議論が繰り返される．これは，一つにはわれわれ日本人がこの問題に無関心であるからである．もう一つには目の前に起きている問題ばかりに目をとられ（あるいは彼らの存在を説明する理論にばかり関心がいくことで），外国人労働者が働いているにもかかわらず彼らを労働者でないとする虚構（あるいは嘘の効用）を把握する研究が行われていないからだろう．何度となく外国人労働者の問題が取り上げられても，それが根本原理を問うことなく1回ごとに個別に行われるから，議論が積み重ねられることがないし，結論は毎回繰り返されて，外国人労働者問題はどうにかしなくてはならない，ということに落ち着く（ではどうすればいいのかがまったく明らかにされない）．

　なぜ，このような結論にしかならないのか．それはわれわれが外国人を外国人労働力としてしか見ておらず，本章で取り上げた企業が個別企業として必要な労働力を取り込むために行っていることとまったく同じことをナショナルレベルで行っていることにきわめて無自覚であるからではないだろうか．必要な

労働力という見方からは，総量としてどれだけの量の外国人が必要になるか，その量を配分するにはどのような配分メカニズムが必要になるか，といった管理のための発想が前面に出てくる．これは日本に限ったことではなく，先進諸国の移民政策を論じたコーネリウスらの著作名が *Controlling Immigration* であることは示唆的だ（Cornelius *et al.*, 1992）．しかし，移民問題＝外国人労働者問題は管理の発想だけでは対応しきれない．

そもそも日系人労働者を直接的に雇用している業務請負業者が教科書的な労働者の権利を認めてしまえば，彼らが存続していく余地はほとんどなくなってしまう．自社で働く労働者すべてを社会保険に入れなければならなくなったら，いくつかの大手の請負業者を除いて，その多くが倒産すると言われている．残業しても残業代が割り増しされず，所定内賃金が時間数分だけ乗じて払われることは珍しいことではない．工場の側の急な生産変動に対応できるのも，解雇の際には30日以上前に通告しなくてはならないという労働基準法（以下，労基法と表記）を守らないからであり，このようなことができるのは労働者に労働組合・従業員組織がないため会社側に訴える手段を持っていないからである．

工場の側は必要な労働力だけを取り入れようとするから，自社は労基法を守っていても，自社に必要な労働力を送り出している先が労基法を遵守していないことには関知しない．国は，労働基準監督署や公共職業安定所を通して，工場の外国人労働者の把握につとめようとするが，外国人労働者の実際の雇用先は請負業者だから，工場をどれだけ管理しようとしても数値に現れない労働者が絶えず存在する．現実にこうしたことが生じることは，1節で説明した通りである．社会的な仕組みとしては，外国人労働者は国が管理することができないメカニズムの中に組み込まれている．脱法行為がどこかで行われることによって初めて可能になる業務請負業の活用と，そのことを通して必要なときに必要な労働力を確保するシステムが経済社会の「生ける法」[26]として機能しているのである．

7. 本書の構成

本書は外国人労働者の就労と社会問題の関係を実証的に明らかにしつつ，外

国人労働者を説明する一貫した理論枠組みを構築する．理論枠組みとして提示されるのが第1に「越境する雇用システム」であり，第2に「越境する労働者をとりまくフィクション（虚構）」である．前者は国境を越えて労働力の需要と供給が結びつく経済社会の論理を取り扱い，後者は国境を越えてきた労働者を日本が受け入れる政治社会の論理を検討するものである．

具体的には，第I部「越境する人びとをとらえる論理」では，1章「グローバル化と労働市場改革」において規制緩和のかけ声のもとでいかなる労働力として外国人労働者が期待されているのか明らかにする．2章「ブローカーの社会学」では，外国人労働者を日本に呼び込むブローカーたちの機能が事例を挙げつつ検討し，3章「労働市場と生活様式の相補性」では，ブローカーによって日本の労働市場に参入した外国人労働者が日本の企業社会のニーズに対応しながら彼・彼女たちの生活様式そのものが改編されていくメカニズムを論じる．そして4章「外国人の労働市場はどうして分断されるのか」において，日本の労働市場に適応しつつもその中でエスニシティの差異によって異なる労働市場に分岐していくことを論じ，5章「産業組織のなかの外国人労働者」において越境する雇用システムが，外国人の法的カテゴリーをめぐる条件設定ゲーム，労働市場に組み込まれるための条件設定ゲーム，そして自身の同胞コミュニティを形成しうる条件設定ゲームの三つの異なるゲームの重なりの中に成立し，それがさらに日本の企業組織の文化，地域社会の文化のなかに埋め込まれていることを明らかにする．

第II部「越境する労働者と日本」では越境する雇用システムを実証的に明らかにする．6章「契約の時代と日系人労働者」はこの第II部の総論にあたり，雇用契約のあり方が大きく変わることで日系人労働力への需要が増えていることを明らかにする．7章「産業再編と地域労働市場」では愛知県における自動車産業を取り上げ，下請構造に占める企業の位置によって，外国人労働力への依存に差異が生じていることを明らかにする．8章「在日ブラジル人の労働市場」では，工場にブラジル人労働者を送り出す業務請負業業界に，分業が発生しつつ全体として必要な労働力を送り出すシステムが構築されていることを論じる．9章「日系人労働市場のミクロ分析」では著者が参与観察したある業務請負業者のエスノグラフィーを通して，外国人労働者個人にいかなる就労

環境と社会生活環境が押しつけられているのかを描き出す．

　第 III 部「経済社会と法社会の分裂」では国境をまたいで成立する外国人労働者の社会基盤を論じる．10 章「総合デカセギ業の誕生」では，国境越えのシステムが時間の経過とともに変容して，デカセギが従来言われてきた日本への定着化をもたらすものではないことを論じる．11 章「在留特別許可の法社会学」では「不法」労働者の正規化の問題を取り上げる．ここでは外国人労働者の法的な根本基底がどのようになっているか．法がどのように行政上運用されているのか．そして，法の規定と行政の運用がいかなる矛盾を引き起こしているのかを論じる．

1） 川島は「農村では一般に，つぎのように個人の生活が集団（協同体）の中に没入している．すなわち，(1)個人の生活の大きな部分が集団によって規定され，生活の多きな部分にわたっての共同関係が存在する，(2)人々は相互に他の者の生活・感情・思想（価値体系）・行動をほとんど全面的に理解しあっている，(3)人々は相互に他の者と自分との立場や利益を同一視し，その感情や判断においても同一化する（集団から離れた個人的行動決定に対する心理的抑制が存在する），(4)したがって，基本的には同じ感情・思想をもち同じ型で行動することが期待され要求される（集団から離れた個人としての行動の禁止・抑圧）．私はこのような個人対集団の関係を『帰一』の原理と呼ぶことにしている」と論じている（川島，1982a : 262）．
2） 熊沢（1997），佐高（1991），川人（2006）等，列挙すればきりがない．
3） ただし，大学進学者の増加や大学の数の増加に伴って大卒者のインフレが進んだことも関係していよう．
4） 2006 年に偽装請負で摘発されたクリスタルグループを買収したグッドウィルや，トヨタ系車体メーカー・セントラル自動車と共同出資の請負業を開始したフルキャストなどが，その典型例だろう．グッドウィルは 2003 年 11 月に日本経団連に加盟することを認められると，翌年 1 月には創業経営者が日本経団連の理事に就任している．
5） この点で筆者は日系人を外国人労働者一般として論じることに強い違和感を持っている．
6） その一方でインドネシア人はこの 4 年間は一貫して減少傾向にある．この会社は 1990 年代に東南アジアへの工場の展開を進めた．この海外工場立ち上げ期に現地採用の幹部候補生や現場のリーダーになっていく者を受け入れ，企業内研修を行っていた．その後も，海外工場で労働者教育ができるようになるまでは研修生という形で受け入れ，日本の工場の仕組みを学ばせていた．しかし，ほぼ 10 年の時間を経過し，現地工場で人材育成も含めて，工場内での技能の教育・伝承が可能となってきたために，日本に研修にこさせる意味が減少したことの現れが，インドネシア人研修生の減少であるという．

7) この点について詳しくは，本書7章を参照のこと．
8) もちろん個別の職場において，誰が働いているのか分からない，ということはない．ただ，正規の記録として存在していない，という意味においてである．
9) 2003年5月の愛知県・豊田市内の聞き取り調査による．
10) 現実のほうがおかしいと思っている労務管理担当者であればこそ，タイムカードまで筆者に見せてくれたとも言える．
11) 筆者はこの企業における日系人直接雇用をかつて「長期的展望からの外国人雇用」と論じたことがあるが（丹野，2002c；梶田・丹野・樋口，2005：第2章），現在はこの評価が現実から乖離していたと認識している．
12) 社会保険の企業負担がない分だけ請負単価も減らすということである．
13) もちろん，そのうえで請負単価が安いことにより女子への需要増が起きている．
14) 2007年2月の横浜法律事務所内での勉強会にて．
15) 本章の表0-1，表0-2についての詳細な説明は丹野（2006a）を参照のこと．
16) カルロス・ゴーンに代表される外国人トップマネージメントや国際取引のために働く外国人弁護士・会計士等の社会的に高い地位を占めて高賃金の専門職外国人が社会問題となると考える人はまずいないだろう．本書で用いる外国人労働者問題という用語は単純労働の外国人労働者問題を指す．よって別表1で問題にするのは研修生・技能実習生のみとなる．
17) 1990年の入管法の改正の際に，労働省（当時）が雇用許可制度をつくって日系人の導入を図ろうとしたことに対して，外国人の法的地位を与える職域を奪われる法務省が猛反対して，雇用許可制度を葬り去った経緯がある．
18) これらの梶田の晩年の入管政策を扱った文章をどのように評価するのか，あるいはできるのか，という点については，本書の最後11章でもう一度考えてみたい．
19) 正規労働者の就くAからCのランクはさらに15から20のカテゴリーに分かれている．労働者は経験に応じてランク内のカテゴリーを上昇する．異なるランクに昇格するためには，試験を受けなくてはならない．このようなランク分けは現業職のみで，エンジニアおよび事務スタッフ部門はフラットになっている．
20) すなわちDランクの仕事とは経験を必要としない仕事である．
21) 研修生・技能実習生というと時給300円程度（月に6万円前後）で就労している者が多いし，この事実が新聞報道で伝えられるために，非常に安価な労働力と思われている．確かに，労働者が受け取る報酬額はきわめて低いのであるが，研修生を企業に紹介する研修生受け入れ団体に支払う費用を含めた工場にとってのコストという観点から見ると，決して安価な労働力ではない．地域の最低賃金の倍以上の費用がかかっているケースを見出すことすらままある．
22) この企業はブラジル人を正社員化することをまったく考えていないわけではないが，本文中の言葉のあとに「ブラジル人の募集は日本人の募集経路と全く異なっており，自社で乗り出すとなると，そのために人事にポルトガル語のできるスタッフを配置しなくてはならなくなる．そこまで費用をかけなくてはならない労働力とも思っていない．すると，労務管理と抱き合わせでこれまで労働力を送り出してくれていた請

負業にお願いするというのが一番妥当な選択肢になる」と言っていた．
23) この点において『仕事の経済学』［第3版］（小池，2005）は正しい．現場のブルーカラー労働者まで含めて知的熟練を体現しているかどうかは筆者も野村（2003）と同様な意見を持っているが，会社側が，小池が知的熟練と呼ぶものを持つにふさわしいかどうかと判断することで，正規雇用と非正規雇用の分断線が生じていると論じることは可能であると思われる．
24) ブラジル人の期間工を正規雇用にする企業がまったくないわけではない．筆者が聞き取りを行った企業のなかには，すでに20人以上のブラジル人を非正規雇用から正社員に引き上げた例もある．しかし，こうした例はまだまだきわめて限られている．
25) ただ注意しなくてはらないことは，2004年度4月から施行されている改正派遣法の影響である．トヨタ自動車は一次下請に対して業務請負業で入れている労働力を派遣に代えるように，総務部が指示を出していた．しかし，今次の改正は2007年までは経過措置期間とされ，この間は労働者が1年間派遣会社から送り出されていると，会社側は1年後にその者に正規雇用になりたいかどうかを尋ねたうえで，正規雇用になりたいと言った者を正規雇用者として迎え入れなくてはならなくなっている．派遣労働者を大量に入れると，1年後に大量の労働力を正規雇用として受入れなくてはならなくなるかもしれない．そのために，現状では，企業が請負労働力等の非正規雇用者をすべて派遣業に切り替えることはできていない．
26) ここでの生ける法とは「規範が現実に行われている——すなわち，社会における人びとの行為として存在している——ということである」（川島，1982a：131）との意味であり，川島の生ける法の定義のなかでも最も緩やかなものを用いている．

第Ⅰ部　越境する人びとをとらえる論理

1章　グローバル化と労働市場改革

1. はじめに

　差異をもった労働力構成の労働市場にむけて，官民挙げての大改革が行われようとしている．本章では，いかなる論理を持って，労働市場における担い手に差異が生じることを正当化しようとしているのか．この点についての検討を行う．

　かつてマルクスとエンゲルスは「ヨーロッパに幽霊が出る——共産主義という名の幽霊である」という，あまりにも有名な一節で『共産党宣言』を書きだした（マルクス／エンゲルス，1951：37）．現代に直せば「世界中に幽霊が出ている——グローバル化という名の幽霊である」とでもなるだろう．グローバル化は，戦後の福祉国家体制が閉じた国民国家と国民経済を前提に成立していたのと対照的に，ボーダーレスな資本の運動を前提とする点で，資本主義本来の姿なのかもしれない．しかし，途上国ばかりか，恩恵をより享受しているはずの先進国でさえ，グローバル化は様々な対立を引き起こしている．本章は労働市場のグローバル化を，労働市場で最も弱い立場にある周辺部労働の視点から捉えることで，グローバル化を進める論理の政治性とその帰結を考察する．

　さて，筆者は，現代の周辺部労働の特徴を「正規労働」の「期限の定めのない雇用」に対する，「非正規労働」の「有期雇用」と考えている．そのため正社員とは権利のうえで差異のある「有期雇用」を推し進める論理，とりわけ「法と経済学（Law and Economics）」で論じられるアプローチに注目して議論を進めていく．というのも，労働の問題にとどまらず，環境問題や国際紛争とい

った多様なグローバル化の場面にこのアプローチの視点が入り込んでいるからである．

2. グローバル化は受益者を拡大するのか

「規制緩和」に基づいた「自由化」を原則とするグローバル化によって，戦後の福祉国家体制の隘路が乗り越えられると言われている．とりわけ規制緩和を求める言説には，福祉国家が特定の既得権層を作り出しており，制度化された既得権を解体することが社会的厚生の増加につながるという福祉国家批判が含まれている．たとえば，待機児童を減らすために規制緩和を行って保育所の設置基準が幼稚園と同じ基準になると，すでに保育所に子どもを預けている世帯にとっては，保育士が面倒をみなくてはならない児童が増えることによって，享受するサービスの低下はさけられない．しかし，これまでこうしたサービスをまったく受けることができなかった待機児童を抱える世帯にとっては，子どもを預けられるようになることで受益が発生する．この論理は，規制緩和により既存の受益者の受けるサービスが減ったとしても，これまでサービスを受けることができなかった者（新たな受益者）が発生することによって，総数としての受益者が増加すると主張するのだ．ただしこの場合，預けられる子どもが受けるサービスの水準がどのようなものであっても（場合によっては子どもの発達環境に良くない条件であっても），受益が発生する論理になっている．

規制緩和論には，もう一つの側面があることが見逃せない．それは一方における「私的自治」と「意思主義」という古典的自由主義思想と，他方における国家や国際機関をも含む新秩序の構想である．この問題はグローバルレベルでの環境規制である京都議定書に典型的に表れている．最大の二酸化炭素排出国であるアメリカが批准していなかったり，発効に必要な批准国数に達していなかったりと，いまだ有効な世界的枠組みになっているわけではないが，二酸化炭素の排出権設定によって地球全体の温室効果を低めようとする考え方は，新思考を凝縮している．二酸化炭素の排出権設定とは，汚染を引き起こすこと（外部不経済）を一つの譲渡可能な財とし，外部不経済そのものを規制するのではなく，財の取引という市場活動を通じて，最も効率よく処理できる者に財

が集約されることで問題に対処しようとすることである．ヤンドルは，外部不経済を汚染者への課税や汚染を改善する装置への補助など国家の積極的な介入によって解決する方法をピグー型（Pigovian）と呼び，二酸化炭素排出権設定のような，不経済を引き起こす活動を一つの譲渡可能な権利に変換し，譲渡可能な権利＝財を市場で取引させ，この市場活動を通じて対処する方法をコース型（Coasian）として対比している（Yandle, 2003）．国家や政府よりも，より効率的に財を扱える者が必ずや存在すること，効率的に処理する者同士の取引＝市場が最も効率的であるということへの強い信念がそこには存在している[1]．

　この「私的自治」と「意思主義」を原則とする新秩序を創りだそうとする強力な論理枠組みを提示するのが「法と経済学」である．法と経済学は，市場での交換（取引）が最もエコノマイズドな手段であるとの確信のもと，この最低の費用で最大の社会的効用をもたらす市場が最大限機能する枠組みを法として提供しようとする．法と経済学は，経済学における新制度学派[2]，社会学における経済社会学[3]と相互作用しつつ理論的発展を進めている．経済学からのアプローチは，法や社会関係までも経済的目的に達するための手段であると考え，社会学では経済的目的に還元できない社会関係が経済的目的の達成に影響を与えると考える．これらに対し，法学である法と経済学は，法の持つ規範性を重視し，この規範力から志向する社会を積極的に創りだそうとする[4]．

　ルエックは，市場の失敗や国家（政府）の失敗への対応が，権利関係の再設定をともなったグローバル化による乗り越えであるとしている．そこでは，先にも述べた権利の再設定により，政府ではなく問題となっている財・イッシューをもっともよく知る者が対処することで，最大の社会的効用が得られるとの前提のもと，理論が展開される（Lueck, 2003）．取引費用がかからないと想定すると，市場取引において，初期の資源および権利の配分状態は市場での効率性達成に問題とはならないとするコースの定理（Coase Theorem）を理論的支柱にするのであるから，法と経済学が，市場本来の機能を取り戻すために，政府による規制の撤廃を掲げるのは必然ともいえる（Coase, 1960）．しかしそうした理論的背景を加味したとしても，法と経済学の主張に対しては，現実の社会問題への適用において，いくつかの疑念が残る．第1に，問題が対処さ

れるまでどのくらいの時間がかかるのか．第2に，たとえ問題が最終的に対処されるとしてもその間に不利益をこうむる人間はどのように補償されるのか．最後に，全体として社会の害悪は小さくなるかもしれないが，それが特定の部分に集積することはないのか，といった事柄がいっさい考慮されていないことである[5]．

　この「法と経済学」の考え方が，近年の労働市場改革をめぐる議論にも働いている．八代尚宏は「常用雇用者の組合という観点からみれば，雇用流動化は雇用不安の要素も大きいが，もともと流動的な雇用慣行のもとでのパートや派遣など非常用雇用者にとっては，中途採用機会の拡大などむしろプラス面が大きいという違いがある」と述べて労働市場改革を主張する（八代，1997：86-87）．八田達夫は八代の議論をさらに進めて，「近年，雇用契約の規制緩和が行われ，契約社員や人材派遣等が容易になった結果，非正規雇用が拡大している．このことが所得格差を拡大していると言われる．しかし，この規制緩和が起きた90年代は，不況のために多くの失業者が発生した期間である．仮に，この期間に非正規雇用の規制緩和が行われなかったとしたら，多くの企業は新規の雇用を躊躇したであろう．規制緩和によって非正規雇用が容易になったことにより，多くの企業は積極的に非正規雇用を拡大し，結果的には失業を減少させた．就業者を増やして失業者を減らしたという意味で，この規制緩和は格差を縮小した」と述べる（八田，2006：26）．雇用の場面においても筆者が保育所の例で示したこととまったく同じ論理が問われていることが理解できるだろう[6]．しかし，この論理は，先に出した待機児童を減らすために保育所を幼稚園と同じ基準で設置する例と同じで，より低い（あるいはより条件の悪い）方を基準とするマーケットの創設で，受益者の増大と社会全体の効率性を図るものである．

3．労働市場改革と外国人労働

　本節では，外国人労働市場を，近年の経営者サイドの労働市場改革をめぐる言説から検討し，外国人労働から周辺部労働に迫りくるグローバル化の影響を検討してみよう．バブル経済崩壊後も，長期の景気低迷期にもかかわらず，人

手不足に苦しむ事業者は存在している．こうした声を反映してか，日経連は2001年の『労働問題研究委員会報告』に，初めて，外国人労働者の導入が必要であることを明記した（日経連労働問題研究委員会，2001：26-28）．ただし，ここで注意しなくてはならないことは，日経連が外国人労働者導入の必要を考えたコンテキストである．単なる人手不足への対応のためではない．企業にとっての多様な雇用手段の一つとして，外国人労働者の必要性が説かれているのである．翌2002年の『労働問題研究委員会報告』は，より体系的に経営側が欲する労働市場が明らかにされた．ここでの労働市場は「①移動性——勤労者の自発的な移動を阻害しない市場」，「②柔軟性——ITなど技術改革への柔軟な対応など，労働力の需給を効率的にマッチングしうる労働市場」，「③専門性——勤労者の専門能力の向上を促す市場」，「④多様性——外国人，高齢者，女性などを十分に活用する市場」の四つの条件が求められている（日経連労働問題研究委員会，2002：39）．

ここで外国人労働者に求められている「市場の多様性」とは，「高年齢者層の増大と若年層の減少，女性の職場進出が一層進行する中で，これからは基幹的従業員の長期継続雇用を柱に，多様な雇用形態を組み合わせ，総額人件費の増加を防ぎながら生産性の向上をはかってこそ，雇用の維持・創出が実現できると考える」とあるように，基幹的従業員の雇用を安定させるためと措定されている（前掲書：34）．多様性を担うそれぞれの労働力は，基幹的従業員とは異なる役割に固定され，外国人，高齢者，そして女性が基幹的従業員になっていくことは検討されていない．

経営者サイドの見解を示す『労働問題研究委員会報告』が，正規雇用者との労使協調路線をとる限りにおいて，非正規雇用を拡大しつつも固定したもの（正規雇用へシフトしてくるものではないもの）として扱うことは無理からぬことであろう．しかし，経営者と異なるスタンスからみたときに，なぜ安定した正規雇用者と不安定な非正規雇用者が固定されることが正当化できるのであろうか．社会的な観点からすれば，正規雇用が減少して非正規雇用が増加していくときに，いったん非正規雇用に落ちても正規雇用に戻る回路が開かれていなければ，社会的公正感を維持することは難しい．正規雇用者は正規雇用部門にとどまり続けるために，非正規雇用者は非正規雇用ゆえに厳しい競争を強い

られることになる．労働市場の改革を訴える八代が「企業内賃金体系は，制度・慣行に大きく依存するとともに，雇用者の期待とも密接にかかわっており，その大幅な変更は必ずしも容易ではない．このため，企業は企業特殊的人的資本から企業一般的資本へのポートフォリオの組み替えを行い，過剰な人的資本のストック調整（数量調整）を行う」と現行制度をモデル化したように（八代，1997：135-136），現実に即したモデルにたてばたつほど，本来の規制緩和論が福祉国家批判を行ったのとは反対に，労働市場改革論は福祉国家の既得権層をより少数の保護された特権層に変換しつつ，大部分の人々の雇用を固定化した不安定部門へと落とし込むものになるのである．

4. 外国人労働市場は存在するか

近年，前節でみた『労働問題研究委員会報告』のように，外国人労働が，雇用の多様性の手段として論じられている．このことは何を意味するのか．

中馬宏之は，構内請負業＝業務請負業の活用実態を丁寧に分析している．そこでは事業者が多様な雇用選択肢の一つとして請負業を活用していることが明らかにされている（中馬，2001）．中馬の主たる研究対象は電機産業という特定産業における請負業の活用であるが，製造業一般に広げた場合においても，同様のことが言えることは，中馬に先んじて佐藤博樹が示している（佐藤，1998）．外国人，とりわけ日系人労働者が多く雇用されている業務請負業が，多様な雇用選択肢を与える制度として，急速に企業社会における活動範囲を拡大しているのである[7]．それではこのような業務請負業の活用の広がりは，どのように理解できるのか．筆者は，外国人の労働市場を図1-1に示した布置連関として捉えている．

まず，労働市場内部の要因（制度的要因）として，外国人労働者は既存の期間工・季節工送り出しシステム＝業務請負業に見いだされたから，一定規模の労働市場を形成することができた．しかし，雇用環境が変化し，雇用不安やフリーター問題が喧しくなり，日本人労働者が外国人の占めてきた制度（ここでは請負業）に参入しはじめると，状況は一変する．こうした労働市場の変化は，企業社会のグローバル化への対応により引き起こされている．企業はグローバ

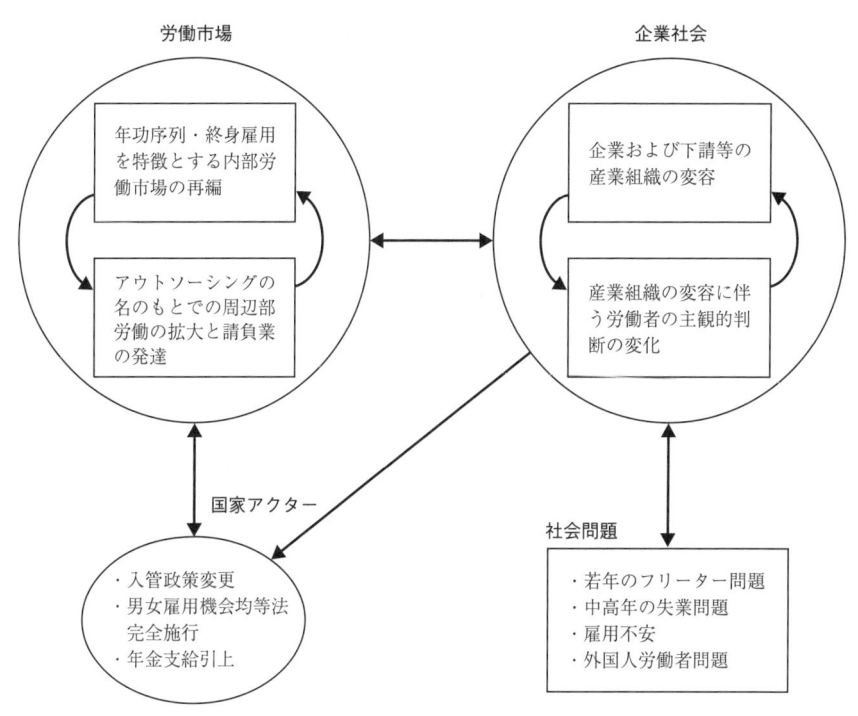

```
労働市場                              企業社会

  ┌─────────────┐              ┌─────────────┐
  │ 年功序列・終身雇用 │              │ 企業および下請等の │
  │ を特徴とする内部労 │              │ 産業組織の変容    │
  │ 働市場の再編    │              │              │
  └─────────────┘   ←───→       └─────────────┘
       ↕                             ↕
  ┌─────────────┐              ┌─────────────┐
  │ アウトソーシングの │              │ 産業組織の変容に伴 │
  │ 名のもとでの周辺部 │              │ う労働者の主観的判 │
  │ 労働の拡大と請負業 │              │ 断の変化       │
  │ の発達        │              │              │
  └─────────────┘              └─────────────┘

       国家アクター                    社会問題

  ・入管政策変更                  ・若年のフリーター問題
  ・男女雇用機会均等法              ・中高年の失業問題
   完全施行                     ・雇用不安
  ・年金支給引上                  ・外国人労働者問題
```

図 1-1　周辺部労働力をめぐる国家・労働市場・企業社会の制度的布置連関
注：Eggertsson (1996 : 12) を本書の課題に合わせて項目を変更した．

ルな競争に巻き込まれているから，国際競争力の維持のために雇用のリストラクチャリングを進めつつ，下請企業に対してもよりいっそうのコスト削減を要求する．その結果，安定した雇用セグメントに就労できる労働者はますます少なくなり，安定雇用から不安定雇用に移行させられる．このような企業社会の変化は，新たに不安定雇用にシフトさせられた労働者と，世帯の主たる稼ぎ手が不安定雇用になってしまった家族に，世帯収入の維持と安定を確保するため，外国人労働者と同じ職場で働くように強いることになる（本書 7 章参照）．つまり，企業の変化が，そこに働く労働者とその家族の働き方の思考を規定し，不安定就労の労働市場への参入へ結びつけてゆく．そして，周辺部労働市場への日本人の参入そのものが，下請中小企業や業務請負業の雇用計画・採用戦略に影響を与えていくのである．

さらに，周辺部労働市場の変化を企業社会の変化と対応させて考えるとき，

政策の変更が決定的であったことは見落とせない．日本における外国人労働者導入は，1990年の入管法改正によってパブリックなものとなった[8]．また，日系人に代表される外国人労働力と日本人の周辺部労働力が競合するようになったのも，男女雇用機会均等法の完全施行にともなう女子の深夜労働の解禁，年金の支給開始年齢の引き上げにともなう高齢者の定年延長・再雇用というナショナルレベルでの法制度の運用の変更が大きく関係している．つまり，国家アクターによる制度の変更の影響である．

　これら「労働市場」，「企業社会」，そして「国家アクター」の活動が相互に影響を与えながら，周辺部労働の問題は生起している．ところで，図1-1の制度の布置連関からアプローチすると，外国人労働市場はすでに終焉の危機に瀕している．ここで述べる「外国人労働市場の終焉」とは，日本で働く外国人労働者が今後存在しなくなる，ということを意味しない[9]．外国籍の労働者が日本で働くという，社会現象としての外国人労働と，そうした労働者の労働市場という意味での外国人労働市場（現象としての外国人労働市場）は今後も存在し続けるであろう．だが，外国人労働市場は，日本人を労働市場に迎えることのできない企業が選択的に外国人にターゲットを絞ることで形成されてきた労働市場である．すなわち，外国人労働市場成立の原理は，日本人を働き手として迎え入れることができないので外国人を導入する，というものであった．この原理が消失してしまったのである．

　日本人労働力の代替労働力という古い原理にとって代わったのは，「契約の原理」である（6章参照）．業務請負業を通して請負労働者を用いることで，企業は工場で労働者を働かせてはいるが，契約上は日々の請負仕事を委託しているにすぎない．それゆえ，委託した仕事量の増減に合わせた労働力の確保を行うことができる．工場での解雇は作業委託（業務委託）の停止に代わることで，労働者の解雇と異なって，契約先の請負業者との話し合い・合意形成だけで済ますことができるようになる．そしてこの請負業の労働市場に，日本人の労働者も参入してくると，外国人労働者の位置はきわめて弱いものになる．なぜなら，工場での外国人労働者の存在は，企業が外国人労働者を選択したことを意味するのではなく，請負業を選択したことを意味するにとどまるからである．

これらのことを考慮すると，外国人労働者だけに注目した労働市場分析を外国人労働市場論というのであれば，もはや外国人労働市場論は成立しない．外国人を含む周辺部労働市場全体の動向が外国人の労働市場に強い影響を与えており，この点で今後の外国人労働者問題は他の周辺部労働を含む周辺部労働市場論のなかに論点を見いだすことになるだろう．

5. 福祉国家から契約の時代＝グローバル化へ

外国人労働市場の原理が契約に変わったということは何を意味するのか．ここでは「契約」をキーワードに考察を進めていきたい．

グローバル化の進展が，福祉国家レジームの崩壊に多大な影響を与えたことは論をまたない．福祉国家の後退は，労働の分野では，正規雇用の減少と非正規雇用の増大に顕著に現れている．「国家の役割を縮小し，市場メカニズムを重視する政策が前面に出る時代を迎え，これまで契約とは異質と思われていた活動が，市場，すなわち契約にゆだねられつつある．今や契約にかかわるのは商取引だけではない．たとえば，二〇〇〇年四月一日から施行された介護保険法により，これまで『措置』という行政処分によって提供されてきた介護サービスが，被保険者と指定サービス事業者との間の契約を通じて提供されることとなった．老人介護のような福祉サービスも契約を通じて提供されるのである」と内田貴は指摘する（内田, 2000：1）．これは法学者によるグローバル化のエッセンスの要約である．ここから読み取れるのは，国家による福祉の給付というこれまでの福祉国家の論理もまた，福祉の受給者と福祉サービスの提供者との契約に代わり，グローバル化時代の国家は契約ルールの設定とルールの円滑な執行に自らの役割の重点を移すということである．こうした視点は「むしろ解雇の必要性や数量は労使の交渉に委ねる反面，解雇条件や労働者の円滑な転職を支援する企業の努力等，［解雇調整に関する実質的な規制は］解雇手続きに関するルールを法定化することが望ましい」（［　］内は筆者が挿入）とする，八代の見解にも表れている（八代, 2003：234）．

封建制から資本制への移行期，そこではあらゆる関係が契約に移行することで大きな混乱が起きた．エンクロージャーによる土地の囲い込みは共有地を崩

壊させ，形式ばかりの雇用契約は労働者の再生産を困難なものにしたばかりでなく，女子や年少者にも成年男子と同じ働きを要求するものであった．この過程はあらゆる社会関係が，契約によって破壊されていくプロセスであったと言っても過言でない[10]．しかし，現代のグローバル時代の契約は近代における契約の氾濫とは様相を異にする．契約は社会関係を単に破壊するのではない．国家によるルールの設定とルールの執行により，一定の社会的配慮が働くこともあって，契約はむしろ社会関係を取り込むのである．

　社会関係を取り込む契約（取引関係）とは何であるのか．それが「継続的契約（継続的取引）」である．この契約は，契約を繰り返しつつ，契約当事者が長期的な目的を達成する．そのため，1回ごとの契約ではその内容は厳格に決定されない．長期の取引では，想定外の環境変化が起きるので，かえって厳格な取り決めをしてしまうと環境の変化に合わせることができないからである．代わりに，契約書の文言には入らない，当事者間の信頼が大きなウェイトを占めることになる[11]．そして契約の性質によって異なる組織が形成されつつ，特定の相手との長期的・継続的な関係を築くことで課題（目的）は達成される．

　生産点（工場）と請負業の間で取り交わされる業務請負契約も，継続的契約に基づく取引としか言い表すことができない．表の契約書として，労働者1人の時間あたり請負価格から生産物1個の手間賃が導きだされ，この手間賃を基準額とした請負契約書が作成される．そして，この表の契約書とは別に，実際の単価交渉が労働者1人の送り出し労働者価格設定（ハケン価格設定）として行われ，生産点と請負業者の間での請負業務に関する契約内容の合意は，裏の契約書とも言うべき労働者1人の送り出し労働価格の決定過程を通して形成される（この点はすでに序章4節で論じた）．

　公的には手間賃単価としての表の契約書を根拠に請負契約は結ばれる．だが，継続的取引を前提とするインフォーマルな裏の契約書によって，請負業務の契約内容は確定される．こうした合意形成をもってしてなされる請負業務が，製造業を中心とする企業社会で拡大することは，経済環境の変化への対応という点で柔軟性を発揮する．反面，図1-1が示すように，より環境にあった柔軟性が発揮される企業社会だからこそ，若年労働者はフリーター化せざるを得なくなり，その一方で年功序列賃金のために，賃金水準の高い中高年者がリストラ

のターゲットとなる．さらに外国人労働者においては，日本滞在が長期化しているにもかかわらず，無保険・無年金の状態がはびこるといった社会問題が発生せざるをえなくなる．

労働市場の制度変化は，長期雇用のもとにおかれていた労働力セグメント（正社員雇用）の縮小と，短期の契約社員や請負労働力（これもまた労働者は短期の雇用契約になっている）の増加として表出する．安定的労使関係は解体され，短期的費用の論理に貫かれた領域が拡大するのである．そこでの労働市場の構成は，フリーター，女性，高齢者，そして外国人とそれぞれ異なる論理で労働市場に参入してきた人びとによって不安定就労層が構成され，多様化が進んだものになる[12]．

6. 結語にかえて

本章を締めくくるにあたって，最後に，グローバル化への対応としての規制緩和の限界を論じておきたい．他者の行為に適応的に反応することで，行為者間に何らかの相補性が発生する．この相補性の問題は3章で詳しく検討することになるが，相補性は機能的に働くから相補性の働く社会は良好なパフォーマンスを示す（青木・奥野・村松，1996）．だが，このことが倫理的にみてもよい状態であると示すことはできない（盛山，1995）．効率性の視点は，当該社会システムが一定の平等性を保ったうえで効率性を達成できていれば，そのシステムの正統性を主張しうるが，効率性の達成が不平等を招いているとき，システムの正統性を主張することができないからである．また，コヘインとオストロムが示すように，国際関係では取引を行うプレーヤー（国家）間で利害関係に多様性がある場合の方が合意に至りやすいのに対して，灌漑施設や共有地・共有池の管理のような，コミュニティレベルで合意形成が行われるためには，プレーヤー間での同質性が合意を得るための大きな要因になる（Keohane and Ostrom, 1995）．これは，パフォーマンス性の良好性を示す理論が，社会的正義において公平であることを示すことができないばかりか，分析水準が異なるとその良好性がプレーヤー間の異質性に起因することもあれば，同質性に起因することもある，ということである[13]．つまり，効率性に基づく議論は，

実は一貫した説明原理を提供しないのである．

　効率性を求める企業の論理が，企業経営的に良好なパフォーマンスを示すのは当然である．だが企業経営に貢献した，下請労働者，請負労働者，そして有期雇用者を構成する部分には，外国人，高齢者，女性，国内のエスニックマイノリティ，シングルファーザー・シングルマザーといった社会的弱者が多く用いられている．さらには，コミュニケーション手段の発達により，消費者から苦情を扱うコールセンターなどが，遠隔地や第三世界に設置されてコストが切り詰められているにもかかわらず，消費者からはこの構図がまったく見えない，理解できないという現実がある（Munger, ed., 2001）．企業経営によいパフォーマンスを与えたこうした労働力を，労働者として評価しないことがどうして正当化されるのだろう．さらには，特定のカテゴリーの人びとに悲惨・不幸が偏在することを，なぜ容認できるのか．

　人格的存在を欠いた労働力としてしか捉えられない契約労働者が人間的存在を回復することこそ，グローバル化に直面している各国が共通に抱える課題である．社会の富を増大させることに第一義的な意味を見いだしたうえでコースの定理を展開すれば，富の増大さえ生み出す限りにおいて（いかなる雇用でも雇用さえ増やしている限りにおいて），当該社会における貧富の格差（あるいは，雇用の格差）が拡大することは問題とならない．ただし，コースの定理が適用されることが問題なのではない．宍戸善一と常木淳が「コースの定理は，所有権の分配が効率性に影響を与えないことを主張していますから，具体的な所有権の分配については，司法部が伝統的に重視してきた公平性の基準に基づく判断を行ってもかまわないことの根拠を示しているとみることもでき，この点でも重要なメッセージを与えています」と指摘しているように，コースの定理を当てはめることで，従来の公平性の基準がただちに崩壊してしまう，ということに繋がるのではないからだ（宍戸・常木，2004：30）．

　問題は，この論理が，個人はいかなる状態で社会に存在するのか，ということのミニマムを設定しえないところにある．より正確に言えば，法と経済学もまたミニマムは設定する．福井秀夫と大竹文雄が福井・大竹編（2006）の「はじめに」で論じているように，彼らは法と経済学をもってして従来の労働政策を労働市場政策と社会福祉政策に分解させ，前者では徹底して市場の論理が貫

徹されることを求め，労働市場から落ちてしまった場合に一般的な社会福祉政策で人としての存在の確保を図る，という図式を打ち出している．しかしながら，彼らが考える一般的な社会福祉政策とは生活保護のことである．現状の生活保護世帯のあり方を考えれば，そこから競争的な労働市場に再参入すること，とりわけ再参入した労働市場が正規雇用であることを望むことは相当難しい．それでも社会的な厚生が増大したと言えるのだろうか．保育所の規制緩和の例で言えば，子供の発達環境を問うことができない論理で厚生を語ることのどこに意味があるのだろうか．

末弘厳太郎は「法治と暴力」という論文を昭和6年に雑誌『改造』第13巻第6号で発表した．大正デモクラシーの時代が終わって，日本が軍国主義に突き進んでいく時代に発表したものであるが，そのなかで「できるならば，すべての紛争が裁判によって平和的に解決されることは大いに望ましいに違いない．しかしそれには，すべての紛争に関して，当事者をしてその解決を裁判所に求めしめるように仕向ける政策を必要とする．……（中略）……社会平和のためにいかに裁判による平和的解決が望ましくとも，それが人々を満足させるだけの結果を与えない限り，人々が紛争の解決を裁判に求める筈がない」と論じている（末弘，1994：279）．どんなにすばらしい制度でも，それがその社会の個人にとって満足できるものを提供できないのであればその制度は利用されないし，かえって暴力的な紛争解決がはびこることを示唆した言葉である．法と経済学の主張にも同じアナロジーが絶えずつきまとっている[14]．どんなに社会全体の効率性を上昇させる可能性を秘めた議論であったとしても，それがその社会の個人にとって満足できる水準を論じることができないのであれば，すばらしい理論は机の上でしか役立たない．

1) 八田達夫は，「まず，市場は，我々の生活にどのように役立ち，政府はいかなる場合に市場に介入しなければならないのだろうか．市場では他人が必要としている財やサービスを供給することに最も優れた個人や企業が成功する．このことを通じて，市場は国民の生活水準の改善のために重要な役割を果たす．経済学では，このことを，『市場は，資源を効率的に配分する』という」と論じてから，自身の議論を開始する（八田，2006：2）．しかし，どうして市場で最も優れた個人や企業が成功するのかの説明はない．新市場の成立期には，必ずしも技術的に真に優れたものが市場を勝ち取

るものではないことは，わが国においてはビデオテープの規格をめぐって争われたVHS vs Beta の闘い，世界市場をめぐってはパソコンのオペレーティングシステムをめぐっての Microsoft vs Apple 等のその他のメーカーとの争いを覚えている人は多いだろう．これらの市場をめぐる争いで明らかになったのは，技術的に優位な商品が必ずしも市場を席巻するのではなく，むしろ劣位なものであっても市場をとってしまえば成功する，ということではなかっただろうか．

2) Williamson (1985), North (1990), Alston, Eggertsson and North, eds. (1996), Furubotn and Richter (2000), 柳川 (2000) など．

3) Coleman (1990), Granovetter (1998), 盛山 (1995) など．

4) Harrison (1995 ; 2001), Posner (1998), Posner (2000=2002) など．

5) 福井秀夫はコースの定理から引き出される論点として以下の3点を挙げる．「第一に，法は権利の内容を明確に定めるべきであり，第二に，法は取引費用を極小化するよう手続を定めるべきであり，第三に法は取引費用の総和を小さくするように初期権利配分を定めるべきである」(福井, 2006 : 15). そして，初期の権利配分に関しては，コースの定理が貫徹するならばどのような配分状態であっても，最終的には資源の最適配分問題は解決されるのだから，「(1)権利をAに配分した場合のBによる権利実現のための取引費用と，権利をBに配分した場合のAによる権利実現のための取引費用とが同程度に小さいのであれば，A, B のいずれにも権利を初期配分しても良い．(2)権利をAに配分した場合のBによる権利実現のための取引費用は小さいが，権利をBに配分した場合のAによる権利実現の取引費用が著しく大きい場合にはAに権利を初期配分すべきである．(3)権利をAに配分した場合のBによる権利実現の取引費用も，権利をBに配分した場合のAによる権利実現のための取引費用も，いずれも著しく大きい場合には権利の価値を高く評価すると推定されるものに初期配分すべきである」との三つの基準が成立することを問題にする (前掲書 : 9). 筆者はもちろん福井が問題にしている権利とは，所有権 (property right) に代表される交換可能な財に対する排他的アクセス権であることは理解している．だが一般的に権利という言葉で表すものを所有権等の経済的機会にかかわるものに限って用いることの方が特殊ではないだろうか．とりわけ日本では，権利という言葉は，政治的・社会的な意味内容を指す用い方が多いと思われる．もし，上記の三つの基準に使用されている権利という概念が政治的・社会的内容を含むとした場合に，Aを非正規雇用（あるいは外国人労働者），Bを正規雇用（日本人労働者）と想定した場合に，法と経済学を主張する人びとは「Aに権利を初期配分すべきである」という結論にたどりつくことはできるのであろうか．筆者は福井の初期配分の3基準が設定されるならば，この場合は(2)が当てはまる，と考えているが．

6) 八田は引用した文章の前の部分で憲法を引き合いに出しつつ，「国民は政府の介入なしに，自由や幸福を追求する権利を有しているということは，政府は市場に介入すべきではないという意味に解釈できる．さらに『公共の福祉に反しない限り』という言葉を，『市場の失敗がない限り』と解釈すれば，憲法による自由の保障は，『市場の失敗がない限り，市場への政策介入をすべきでない』とする経済学的な市場と政府の

役割分担の見方を反映していると考えることができる」としている（八田, 2006：16）. これは「法と経済学」のスタンスを受け入れる人びと一般に言えることだと思うが，「公共の福祉に反しない限り」を「市場の失敗がない限り」と読み替えて解釈するのだ. しかし, このことが可能であると考えることの方が欺瞞ではないだろうか. すべてにおいて人びとが対等な立場で市場に参入できるのであれば, 読み替えはできるのかもしれない. しかし, 本書が主たる対象とするところの外国人労働者は法体系のレベルで国民とは違った地位におかれざるを得ない. また, 心身にハンディキャップをもって生きる人びととはフィジカルなレベルで対等であり得ることはできない. さらには, シングルマザーやシングルファーザーであれば社会的に負担しなくてはならない親としての役割が要求するコストによって, 単身者やパートナーのいる親と対等に労働市場で競争することはできない. 人間には, 市場に参入する前にその人の果たさねばならない役割や足枷が課せられている, ということにどうして彼らは無関心でいられるのだろうか.

7) だが, このことがただちに外国人労働力を用いる職場が広がっているということにはつながらない. それは日本の業務請負業のすべてが外国人労働者を用いているわけではなく, 外国人労働者を用いている業者は請負業の一部にすぎないからである.

8) ここで外国人労働が「制度的にパブリックなものになった」ということは, 日本政府が単純作業に従事する外国人の導入を認めたということではない. 日系人労働力は単純労働力の導入を意味しない法的論理によって合法化された. 筆者が言わんとするのは, 日系人労働者が労働力として社会的には認められたものとなり, 法的根拠はどうであれ, 日本就労で摘発されることがなくなった, という意味でパブリックになったということである. 比喩的に言うならば,「隠れて働かなくてよくなった」と言ってもよい.

9) 4節のモチーフである原理としての外国人労働市場の終焉と現象としての外国人労働市場は, 内田 (1990) に負っている.

10) こうした契約の横行＝経済的関係の貫徹は, 典型的には,『共産党宣言』において, マルクスとエンゲルスが「ブルジョア階級は, 支配をにぎるにいたったところでは, 封建的な, 家父長的な, 牧歌的ないっさいの関係を破壊した. かれらは, 人間を血のつながったその長上者に結びつけていた色とりどりの封建的なきずなをようしゃなく切断し, 人間と人間とのあいだに, むきだしの利益以外の, つめたい『現金勘定』以外のどんなきずなも残さなかった」と評した状況でもある (マルクス／エンゲルス, 1951：42).

11) この考え方をとった経済学および社会学は, 社会現象としての継続的取引が現れることを理論的に説明する. この点で, 社会現象（事実）と理論（解釈）は一致している. だが法学では, 平井宜雄が論じるように, 継続的取引に関する実務法曹からの解釈（判例）と学説としての解釈（理論）の乖離が架橋されていないようである (平井, 1996：705).

12) 契約領域の拡大をともなったグローバル化の進行は, 労使関係を労資関係へと引き戻す. その結果, 労資関係の復活は, 個別資本が労働力の長期的な再生産費を負担

しないから，総資本として自由に利用できる労働力貯水池を必要とするものにならざるを得ない．
13) 　ここで挙げた問題点に加えて，新制度学派の経済的アプローチでは，現行制度の機能的側面は論じることができても，現行制度の誕生の仕方が説明できない．加賀見は，戦後の日本の下請制度を研究し，1950年代と1960年代の親企業−下請企業関係には決定的な違いが存在し，日本的特徴とされる系列下請が下請企業の支配的な形になったのは1960年代であったことを論証する．そこでは系列取引を戦前体制の連続として考察することができないこと，および1950年代の親企業−下請企業関係を支配していた論理からは系列取引の誕生が内在的に発生しないことを明らかにしている（加賀見，2001）．
14) 　全体としての効率性において改善がもし見られたとしても，その社会に生きる人びとに個人として満足できる最低限が担保されず，不十分な（あるいは不満足な）満足しか享受できない人が社会に正統性を付与することはないであろう．八田が言うところの「失業よりも非正規雇用の方がまし」というロジックは，短期的には許容されうるかもしれないが，それが固定された人びととの間で持続し，そうした固定された人びとが社会の一定数を超えてしまったときには，政治体制すら危うくさせる諸刃の剣なのである．

2章　ブローカーの社会学
ピンポイント移住と「地域労働市場」

1. はじめに

　本章は，変容する企業組織のなかで必要な労働力が「ブローカー組織」をとおして配置されることに着目し，このことから生じる労働者の主観的世界を検討する．労働者の主観的な世界を構造化する条件を検討するにあたって，本章はサッセンの「地域労働市場」(local labor market) という概念から説明を始めることにしたい．サッセンの議論というと，ともするとグローバル化という大きな文脈で取り上げられることが多い．しかしながらここでは，グローバル化という大テーマを扱うことはしない．なぜなら，本書は筆者がこれまで行ってきた外国人労働者研究のなかから発見した知見を，一つの体系にまとめようとするものである．それゆえここでは実証分析に耐えうる概念として地域労働市場に議論を絞ることにした[1]．

2. 理論の限界・実証の限界

　サッセンの国際労働力移動論が広く受け入れられた理由は，新古典派の経済理論では説明できない部分を明らかにしたことにある，と筆者は考える．すなわち，ハリスとトダロ (Harris and Todaro, 1970) を嚆矢として発展してきた，送り出し国と受け入れ国の間に存在する「期待賃金」格差モデルでは説明できない移動の解明である．獲得できるであろうと期待する賃金格差から労働力移動（移民）が説明できるのであれば，最貧国からこそ豊かな先進国への移

動が最も多く起きなければならない．ところが現実の国際労働力移動はこれと異なるのである．例えば，アジアから日本への労働力移動は，アジアの最貧国ブータンやネパールからではなく，中国，タイ，そして韓国やフィリピンから起きている．

なぜ最貧国からではなく，発展し始めた国から先進国へ移動するのか．また，なぜ同じように発展し始めた国からの移動であっても，それが特定の送り出し国から当該国へ来るのか．日本の場合で考えるならば，同じように経済がテイクオフ期に入っているにもかかわらず，中国からの移動はあってもインドからの移動がきわめて少ないのはなぜか[2]．

この点をクリアーに説明してみせたのがサッセンであった（Sassen, 1983；1988=1992）．サッセンは，開発に伴う資本の流入が引き起こす交通の発達，そして資本移動に伴う発展した資本主義国の文化の流入を説明変数に加えることにより，移民労働のベクトルを明らかにした．期待賃金格差からの説明では，あらゆる先進国に向かいうる可能性があるにもかかわらず，現実の国境を越える移民が，ある送出国から特定の先進国へと向かう理由を説明できない．サッセンは資本移動とイデオロギーの流入とを加味することでこれを解決したのである．

もっとも新古典派経済学も，移動のベクトルを賃金格差のみでは説明できないことには早くから気づいており，この点に情報の経済学を導入することで解決しようとした[3]．資本とイデオロギーの作用か，情報の伝達かの違いはあっても，サッセンも新古典派も理論枠組みにそれほどの違いはない[4]．両者の明らかな違いは，枠組みにではなく，むしろ移民に対する解釈にある．ホスト社会において情報資源で比較劣位にある移民の状態について，サッセンは，これがホスト国の国民と完全な権利を持たない移民という場に内在した権力の問題から発生していると捉える．この権力の問題から派生した格差が用いられるのは，資本の運動の本質が均衡へと向かうのではなく均衡から乖離しようとするものと解釈するからである．そして移民は，均衡から乖離しようとする資本の運動のなかに自らの居場所をつくりだしていくと，サッセンは論じる[5]．他方で新古典派は不完全情報が一時的な乖離現象であり，基本的には移民という現象も均衡過程へいたる途中と捉えるのである．

ところで日本でも1980年代後半から外国人労働者問題が顕在化し，多くの実証研究が進んできた．サッセンの研究が日本で関心を呼び始めた一つの理由は，日本のなかで人の国際化が可視化してきたからであろう．だが，個別のケースを扱うフィールド中心の研究者になればなるほど，サッセンの研究を読んではいても，それに依拠して日本の移民労働を説明する研究者は少なくなる．これには二つのことがかかわっていると思われる．第1には，実証研究者があまりにも個別ケースに関心をおきすぎているがゆえに，移民を送り出すあるいは受け入れる社会全体の構造に無関心であること．第2に，やはり日本の現実がサッセンの議論からではうまく説明することができないということがある[6]．とりわけ筆者が感じるのは次節で議論を展開する「ピンポイント移住」という現象がサッセンの資本移動に基づく国際労働力移動論では説明できないということである．シェーマとしてのサッセンの国際労働力移動論で日本を説明することには疑問を感じるが，「地域労働市場」(Local Labor Market) という観点で外国人労働者の労働市場にアプローチすることについて，筆者は積極的に評価する．そこで本章は地域労働市場とピンポイント移住という観点から，外国人労働者の労働市場の編成原理に迫っていくことにしよう．

3. ピンポイント移住

サッセンは移民を地域労働市場という概念から捉えるにあたって，経験的に観察された四つのファインディングスからはじめる．第1に，移民がある都市に居住するかどうかの意思決定に，自国民であれば影響を与える失業率等の労働市場の変数が影響を与えないこと．第2に，移民の居住あるいは移民の到来が地域の労働市場の賃金率にほとんど影響を与えないこと．第3に，移民が仕事を獲得するのが成長産業だけではなく衰退産業でもあること．そして最後に，移民は時間当たりあるいは週当たり賃金を選択するよりも，そもそも労働市場へ参入するかそこから退出するかにマージンを見いだしていることである (Sassen, 1995 : 91)．

これら四つのファインディングスを前提条件として，サッセンの地域労働市場論は構築されていくが，筆者はまさにこの前提条件こそが，サッセンの理論

の日本への適用の障害になると考える．筆者は，サッセンの挙げた第3と第4のファインディングスは日本でもほぼ同様に観察できると考えている．だが，第1の条件については部分的に承認するとしても，第2の条件は日本では大きく異なると言わざるをえない．第1の条件は，それが移民の主観的意思決定の問題として述べられている限りにおいて，日本でも確認できるのは後述するところである．しかし，労働市場の変数との関連で述べられるとき，この条件は日本では棄却される．とりわけ，合法就労の外国人労働者である日系人の場合が典型であるが，雇用主の援助なしに外国人が個人で家を借りることの難しい日本では，地域における外国人労働者の存在と労働市場変数との関連がみられるからである．第2の，移民の存在による自国民労働市場への影響については，不安定就労部門では競合関係となっているし（7章に詳述），正社員雇用においても少なからず影響を与えているので[7]，これもまた日本では関連性がみられるのである．

　それでは日本の問題にアプローチするためには，いかなる特徴から迫ることが適切なのだろうか．もし，「日本における現代移民の特徴とは何か」と筆者が問われたなら，「ピンポイント移住」であると答えるであろう[8]．それでは「ピンポイント移住」とは何か．はじめにこのタームを説明することにしよう．

　群馬県太田市・大泉町，静岡県浜松市，愛知県豊橋市・豊田市といった地方都市には日系ブラジル人が多く住んでいる．また，神奈川県大和市・藤沢市では，日系ペルー人が多く住んでいる．こうした日系人の集住する地域で聞き取り調査をすると，実に奇妙な現象に遭遇する．例えば「あなたの居住している地域はどこですか」という質問をすると，それが市町村を答える質問であったとしても，自身の居住する地区名（町名）がかえってくるばかりで，市町村名を答えられない者を見いだすことが珍しくないのである．つまり，「保見」という地区名は知っていても「豊田市」という市名を知らないのであり，「湘南台」という地区名は知っていても「藤沢市」という市名を理解していないのである．

　なぜ，このような現象がでてくるのであろうか．そもそも彼・彼女たちの生活世界が狭い特定の地域内で成立してしまっているからだ，ということは容易に想像できる．実際，日系人が多く働いている現場では，労働基準法違反は日

常茶飯事であり，むしろ前提となっている．賃金の高い彼・彼女たちを働かせる企業側の論理は一貫しており，長時間労働をいとわず働いてくれるから，である．彼・彼女たちの場合は，残業や休日出勤を行うことが前提となっている．そのため仕事に就いている労働者ほど，工場と自宅との往復だけの世界になりがちとなる．その結果，長期間日本に滞在していても自分の住んでいる地区内のことしか分からない，ということになる．このような就労スタイルが彼・彼女たちの生活世界を小さくし，必然的にその世界を構成する情報の量と範囲を狭めているのである．

だが，問題はこれだけではない．そもそも彼・彼女たちは，日本に渡ってくるときから，「日本」のことを知っていたわけでもなければ，自身の目的地となる「都市」を知っていたのでもない．彼・彼女たちは最初から，「保見」を，「湘南台」を目指してきたのである．ブラジルやペルーといった地球の裏側から，日本のなかのただ一地点を目指して，日本に渡ってきたのだ．

このように地球の裏側から一地点を目指してくるような人の移動が発生するのは，地球の裏側にその一地点の情報のみが伝わっているからである．場合によっては複数の地点の情報が伝わるであろうが，それはその場所ごとの情報であって，日本全体についての情報・知識ではない．あくまで点としての情報である．

本章では，この点として伝わった情報に基づいて移動する現代移民の移住パターンを「ピンポイント移住」と呼ぶことにし，以下においてピンポイント移住がどのようにして成立しているのかを論じていく．

4. ピンポイント移住の生成経路

ピンポイント移住として特徴づけられるブラジルやペルーからの日系人の移動が，日本からのブラジルやペルーへの開発投資とその反作用として始まったのであれば，労働と資本の国際移動というサッセンのシェーマで，日本とラテンアメリカの間の移民の動きを説明することができる．まず，この点を検討することにしよう．

戦後におけるブラジルへの日本の直接投資は1951年に開始され，1950年代

の終わりまでに東洋紡績，鐘淵紡績，倉敷紡績，大日本紡績，都築紡績，豊和工業，ヤンマー・ディーゼル，久保田鉄工，石川島播磨重工業，日本特殊陶業，味の素，日本ウジミナス（新日鉄の現地合弁企業），それにトヨタ自動車などが進出している（小池，1995：165)[9]．さらに，1970年代には食糧安保の観点から，日本の食料供給地の一つとして農業開発が，日本政府の援助によってブラジル中央部におけるセラード開発として始まった．

　このようなめだった資本投下が1950年代から1970年代にかけて行われたにもかかわらず，この時期には，資本投下の反作用としての移動は起きていない．とりわけ考えなければならないのは，ラテンアメリカへの日本からの投資が，日本とラテンアメリカの間を結ぶ交通の発達を生まなかったということである．この限りで，サッセンのシェーマは日本とラテンアメリカの間の移動については棄却される．

　では，日系人の移動を可能にする交通関係はどのようにして始まったのであろうか．筆者たちが行ったラテンアメリカにおける日系旅行社の調査では，日系人の日本への就労回路が開かれたのは以下のような契機をとおしてであった[10]．

　1980年代，日米間には，日本からの恒常的な輸出超過による厳しい通商関係があった．鉄鋼や自動車といった輸出製造業部門で，日本側からの自主規制が行われた．またアメリカ製品にたいする市場開放を約束させられたことも，まだ記憶に新しい．このときサービス部門における争点の一つであったのが，「日米航空協定」の改定であった．特に問題となったのが「以遠権」である．アメリカ側は日本行きの飛行機が，日本を越えてフィリピン等の東南アジアにまで飛んでいく権利を求めたのである．航空協定は相互互恵主義のため，アメリカ側が以遠権を持つ際には，日本側も以遠権を持つことになる．ところが，日本側にとって，アメリカ行きの飛行機を，さらにアメリカを越えて飛ばすことに魅力ある市場は存在していなかった．しかしながら，「日米航空協定」の改定は，他の通商問題との関係もあり，なかばアメリカ側に押し切られる形で以遠権を認めることになったのである．

　この日米航空協定の改定による以遠権の結果が，日本とラテンアメリカをダイレクトに結ぶ交通関係の開始であった．つまり，日本とラテンアメリカとの

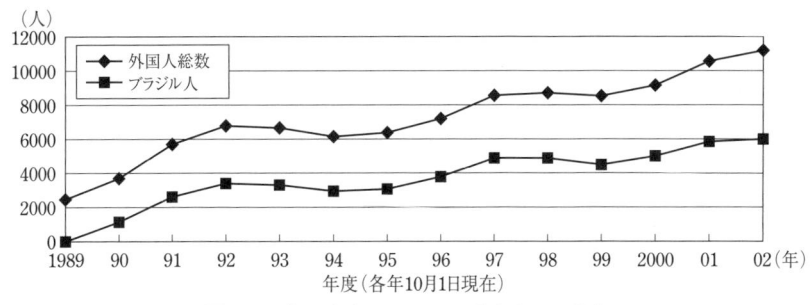

図 2-1　豊田市内における日系人人口の推移

　直接的な交通関係の確立は，日本とラテンアメリカ間の資本移動やそれに伴う開発の問題として扱いうるのではなく，むしろこの場合は第三国であるアメリカとの関係から派生した条件から交通関係が結ばれるようになったという，意図せざる結果によるものなのである．このことについて，筆者は資本制生産様式の確立の前段階に重商主義段階があったのと同じ意味があると考えている．つまり，交通関係の確立は資本の運動の結果であっても，それに先立つ偶発的な出来事であってもかまわない．問題は，ひとたび交通関係が確立されるやいなや，資本はそれを利用して自己増殖を行うということである．

　だが，二国間の交通関係の確立が，ただちに労働力を必要としている地に労働力を運ぶものでもない．図 2-1 は日系人が集住している保見団地を抱える豊田市の外国人人口の推移を表したものである．入管法改正前の 1989 年における市内居住のブラジル人は 96 名であったが，1990 年の入管法改正の年，一気に 1,179 名にまで急激に増加する．ところが，ブラジルからの日系人のデカセギブームはそれ以前に始まっていた．

　図 2-2 が示すように，入管法の改正される以前の 1988 年段階で，サンパウロ領事館だけで総数 8,602 件が，1989 年には総数 18,309 件の日本渡航のビザが発給されている．なお入管法が改正された 1990 年は 48,195 件とビザ発給件数が一気に上昇するが，これには他の要因も含まれている[11]．ここでは以下の 2 点について確認しておきたい．第 1 に，入管法改正以前にすでに大量の日本への移住の波が起こっていたということ．そして第 2 に，デカセギが始まった時点においては，日本で最も労働力を必要としている地域に日系人は居住して

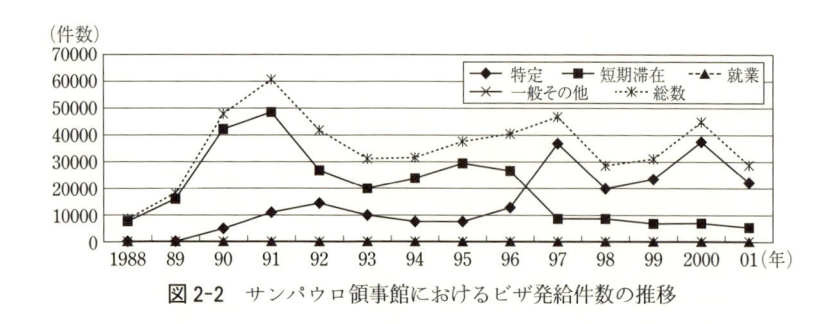

図 2-2　サンパウロ領事館におけるビザ発給件数の推移

いなかったということである.

　図 2-1 と図 2-2 から読み取ることができるように，ナショナルレベルでの外国人労働者の増加と地方自治体レベルでの外国人住民の増加にはギャップはあるが，それは以下の観点を取り込むことによって説明できると，筆者は考えている[12]．国と国との移動ではなく，特定の地域に別の国から労働力を取り込むシステムが地域レベルで機能しだすことによってはじめてその地域の外国人人口が増え始める，という観点である．そしてこれこそが移民の地域労働市場であると筆者は考える．次節においてこのメカニズムを検討していくことにしよう．

5.　ブローカーと「地域労働市場」

　資本移動にともなう交通の発達か，国際関係がもたらした偶然の産物としての交通の開始かという違いがあっても，いったん交通が開かれると状況は急展開する．ちょうど日本ではプラザ合意がもたらした円高不況から立ち直るにあわせて，日系人の就労が増え始めていた[13]．この時期に始まる日本へのデカセギブームには，いくつかの異なる流れがある．だが，ブラジル現地における筆者たちの聞き取りからは，以下のような共通する特徴がみられた.

　デカセギ労働者の呼び込み役（ブローカーのはしり）となった者たちは，1980 年代のなかごろにラテンアメリカに進出した日系企業の研修生として，あるいは自身または父祖の出身国である日本を海外日系人に経験させる民間組織に招聘される形で働いていた者である[14]．この他に，ラテンアメリカで農業

経営に失敗して，日本で期間工として働いていた者がいるが，ブローカーとして活躍していく者へとつながる経路は前者の研修生あるいは民間組織招聘者が多いという特徴がある．これらの人びとに，工場の側から，「ラテンアメリカに日本へ働きに行きたい者がいるのであればうちによんでくれないか」と誘いかけがあった（この点については **10** 章で再度論じることになる）．たまたま日米航空協定の結果，サンパウロ直行便が運行され始めた時期のことである[15]．

工場の側から声をかけられた者たちは，自分で日本行き希望者を募集する者もいたし，自分では集められないと考えた者たちは知り合いをとおして日本行き希望者を集めた．人を集めるための知り合いだから，ラテンアメリカの日系社会に広がっている県人会組織等の人間関係が利用された[16]．この県人会組織の人間関係に乗った人集めは，旅行業との結びつきが一気に進行することの原因の一つになった．ラテンアメリカの日系旅行社は，1970年代までは，各県人会の慰安旅行を組織し，国内旅行をメインの事業としていた．海外旅行も若干あったが，それもまた各県人会を単位とした母県への里帰り旅行が中心であった．このように県人会組織と日系旅行社は密接な関係があり，大手の旅行社は，県人会や県人会の連合会組織である県人会連合の幹部が経営している[17]．日系ブラジル社会の代表的なコミュニティペーパーである『サンパウロ新聞』『日伯毎日新聞』『パウリスタ新聞』などでは，日系コミュニティの崩壊としての日本就労という問題が1990年代をとおして連日報道されていた[18]．だが，コミュニティの崩壊を嘆きつつもコミュティのリーダーがそれを商売としていたのである．

日系人の日本就労のブームは，このようにブローカー役として日本の企業（工場）に選ばれた者が，ラテンアメリカの既存の組織とつながることがあって，初めて大量の人の移動が可能になったためである．その結果，現地の日系旅行社をめぐる労働力輸出機構としてのリクルーティングシステムは，一つのシステムとしての分業関係を確立させるに至った（図2-3）．この分業関係をとおしての移動は，自動車，電機といった日本の輸出産業の発達した地域へ労働者を送り出すことになった．それは日本就労を希望する者の側からすると，このシステムに乗れば日本に働きにいけるようになることを意味した．だがその結果，現実の移動はつねに個別のブローカー・旅行者と業務請負業の関係に

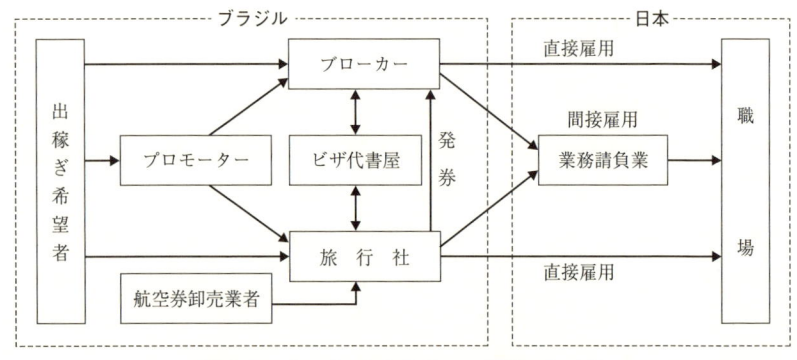

図 2-3　ブラジルから日本への斡旋のしくみ
出所：樋口（2002：80）．

よって，日本のどこで働くかが規定されるものとなった．そのため，実際に日本へ就労する者が，この越境する雇用システムを実体として成立させる労働力輸出機構をとおして得る日本の情報は，個別のブローカー・旅行社が取引している特定の日本の工場や業務請負業者に関する情報に限られることになった．

　業務請負業は，日系人が日本に働きにくるようになる前は，地方でリクルートした労働者を自社の寮に住まわせて，製造ラインを請け負った工場に労働者を送り出していた[19]．業務請負業者が事業活動を行うためには，送り出し労働者の住居（＝請負業者からみると社員寮）の確保が必要条件になる．豊田市で日系人人口が増え始めた 1990 年，住宅都市整備公団中部支社（現在の UR 都市機構中部支社，以下公団と表記）は，一つの決断を下した．空室を埋めることのできない保見団地の公団の賃貸住宅を，法人事業者にも貸し出すと決めたのである．これにより，日系人を送り出す業務請負業者が豊田市内に住居の確保ができるようになって，豊田市における日系人供給システムが機能し始めるようになった．自動車産業が発達している豊田市内の産業では，以前から，業務請負業による労働者の送り出しが行われていた．だが，業務請負業者が市内で事業活動をしているだけでは，日本に日系人が増え始めた 1980 年代半ばに豊田市に日系人が入ってくるという状況は生まれなかった．住居が確保できるという条件がそろってはじめて，豊田市内の産業は地球の裏側にあるブラジルを労働力貯水池とし，国境を越える労働力を地域労働市場に取り込むことが可能になったのである．

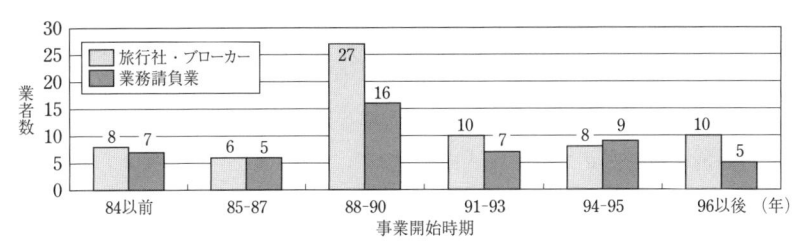

図 2-4　旅行社・ブローカーおよび業務請負業者の事業開始年

6. 組織の隙間をつなぐブローカー

　サッセンは具体的な労働力をリクルートする制度が資本と労働の国際移動のなかから形成されると論じることによって，移動のベクトルを明らかにした．ブローカーとはこのリクルーティングシステムの末端を形成するものであり，必要な労働力が国境を越えて導入されるための重要な要件となっている．そしてブローカーが単なるブローカーで終わるのではなく，既存の組織とつながってその組織のあり方すらかえてしまうとき，すなわち県人会組織の慰安部門としての日系旅行社からデカセギ就労者送り出し機関としての日系旅行社へと転換したときに，労働力輸出機構が完成したのである．すなわち大量の人の移動が可能になったのは，この越境する雇用システムとしての労働力輸出機構が働き始めたことによる．

　このことは日系人労働者の移動の推移と日系人労働力を現地で募集する日系旅行社の営業開始年，そして日本サイドで日系旅行社から送られてきた日系人を工場に送り出す業務請負業者の事業開始年を重ね合わせると一目で理解できる．図2-4が示すように，日系人をラテンアメリカ現地でリクルートする旅行社・ブローカーの増加と工場に日系人を送り出す業務請負業者の増加には，同じトレンドを見いだすことができる[20]．そしてこのような労働力輸出機構の確立があったからこそ，図2-2でみたように，1990年の入管法改正以前に日系人労働者の日本就労がデカセギブームとなったのである．

　分業としての労働力輸出機構は，重層的な下請構造をもつ日本の製造業企業にとって，いったいどのような意味を持つものであったのだろうか．分業構造

が始まる前の豊田市の日系人労働力導入の例をみてみよう．先に述べたように，豊田市に日系人が増え始めるのは1990年の保見団地における公団の法人貸しが始まって以降のことである．同じころに，豊田市N町の企業が商工会における異業種交流のなかで培った人間関係から，日系人をブラジルから直接導入することを始めた．バブル経済による空前の人手不足のために日本人労働者を集められなくなった中小企業が，たまたまブラジルとつてのあった経営者を中心に，自分たちでブラジルの日系旅行社を窓口にした労働力募集システムをつくりあげたのである[21]．しかし，このシステムはバブルが崩壊すると同時に自然消滅した．共同でブラジル人を入れていた企業の間に，労働力不足という共通項がなくなってしまったからである．つまり，ある企業では労働力不足の状態にあるけれども，別の企業ではむしろ生産量が落ち込んで人余り状態になってしまうと，全ての企業が同じ時期にリクルート活動をする必要がなくなったのである（この事例については，7章4節で詳細に取り上げる）．

　それでは，これらの企業はもはや日系人に労働力を依存しなくなったのであろうか．答えは否である．労働力を必要とする時期がばらばらになることによって，N町グループの企業は二つの戦略を選択するようになった．第1に，これまでグループとしてブラジルの旅行社と契約し定期的に必要な労働力を送ってもらっていたのを，個別の企業がそれぞれ旅行社と契約し必要なときに送ってもらう体制を整えた．第2に，個別企業がそれぞれ請負業から日系人労働力を受け入れるようになったのである．これは豊田市内で労働者の送り出しを行っていた請負業が日系人を扱うようになったことに大きく依存している．だが，いったん業務請負業の利用が始まるやいなや，企業は必要なときに必要な労働力を送るように指示するだけで労働力を集められることを学習した．業務請負業をとおしての日系人の活用は，第1の労働力と異なり，短期的な見通しから集める労働力であった．

7. ニッチの自己運動と地域労働市場

　外国人労働力が一つの地域労働市場として機能するとき，ホスト社会の労働市場への編入様式（mode of incorporation）が検討されなくてはならないだ

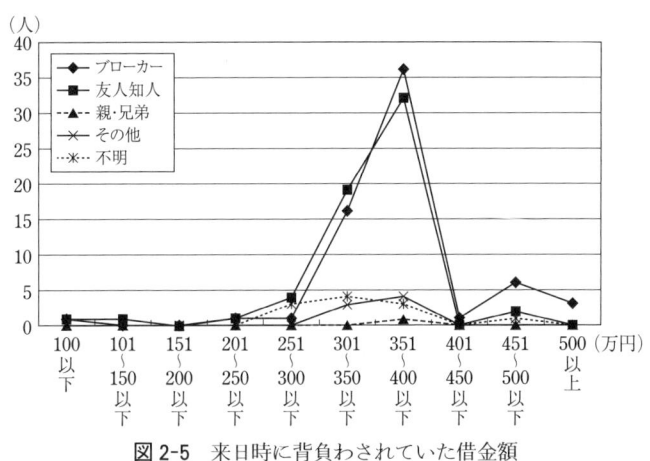

図 2-5 来日時に背負わされていた借金額

ろう (Portes, 1997). だが，ブローカーの社会学という観点から眺めると，その編入様式は単に労働力市場におけるホスト社会への包摂のされ方にとどまらない．移民として底辺に組み込まれた者が，ホスト社会のなかで上昇していく回路のあり方そのものにもこの編入様式がかかわってくる．この点で，合法就労者のブローカーと資格外就労者のブローカーとの間に，奇妙な共通項を見いだすことができる．以下に簡単に説明していこう．

ブローカーの特徴，筆者はそれを労働力の募集を行い需要のあるところに配分する媒介者であると定義する．すなわち，ブローカーはリクルーターとしての機能とディストリビューターとしての機能を併せ持っているのである．そしてブローカーは，労働力供給者にたいしても，その反対に労働力の需要家にたいしても，レントを持つ．労働力供給者からは仕事を紹介することにより紹介・斡旋料（リクルーターとしてのレント）を要求し，労働力の需要家からは労働者を斡旋したことによる労働者紹介料（ディストリビューターとしてのレント）を要求するのである．

水商売で働く外国人女性のように，リクルーターとしてのレントとディストリビューターとしてのレント双方の負担が，すべて労働者サイドに寄せられる場合もある．図 2-5 は，労働者サイドにすべてのレントの負担が寄せられるタイやコロンビアからの性風俗産業に就労する労働者の場合である[22]．300-400

万円のところに，背負わせられる借金額が集中していることから，相場があること，つまり市場が形成されていることがうかがわれる．また，ブローカーだけではなく，友人や知人をとおして日本にきた際にも，ほぼ同じ額の金銭を要求されていることも確認しなくてはならない．図 2-5 に示される友人・知人も機能的にみればブローカーと言っていいだろう（丹野・武藤・西岡・新倉，2003)[23]．

このようにブローカーを担い手の属性から区別することは難しく，本節で定義したように，労働力にたいするリクルーターとしての側面とディストリビューターとしての側面を持ち媒介者として機能する者と措定することが最も適切であろう．

もちろん合法的に就労できる日系人の場合では，状況が若干異なる．労働者はブローカーに斡旋料を支払うが，労働力の需要家サイドのレントは需要家がブローカーに支払うものとなっているからだ．もちろん，ケースによっては，需要家のレントが労働者サイドに一方的に負担をさせられることもある．しかし，資格外就労者のように，もともと働くことが許されていない人とは異なり就労する機会も多いので，ブローカーが手にするレントの額は小さなものとなる．ラテンアメリカから渡ってくる場合，1,400 ドルのチケット代に 1,000 ドル程度の職業紹介料[24]を組み込んだ 2,400 ドル前後が，労働者が払わなければならない費用である[25]（2007 年 8-9 月では航空券代 1,700 ドル，職業紹介料 500-1,000 ドル，ブローカー（プロモーター）手数料 900 ドル，合計 3,100-3,600 ドルが労働者が払う費用となっていた）．

問題は労働市場を媒介するブローカーがホスト社会とどのように連関しているのかということである．この点で資格外就労者のブローカーも，合法就労者のブローカーも似たような特徴を示す．資格外就労者のブローカーの場合，ブローカー業という非合法な活動で得た資本をホスト社会におけるレストラン経営という合法的な経済活動に投資することにより，ブローカーという行為が裏の経済から表の経済に進出する際の移民のキャリアパスになっている[26]．日系人の場合でも，旅行社や業務請負業者の通訳・リクルータースタッフが独立し，自ら旅行業や業務請負業の経営者となったり，同胞に食料品・日用雑貨および日本滞在に必要なメディアの提供などを行うエスニック・アントレプレナー

(移民企業家)に転身したりすることが確認できる．合法就労者の場合にも，経済的階層の上昇のためのステップとしてブローカーがキャリアパスの一つになっているのである．

このキャリアパスとしてのブローカー業が，地域労働市場のなかにニッチを形成するうえで重要な機能を果たすことになる．ホスト社会において他の上昇機会がほとんどない状況下で，ブローカーになること（あるいはブローカー業に進出すること）が成功に近づく有力な手段となる．そのため，外国人のコミュニティのなかでブローカーを批判することは敗者になるに等しい．少なくともブローカー側からすると，自分たちへの非難は負け犬の遠吠えとしか認識されない．こうしてブローカーという存在は，移民コミュニティのなかでつねに自分たちを搾取する者と認識されつつも，個人の行為選択としてはそうなる・そうなりたい存在としてありつづける．このアンビバレントな存在であるブローカーをつねに産出することで，地域労働市場のなかのニッチが自己再生産されていくのである．

8. 結語にかえて

これまでみてきたように，外国人の労働市場は，ブローカーに媒介されることによって，市場としての機能が遂行されることになる．市場としての機能とは，労働力を必要とする生産点（工場）には労働力を，仕事を欲している外国人には職を分配するということである．この市場としての基本的な機能を果たすことに加え，外国人を用いることによってさらなる付加価値が生産点にもたらされる．

生産点に新しい技術が導入されるとき，それはつねにポリティクス（紛争）へと繋がる．なぜなら生産点における新技術の導入は，組織内・組織外の分業のあり方を変えるからである（Sable, 1981）．この新技術の導入にともなうポリティクスを，外国人雇用は回避することができるのである．

藤田栄史は1980年代から1990年代にかけて日本の自動車産業に起こった変化を，職場における技術という観点から整理した（藤田，1999）．藤田の議論を用いるならば，省人化の徹底こそがこの間の日本の製造業が目指したもので

あり，そしてこの省人化の徹底が機械化できない作業を膨大に生み出したのである．またこのことの裏返しとして，省人化の徹底はもともと本工部門（正規雇用）のスリム化を意図したものであるから，必然的に機械化できない作業に従事する労働力は非正規雇用が充てられることになる[27]．ここにニッチ市場が拡大し，業務請負業をとおして入り込んだ日系人労働力が一つの市場セグメントを獲得した，という大きな社会的コンテキストが存在したことを見落としてはならないだろう．

　社会的コンテキストは，そのなかで活動する人間の行為をある一定のベクトルに方向づける．しかし，これは方向性を特定するだけである．具体的にどのようなシステムがそこに機能するようになるかは，その社会の歴史的経緯によって大きく規定される．外国人雇用の多くは，簡単に解雇できることにウェイトがおかれた雇用である．簡単に解雇できることだけが求められる機能であれば，業務請負業以外の制度をとおして労働市場が形成されてもよかった．しかし，合法的に働くことのできる日系人の例に示されるように，日本の合法外国人労働者の雇用市場は業務請負業に収斂したのである（論理的解釈は3章にて行う）．

　地域労働市場は抽象的概念としてではなく，実体概念としてこれを把握する限りにおいて，特殊な出来事に大きく依存する．日米航空協定の結果として日本とラテンアメリカ間の人の移動を結ぶ経路が開かれたり，地域労働市場を組織するブローカーがホスト社会での上昇ルートとなったりと，日本社会固有の事情に大きく左右されるのである．この意味で外国人労働者の地域労働市場はグローバル化という大きな世界史的コンテキストを背景に持ちつつも，ホスト国固有の社会的要因に埋め込まれてもいる．

1）　この点で本書をとおして得られる知識は，理論から演繹された知識ではなく，事実の積み重ねから帰納的に導き出された探索的知識（Lakatos, 1970）である．
2）　もっとも，インドからの移動が見られないということではなく，同じ人口大国であっても，中国に比べて日本への移動が未だ限られているという意味である．
3）　現代における新古典派の代表的な見解はトダロ（Todaro, 1997=1997）を見るとよい．
4）　理論プロパーの人間であれば，この違いは決定的な違いであると言うであろう．

筆者が本質的な違いがない，というのは現実の移民労働者の移動という鏡に映すときのことである．
5) この点を論理的に明らかにしたのがSassen（1995）であり，貧困のエスノグラフィーとして問題点を提起したものとしてSassen（2002）がある．
6) その他に世界都市論への批判としては言い古されたことであるが，国家（state）という説明枠組みが抜け落ちているがゆえに，国家アクターの影響が強い日本の説明には無理が生じることが挙げられるかもしれない．
7) 例えばセイコーエプソンでは，業務請負業から送り出される日系人労働者の技能の向上に危機感を抱いた労働組合が，積極的に成果主義の賃金体系を受け入れる方針を打ち出している．競争のなかった正社員の側に，職場における外国人労働者参入が実質的な賃金の引き下げを含む競争条件を持ち込ませた好例である．
8) 「ピンポイント移住」というのは，横浜市内に所在するシェルター組織「女性の家サーラー」のスタッフ内で用いられる隠語で，長期にわたって日本に住んでいるにもかかわらず日本のことを何も知らない人びとを指す．スタッフの西岡千恵子さんがこのタームを使い出したのが始まりである．
9) 小池洋一はトヨタ自動車のブラジル進出を戦後の出来事として描いているが，これは必ずしも正確ではない．トヨタ自動車はすでに戦前においてブラジルに現地法人を持っていた．しかし，ブラジルは連合国の一員であったので敵性国日本の資産は第2次大戦中凍結された．そのためこの戦後のトヨタ自動車のブラジル投資は再投資と言ったほうがよく，他企業の戦後におけるブラジルへの投資とは意味が異なる．
10) 以下の「日米航空協定」との関連で交通関係が始まったという点は，サンパウロで1960年代から旅行会社を経営している現地の日系人経営者から教えていただいた．日米航空協定とサンパウロ直行便の就航という関係は，古くから日本とラテンアメリカを結ぶ旅行業に関与していた人々の間では定説となっており，筆者はこのことを5人の方からレクチャーしていただいた．
11) ブラジルでビザを発給しているのは大使館と七つの領事館である．入管法の改正に伴って日系ブラジル人が日本で就労可能になると，日本政府はこのビザ発給業務を日系人人口の多いサンパウロ州に所在するサンパウロ領事館に集約させた．2002年現在，他の領事館ではビザ発給業務にかかわる領事が領事館内の他の職務にも責任を負うのにたいして，サンパウロ領事館にはビザ発給業務だけを担当する査証担当領事が2名配置されている．日本行きを希望するデカセギ就労希望者とその世話をする日系旅行社からは，「サンパウロだとビザが速やかに発給されるが，他の領事館だと時間と手間がかかる」，と言われる事態が生じた．そしてこれらの結果，入管法改正以前には，地方都市で人集めをして日本に送り出していた地方日系旅行社がつぶれたり，サンパウロに本社を移転したりすることとなった．
12) 図2-2は89年から90年の入管法改正による変化だけでなく，もう一つの制度の変化をもあらわしている．96年から97年にかけて短期滞在ビザは減少し，かわって定住ビザが増加した．日系人は短期滞在ビザ（観光者）で日本に来て，仕事を始めてから定住ビザへと切り替える者が多かった．そのため，入管当局があらかじめ就労す

ることが分かっている日系人のビザ発給を定住ビザに一本化した．この制度の運用の変更が統計的にも示されているのである．
13) このころの様子については森幸一 (1992) が詳しい．
14) 父祖の出身国日本を経験してもらうために，移住者の子弟の受け入れをすすめた代表的な組織としては「日本力行会」を挙げることができる．
15) 初期のデカセギが始まったころ，日本直行便において，アメリカから先の以遠権路線のマーケットがないと考えていたのは，日本政府というよりも航空会社サイドであった．そのため，サンパウロ直行便は当初貨物便として始まり，日本行きのデカセギ就労者の渡航が欧米の航空会社の乗り継ぎ便で増加していることに，日本の航空会社が反応した．航空会社は貨物便の比率を低下させ，最終的には全便を旅客便にした．2002年現在，日本ーサンパウロ直行便は日本航空とヴァリグブラジル航空によって運営されているが，この路線は世界で最も運航距離の長い路線の一つであり，また収益率の高い路線になっている．
16) 利用された組織は県人会ばかりではない．日系人はラテンアメリカ最大の農業協同組合コチアを運営していたが，こうした農協組織の青年会や，戦後に工業移住した者たちの場合では大学のOB会，さらには日本からの移住前に移住事業団（後の国際協力事業団）による移住前の研修所の同期会など，あらゆるつながりが利用された．
17) たとえば最大の日系旅行社「ツニブラ」の経営者M氏は県人会連合の幹部も務めた日系コミュニティ全体のリーダーの1人であるし，大手旅行社の一つ「アルファインテル南米旅行社」の経営者T氏は『ニッケイ新聞』の社主であり，彼は海外日系新聞放送協会の会長でもある．そしてデカセギ旅行社「APIERVA」の経営者は，日系ブラジル社会の基礎を築いた（コチアを組織した人物で「ブラジル日系社会の父」と呼ばれる）香山六郎ともつきあいのあった家族で，長野県人会の幹部という具合である．
18) 『日伯毎日新聞』と『パウリスタ新聞』は，日本語を読む日系人人口が減ったこともあり，現在は合併して『ニッケイ新聞』となっている．
19) 業務請負業は，構内請負業とも呼ばれるように，自身は工場や生産装置を持たず，工場のなかの作業をライン単位で請け負うことによって，工場内で生産活動を行う形態をとっている．産業分類上は「その他の製造業」に分類されている．だが，実質的には，固定資本を持たず労働者の送り出しが中心業務であるので，工場のなかでは「ハケン」と呼ばれている．ここで筆者はカタカナ表記でハケンという用語を用いたが，それは法で定められた人材派遣業とは異なるからである．そのため労働法の研究では請負業は偽装派遣と呼ばれる．
20) 図 2-4 は，1997年から1999年にかけて，一橋大学大学院社会学部教授梶田孝道，大学院博士課程樋口直人，大学院博士課程高橋幸恵，そして大学院博士課程の筆者による共同調査の結果に基づいている（肩書きはすべて当時のもの）．この調査は，日系人労働者 2,054 名へのアンケート調査，77店の日系人が経営しているエスニックビジネスへの面接調査，50社の業務請負業者への面接調査，そして69社（67社がサンパウロ市内）のラテンアメリカ現地の日系旅行社・ブローカーへの面接調査からな

っている.本調査結果については梶田編(1999)を参照のこと.
21) この例については5章を参照のこと.
22) データの出所,およびこうした問題についての詳細は女性の家サーラー(2002)を参照のこと.
23) 外国人女性の人身売買の場合におけるレントの処理は,以下のようになされる.ブローカーが女性を現地で買ってきて彼女を売春の管理者に売る.女性を買った管理売春の組織者は,自身のブローカーから買った額を女性の借金とし,この額を払い終えるまで自由の身とさせない.女性は日本に渡るために現地のブローカーにお金を渡す,これは女性がブローカーにたいして払った彼女のレントである.ところが,ブローカーから買った管理売春の組織者は自らがブローカーに支払ったレントを女性の借金として転嫁してしまうことにより,女性だけがレントを払わなければならない主体にされてしまう.
24) ラテンアメリカから渡ってくる労働者でも資格外就労者は,1,000ドル程度の職業紹介料では仕事を得ることができない.例えば,タイから水商売でわたって来る者に課せられる借金額は図2-5のように300万円台であるが,コロンビアからわたってくる者の場合はこの額が800万円前後になることも珍しいことではない.
25) サンパウロで聞き取りをしたある旅行社の場合,取引先である日本の工場と1人送るごとに日本円で10万円のコミッションを受け取ることを,エージェント契約の際に結んでいた.そのためこの旅行社は,1997年まで日本へデカセギに行く者へ職業紹介料(労働者にたいするレント)を取っていなかった.他社に比べて安価な日本行きの値段を設定していたが,他社より大きく値段が下がる情報がかえって不信を買ってしまい,必要な人数を集めることができなかった.そこで,あえてレントの負担を日本就労を希望する者にも求めることとし,職業紹介料込みのチケット代を上げたところ,必要な人数を集められるようになった.
26) この点について詳しくは丹野・武藤・西岡・新倉(2003)の第6節および第7節を参照のこと.
27) 筆者はこのような職場の技術革新との関係から外国人労働者をみるという視点を最近まで欠いていた.この点について筆者に丁寧にレクチャーし問題点の洗い直しが必要であることを教示してくれたのが,名古屋市立大学人文社会学部教授藤田栄史氏である.

3章　労働市場と生活様式の相補性

1. はじめに——バブル経済と雇用構造のゆらぎ

　日本では1980年代以降，アジアからを中心にニューカマーと呼ばれる就労目的の外国人労働者が増えてきた．人手不足の中で，外国人就労が顕著にみられたのは中小の工場と建設現場であった．今では，日本を代表する輸出企業の工場でも，外国人が就労することは，当たり前の風景になった．
　ところで，現業職の絶対的な人手不足によって外国人労働者の就労は進行したが，外国人雇用を必要とした企業側の論理は，1990年代に大きく変化した．本章は，このような経済・社会環境の変化が，外国人労働者にどのように影響を与えているのかについて検討を加える．そのため，まずどのような変化が産業社会にあったのかを見ておこう．
　日本の産業社会は，親会社とその下請である中小企業との間に，大きな賃金格差を形成する二重構造によって成り立っている．この企業規模間にみられる賃金格差が，社会構造として成立していられるのは，これが単に生産性の格差によって引き起こされているからだけではない．中小企業から親企業への労働者の移動・転職が，①親企業の労働市場が新卒者のみに開かれていること，②取引関係のある企業間・系列内では取引先企業で勤務経験のある者の中途採用をしないこと，という二つのルールによって阻まれていたからである．終身雇用制のもとでは，企業への入社は個別的な労働市場への参入を意味するだけではない．前者のルールによって個人は産業社会のヒエラルキーのどの労働市場にはいるかが最初の労働市場参入時に決定され，後者のルールによって労働者

の転職がヒエラルキーを降下する移動のみになるよう方向づけられることで，二重構造が常に格差を維持したまま保持されるメカニズムとなっていた[1]．

　1980年代後半から始まったバブル経済は絶対的な人手不足を引き起こした．こうした環境の変化によって，職業移動・転職の企業間ルールが親企業の側から破られることになった．親企業のリクルート方法が新卒者一辺倒でなくなると同時に，中途採用者の条件を「直近の前職が取引先および系列企業勤務でない者」に変わってしまったのである．このルール変更は，低賃金労働者に高賃金の職場への移動を認めうるものであるから，賃金の二重構造を揺るがしかねない可能性をもったものである．親企業も二重構造があって自らが存続できることを理解しているため，現業部門労働者の場合は，1年または2年間は見習賃金しかもらえない養成工を経てから本採用するという制限が設けられた．しかし，圧倒的な賃金格差を前にして，養成工期間があっても，親企業への就職を求める中小企業からの転職者が相次いだ．

　さらに，日本の製造業では親企業の工場のラインがフル操業の場合や，アクシデントが起こって臨時の増員が必要なときに，親企業は下請企業に応援要員を要請する（西口／ボーデ，1999）．また，親企業のスリム化は下請からの要員補充を，正社員（本工）に代替させる嫌いがある．力関係を背景にした企業間の慣習として，下請企業は親企業の応援増員要請を断ることはできない．これらによって，下請中小企業は，親企業のリストラが進めば進むほど，景気後退期でも埋まらない空き雇用をもつことになった．

　だが，中小企業から親企業への労働力移動によってのみ，親企業は必要労働力を確保するようになったのではない．バブル経済がはじけて以後も，自動車産業や電機産業の現業職では深刻な人手不足が続いていた．これらの産業の現業職が不人気であったのは，深夜勤務があるからであった．そこで，自動車産業を中心に，3交代による工場の24時間操業体制は連続2交代制へと変えられ，深夜勤務をなくして，労働者の募集を行いやすくした[2]．

　産業社会のこれら一連の変化は，外国人労働者の就労先にも大きく影響を及ぼしている．こうした企業間ルールの変更や，親企業の雇用システムの変更，さらには企業を取り巻く経済環境は，どのように外国人労働者に影響を与えているのだろうか．

外国人労働者の労働市場は合法的に就労できる日系人労働者とその他の資格外就労者とで分断され，仕事を得るためのルートがまったく異なっている．不法就労とも呼ばれるように社会から隠れて就労している資格外就労者は，書類を偽造して来日し超過滞在になったラテンアメリカからの偽装日系人，エンターテイナーとして来日しオーバーステイ化したフィリピン人女性，日本の在日コミュニティを頼って出稼ぎにきた韓国人，暴力団やマフィアのルートで入国し管理売春の状態に置かれているタイやコロンビアの女性，さらにはアジアから研修生として来日し途中で逃げ出してしまった者等々と多岐にわたっている．それぞれが特異な労働市場に入っており，資格外就労者を一般化して論じることができない．そこで，合法就労者である日系人労働者については一つの就労システムとして検討を加えるが，資格外労働者については，筆者の行ったケーススタディを取り上げて日系人の転職・職業移動の場合と対比させるにとどめる．

2. 労働力のインターフェース装置

　合法就労者である日系人労働者から論じていこう．日系人労働者の多くは，直接雇用であれ間接雇用であれ，現業部門のブルーカラー労働者として就労している．バブル経済がはじけるまでは，人手不足の解消をねらって，日本の製造業各社は南米の都市で直接，労働者の募集活動を行うこともあった[3]．しかし，バブル経済が崩壊して以降は，製造業各社は自らが直接に労働力募集を行うことはなくなり，2002年現在，南米での募集はもっぱら製造業の現場に労働者の送り出し事業を行っている業務請負業者が行っている[4]．この変化には，日本の中で日系人労働者が一定の労働力として常に存在するようになったので，南米まで行くことなく労働力募集が行えるようになったことが関係している．

　ところで，南米での募集活動が業務請負業者にシフトしたのと同じように，日系人労働力の雇用方法も，製造業での直接雇用から業務請負業への間接雇用にシフトがみられる．すでに述べたように，工場の3交代制から連続2交代制への転換によって，日本人労働者の現業職の確保が容易になった．また，バブル経済期の絶対的人手不足の時代を過ぎて，期間工・季節工といった臨時工と

下請からの応援要員によって，親企業は現業職労働者を充足できるようになった．産業社会での外国人労働力のもつ意味が，変わってきたのである．1990年代後半に，かつて南米で直接雇用で集められた労働者が，労働契約の更新の際に，業務請負業への転籍を前提に再雇用されるという事態が相次いだ例は，このような日系人雇用のトレンドを端的に示すものであろう（豊田市，2001）．

　直接雇用から間接雇用へ，というと，それだけで日系人の不安定化と捉えられがちであるが，ことはそう簡単ではない．日系人雇用の直接雇用とは，序章でも論じたように，多くの場合，期間工・季節工として労働契約を行った有期雇用である．通常「正社員」と呼ばれる「期限の定めのない雇用」ではない．長期にわたって雇用されている労働者もいるが，それは有期雇用の積み重ねとして，結果的に長期雇用になったものであって，はじめから長期雇用を約束されていたものではない．業務請負業を通した間接雇用になる以前から，日系人雇用は縁辺労働とか周辺労働と言われる不安定就労部門に限られていたのである．

　日系人労働力は，企業の中で，どのような役割を果たすものとして期待されていたのであろうか．国際比較をしたとき，日本の製造業の特徴として，内製率の低さとそれに伴う従業員規模の小ささがしばしば引き合いに出される（Dore, ed., 1967；加護野・野中・榊原・奥村，1983；Smith, 2000；西口，2000）．そもそも日本の製造業は，現業部門を中心に外注化が進んでおり，正社員に比して非正規社員が多い．これら外注への発注と非正規社員の増減を通して，日本企業は生産規模にあった労働力の確保をはかってきた．それは図3-1のような関係として読みとることができる．

　企業は将来の製品需要を予測しながら，現在保有している資金，生産設備，労働力を，将来需要にあった生産活動を行うための資金，生産設備，労働力へと一致させようとする．季節変動を含めて，現実の自社製品への需要は常に変化する．生産活動において確実な部分，および商品の競争力維持に関わる商品開発および品質管理に関わるセグメントの雇用は正規労働者によって担われる．だが，変動にさらされる現業雇用について，日本企業は非正規労働者をあてることによって対処してきた．具体的には，パートタイム労働者と期間工・季節工である．とりわけ，期間工・季節工は半年あるいは1年の有期雇用で集めら

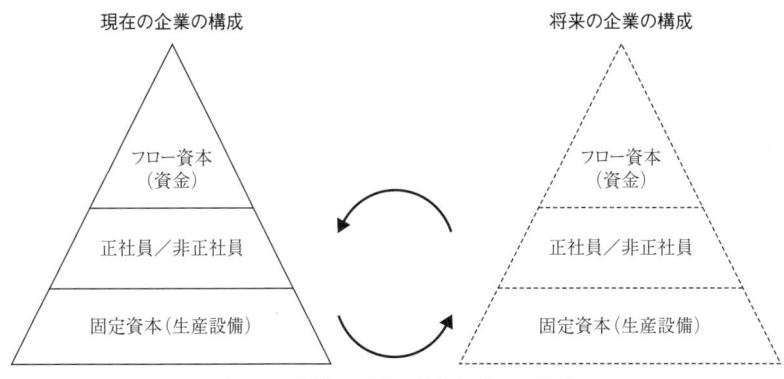

図 3-1　企業における現在と将来の関係

れるのがほとんどである．定期的に期間工・季節工を採用している工場では，毎月でてくる契約更新者との更新率の調整と新規の期間工・季節工募集の調整という二重の調整メカニズムによって，必要労働力を調整していた．このような期間工・季節工の一つとして日系人の直接雇用は始まったのである．

　これが間接雇用となるとどのように変わるのであろうか．期間工・季節工雇用に代表される有期雇用の労働者を採用することが，自社への製品需要に応じた必要労働力の確保を行うシステムとして優れていることは論じたとおりである．ある商品への需要が落ちても，別の商品への需要で相殺できる複数の商品を生産し，工場の稼働率を全体として平均化することのできる親企業では，特に有効な労働力募集システムである．しかし，日本の重層的下請構造の中では，より低次の下請にすすむにしたがって，親会社にとって複数の商品構成のうち，特定商品の特定部品に特化していく傾向がある．このような関係性の中におかれている下請企業は，親会社にとっては相殺されている需要の変動を一手に引き受けることになる．そのため親会社にとって有効な手段である期間を定めた有期雇用が，下請企業では余剰労働力を抱え込むリスクをもった手段になってしまう．つまり，親企業では有期雇用によって変動する雇用量に対応できるが，下請企業では有期雇用でも余剰労働力を抱え込んでしまうのである．

　それでは下請企業が余剰労働力をもたないようなシステムを構築するには，いかなる条件が必要になるのであろうか．下請企業は，親会社の将来像を抜きに自らの将来像を描くことができない．親会社の突然の生産変更に，生産量を

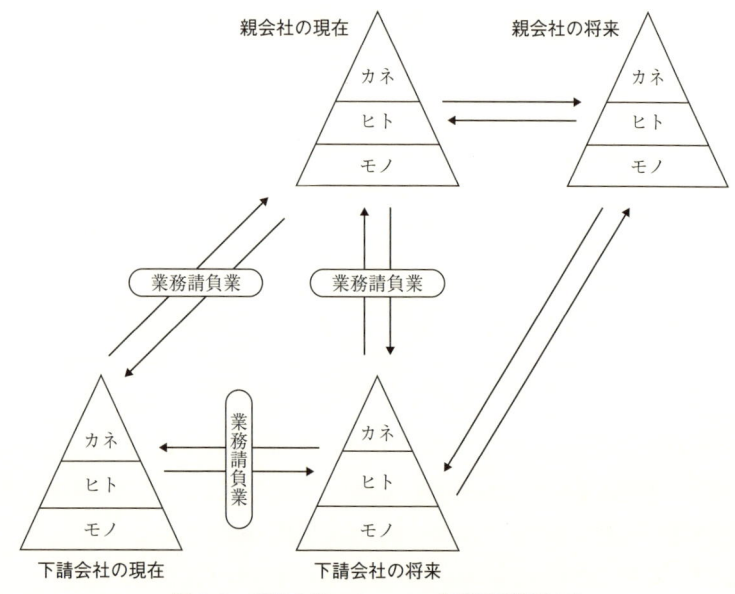

図3-2 下請企業にとっての企業活動概念図

増減させ対応しなくては、長期的・安定的な将来像を保持することができないからである。下請企業は、親会社の日々の稼働状況にあわせて調整可能な経営体（going concern）であることが求められる（Commons, 1995 : Chap. 5）。下請企業は、親会社の現在の稼働状況を、自らの現在の稼働状況と一致させなければならないばかりか、労働力需要も、親会社の日々の稼働状況に合致させなくてはならない。こうして、下請企業の労働力需要は、図3-2に示したように、親会社の現在の稼動状況と将来像、自社の現在の稼働状況と将来像を複雑に交錯させつつ決定しなくてはならない。

このような企業間を取り結ぶ労働力需要のインターフェース装置が業務請負業である[5]。業務請負業は、個別企業にとっての労働契約を請負契約へと変換させることで、労働契約では確保できない自由を企業に与える。それが必要労働力のみを集めるという機能である。間接雇用にすることで、企業はこのような機能を外国人労働者から手に入れる。実際、工場において請負業から送り出された労働者への費用が、工場の購買費として処理されることは珍しいことで

はない[6]．部品を買うのと同じ購買として処理できることが，労働者の雇い入れや解雇と異なって速やかに必要労働力の増減を行うことを可能ならしめている．日系人労働者の場合，たとえ直接雇用であっても，工場ではこの購買費の部分として雇用されているケースも多い．そのため，直接雇用でも労働保険や社会保険（健康保険・厚生年金）に入っていないことは珍しくない．

3. 定住化の進展と多様化・複雑化するデカセギ労働

最初に，現在の間接雇用の日系人労働者がどのように日本の中に配置されているのかをみておこう．このことを端的に表したものが図3-3である．業務請負業者は，ある工場での減員と別の場所での増員を取り結ぶことで，一定の労働者を工場に送り出すことを可能にしている．ただし，下請企業がこうむるリスク（労働力の部分だけであるが）を一手に引き受けるのであるから，一社だけでは変動に対応しきれない．そのために何らかの形で図3-3にみるような業務請負業者間の関係ができている．これは業務請負業の経営者間でできているときもあれば，業務請負業者で現業労働者を管理する日系人の通訳スタッフ間を通して形成されているときもある（9章参照）．

業務請負業者間ではこうした関係を取り結びながら，あらゆる現業職へ労働者を送り出している．職種が多様になるにしたがって，労働者の賃金や労働条件もまた多様化している．こうした多様化を考察する際には，日系人のデカセギが長期化するにしたがって，多様なデカセギ＝様々なデカセギの派生体が生み出されていることに目を向けなくてはならない．多様なデカセギを考えるうえで，どのようにしてデカセギの派生体が合理的となるのかを考えていくことにしよう．

ここでは日系人のデカセギを二つの命題の合成命題あるいは条件付き確率の応用問題として捉える．つまり，「日系人のデカセギは合理的である（デカセギによって日系人は豊かになれる）」という命題Qを，命題p「南米に居続けることが合理的である（南米で十分によい仕事を得ることができる）」と，命題q「日本に渡ったほうが合理的である（日本にデカセギにくれば十分によい仕事を得ることができる）」との合成命題として検討する（表3-1）[7]．

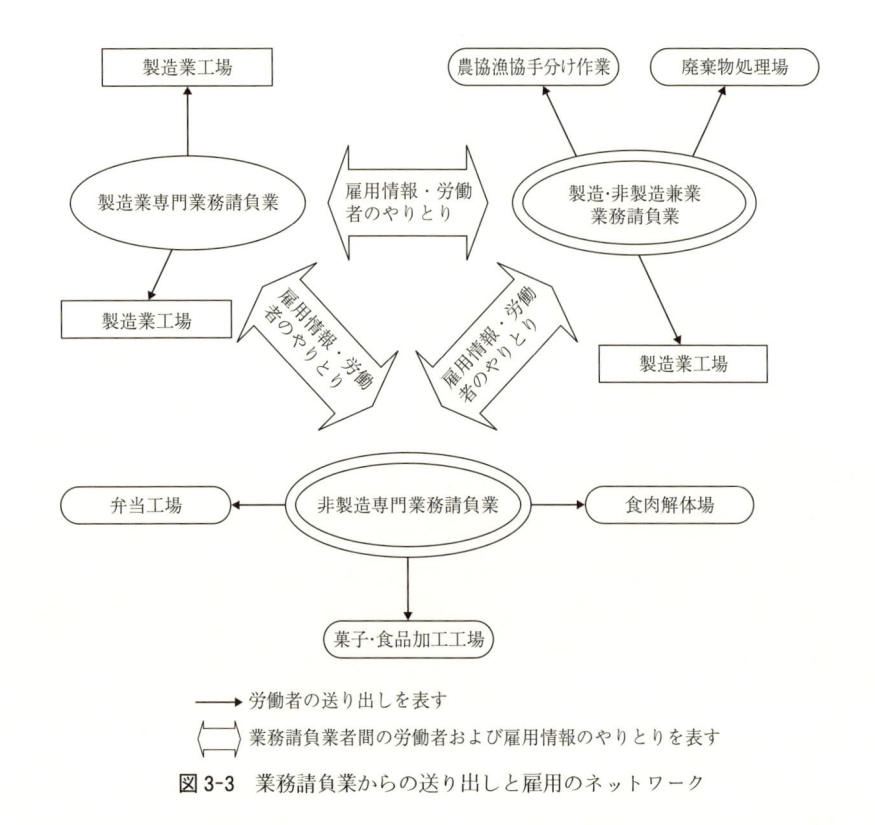

```
                  製造業工場
                      ↑
                      │
              ┌───────────────┐                        農協漁協手分け作業   廃棄物処理場
              │ 製造業専門業務  │   雇用情報・労働            ↑                ↑
              │   請負業       │ ⟵⟶ 者のやりとり    ┌──────────────┐
              └───────────────┘                    │ 製造・非製造兼業 │
                      │                            │   業務請負業    │
                      ↓                            └──────────────┘
                 製造業工場            雇          雇          │
                              ⇗  用情報・労働  用情報・労働  ↓
                                 者のやりとり   者のやりとり  製造業工場
                                     ⇖       ⇗
                                ┌──────────────┐
              弁当工場   ⟵     │ 非製造専門業務  │   ⟶   食肉解体場
                                │   請負業       │
                                └──────────────┘
                                       │
                                       ↓
                                  菓子・食品加工工場
```

⟶ 労働者の送り出しを表す
⇔ 業務請負業者間の労働者および雇用情報のやりとりを表す

図 3-3 業務請負業からの送り出しと雇用のネットワーク

　一般に日系人のデカセギであれ，日本の農村から都市への出稼ぎであれ，「デカセギ」とは地元で家族を養うのに十分な就業機会を欠くために，就業機会の多い別の地域へと一時的に移動することで職を得ることであろう．この場合，デカセギが合理的（命題 Q が真となる命題）となるためには，地元にいたのでは仕事がない（命題 p が偽）が，他の地域に行けば就労機会がある（命題 q が真）場合と考えることができる．地元に居続けた場合の就業機会の方が恵まれていて（命題 p が真），他所に働きに出たところでコストばかりがかかるような就業機会（命題 q が偽）であれば，デカセギを行う合理性がなくなる．そのため，地元で仕事があるにもかかわらず，どうなるかわからない他所へ就業を求めるデカセギ（命題 p が真で命題 q が偽となる組み合わせ），および地元にいても仕事はないけど，他所に行ったところで見込みのないデカ

セギ（命題 p が偽で命題 q も偽）は，移動することのリスクが大きい，あるいは（見込みがないのであるから）移動することによって得られる利得計算が不可能なため，合理的な経済行為とは必ずしもいえない．

　他方で，地元にいても仕事を得ることができ（命題 p が真），かつ移動しても職を得ることが可能である（命題 q が真）とき，つまり日系人のデカセギの場合であれば，南米にいても十分な就労機会があったうえで日本に来ても同様な状況が見込まれるときは，仕事を得るという点においてはどちらにいても合理的な行為となる．この場合は，単なる就労機会だけでない要因が発生して，デカセギの合理性は判断されることになる．現実に即してみれば，1980 年代半ばの南米からのデカセギが始まったころは，日本へのデカセギは就業機会を求める以外のなにものでもなかったから，南米に十分な仕事があれば，たとえ日本に仕事があっても移動は起こらなかった[8]．

　ところが，家族・友人の多くが日本にデカセギに行くようになると，デカセギに出るか出ないかは単に経済的機会の計算だけにはとどまらなくなるし，経済的機会の計算方法そのものが変化する．デカセギが長期化するにつれて，南米におけるデカセギ予備軍としてとどまっている者にとって，家族のメンバーのうち誰かがすでに日本に滞在しているケースが増加した．家族の住む住居に身を寄せることができると，日本へ渡航する時点で職がみつかっていなくても日本へ渡ることが可能となる．さらに寄宿者としてのデカセギが可能になれば，日本で生活するうえで稼がなくてはならない賃金総額も少なくてすむ（命題 q が合理的となる障害条件が低くなる）．つまり，より低い賃金でのデカセギが，すでに住居は確保されることによって，合理的な活動となるようになったのである．

　表 3-1 に示したデカセギ命題に立ち返ってこのデカセギの転換をみると，デカセギが長期化し定住化が進むにしたがって，命題 p と命題 q のあり方も変化し，その結果，合成命題であるデカセギ（命題 Q）も，従来は不合理だったものが合理的となる場合が出現してきた．すぐには仕事に就く見込みがなく（命題 q が短期的に偽）ても，長期的な視点から仕事を得る可能性があれば，これまでは不可能だったデカセギが合理的になりうる（偽であった命題 Q が真に変わりうる）ようになったのである．これらの効果が働くことで，以前で

表 3-1　条件付き命題としてのデカセギの合理性

従来のデカセギ（短期的なデカセギ）			現在のデカセギ（デカセギの長期化と定住化）		
命題 Q デカセギは合理的	命題 p 南米に職がある	命題 q 日本に職がある	命題 Q デカセギは合理的	命題 p 南米に職がある	命題 q 日本に職がある
○	×	○	○	×	○
×	×	×	×	×	×
×	○	×	×	○	×
×	○	○	△	○	○

注：○命題が真であることを示す．
　　×命題が偽であることを示す．
　　△命題は真であるときも偽であるときもあり得ることを示す．

は考えられなかった場合，つまり南米にいても職をみつけることが難しいが日本に来たところであまり見通しがあるわけのない者のデカセギ（命題 p が偽で，かつ，命題 q も偽である命題 Q）も合理的なものになったのである．これらの結果，日系人のデカセギ現象の長期化は社会環境を変化させ，デカセギの経済的合理性の変化をもたらした．その結果，多様なデカセギ＝様々なデカセギ派生体を生み出すことになった．

4. デカセギ日系人の媒介者

　デカセギの多様化は，使用者である業務請負業者の，労働者の変化への対応によって，よりいっそう複雑性を増幅させる．このことによって地域的にも職種的にもより広い範囲へと日系人労働者の雇用が拡大していく．本節では，業務請負業者によるデカセギ労働者の変化への対応によって，デカセギがどのように変化したのかを検討する．

　日系人の多く就労する部門として自動車や電機といった基幹産業への送り出しがよく知られている．こうした部門へ送り出しが集中するのは，日系人の多く居住する地域で売られている日系新聞（*International Press*, *Tudo Bem*, *Nova Visiao*, *Folha Mundial* 等）に全国各地の募集広告が掲載されていて，日系人労働者が少しでも時給がよいところに広い範囲で移動するため，ほぼ全国一律の賃金相場ができているからである．1997 年から 2000 年にかけては男子労働者が時給として 1,300-1,400 円／時，女子でも 900-1,100 円の給与が賃

金相場となっている（2007年では男子1,200-1,300円／時，女子850-1,050円／時が相場になっている）．この賃金を払いうる職場となると，生産性の高い産業に限られてしまうことはいうまでもない．ところが前節で述べたように，短期的には仕事がないにもかかわらずデカセギにくる者，低い賃金でも働く者が出てくるようになると，業務請負業者は，以前は日系人の高い時給ではコスト割れしてしまい参入できなかった新しい職種に労働者を送り出すことが可能になる．

先に図3-3で示した業務請負業者間を取り結ぶ労働者の移動と，業務請負業者から労働者の送り出しを受ける職場は，実は賃金相場以下で働く者がでてきた後の状態を表している．この賃金相場以下で働く者がどのような労働者であるのかを検討しておかなくてはならない．日系人労働者の賃金と就労機会の階層性を考えると，①賃金が高く雇用機会も多い力仕事もこなせる男子の労働者，ついで，②男子より賃金は低くなるが雇用機会は男子以上に多い女子の若年労働者，③壮年労働者，そして，④高齢者ということになろう．住居を家族とともにするデカセギが増えてくると，賃金額が相場より劣る条件でも募集できる③壮年労働者および④高齢者に相当する人びとが存在するようになる．低い賃金で雇用できるから，これまでよりも請負単価の低い職場でも利潤が出せるようになり，業務請負業者は今まで以上に送り出し先を増やすことができるようになるのだ．こうして拡大した送り出し先が，コンビニ向けの弁当工場，農協や漁協，産業廃棄物処理場といった職場である．

賃金の多様化と職場の多様化は労働者サイドのデカセギのあり方にも影響する．日本人のパートタイマー労働者と同じ論理，すなわち，従家族者として，家計にとって補助的な収入が得られれば合理的とするデカセギ労働者の日本滞在を可能にし，「世帯としてのデカセギ」という形態を生じさせたのだ．日系人労働者は頻繁に移ることによって全国一律の賃金率を形成したが，業務請負業者は従家族者の雇用を用意することによって，請負単価の高い雇用に就く労働者の定着をはかろうと努める．仕事のできる労働者の定着率を高めることは，請負業者にとって，送り出し先企業からの信用を高めることになるからである．たいていの受け入れ企業は複数の請負業者から労働者の送り出しを受けているから，他社との競争を勝ち抜くうえでの重要なモメントとして，職場の多様化

居住者

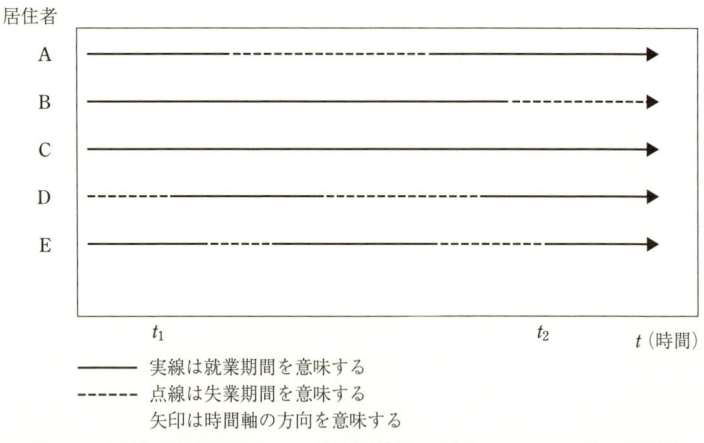

```
A ————————————————————————————————————→
B ————————————————————————— - - - - - - →
C ——————————————————————————————————→
D ———————— - - - - - - - - - - ——————→
E ——————————————————————————————————→
     $t_1$                    $t_2$      $t$ (時間)
```

——— 実線は就業期間を意味する
------ 点線は失業期間を意味する
矢印は時間軸の方向を意味する

図 3-4　任意の時点における日系人労働者の住居シェアリングの概念図

は結果として労働者の定着率の上昇を引き起こす限りにおいて請負業者にとって必要な戦略になる[9]．

　これらの結果必然的に生じるのが，居住をともにする間柄でのセーフティネットである．人間社会では，親が成人するまで子どもを扶養し，やがてその子どもが大きくなって自分の子どもを扶養すると同時に働けなくなった親をも扶養することは普通にみられることである（橘木，2000）．これは家族というメンバーシップの中で，賃金を獲得する成員が賃金を得ることのできない世代を扶養する，私的セーフティネットの原型のようなものである．このタイプのセーフティネットが短期のタイムスパンのなかで成立するようなメカニズムを日系人の居住様式にみいだすことができる．直接雇用であれ間接雇用であれ，短期の有期雇用を基本とする日系人労働者には，突然の解雇の危険がつきまとう．日系人を雇用する請負業者は寮に労働者を住まわせるが，自社から働きに出ている者がいて，その者が寮費を払っている限りにおいて他者が居住することを容認する．これによって，請負業者も取引先からの突然の増員要請がかかったときの予備軍を手にすることができるからである．

　日系人労働者の寮におけるセーフティネットの概念図を図3-4に示した．図3-4は，便宜上5人の労働者がひとつの寮に居住している場合を考えている．これまで説明してきたことをこの図でいえば，たとえば t_1 時点では，A，B，

C，およびEは働いているが，同居者の中でDは失業中である．ところがt_2時点になると，A，C，Dは働いているが，BとEは失業中ということになる．失業が頻繁に起きる中で，同居者が家賃を払っている限りにおいて失業者も住居を失うことのないシステムができているのだ．日系人の寮は，失業とともに訪れる住居喪失というリスク回避のために，主たる稼ぎ手となりうる複数の労働者による世帯，あるいはそれに従たる稼ぎを目的とする労働者が加わった世帯を構成することでセーフティネットの機能を果たすようになる．2003年，2004年ごろから日系ブラジル人による日本での住宅の購入が目立ってきている．今ではブームとなっていると言ってもよいぐらいだ．多くが地方都市での中古住宅の購入だが，新築戸建住宅や都市部でのマンションの所有もでてきた．この場合，三世代同居で孫世代が働く例はみたことはないが，親世代，子世代の二世代が働き手となっていたり，親戚と一緒に購入していたりする例が多い．そのため筆者は，日系人による日本における住宅の保有をセーフティネットの一形態と考えており，このことがただちに永住化・定住化の進展を示すものではないと考えている．

このデカセギ雇用の多様化の結果として，デカセギの初発において見通しのないデカセギも頻繁に起きるようになった．家族や親族，さらには知人との再結合としてのデカセギである．これによって日本での就労は，「デカセギの過剰消費性向」化とか「生活エンジョイ型」への転換，あるいは「消費志向への転換」と呼ばれるような事態を迎えるに至った（イシ，1995；森，1993；1995a）．だが，これらの結果によって，デカセギ一般が変化したと考えるのは尚早であろう．目的をもって働いている旧来型のデカセギから，必ずしも主たる稼ぎ手となることを欲しないデカセギにまで多様化することによって，日系人のデカセギの本質が見えにくくなっただけなのである．

業務請負業者は，こうした労働者の変化をも取り込んでビジネスチャンスを拡大している．図3-4のように住居をシェアリングすることが可能になると，デカセギにきた者すべてが，家族を養うに足る収入を稼ぐ必要はなくなる．主婦や高齢者を帯同するデカセギが稼ぎ手に負担になるのではなく，むしろ失業の際のセーフティネットを提供するようになったのである．バブル経済期における絶対的人手不足の時代から景気後退期にかけての日系人雇用において，こ

うした変化は労働者にとっても，請負業者にとっても都合のよいものであった．

5. セーフティネットとコミュニティ

　論じてきたように，外国人の就く職種の多様化は，外国人労働者のセーフティネットの進化でもある．日系人の場合であれば，業務請負業者と日系人労働者は相互に相手を資源としながら，業務請負業者は事業範囲（送り出し先）の拡大を，労働者は短期雇用のなかでの安全弁の確保をはかってきた．こうした業務請負業者と労働者の双方の変化を受けて，労働力を受け入れる生産現場もまた変化する．労働者の受け入れ企業は，ライン請負を名目に，目的意識をもっていない労働者を排除（解雇）する．請負業者に労働者を代えるように指示するときもあれば，職場にいづらい雰囲気をつくって労働者が自ら辞めていくようにしむけるときもある．このようにして，労働現場には，労働者選別のメカニズム＝労働者の変化へ対応するメカニズムがきちんと働いている．

　ところが，外国人が居住する地域や地方自治体は，企業と違ってだれを住まわせるかを意思決定することはできない[10]．ここに企業にとっての雇用からみた外国人労働者の有用性と，地域社会にとっての外国人居住との間にギャップが生じる．このギャップが起きるメカニズムは単純なものである．外国人のセーフティネットは短期的には固定されたメンバーシップとして成立しているが，不安定な雇用を前提とする外国人の雇用形態からすると，中・長期的には絶えずメンバーを入れ替えないと成り立たないネットワークである．日系人労働者の場合にもっとも典型的に表出する，「顔の見えない定住・定着」とも言うべき現象である（丹野，1999a；2000a）．「顔の見えない定住・定着」とは，そこに日系人は住んでいるけれども，名前をもち，顔を識別できる関係性として捉えられない状況を地域に生み出していることを指す．このような状況は，社会のいかなるしくみによってもたらされるのだろうか．

　筆者は生産活動の論理と地域・生活空間の論理との間のずれからこのギャップにアプローチできると考える．経済的活動である生産活動は，主体としての人間（以下，個人と表記）が道具を使って労働対象に働きかけ生産物やサービスをつくりだす活動である．だがこの生産活動は，個人が社会から隔離されて

行っているのではない．個人は組織の中で，組織のルールにしたがって生産活動に従事しているのが普通だ．個人が，どのような労働対象に働きかけるかは，個人が所属する組織のなかの組織内分業で決定される．そして，個人の所属するある組織（具体的には個別の企業や公的団体）がいかなる生産物を生産するかは，当該社会の社会的分業の状態によって決定される．これらの関係性の中で生産活動は遂行され，活動の所産として，財やサービスをつくりだす（Engeström, 1993；1999；Kuutti, 1996；西山，1997）．現在の生産活動とは，生産活動の所産である生産物やサービスを将来の原材料として用意することであるし，また，同時に過去の生産活動の所産である生産物やサービスを原材料として用いたことの結果である．生産活動（これは同時に再生産活動でもある）はこのように循環過程的に再組織化されている．こうした関係性を示したのが図 3-5(a)である．

　ところで，個人の生活は生産活動のみによって占められているわけではない．長期的には次世代を育て，短期的には翌日の労働力を回復する生活空間での非経済活動がある．生活空間でも，個人は単独で存在しているわけではない．地域コミュニティにおける個人は，フォーマルな組織である住民自治会の一員であったり，PTA の一員であったり，さらには組織ではないが近隣者との一定の関係性の中で生活者として暮らしている．個人と地域コミュニティとの間には，同じ生活者としての共通のルールが存在している．個人としての地域住民の集合体として形成される地域コミュニティは，地域をめぐる紛争があると，行政機構に問題の対処・解決を要求する．地域問題（社会問題）は住民が直接行政に働きかけた結果であるばかりか，両者の間が新聞やテレビといった言説の世界に架橋された結果でもある．そして地域問題は現在の地域社会のアウトプットであるが，将来の地域社会の解決すべき課題として経済活動の所産である財やサービスと同様に将来へのインプットとなる．この生活空間での非経済活動を示したのが図 3-5(b)である．

　経済活動と非経済活動は社会の両面として機能している．社会は経済活動のアウトプットを次の社会へのインプットとして消費することで再生する．経済活動の結果は，生産財として経済活動の再生産に使われると同時に，生活空間での消費財として人間の再生産にも用いられる．そして経済活動と非経済活動

図 3-5(a)　経済活動の基本構造

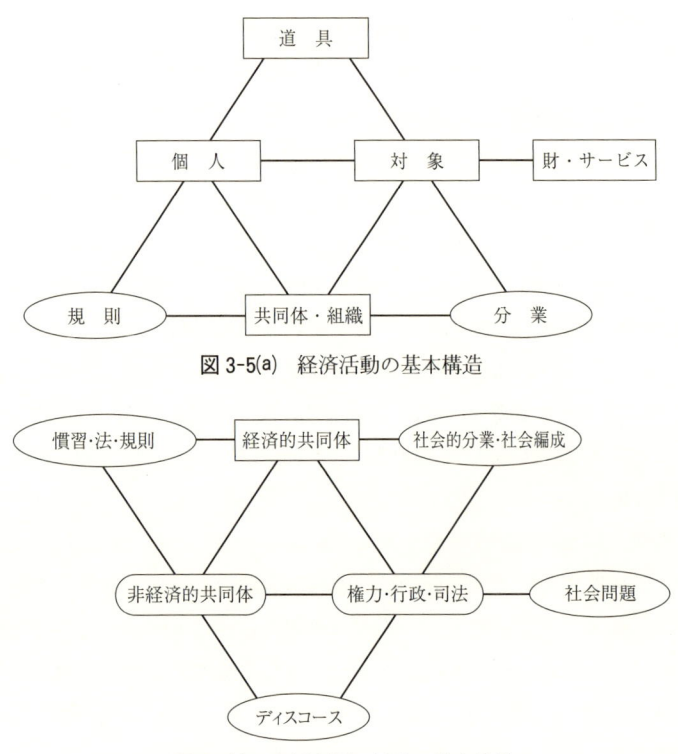

(道具／個人／対象／財・サービス／規則／共同体・組織／分業)

図 3-5(b)　生活空間の活動の基本構造

(慣習・法・規則／経済的共同体／社会的分業・社会編成／非経済的共同体／権力・行政・司法／社会問題／ディスコース)

はそれぞれが地域・社会問題を引き起こしながら，その問題を次の社会の解決課題として取り込みつつそれぞれの活動を行っている．つまり図 3-5(a) と図 3-5(b) は上部構造と下部構造として一つの社会構造を形成している．これを示すのが図 3-6 である．

　このような構造の中で業務請負業者を企業と労働市場の接点，つまりインターフェースとしつつ，企業は労働力を取り込んでいる．中間組織（業務請負業者）は，単に産業社会にフレキシブルな労働力を供給するだけでなく，企業環境に適応する労働者を市場に迎え入れるゲートキーパーの役割を果たしている．問題は，必要なときに必要な労働力を企業が手に入れるためには，当該地域社会に外国人が居住していることが必要条件になるということだ．フレキシブルな労働力は，地域社会への外部不経済があって初めて実現可能になるのだ．こ

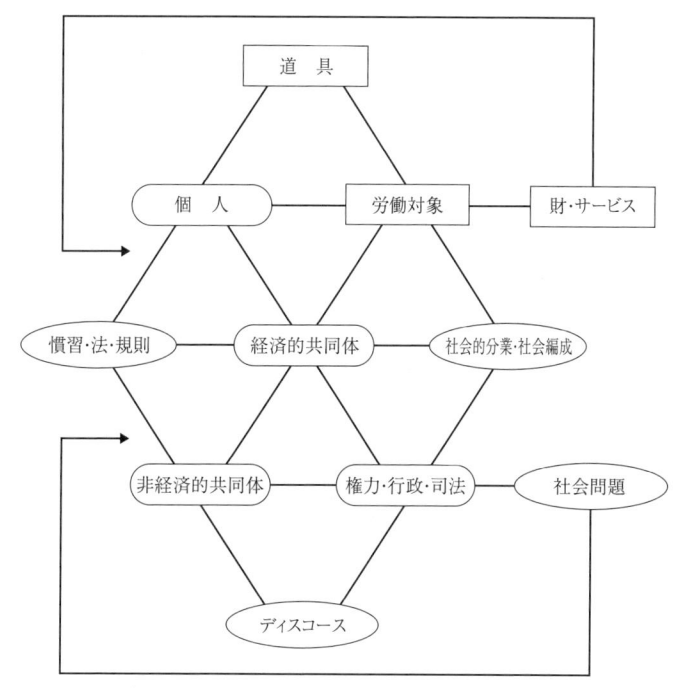

図 3-6 社会問題も含む活動の再生産構造

のことが地域社会に負担を与えると同時に，外国人にも，私的なセーフティネットにしか頼ることのできない状態におくことで，著しい負担をかけているのである．

6. 労働市場と生活様式の相補性

外国人労働者は日本の中にどのように広がってきたのであろうか．滞日外国人人口の増加は，単純に外国人を雇用する企業が増加してきたことを意味しない．先月まで外国人を雇用していた企業に，来月も外国人労働者が雇用されているとは限らない．個別企業レベルでみれば外国人労働者は出たり入ったりしながら，地域全体として外国人労働者を雇用する企業総数が増えていくのである．一度雇用したからといって，外国人雇用を個別企業がそのまま用い続けることはない．企業にとって外国人雇用は様々な選択肢の一つに過ぎないからで

ある.

　日本経営者団体連盟（以下，日経連）は1995年に「新時代の『日本的経営』」として，これまでの終身雇用制を中心にした企業組織から，派遣社員，出向社員，そしてプロジェクトごとあるいは一定期間のみの契約社員が終身雇用の正社員とともに働くことで，雇用の安定をはかりつつフレキシブルな企業組織への転換が可能であること，またこの転換を企業社会は必要としていることを訴えた（日本経営者団体連盟，1995）．このような経済環境に合わせたフレキシブルな職場組織は，内部労働市場と外部労働市場の組み合わせによってつくりだされるわけだが，日経連はこれを「雇用ポートフォリオ」と呼んでいる．日経連が進めようとしている雇用のポートフォリオ化は，ホワイトカラーの正社員部門においてである[11]．現業職はもともと重層的な下請構造が発達しており，正社員（本工），下請からの応援要員，期間工・季節工，パートタイマー，社外工が同じ職場で働いていることを鑑みれば，すでにポートフォリオ化が完成しているといってよい．

　この雇用のポートフォリオ化の結果としての外国人労働は，景気の良し悪しという経済環境により影響を受けると同時に，他のポートフォリオ労働力との競争にさらされている．バブル経済期の絶対的な人手不足の時代にあっては，雇用のポートフォリオ化が進んでいても，他のポートフォリオ労働力と外国人労働者が競争させられることはなかった．だが近年，状況が大きく変わってきたのである．

　少子高齢化の進行は，長期的には労働力人口の減少をもたらすものであるから，外国人労働力の需要を高めているかもしれない[12]．しかし，現在行われつつある年金の支給開始年齢の引き上げに伴う定年延長や再雇用制度の導入によって，この新しい制度で働く労働者の雇用確保のために，親会社は下請に回す仕事を減少させたり，新たに請負業部門を設立し高齢者の生産現場への送り出しを始めたりしている．下請への発注量の減少や高齢者の請負労働力化は，外国人労働者から仕事を奪うような結果，つまり外国人労働から日本人労働へのシフトを引き起こしている．

　同じことは，女子労働においても顕著にみられるようになってきている．「雇用不安」ともいわれる雇用の流動化が進行する中で，世帯の主たる稼ぎ手

であった夫の仕事にリストラの心配がついて回るようになった（野村，1998；八代，1999）．その結果，家庭の主婦層が労働力市場に出やすくなってきている．さらには，1999年に男女雇用機会均等法（以下，均等法）の完全施行が始まることによって，女子労働者の深夜労働も可能になった．企業のなかにはこうした変化を見据えて女子でも働きやすいような治具や軽い力で操作できる工作機械を開発し，女子労働者だけの期間工ラインを新設するところも現れてきている．

　パート雇用で外国人労働者より総支給額を抑えられる労働力が存在したり，男性の職場であった部門の職場環境を均等法の変化を機に整備し，労働力募集対象を女子に広げたりすることで労働力資源が増加すると，当然，企業は企業活動に有利になる資源を用いるようになる．こうして日本人労働力が外国人労働力にとって代わる動きが見られる．これはある周辺労働が別の周辺労働に置き換わるということであり，具体的には高齢者，女性，そして外国人という不安定就労部門間での競争となるのである[13]．

　経済環境が変わり，労働市場での外国人労働者が企業にとって複数ある資源の一つに過ぎなくなると，労働者の生活スタイルにも大きな変化が生じてくる．人手不足で，外国人労働者に頼らざるをえない状況下では，企業は外国人労働者をいかに定着させるか，ということに関心をもたざるを得ない．ところが，企業にとって外国人労働者が選択肢の一つになってしまうと，企業はその時点その時点でより有利な選択肢を用いることを選好するようになる．こうなると，ある時点の最も有利な選択肢を選ぶうえで，外国人労働者の定着は，企業にとって最適な企業行動の制約要因になってしまう．多様な選択肢があるときには，むしろ定着しない外国人労働者のほうが，企業のおかれた社会的文脈に合っているのである．

　これまで論じてきた外国人労働者の多様化は，こうした産業社会の変化の裏返しでもある．たとえば，日系人労働者の場合，安い賃金でも一所懸命働く外国人労働者という評価から，わがままな労働者，あるいは日本人と変わらない労働者へ，と使用者側の評価の転換がはっきりとみられる．このような労働者の変化について筆者たちが行った調査（梶田編，1999）では，①日系人の就労が始まって10年以上が経過する中で労働者の世代がかわったから，②長期に

日本で働いているうちに日本の知識が増えたから，③家族で生活をするようになったから，④送金や貯金を目的としたデカセギから消費を楽しむデカセギに変化したから，といった理由を個別の使用者はあげた．なるほど，デカセギ者の世代交代はみられるし，デカセギの長期化やリピーター化を通して様々な職場で働いた経験の蓄積もみられる．労働者として働こうとする親兄弟を呼び寄せるばかりか，妻子を呼び寄せることで生活の場が完全に日本に移ってしまったデカセギ世帯も少なくない．その結果として，従来の貯蓄・送金型のデカセギから日本での消費志向が強いデカセギへの変化がみられるようになった．

　これらは確かに労働者の変質であるかもしれないが，その背後に労働市場の変化があることを見落としてはならない．労働市場は明確な目的志向をもったデカセギ労働者より，即時的な消費を楽しむような労働者を求めるようになったのだ．別の雇用手段にとって代わられるかもしれない雇用は，常に失業のリスクを負っている．失業を受け入れることのできる労働者でないと，このような雇用環境の中で就労しつづけることができない．では，失業を受け入れることのできるパーソナリティとはいかなる生活態度に帰着するのだろうか．

　出身国への送金，あるいはいつか帰国する日に少しでも多くの貯金をもち帰ろうとする者は，目的達成を少しでも早めるために消費を少なくして労働時間を多くし，なるべく失業する機会のない職に就こうとする志向をはぐくむ．だが，常に失業のリスクが存在する中では，所期の目的を捨て，失業とともに生きることを選択せざるをえない．また，失業が確実に訪れる環境では，送金・貯蓄という目的達成を志向する労働者は働く意志を失い市場から退出するか，消費を目的とするデカセギに変質させざるをえない．当初より日本で消費することが目的の労働者は，仕事の成果である消費自体が目的であるから，失業のリスクがあっても日本で働きつづけることができる．こうして労働市場全体から，勤勉・勤労性向の労働者が少なくなり，一見するとデカセギの無目的化＝消費を目的とする労働者が目立ってくることになる．

　だが実は，こうした労働市場の変化は，これまでの説明からわかるように，同じ経済的環境を背景にして同時代を生きる，企業，日本人（正社員，高齢者，女子労働者），それに外国人労働者という各行為主体がそれぞれ自律性をもちながら，それぞれが環境に合わせて行動した結果なのである．ここに，外国人

労働者の生活様式の変化と労働市場との間に，相補性があることを読み取れるだろう．

外国人労働者の変化は，ともすると滞在期間およびデカセギ経験の増加に伴った労働者の側の変化から説明される（森，1995b）．もちろん，労働者の行為様式が変わったことは間違いないことである．だが，そこには，こうした労働者個人の行為の変化に方向性を与えた社会的文脈があることを見逃してはならない（Lave, 1993 ; Nardi, 1996）．本節では，外国人労働者の勤労志向から消費志向への変化に，外国人が就労する労働市場環境の変化があったこと，および，消費志向へ向かう生活様式の変化が，企業，日本人，そして外国人労働者の各行為主体間における相補性の結果であることを指摘した．こうした環境の変化と行為主体間の相補性を考慮すれば，非合理的になったかのようにみえる日系人労働者の変化が，むしろ変化した環境の中での生き残りに適したものであったことが理解できるのである．

7. 資格外就労者のネットワークの変化と生活環境の相補性

資格外就労者を取り巻く環境は，日系人労働者のそれとは大きく異なる．合法就労者である日系人の場合のように，公的セクターとしての公共職業安定所や日系人雇用就労安定センター，私的セクターとしての業務請負業のようなフォーマルな組織を媒介にした職業移動・転職システムに頼ることができないという点で彼らには共通点があり，ネットワークがある種のキーとなっている．そこで本節では，ネットワークとしてみたときの資格外就労者の労働市場を，筆者がこれまで行ってきたパキスタン，バングラデシュそしてイランからの労働者の例から考えてみたい．

さて，日系人と資格外就労者では労働環境が大きく異なると述べたが，これは職業移動・転職の仕方に差異が存在することを指摘したのであって，日系人と資格外就労者が同じ就労システムのもとに置かれることがあることを排除するものではない．実際に，日系人と資格外就労者が同じ職場で働くことはあるし（五十嵐，1999），日系人と資格外就労者の双方を送り出している業務請負業者やブローカーも存在する[14]．だが，資格外就労者を送り出している業務請

負業者やブローカーは，労務管理上の問題もあって，特定のエスニック集団のみを対象にする傾向がある．そのため，労働者は，いったん失業すると別の請負業者やブローカーへの転職が難しい．特にカースト制度のある国からの労働者の場合，ナショナリティにおいて同一であっても，異なるカーストに属する労働者間ではコミュニケーションをとろうとしないし，カースト上の地位によっては，日本人との接点を務める通訳スタッフからの職場における指揮命令を拒絶することもある（筆者はネパール人の資格外就労者でこのような行為をして解雇された者を知っている）．資格外就労者を送り出している請負業者はこうした文化を経験的に熟知しており，言語だけではなく宗教的・文化的背景を等しくする集団から労働者を集めている．

ところで，請負業から資格外就労者が送り出されている場合があるとはいえ，資格外就労者の職業移動・転職は日系人の場合に見られた属性（日系人のビザステータス）による労働市場での移動ではなく，ネットワークを中心にした移動によって職が確保されているという特徴がある．そこで，このネットワークが媒介する職業移動・転職システムを考察する必要がある．筆者は，地縁・血縁を基礎につくられることが多く，異国の地における宗教的連帯や金銭を取って仕事を紹介する市場的関係を含む「外国人労働者の側がつくりあげたネットワーク全般」を「エスニック・ネットワーク」と定義する（丹野，1998）．このエスニック・ネットワークから資格外就労者の移動を考えてみたい．

資格外就労者の移動には，ホスト国内における連鎖移民（chain migration）とも言うべきメカニズムをみることができた．帰国のため，あるいは他の職場をみつけたために仕事を移る労働者がでると，空いた仕事が雇用情報として地縁・血縁のある仲間に伝えられる．そして，そこに新しい労働者が収まる．これは転職者がでたときだけではない．仕事量が増えて追加の労働者が必要なときにも，雇用情報が流されて必要な労働力が集められる．

労働者の移動あるいは仕事の増加によって空き雇用が生じると，事業者は自社で働いている労働者に，「誰かいい人がいないか」と声をかける．この声をかけられた労働者が，地縁・血縁のある者を呼びこむのである．こうしてみると，資格外労働者の転職は，新たに採用された労働者が事業者に選択されたのではなく，実は，新しい労働者を呼びこんだ労働者が選択された結果というこ

とがわかる．このような移動を「間接信用」に基づく移動と定義する．

　エスニック・ネットワークの中には，職を求めている労働者に雇用情報を売っているエスニック・ブローカーもいる．このエスニック・ブローカーを通しての移動も，まったく同じ間接信用に基づく移動である．事業者がエスニック・ブローカーに労働者を必要としていることを伝えると，エスニック・ブローカーは雇用情報を商品として仕事を探している労働者に売る．もちろん，最終的には事業者が労働者を面接して，採用か，不採用かを決定する．だがこの場合も，事業者の労働者の選択に当たって，まずエスニック・ブローカーが事業者に選択されている．ブローカーを通しての職業移動でも，誰からの紹介であるのかが大きなウェイトを占めているのである．

　もちろん資格外労働者の移動は，間接信用に基づく移動のみで成立しているのではない．使用者と対立し仕事を辞めざるをえなくなったときに，地縁・血縁者からの誘いを待つことをせずに，あるいはエスニック・ブローカーを用いないで，求職者が自ら職探しをすることがある．この場合，仕事を探している労働者は，企業に飛び込みで「雇ってくれないか」と交渉を行うことになる．たまたま労働者を探していた雇用者に出会えるか，そうした雇用者に出会えたところで労働者の希望する賃金の仕事があるか，といった偶然的要因に労働者の移動の可否は左右される．もし労働者が雇用先をみつけ，そこで事業者の信用を勝ち取ることができれば，エスニック・ネットワークが新しい雇用マーケットを開拓する可能性を開く．

　ここでエスニック・ブローカーを媒介にした転職がどのように行われているのか具体的に検討しておこう．エスニック・ブローカーは，仕事を求める労働者から電話を受けると，相手がどのような仕事を求めているのかを聞く．このときに問題となるのは求職者がいくらくらいの賃金の仕事を探しているのか，どの地域で働きたいのか，といった事柄である．エスニック・ブローカーが求職者の希望する雇用情報をもっていれば，雇用情報の受け渡し力の相談が行われることになる．雇用情報としては，たいてい複数の仕事場が伝えられる．それは第1に，事業者が面接にきた求職者を確実に雇用する保証がないこと，第2に，事業者が複数のエスニック・ブローカーに声をかけていることが普通であって，他からも求職者がきている可能性があるなどの要因が重なった結果

表 3-2 エスニック・ブローカーの職業紹介料

情報料（円）	パキスタン人ブローカー							イラン人ブローカー		総数
	Pa1	Pa2	Pa3	Pa4	Pa5	Pa6	Pa7	Ir1	Ir2	
30,000 以下	○	○						○		3
30,000 以上 50,000 未満		○								1
50,000 以上 80,000 未満	○		○	○	○				○	5
80,000 以上 100,000 未満			○	○						2
100,000 以上 150,000 未満			○			○	○	○	○	5
150,000 以上		○								1

注：Pa1, Pa2……Pa6, Pa7 は，聞き取りを行ったパキスタン人ブローカーの各グループに番号を振ったものであり，Ir1, Ir2 はイラン人ブローカーに同様に番号を振ったものである．

である．ともあれ複数の雇用情報が，金銭と引き換えに求職者に伝えられるわけだが，この場合の支払方法は後払いである．後払いになるのは，雇用情報にしたがって使用者に面接に行っても，面接の結果，使用者が断る可能性があるからである．また，教えてもらった雇用情報のすべてを回っても職がみつからないときもある．この場合は，再度連絡すると追加の雇用情報が再び複数伝えられる．

筆者は 1995 年から 1999 年までにパキスタン人ブローカー 7 組とイラン人ブローカー 2 組に聞き取りを行ってきた．表 3-2 はこれまでに聞き取りを行ったエスニック・ブローカーが求職者から雇用情報と引き換えに受け取る紹介料の額を示している．エスニック・ブローカーが求職者に求める情報料は決して安価ではない．情報料の差は，情報料と引き換えに求職者に渡されるリストに何社の応募先が書かれているかでまず決定的な違いがある．表 3-2 で言えば，100,000 円以上の情報料の場合では，5 社以上の連絡先が書かれていた．また，賃金の高い雇用先情報もまた，相対的に高い情報料を要求される．ブローカーによっては，その会社に雇用されたら獲得することができる月給の半額を目安に，雇用情報の値段を設定していた．

エスニック・ブローカーへの支払いが後払いとなるため，ブローカーは求職者がそのブローカーからの雇用情報で職を確保したにもかかわらず，ウソを言って情報料を払わないで済まそうとする裏切り行為を監視しなくてはならない．そのためエスニック・ブローカーは定期的に取引先の企業を回って，新たに労働者の募集を行う必要がないかと御用聞きをしながら，取引先である事業者と

求職者の裏切り行為を見張っている．しかし，この監視行為によって資格外就労者の労働市場は，常に労働力需要が雇用情報へと転換されて求職者へと伝えられ，労働力の需要と供給が結びつくメカニズムになっている．

　資格外就労者の職業移動・転職システムには多くの類似点があった．第1に，地縁・血縁者を中心とした呼び寄せとこれらの人びとの間での仕事の紹介が頻繁にみられた．第2に，帰国者が日本に滞在し続ける地縁・血縁者の本国への送金役を担うことが多かった．第3に，ビザの相互免除協定の停止による国外からの同胞の流入が断たれると，ブローカー以外の就労経路が難しくなったことである．

　入国者の流れと出国者の流れが同時に存在していたときは，出国者が就いていた仕事を入国者にわたし，さらには出国者が地縁・血縁者の貯金を預かり出身国へ持ち帰る送金役を担っていた．これは銀行から外貨送金や郵便為替で送金するよりも，現金の米ドルを持ち込む方が，日本で働いて得た賃金を目減りさせないで済むからであった．入国者の流れと出国者の流れが同時に存在することで，エスニック集団内での雇用の確保と出身国への送金が同時になされていたのである．ビザの相互免除協定の停止（パキスタン，バングラデシュとは1988年，イランとは1992年）は，このメカニズムを根底から破壊することになった．地縁・血縁者を頼りに獲得していた雇用情報では，出国者だけの流れになって自身が所属するエスニック集団の規模が小さくなると，失業期間が長くなるようになる．ネットワークを通して集められていた雇用情報が，メンバーが減ることによって減少し，機能を果たせなくなってきた．と同時に，事業者から人集めを依頼された者たちは，雇用情報があっても，それをわたすメンバーがいないという事態に直面することになった．ある種の雇用のミスマッチである．これを解決したのが，エスニック・ブローカーである．彼らは空き雇用を金銭と引き換えの雇用情報に転換することで，地縁・血縁者に頼っていたのでは結びつかなくなった労働力の供給と需要を再結合させたのである．

　ブローカーによる雇用情報の提供は労働力需給を一致させる機能を有するが，エスニック・ネットワークが果たしていた出身国への送金という役割を担うものではない．この部分を埋めたのが送金ブローカーである．雇用情報がブローカーによって媒介されるようになると，雇用と対になっていた送金についても

ブローカーによって媒介されるようになった．送金ブローカーは「地下銀行」と呼ばれることもある．地縁・血縁者の互助的な職業照会と送金行為が困難になった状況下で，ブローカーがこれらの機能を果たすことでデカセギとしての資格外就労の外国人労働を可能にしたのである．職業紹介と送金は，生活コミュニティ内での互助から，サービス業としての専門家によって担われるものへと変化した．このようなサービス業は，かなり広範な展開をみせている．日本への流入者が断たれる一方で，滞在の長期化につれ日本人と結婚する者も増え，これらの人びとを中心に日本国内で事業を始めるエスニック・アントレプレナーがでてきた（樋口・丹野・樋口，1998；樋口・丹野，2000）．同胞へのサービスを中心にしたハラール・フードショップが多いが，アジアやラテンアメリカへの中古車の輸出業，さらには日本の情報を出身国に伝え，反対に出身国の政治情勢等の取材を新聞社や通信社から請け負う情報メディア事業に進出する者など，事業内容も多岐にわたってきている．こうした変化をもたらす構造的条件に，入国者の流れと出国者の流れの並存から出国者だけの流れへ，という移動ベクトルの転換が大きな影響を与えた．だが，このブローカー化・専門化の進行の背後に，ブローカーや企業家個人の滞在の長期化に伴った日本社会での関係性の増加があることは言うまでもない．

8. 結語にかえて

資格外就労者のネットワークを通した雇用は，日系人の労働市場への参入の仕方において対極的な特質をもっている．日系人労働者は，日系人という属性により，限られた労働市場のなかで誰もが雇用されうる．この意味において，日系人労働力は抽象的労働力として扱いうる．だが，資格外就労者のネットワークを通しての雇用は，誰にも開かれた雇用ではない．ネットワークという関係性の上に乗ることではじめて開ける労働市場なのである．労働市場としてみると，合法就労者の労働市場と資格外就労者の労働市場にはこのような決定的な違いがある．しかし，市場とネットワークという点で異なる編成原理でありながら，まったく同じ機能的特性を有している．それは，企業に必要な労働力のみを供給し，必要がなくなると速やかに生産点から不要になった労働力を退

出させる，という特性である．日系人の業務請負業を媒介とした労働市場と，資格外就労者のブローカーを媒介としたネットワークは，この特性のみに注目すると，サイモンが指摘するように，「内部構造は異なっているにもかかわらず，システムとしての行動はきわめて類似している」(Simon, 1996 : 16-17= 1999 : 21)．

　また，企業が業務請負業やエスニック・ネットワークおよびエスニック・ブローカーを用いるのは，それらが最善の選択肢であるからではない．企業は常にフレキシブルな労働力＝不安定就労を必要としている．業務請負業やブローカーは，ニューカマー外国人が就労する以前から，不安定就労の呼び込みルートとして企業に用いられてきた．外国人を雇用するに際して，既存の雇用システムを用いて企業は採用活動を行った．直接雇用の際には，大手企業は臨時工を採用する際のシステムを用い，中小企業は労働者の飛び込みによる売り込みやブローカーを用いた．間接雇用の際には，大企業も中小企業も請負業を用いた．企業にこうした制度が利用されたのは，これらがすでに確立された制度であり，計算可能な手段であったからだ．コストとしてすべての経営活動を処理していく企業にとって，いくらかかるかわからない新規の採用方法は選択肢として最善なものではない．最善な選択肢は計算可能な確立された手段のなかから求められる．そのため外国人の雇用システムには経路依存性（path dependence）が働いている．

　パレートは，「社会の形態は，社会に作用するすべての要因によって，決定される．一方，それらの要因に対しても，社会の形態が反作用する．それゆえ，ある相互的決定が生ずるといえる」と論じた（Pareto, 1917 : §2060=1987 : 4)．外国人労働者の労働市場あるいは就労構造にも，相互に絡み合った複雑な関係性の相互決定がミクロな外国人労働者の行為を規定すると同時に，そうした行為を行う個人によって反対に労働市場が規定されるのがみてとれる．本章でみてきたように，外国人労働者も雇用環境の変化にあわせて変質してきた．外国人労働者は一貫して周辺労働に押し込まれたままではあるが，企業が外国人労働者を用いる意味はその時々で変化し，企業サイドの変化に合致する労働者が多くなるようなメカニズムを働かせている．

　企業を取り巻く社会環境が変化すると，企業もまた変化する．これにあわせ

て労働市場に変化が起こり，そこへ参入することで賃金を得る労働者の性格もまた変わっていく．こうした連続する変化の中で，外国人労働者の地域居住問題が生起するため，地域における外国人労働者の存在は目的志向的な共生概念では捉えることができない．企業の変化により労働者もまた変化していくこうした有様は，生物学で言うところの共進化現象（井上・加藤，1993）である．共進化の結果，企業と外国人労働者，さらには両者を架橋するミドルマン（日系人の場合の業務請負業者，資格外就労者の場合のエスニック・ブローカー）の間には，一方は相手がいることによってフレキシブルな生産が可能になり，他方はそこからより高い手取り賃金やビジネスチャンスを獲得していくという「結果としての共生」が成立している．

　相互に負担をかけつつも，双方とも短期的な利得を獲得するゲームができてしまっているのである．雇用契約であれば加入しなくてはならない労働保険や社会保険負担から企業が逃れることは，社会保険が労使の折半であるため，労働者にとっても未加入のほうが手取り賃金を大きくするというメリットがある．また，正社員雇用で年功序列賃金に組み込まれるより，請負や購買費扱いの雇用から得る賃金のほうが手取り額が大きくなる．失業の危険と隣り合わせの労働市場にしか外国人労働者が参入できないでいる限りにおいて，産業社会にとっても外国人労働者自身にとっても，長期的にはリスクおよびコストの増加でしかない選択肢が，短期的には最も合理的な手段となってしまう．外国人をめぐる雇用環境はこのように構造化されているのである．

1）　厳密な意味で，中小企業から大企業への移動が閉じられていたわけではない．ここで言明しているのはもっぱら取引関係のある系列内での移動に限った話である．だが，労働市場全体に広げても，大企業から中小企業，あるいは中小企業から大企業への移動は職種を代えてのものが多く，反対に，中小企業間での移動では同一職種での移動が多いという（小野，1997）．
2）　現業職をめぐる企業間の雇用ルールのなかにはある種のカルテルのようなものを媒介にして成立しているケースをみることができる．例えば，自動車産業の場合，各メーカーの本社期間工採用担当者が定期的に会合をもち，それぞれの会社の各工場で現在何人の期間工を採用しているか，現在の募集賃金がいくらか，寮費や食費の補助をどのようにしているか，寮の広さはどのくらいであるか，といった事柄まで細かく互いの現況を情報交換している．期間工の賃金が上がりすぎた場合には，リーディン

グカンパニーから賃金を下げる．それに全社が追随することで，期間工の賃金相場を抑えるようにしたりもする．しかし，これらは紳士協定であって，明文化された合意事項ではないので，好況時などではしばしば合意にしたがわない企業が出る．そのため，ここでの合意事項がどこまで実効的な支配力をもっているかについては疑念が残る．だが，こうした会合を通じて，一社で雇用体系・ルールの見直しが起こると，他の企業にもすぐ伝わり，業界ルールが更新されうる環境をつくっているということは確かである（2000年11月および12月における自動車会社A社および自動車会社B社の本社人事部採用担当者への聞き取り調査より）．

3） このような製造業企業による南米での直接雇用労働者の募集では，企業の人事担当者が実際に南米に出向くことが少なくなかったとはいえ，実際の募集活動は現地の旅行社と提携して行うことが多かった．

4） 日本の製造業の会社がまったく募集活動を行わなくなったのではなく，長期休暇の学生を休暇の期間だけ期間工として採用する，「アルバイト」雇用と現地で呼ばれる雇用については，今も直接雇用として募集が行われている（丹野，2000b）．しかし，長期雇用・直接雇用を前提にしたデカセギについて，日本の製造業企業が直接行うことは現在ではほとんどない．なお，筆者は，日本の工場に日系人労働者を送り出している業務請負業と，ブラジルのサンパウロで業務請負業から委託されてデカセギ希望者を集めている旅行社で参与観察を行ったことがある．具体例は本書7章および丹野（2000b）を参照して欲しい．労働力の募集・配分システムがどのように行われているのかの具体例については，佐野（1996）および佐藤（1996a；1996b）を見てほしい．

5） 本章でいうところの「インターフェース装置」はハーバート・サイモンの議論によっている．詳しくはSimon（1996；1999）を参照のこと．他に組織とネットワークの関係についての考え方は，Simon（1997a；1997b），金子（1986），今井・金子（1988），塩沢（1997a）を参考にした．

6） 筆者は，事業所への聞き取りの中で，直接雇用であるにもかかわらず労働保険に入っていない外国人労働者の工場での位置づけに疑問をもった．一部上場企業を含む大企業でも，現業職外国人労働者においては労働保険・社会保険に入らず，海外旅行傷害保険ですませている企業が多かった．そのため，筆者は，労働者への賃金の支払いをどのように会計上処理しているのかたずねたところ，回答をいただいたすべてが調達部門の購買費名目になっていることが分かった．中部産業・労働政策研究会の報告書によると，工場では請負業による労働者の送り出しも各工場単位での購買費として処理されるのが普通であるという（中部産業・労働政策研究会，1998：21）．こうした工場内での経費という面から見ると，外国人雇用は直接雇用であっても間接雇用であっても，部品と同じ購買として位置づけられていることが分かる．

7） 本章で述べる合成命題，あるいは条件付き確率の考え方についてはウィトゲンシュタイン（Wittgenstein, 1921），ケインズ（Keynes, 1921），およびラムジー（Ramsey, 1990）を参照のこと．とりわけラムジーによるケインズ批判論文から，筆者はデカセギ命題を考える直接の契機を得た．また，こうした条件付確率，あるい

は主観確率の社会現象への応用については,今田高俊(1986)から学ばせていただいた.
8) 筆者と徳島大学准教授樋口直人は1998年から1999年にかけて,ブラジルのサンパウロ州,パラナ州,およびボリビアのワルネル郡に位置するコロニア・オキナワの日系コミュニティの現地調査を行った.筆者らは,日系人のデカセギでは1983年から1984年という比較的早い時期に日本で就労し,帰国の際に日本の工場から南米での労働者集めを依頼されたデカセギのパイオニアたちに聞き取りをした.彼らの話によると,1984年から1988,1989年ごろまでの初期のデカセギでは,賃金はパートタイマーと同じくらいか,アルバイトの賃金より少し低いくらいだった.低い賃金ではあっても,①ラテンアメリカのハイパーインフレのせいで自国通貨が下落し米ドルの価値が上昇したこと,②自国通貨よりも安定している米ドルに需要が集中したために闇ドル市場ができたこと,③これらによって日本での稼ぎをドルに換えてラテンアメリカに持ち帰ると財産を形成することができたことを聞き取ってきた.また,デカセギ経験者によって集められ,1984,1985年に日本に送り出された人びとが,2年間の就労の後に帰国し,何人かが家を建てた.そして1987年あたりから,デカセギは資産形成が可能なものとして一気に神話化したという(この調査結果については,**10章で論じる**).
9) もっとも,いみじくも**図3-3**が示すように,職種の多様化は一社によってというよりも複数の請負業者間のネットワーク=制度としての労働市場によりはかられている.そのため個別の請負業者だけをみると,職種の多様化にはしる請負業者と反対に得意な分野にのみ特化する請負業者の両方をみいだすことができる.
10) この節の問題意識である「メンバーを選べる企業とメンバーを選べない地域」というモチーフは,日系人の多く住むことで知られる愛知県豊田市の保見団地のある自治区長さんに指摘していただいた.
11) 日経連が発表する以前から,一部の企業グループはホワイトカラー労働者のポートフォリオ化の検討をはじめており,企業グループ全体のグローバルな展開を鑑みていくつかのシナリオを提示しながら労使間の検討課題としていた(中部産業・労働政策研究会,1994).また,このポートフォリオ化の進展具合については,日本経営者団体連盟関東経営者協会(1996)をみていただきたい.
12) このような論調の代表としては,小渕元首相の私的諮問機関であった「21世紀日本の構想」懇談会が挙げられる.この懇談会は,少子高齢化が進行していくなかで,今後の必要な政策課題として移民受け入れ政策の提言を行った.
13) 本章でいうところの女子労働とは,主にパートタイム労働を中心とする不安定就労部門の労働力のことである.これらの女子労働の位置づけについては,大沢(1993)および木本(1995)を参照してほしい.
14) オーバーステイのペルー人労働者,ネパール人労働者,フィリピン人労働者などを専門に送り出している業務請負業者が存在する.また,業務請負業とは名乗っていないが就学生として滞在している中国人専門の送り出し業者などもある.こうした資格外就労を扱っている業務請負業が成立するのは,就労機会が少ない資格外就労者の

方が，①定着率が高いこと，②労働条件・労働環境が悪くても働くこと，③賃金が安いことを取引先へのセールスポイントにしているためである．日系人と資格外就労者との両方を送り出している東京都内のある業務請負業者では，男子で日系ブラジル人が時給1,400円（請負単価，時給1,800円），ネパール人は時給1,000円から1,100円（請負単価，時給1,300円から1,400円）で工場への送り出しを行っていた．

4章　外国人の労働市場はどうして分断されるのか

1. はじめに

　1990年に入管法が改正され，外国人労働者の就労が合法化された．合法化といっても，日系人だけがあらゆる職種に就くことが可能になっただけで，日系人以外の外国人がワーカーとして単純作業に就くことは依然として認められていない．しかし，ビザステータス上は資格外就労になる外国人労働者に労働力を依存している職場も存在しており，このような外国人の就労状況は，エスニック・グループごとに，ある特定の産業や雇用セクターに集中化する傾向がみられる．このようなエスニック・グループ間での分断化が生じるのは，労働市場における雇用形態・リクルート方法と日本滞在中の労働者の集合行為に，多数者の行為パターンにしたがった方が自己の目的を達成するうえでコストを逓減することができる「戦略的補完性」の力が働いているためである．本章は，外国人の雇用形態・リクルート方法と集合行為の関係を，戦略的補完性をキーワードにして位置づける．そのうえで，日系人雇用が間接雇用に一元化していく過程で，逆に間接雇用内部で就労先の多様化が進行したことを示す．また，こうした市場に働く力によって，外国人労働者の行為にどのような違いが生じるのかを，労働組合への参加という点から考察する．

2. 景気低迷期の外国人労働者

　バブル経済がはじけて以後の失業率の増加に見られるように，景気停滞期に

表 4-1 豊田市内自動車産業における従業員規模別年間現金収入格差

(単位：万円)

従業員規模(人)	1988	1989	1990	1991	1992	1993	1994	1995	1996	1997	1998
1-3	245.7	313.0	343.4	411.4	274.8	307.9	279.2	320.8	318.2	334.0	340.5
4-9	264.5	280.4	321.4	342.7	343.6	329.7	328.5	342.5	343.2	340.4	365.6
10-19	300.5	306.2	357.4	346.1	349.3	334.1	351.7	382.5	402.8	366.5	359.2
20-29	368.1	287.4	287.4	313.7	355.2	360.6	372.2	358.7	384.5	363.9	372.5
30-49	289.0	268.8	317.0	338.7	382.5	394.6	371.3	366.2	391.5	445.6	411.6
50-99	313.4	341.8	345.4	361.7	382.9	403.7	400.0	406.2	399.1	423.3	394.9
100-199	349.2	376.8	374.9	403.0	455.5	435.8	440.1	456.3	440.0	449.3	491.9
200-299	367.9	413.2	373.3	438.4	437.7	472.7	496.2	485.0	518.4	523.6	504.4
300-499	454.4	467.8	497.6	479.2	553.2	530.4	562.3	598.3	543.1	584.9	559.7
500-999	491.7	497.3	559.4	589.8	617.6	598.3	592.2	594.2	613.4	638.5	645.6
1000以上	578.2	605.6	637.4	657.3	659.6	639.3	660.4	700.6	725.9	777.3	776.0
全体	519.3	541.4	572.1	591.8	606.6	589.5	610.9	643.6	662.6	702.8	700.7

出所：各年度版『豊田市統計書』より作成．

ある日本は必ずしも人手不足であるわけではない．しかし，そのような経済環境にあっても，外国人労働者を必要とする就労先はなくならない．これには日本の産業構造が関係している．日本の産業社会には，大企業と中小企業で賃金および労働者が享受できる福祉（健康保険や年金）に大きな格差が存在している．そのため日本で経済の二重構造というと，ピオリらのいう内部労働市場と外部労働市場という区分ではなく（Berger and Piore, 1980），大企業と中小企業の間の格差を指すのが普通である（隅谷，1966；氏原，1989）．最低賃金が地域および職種ごとに決められることからも明らかなように，賃金には地域間・産業間で違いがある．純粋に大企業と中小企業の格差を見るためには，特定の地域の同じ産業において，事業所の従業員規模で区別した場合の賃金格差をみなくてはならない．愛知県豊田市は，日本最大の自動車会社の本社があることで知られるが，ここでは市が独自の統計として自動車産業のみの経済統計をとっている．まず，このデータを使って同一産業において企業規模による賃金格差がどれほどのものであるのかを確認しておこう[1]．

表4-1を見てみよう．年度によって賃金格差の大きさに違いが出たり，企業規模によって年度間の変化が違ったりしているが，従業員1,000人以上の規模の事業所と最小となる従業員1-3人の規模の事業所とでは，一貫して2倍以上の賃金格差がある[2]．また，従業員規模50人ぐらいまでの事業所では，従業

員1,000人以上の事業所と比べて，ほぼ2倍の賃金格差が恒常的に存在しているのである．こうした賃金格差が存在するため，自社で作ったのではコストに合わないものが，下請に出すと採算の合うものになる．安い労働力を求めて海外へ工場が移転するのと同じ論理が，下請構造には組み込まれているのだ．産業構造のより上位に位置する企業は，生産性の高い仕事に特化することで，高賃金を維持しているとも言える．同一地域の同一産業内でこれだけ大きな賃金格差があるため，失業率が高くなっても従業員規模の小さい企業は必要な労働力を日本人のみでは集めることができないという状況に陥る．日本人の労働者が要求する額の賃金を出すことができないからである．景気停滞期であっても，中小企業の現業職を中心に，日本人労働者を集めることができない職場が日本には存在するのである．

　ところでこのような状況における外国人労働者というと，ともすると安価な労働者と捉えられがちである．だが，ラテンアメリカから来日した者を中心とする合法就労者である日系人の間では，日本で発行されている日系ポルトガル語・スペイン語新聞によって雇用情報があまねく広がっており，就労機会が豊富なために転職が盛んに行われることなどによって，労働者の直接受け取る賃金は平均で男子時給1,400円前後，女子時給1,000円前後と，日本人のパートやアルバイトより高い時給になっている．加えて，日系人が働く職場が長時間労働であることもあって，月に直すと，彼・彼女たちの月給は男子で30万円前後，女子でも20万円台の額となる．しかし，彼・彼女たちの賃金は**表4-1**で掲げた日本人の正社員を雇うときの費用と比較されるものである．**表4-1**の金額は現金給与額を表したものであって，企業が正社員を雇う場合に負担しなくてはならない厚生年金や社会保険といった法定福利厚生費等を含んだものではない．日系人労働者の賃金は，一見すると高い賃金のようだが，実際には法定福利厚生費等を含んでいないため安価なものとなるのである．**表4-2**は日系人労働者を工場に送り出している業務請負業者が，新規取引先への「アウトソーシング活用の提言」と銘うって事業説明のパンフレットに載せていたものである．日系人雇用が正社員に代替するものとして比較される，日系人の高い時給が企業にとっては安価なものと受け止められていることが分かるであろう．

表4-2　業務請負業者のパンフレットに見る日本人労働者
　　　（＝正社員）と日系人労働者（＝外部委託）の比較表

		正社員のコスト(円)	外部委託のコスト(円)
給　与	(100)	299,500	300,000
賞　与	(33.3)	99,833	0
法定福利費	(15.2)	45,524	0
法定外福利費	(5.2)	15,574	0
労務管理費	(2.0)	5,990	0
退職金等	(7.2)	21,564	0
合　計	(163.0)	487,985	300,000

3. 分断される外国人労働市場

　賃金格差は同じ日系というカテゴリー内部にも存在する．日系ブラジル人と日系ペルー人，さらにはラテンアメリカ以外からの日系人，例えばフィリピンからの日系人との間にも賃金格差がみられるのである．同じ日系人でありながら，労働市場が分断されているためである．外国人の労働市場が分断されているのは，労働市場が労働力供給と労働力需要の交差する観念的な場ではなく，必要とする労働力現場に労働力を配分するという，現実の社会に成立する制度であるという理由による．賃金が高くなったり低くなったりするのは，個別の制度としての労働市場の内部での出来事である．そのため同じカテゴリーである日系人であっても格差が生じてくるのである．

　日系人の就労制度からみていこう．工場等の労働力を必要とする生産点に日系人労働者を配置しているのは，業務請負業と呼ばれる社外工送り出しセクターである．製造業の工場が半年あるいは1年間の有期雇用で季節工・期間工を募集するのと同じように，工場のラインを請け負った業務請負業者が有期雇用で日系人労働者を集めて，請け負ったラインへ労働者を配置する．工場がラインを請け負わせるのは需要が変動するからであり，需要の変動に対応するために期間を定めた有期雇用の労働者が必要になるのである．このように業務請負業という具体的な制度をとおして，日系人労働者は工場に配置されていく．業務請負業者は，労務管理をすべて引き受けなければならないので，労働者の母国語ができ，工場の日本人スタッフや業務請負業者のスタッフと意思疎通を取

るために日本語ができる要員を用意しなくてはならない．たいていは，業務請負業者は日本語のできる日系人を通訳スタッフとして雇い入れて，労務管理を行うことになる．複数の出身国の者を労働者として雇うと，この通訳スタッフも複数人雇わなくてはならなくなる．そのため業務請負業者は管理コストを下げるために，送り出し労働者を特定の出身国の労働者に特化させてゆく傾向がある[3]．

　日系人労働者のなかでも就労機会の多い日系ブラジル人は，労働者の移動を防止しようという使用者側の意図から，賃金が高くなる傾向がある．これはエスニック・メディアの発達＝豊富な雇用情報の存在がおおいに関係している．対して，日系ペルー人は雇用情報も少なくなり，賃金も低くなり，就労機会も減少する．日系フィリピン人は，そもそもフィリピン出身者を雇用する業務請負業者が少ないため，ラテンアメリカからの労働者に比べて就労機会が非常に少ない．また，ラテンアメリカからの日系人労働者には見られない研修生という属性で就労する者が少なからず存在している．同じ日系人というカテゴリーでありながら，日系フィリピン人はラテンアメリカからの日系人とは就労ルートが異なるのである．

　では同じラテンアメリカから来日し，就労ルートもほぼ同じであるのに，日系ブラジル人と日系ペルー人の間で就労機会の差＝雇用情報量が違うのはいかなる理由によるのだろうか．日系人は合法就労となるカテゴリーではあるが，そのような日系人にも資格外就労者が存在する．第1が，書類を偽造して来日してきた偽装日系人，第2が四世となってしまう日系人労働者である[4]．とりわけ前者が多く存在するのが，日系ペルー人である．これには，以下の二つの点が関係している．(1)ブラジルとは査証の免除協定がないため，日本人がブラジルに行く際にもいちいちビザを取らなくてはならないのと同じように，ブラジル人が来日する際にも日本政府が要求する書類を整えてビザを取らなくては渡ってこられない．しかし，ペルーとはビザの免除協定があるため，ペルー人は観光目的であれば，特段にビザを取ることなしに入国できる．(2)第二次大戦中，ペルー社会が敵性国民に厳しい態度をとっていたという歴史的事情である．異国の社会での迫害を逃れるため，多くの日本人移民とその子弟たちは自らの日本とのつながりを示す書類を焼き捨てざるをえなかった．また，現在でも日

系ペルー社会は，その70％以上の人口がオキナワン（沖縄出身者）によって占められているが，沖縄本島における沖縄戦の結果，出身国である日本の側でも出自に関する書類が焼けてしまった例が多い．そのため，戸籍回復に時間を要すると同時に，偽造書類が発生しやすい構造的要件がペルーの日系人にはあった．実際に，どれぐらいの偽装日系ペルー人が存在するのかははっきりしていない．だが，偽装日系人を扱っていた事業所が摘発されることが何件か続いたため，大手企業や請負会社は，可能な限り摘発されることを最小化しようと，労働力需要を日系ペルー人ではなく日系ブラジル人で満たすことになった[5]．同じ日系でありながらも，雇用機会がペルーとブラジルで大きく異なることには，彼・彼女らが持つパスポートの信用度が反映しているのである．

先に簡単に説明したように，フィリピンからの日系人の賃金が低く就労機会が少なくなるのは，第1に，業務請負業や業務請負業の手足となって労働者を集める旅行業が発達していないからである．第2に，エスニック・メディアが発達していないことも大きくかかわっている．エスニック・メディアの未発達によって労働者の日本国内に入ってからの移動の可能性は制限を受ける．このようにカテゴリー上は同じ日系でありながら日系フィリピン人を送り出している業務請負業者は少なく，雇用情報が広くゆきわたらない構造下におかれているため日系フィリピン人は転職が難しく，高賃金となる請負労働力市場への参入が進まないのである．なぜ，日系フィリピン人で業務請負業が発達しないのか，という問題点については次節以降で論じる．

4. 外国人労働市場と戦略的補完性

外国人労働者の労働市場は，合法就労か資格外就労かという法律上の区分だけではなく，エスニック・グループごとに分断されたものになっている．それはいかなる理由からだろうか．どうして日系人労働者には工場へ社外工労働者を送り出す業務請負業に雇用が集中し，資格外就労者には業務請負業からの送り出しが広がらないのか．さらに，日系人労働力の中でも，なぜラテンアメリカからの日系人労働者には業務請負業での雇用が集中し，フィリピンからの日系人労働者に資格外就労者よりも賃金の低い研修生としての就労形態がみられ

るのか.

　外国人労働者の階層性は，一般には，合法的に就労できるか否かというビザステータスに求められるのが普通であろう．この場合，大多数の日系人労働者と資格外就労者の間における就労制度や賃金格差の発生は合理的に説明できる．だが，同じ日系人というカテゴリーにありながら，ブラジル系日系人とペルー系日系人の間にみられる就労機会の違い，さらにはフィリピン系日系人における研修生の存在を説明することはできない．

　筆者は，この点を「戦略的補完性」という観点から整理してゆきたい[6]．戦略的補完性が社会的に実現している状態として，よく引き合いに出されるのがラッシュアワーの駅の階段とデパートのエスカレーターである（Bulow, Geanakoplos and Klemperer, 1985；奥野，1993）．混雑時の駅の階段は，電車が到着するたびにひしめき合った状態になるが，一方は階段を上る人が多いサイド，他方は階段を下りる人が多いサイドに自然に分離する．駅員による案内放送があろうがなかろうが，ある秩序状態が自然に発生する．エスカレーターの場合も，急ぐ人用に一方が空けられると，たいていは右サイドか左サイドのどちらかが全体として空けられるようになる．

　どうしてこのような秩序が発生するのか．混雑時の駅にしろエスカレーターにしろ，その場の行為者の目的は前に進むことである．行為主体にとって人波に逆らって進むことは，行為の達成を困難にさせるという意味でコストの多い行為となる．多数者が寄っているサイドによって寄る方が，コストを小さくして前へ進むという目的を達成することができる．つまり多数者の戦略に，自らの行為戦略をあわせた方が自己の目的を容易に達成することができるのである．このように発生した秩序は，他者もまたその他大勢の戦略にしたがった結果であり，各自の行為戦略が相互補完的に相手に影響を与えた結果である．こうした相互補完性がそれぞれの意志決定の間に存在するため，個別の行為主体による意志決定は，多数派と同じ行為を意図的（戦略的）に選択する方が合理的となる．このような選択肢が戦略的補完性のある選択である．

　すでに述べたように，外国人労働者の労働市場は労働力の供給と需要が出合う抽象的労働市場ではなく，業務請負業という社外工送り出しの制度によって形成された社会的なものである．1980年代半ばにラテンアメリカからの日系

人の出稼ぎが始まった初期の頃は，業務請負業者だけでなく，製造業各社が直接にサンパウロ，ロンドリーナ，クリチバ，カンポグランジ，リマ，ブエノスアイレスといった都市に乗り込んで新聞広告等を出してリクルート活動を行ったり，現地のコミュニティのリーダーを代理人にしてデカセギ就労希望者を集めたりしていた[7]．工場という生産点に配置されるまでのルートにも，いくつかのバリエーションが存在していた．しかし，日本国内での日系人就労が一時的現象ではなくなり，常に日系人労働力が日本の中に存在するようになると，日本企業は直接採用を控えるようになってきた．もちろんこれには，バブル経済崩壊による景気後退によって労働力需要が減少し，それまで日本人労働力を集めることができなかった職場で，日本人を集めることができるようになってきたことがおおいに関係している．だが，日系人の雇用市場にも戦略的補完性が働いていることを見逃してはならない．

バブル経済期の人手不足の中では，日系人労働力を直接雇用で雇い入れ，工場の運営に必要な人数を集める製造業企業と，業務請負業を通した間接雇用で工場の必要労働力を集める製造業企業があった．日本での就労を一時的なものと捉え，少しでも早く帰国しようとするデカセギ労働者は「10円の違いでも高いほうに動く」と言われた．時給の高さに対して敏感に移動するのである．その結果，日系人の賃金は上昇し，生産性の高い職場でないと雇用できない，という状態が生みだされた．しかし，バブル経済が崩壊し，景気低迷が続くと，(1)需要全体が落ち込んだ結果，各工場が必要とする工数（工場の運営に必要な延べ人数労働力）が縮小した．またこのことが社会的な姿態として現れた失業率の上昇は，(2)企業が日本人の労働力を雇用しやすくなったことを意味する．絶対的な労働力不足のなかで，外国人労働力を用いていた規模の大きい企業では，外国人を直接雇用する必要性が減少し始めたのである．

会社名の認知が社会的に進んでいるネームバリューのある大企業は，日本人労働力で必要労働力を集めることができるようになった．だが，失業率が上昇し公共職業安定所に求職者が並ぶような事態になっても，賃金格差の大きい中小企業の生産現場は必要労働力を日本人のみで集められないでいる．景気動向に関係なく，中小企業の現業職は慢性的な人手不足に陥っているのだ．業務請負業者は，景気停滞期でも必要労働力を満たせない職場を中心に，複数の職場

に労働力を送り出している．

　また，直接雇用が減ってきたのは，単純に日本人労働力を集められるようになったからだけではない．人手不足解消を狙って外国人を直接雇用した企業で，外国人の直接雇用のコスト＝労務管理コストがさほど安くはないことが認識されるようになったことがある．必要労働力を生産点に集めるだけであれば，業務請負業を通すことで可能になり，労務管理も任せてしまえる．コスト意識が高まれば高まるほど，業務請負業への需要は高まることになる．

　問題は，業務請負業をとおしての雇用に需要が集中すると，業務請負業からの送り出し先の多様化がより一層進行することである．もともと業務請負業は，ある工場での増員と別の工場での減員を取り結ぶことをビジネスにしているため，複数の送り出し先に労働者を供給している．人手不足の時代が過ぎて，大手企業が日本人労働力を集めることができるようになると，直接雇用が減少するばかりか，賃金も頭打ちまたは引き下げ傾向となる．

　また，他方で滞在の長期化に伴う家族滞在の増加は，様々な年齢層の労働力の日本滞在をうみだす．外国人の高齢者が働くようになると，業務請負業者はそれまではコスト割れしていた職場へ労働力を送り出すことができるようになる．業務請負業者は，請負単価の高い送り出し先と請負単価の低い送り出し先を組み合わせつつ，就労可能なあらゆる年齢層を送り出せるようになるのだ．また，労働者の家族単位での雇用が可能になれば，業務請負業者もまた家族単位での移動は難しくなるから，定着率のよい労働力を確保することができるようになる．このように，日系人労働者を業務請負業者から受け入れる企業（労働力受け入れ企業）が増加すればするほど，よりいっそう日系人労働力の働く場が増えていくというメカニズムが働く．

　また，個別の企業が直接雇用から業務請負業を通した間接雇用にシフトすると，業務請負業への需要が増加し，業務請負業者数もまた増える．これによって業務請負業者間での価格競争も生じる．結果，よその企業が業務請負業を用いて必要労働力の確保をはかっていることを鑑みて，個別企業が同様の戦略をとると，業務請負業の活用という戦略をとったすべての企業は，自社だけが業務請負業を用いる場合より安価な外国人労働力の供給を受けることができるようになる．戦略的補完性がここに働いていることが理解できるであろう．この

表 4-3 日系人が用いられている市場の区分

	市場セグメント	市場の特徴	筆者の調査における事業者分布
安定雇用	①自社工場雇用	生産点を自社が経営している	4
	②製造ライン請負	製造ラインを単位に請負契約	4
不安定雇用	③工場内変動雇用 a	労働者の送り出しを取引先と契約	14
	④工場内変動雇用 b	口約束による労働者の送り出し	11
	⑤工場外変動雇用	日系人の賃金相場以下になる雇用	6

ように他社と同じ間接雇用の戦略を個別企業がとることで，請負業にとっての取引市場は広がった．市場の拡大は単なる量的な拡大だけではなく，取引先市場の多様化を生じさせ，あらゆる年齢層に就労機会を与えるようになったのである．

5. 戦略的補完性がもたらす階層性

より多くの企業が，業務請負業を活用するようになればなるほど，日系人の就労場所が多様化する．労働力の多様化が様々な年齢層に就労機会を与えることによって，業務請負業の取引市場は，表 4-3 のように，①生産点を自社で経営する自社工場雇用，②取引先工場の製造ラインをライン単位に請け負う製造ライン請負，③工場と契約を結んで労働者の送り出しを行うがラインを単位としない工場内変動雇用 a，④労働者の工場への送り出しを契約ではなく口約束で行っている工場内変動雇用 b，⑤労働者の賃金および業務請負業者の請負単価が相場より下がってしまう工場外変動雇用にまで拡大した．この結果，業務請負業者は，自動車や電子機器といった輸出産業から，コンビニ向けの弁当工場，農協での切り花の箱詰め，漁協でのアサリやシジミの選別，さらには産業廃棄物処理場へと様々な職場への送り出しが可能になった．

業務請負業者は，これらの異なる取引市場に労働者を送り出しつつ，自らの経営を安定させようとしている．誰もが思うことであるが，可能ならば，安定した取引先になる①および②の市場のウェイトを高くするほうが，業務請負業者の経営は安定する．しかし，これらの安定した市場に参入するためには，取引先からの信用が不可欠である．取引先からの信用の獲得は一朝一夕でできる

ものではない．信頼とは時間をかけて成長していくものである．そのため新規市場はより不安定な雇用市場，あるいはより請負単価の低くなる市場に広がる傾向にある．

　ところで安定した取引市場とは，日本の産業社会の重層的な下請構造においては，より産業構造の頂点に位置する親企業に近い企業ということである．親企業に近いからこそ，①および②の取引市場となる企業は，特定商品の特定部品を受け持つ下請企業と異なって，複数の商品構成を受け持ち，複数の部品を生産する．そのために常に安定した労働力を必要とするのだ．こうした企業はそのほとんどが株式上場企業であり，「社会的評判」を気にする．間接雇用とはいえ，自社工場で働く労働者が資格外就労であったり，自社工場への送り出しをめぐって違法派遣で摘発されるなどということがあったりしてはならないのである．

　そのためより安定した取引市場では，送り出しを受ける企業の意向を受けて，書類上で誤りのない労働者が選好される．90年代初頭に偽造パスポートを持って入国したペルー人の摘発が相次いだ．これはペルー国籍の日系人に大きな影響を与えた．企業はブラジル人かペルー人かが選択可能な場合には，ブラジル人を選好するようになった．このため，日系ブラジル人と日系ペルー人の両方が居住している地域では，一般的には，日系ブラジル人の方が条件のよい（賃金が高く，失業のリスクも小さい）職場に就く機会が多くなる．

　業務請負業者は異なる取引市場の複数の職場へ労働者を送り出す．生産量の安定した条件のよい職場となる大企業は，社会的評判を気にするために，送り出し労働力市場は日系ブラジル人を中心としたものになる．日系ペルー人は日系ブラジル人と比べて就労機会も限られたうえで，賃金および失業という点で条件の悪い職場が労働市場の多くを占めることになる．日本で発行されている日系新聞で最高の発行部数を誇る *International Press* は，ポルトガル語版とスペイン語版を発行している．日本に滞在する日系ブラジル人人口と日系ペルー人人口が違うので発行部数が違うのはもちろんであるが，それ以上に違うのが求人広告の量である．戦略的補完性は市場を拡大させ，市場の内部にさらなる多様性を生み出し，分業構造を高度化させる．日系ブラジル人の側に，よりよい条件の市場が広がることによって，逆に条件のあまりよくない市場も生ま

れる．日系ペルー人は，よい条件の労働市場への拡大が阻まれることによって，全体として労働市場が日系ブラジル人より一段低いところに置かれたうえで，市場の拡大も日系ブラジル人よりも限られたものになる．そのため，同じ業務請負業をとおしての間接雇用であるにもかかわらず，日系ペルー人の方が失業のリスクの高い労働市場に置かれることになる．

ところで生産点である工場にとって，日系人雇用とは，日系人労働力を選んだものであるのか，それとも業務請負業を選択したものであるのか．筆者は，業務請負業を選択した結果であると考える．このことを端的に示すのが，同じ日系人でありながら，研修生で働くフィリピン人の存在である．ラテンアメリカからの日系人労働者には研修生がほとんど存在しない．これは，単純に研修生の賃金が業務請負業の間接雇用と比較して極端に低くなるからである．ラテンアメリカからの日系人労働者をめぐっては，日本の就労先を紹介する業務請負業者と現地で労働力募集を行う日系旅行社の分業が確立している（詳細は **10** 章で述べる）．こうした具体的な制度が発達することによって，ラテンアメリカからの日系人の間接雇用が成立しているのである．先に指摘したように，業務請負業者は，労務管理のすべてを引き受けなくてはならない．送り出し労働者を雇用することは，管理スタッフとして送り出し労働者の労務管理から生活上の世話までを行う通訳スタッフを雇わなくてはならなくなる．請負業者にしてみれば，新規労働者が必要になったときに，安定的に労働力を獲得できる供給地でないと，送り出し労働力としての魅力がない．そのためラテンアメリカと比べて，日系人人口の小さくなるフィリピンは業務請負業の募集システムが発達せず，日系フィリピン人が業務請負業の労働市場に参入する機会が限られる．こうした中で日本への就労機会を求める日系フィリピン人が研修生として来日するようになるのである．

6. 雇用機会と外国人労働者の組織化

外国人労働者の組織化という観点からみると，労働力市場における雇用機会と労働者の組織化の間に，奇妙な「ねじれ現象」を見いだすことができる．合法就労者である日系人労働力よりも，資格外就労者の方で労働組合への加入が

進行しているという点である．どうしてこのようなねじれ現象が生じてしまうのだろうか．筆者は，これを日本の労働法・労働行政の制度的圧力が引き起こした結果と考えている．外国人労働者の労働契約は，社外工となってしまう間接雇用，あるいは直接雇用であっても日本人正社員の「期限の定めのない雇用」と異なる短期の有期雇用が多い．いわゆる不安定就労部門である．

　外国人労働者に限ったことではないのだが，不安定就労部門で労働者と使用者（企業）との間で係争事項となるのは，不当解雇をめぐる場合が多い[8]．不安定就労部門は，もともと生産量の変動にあわせた雇用であるから，突然の解雇・失業のリスクが高い．雇用契約期間中，使用者は解雇通告を解雇の1カ月前に労働者に通告しなくてはならない．また，労働者に対してなぜその労働者が解雇される労働者に選ばれたのかを，使用者は説明できなくてはならない[9]．しかしながら，労働者に何の説明もなく突然解雇通告が行われることは実際には珍しいことではない．さらに，不安定就労部門では，法律で定められたとおりに労働者が有給休暇を取れないとか，残業しているにもかかわらず残業代が払われないといった問題も多い．しかし，不安定な立場であるがゆえに，不満があっても解雇時でないと労働者が使用者に異議申し立てをできないことが普通である．そのため，あらゆる問題が不当解雇問題といっしょに噴出してくる．

　春闘に見ることができるように，日本の労働組合は大企業を中心にした企業別組合が強い．従業員規模が小さくなるにつれて，労働組合の組織率も低下する．ましてや非正規雇用である不安定就労雇用は，職場で労働組合がないことのほうが普通である．そのため，突然解雇を通告されても，使用者側に異議を申し立てることができない場合も多い．日本には個人加盟できる地域ユニオンがあるため，不安定就労部門の労働者が労働問題で使用者側に異議申し立てを行うにあたって，この地域ユニオンに加盟して交渉にあたることが多い[10]．しかし，労働組合が使用者側と交渉しても解決を見ない場合は，地方労働委員会（以下，地労委）に斡旋・調停を求めたり，裁判に訴えたりすることになる．

　不当解雇を争う外国人の労働裁判は，そのほとんどが不当解雇を認めさせたうえで判決時点で解雇を受け入れ，不当解雇時から判決時までの期間の給与をもらって退職という形になる．判決の下りた時点で新しい職に就いている場合には，失業期間である不当解雇時点から新しい職に就いた時点までの期間が不

当解雇による遺失機会補償の対象になる．そのため就労機会がすぐに訪れる日系ブラジル人の場合，裁判で勝っても，獲得できるモノ（gain）と裁判のコストを差し引くと，新しい仕事を個人的に探した方が合理的となってしまう．一方，日系ペルー人の場合には，就労機会が限られ失業期間も長くなりがちであるため，裁判闘争がコストをこえる獲得をもたらす合理的な行為となり，裁判に訴えるノウハウを持ったユニオンにコミットすることが集団的な現象としてみられるようになる．同じ日系人というカテゴリーでありながら，労働市場の違いが日系ブラジル人と日系ペルー人との間での労働組合への参加に違いを引き起こしているのである[11]．

　日系人よりも失業のリスクが高くなる資格外就労者は，日系人以上に労働組合へのコミットメントが見られる．資格外就労者が労働組合にかかわるのは，日系人のようにフォーマルな組織（公的組織として公共職業安定所，日系人雇用就労センター，私的な組織として業務請負業者，母国語によるエスニック・メディア）によって雇用情報が伝えられるのではないため，トラブルに陥ったときに助けてくれる資源が外国人支援団体のNGOか労働組合に限られてしまうからである．

　同様の状況を別の例でみておこう[12]．同じ資格外就労者でも1980年代以降に増えてきたニューカマーの外国人と，日本の中にすでに在日コミュニティが形成されている韓国からの出稼ぎ労働者では労働組合へのコミットメントの仕方が異なるという．前者の場合，最初の労働組合への参加時は，労働者が労災事故とか不当解雇を解決してもらうために労働組合に参加する．当該問題の解決は，結果としてそれまで働いていた場所の解雇を受け入れることで終わることが多いが，次の職場に移っても引き続き労働組合員に加入している者が多い．しかし，出稼ぎ韓国人の場合，問題の解決に伴って帰国してしまうことが多い．そのために労災事故・不当解雇が起こってから労組加入，問題解決に伴って帰国という繰り返しで，労働組合への参加者が多い割に職場での権利の獲得にはつながらない悪循環が続いてしまっている．

7. 結語にかえて

　外国人労働者が出身国を離れて日本で就労する機会を求めたのは，出身国の経済環境では労働者が望む十分な雇用機会が得られないからである．移民とは，自らを取り巻く環境そのものを変えてしまうことで，経済的な目的を達成しようとする行為である．環境そのものを変えてしまうから，トラブルが生じたときに，出身国であったらソーシャル・キャピタルによって解決できるような問題も解決できない．移民労働者が，自らが獲得しようとした経済的機会を生かすためには，新しい環境を自らの周りにつくりださざるをえない．しかし，この新しい環境は，個人の努力によってつくりだせるものではない．とりわけ，移動が集団として行われてしまうと，個人個人がどのような意図で行動しようとも，集団全体がつくりだしたベクトルがむしろ個人の行為の方向性を規定してしまう．この行為に新しい方向性を与えるベクトルが形成される過程を，本章では，戦略的補完性という観点からアプローチした．

　だが，個人の行為に方向性を与える戦略的補完性は，それ自体がより大きな社会との相互作用の結果である．つまり，日系人を工場に送り出している業務請負業の送り出し先の多様化は，景気の低迷と労働力需要の低下によって条件づけられている．労務倒産が生じるような絶対的人手不足が起きれば，人手不足解消のための直接雇用が増えるから，今とは違った状態になるであろう．また，日系人以外の外国人に就労資格が認められる，ということがあれば，南米からの日系人だけが今のような高い賃金の外国人労働者として就労しつづけることは困難である．

　日系人労働が入管法の改正によって合法化されて10年以上が経過した．1980年代の半ばから日系人労働者の日本での就労が始まったことを考えれば，すでに25年以上が経過したことになる．就労開始からの時間の経過は，決して，日本で働く労働者の日本語能力が高まったことを意味しない．むしろ，一世・二世のデカセギから三世中心のデカセギが労働力の中心になり，世代の交代が進行するにつれて非日系人と結婚する割合も増えた．世代交代は，より日本語のできない労働者を増やしてもいる．他方，生産現場では，コミュニケー

ションのとれない者に対する労務管理のノウハウの蓄積が進んでいる．そのため就労資格の拡大が行われた場合に，今とは異なる状態が生じることは十分想定できる．

　今後，どのような方向性が労働市場に新たに加わるのかは分からない．また，環境の側が変わるのではなく，行為主体の側の変化，つまり現在の就業機会を求めるという志向が，長期的に日本で滞在することを念頭においた権利の闘争へと向かう志向へと変化すれば，労働市場に働く相補性は別のものへと変化せざるをえない．どのような場合を想定するにしろ，移民労働者は，動員できるソーシャル・キャピタルが限られるがゆえに，僅かな変化にも大きな影響を受ける．また，ソーシャル・キャピタルは時間の経過に伴って拡大していく．それゆえ条件を一定にした静学モデルではなく，常に動学モデルの中で把握しなくてはならない．戦略的補完性は個人の行為と全体の振る舞い方の相互作用に焦点を当てるものであり，この点で，移民の行為に起こった変化の一部について説明力を持つのである．

1）　『豊田市統計書』は，各従業員規模をクラスターとして，その従業員規模の市内事業所全体で支払われた現金給与の総額が掲載されている．**表4-1**はそのクラスター単位の総現金給与額を各クラスターの従業者総数で割って計算したものである．
2）　猿田正機は「1991年から1993年にかけて豊田市の自動車関連従業者総数の現金給与額が約4,373億円から2,761億円へと約6割強へと激減している事実ひとつをとってみても，トヨタが打ち出した『方向性』はきわめて重く厳しいものである」と評価している（猿田，1999：126）．だが，**表4-1**が示すように，従業員規模別で1人あたりの現金給与額という観点から見ると，バブル経済の後に賃金が落ち込んだのは従業員1,000人以上の事業所において顕著になる．従業員規模の小さい事業所では，景気の良し悪しに関係なく賃金額はほぼ一定している．
3）　業務請負業者は従業員の居住する寮も用意するので，業務請負業の寮は単身寮よりも，複数の労働者が住む雑居寮の場合が多い．異なる出身国の者が共同生活を送ると，コミュニケーションが困難なだけでなく，さまざまなトラブルが起きることが多い．例えば，相手国にたいする偏見等によって，ナショナリティの異なる労働者を同じラインに就かせることができない，あるいはこうしたことを回避するためにラインを別立てにしたり，監督者を多く配置したりするコストがかかることがある．業務請負業者はこうしたトラブルを経験上熟知しているため，特定の出身国のものを集める傾向がある．業務請負業の日々の活動については，本書9章をみてほしい．
4）　入管法の改正により日系人労働者は就労できるようになったが，これは三世まで

に認められたものである．ボリビアやアルゼンチンもペルーと同じようにビザの相互免除協定があるので，観光目的の短期滞在であればビザを取る必要がない．この点でペルーからの人の移動と共通性があり，かつ両国の日系移民に占める沖縄系の割合が高いことにも共通性がみられる．しかし，ボリビア出身者の偽日系人労働者対策をしている請負業者を筆者は何社か知っているが，アルゼンチン出身者にこれを行っているという請負業者を知らない．このような差がボリビアとアルゼンチンの間に見出すことができるのは，「ペルー下り」と呼ばれる，戦前のペルー移民が国境を越えてボリビアに流れていった者が前者には多数存在すること，そしてアルゼンチン日系人では日系人人口そのものが小さいうえに，戦後移民が多いことによると筆者は考えている．

5）　一部上場企業に代表される大企業は，新聞に自社名が出ることに敏感である．業務請負業者の送り出し労働者が，取引先で新聞報道される事件を起こすと，業務請負業者は取引を停止される．一度，取引停止企業のブラックリストに乗ると，その後一切の取引機会を失うことが多いので，大手企業に入っている業務請負業者ほど偽装日系人をつかまないよう企業努力をしている．それが，業務請負業者による日系人家系図の作成である．ペルー人を雇用している大手の業務請負業者は，家系図を作って，あまりに子どもの多い親の書類を持つ就労希望者を排除している．

6）　戦略的補完性について詳しくは奥野・鈴村（1988），奥野（1993），Aoki, Kim and Okuno（1996＝1997）を参照してほしい．

7）　日系人労働力のラテンアメリカにおける募集については，森（1992），佐野（1996），Del Castillo（1999），丹野（2000b）および樋口（2001）を参照してほしい．

8）　解雇された労働者のとりうる手段および具体的な問題については下井（1990），本久（2000），李（2000），奥山（2000）を見てほしい．

9）　企業が人員整理のための整理解雇を行うためには，判例上，整理解雇4原則を満たさなくてはならない．第1は企業に人員整理を行わなくてはならない正当な理由があること，第2は解雇を避けるためのあらゆる努力をしたあとで整理解雇以外の手段がないこと，第3は整理解雇の対象者の選択が合理的であること，そして第4は労働者の側に十分な説明がなされていることである．この第2の原則から派生して，正社員を解雇するときに非正社員雇用が存続していると，企業は解雇を避ける十分な努力をしていないということになってしまう．

10）　労働組合に加盟するのではなく，外国人を支援するNGOによって，労働問題を解決する場合もある．また，多くのケースで外国人支援団体と労働組合が連携して問題解決を進めている状況をみることができる．

11）　日系ペルー人の組織化に成功している労働組合として神奈川シティユニオンがある．神奈川シティユニオンではブラジル人の組織化に取り組み，ペルー人組合員よりは少ないが恒常的な活動参加者もではじめてはいる．外国人の労働組合運動についての研究は少なく，小川（2000a；2000b）による神奈川シティユニオンの研究が例外的にあるぐらいである．日系ブラジル人の労働組合への参加がまったく見られないわけではなく，FLU（Foreigner Labor Union）は積極的に日系ブラジル人の組織化を

進めていた．しかし，FLU は 2002 年にその活動を停止した．
12)　筆者は 1998 年より外国人労働者が組合員の半数を占める横浜シティユニオン（以下，ユニヨコと表記）の組合員でもある．以下は，ユニヨコに一組合員として活動に参加すること，およびユニヨコと同じように外国人労働者を組合員としている労働組合への聞き取り結果に基づいたものである．

5章　産業組織のなかの外国人労働者

1. はじめに

　外国人労働者の現状を的確に捉えるために，筆者は労働者の分化・多様化をゲームという点から明らかにする．さらに，この労働者の分化・多様化のゲームが企業社会によって強く規定されていることを，本章で示そう．ここでのキー概念は「命令なき秩序」と「強制されたフリーライダー」である．これらの概念を通して，職場における外国人労働者問題を労働問題が地域のコミュニティ問題に繋がっていく連鎖のメカニズムと，その背後で外国人労働者を用いることによって「真の」利益を享受している者を明らかにする．一見すると，地域社会における外国人の居住問題は，ゴミだしや騒音などにより外国人住民が地域のフリーライダーと化しているように映る．だが可視化されたフリーライダー（visible free rider）である外国人からこの問題にアプローチしようとすると隘路に迷い込んでしまう．隘路とは，外国人労働者個人や直接の雇用者に責任を帰してしまう議論である．本章は，このような隘路に陥ることなく外国人労働問題にアプローチするために，可視化されたフリーライダーである外国人労働者を活用することによって利益を享受している者，すなわち見えないフリーライダーを把握することに努める．

2. 外国人労働者の多様化を説明する

　滞在の長期化にともなって，外国人労働者が労働・仕送り一辺倒の生活から

日本での消費を目的にした生活スタイルまで，さまざまなタイプの滞在パターンに分かれてきていることについては，3章で論じた．そこでは日系人労働者の「生活エンジョイ型」への転換，「消費志向への転換」からデカセギ一般が変化したと断じることはできないと論じた．しかし，これは筆者が日系人労働者のなかに「生活エンジョイ」的な生活スタイルや「過剰消費性向」を認めない，ということではない．筆者が述べたかったことは，消費を目的とする滞在スタイルが存在する一方で，旧来からの仕送りを目的としたデカセギもまた存在し，「消費目的」と「貯蓄・仕送り目的」を両端としつつ，その間にさまざまな中間形態が生じている，ということである．この中間形態の発生という点について，いかにしてアプローチできるのであろうか．筆者はこの点に関して，ゲーム理論から有効なアプローチが可能であると考えている．そこで，本章ではゲームツリー[1]を使って，多様な外国人労働者の分岐と共存について考えていくことにしよう．

　ゲームとは，行為主体がそれにしたがって行為を行うルールの束である．ゲーム理論では，ある戦略（戦略1）と別の戦略（戦略2）をとった際の利得表が与えられたうえで，利得表を共有する＝共通に認知する行為者同士が，相手がいかなる戦略をとった際に自らの利得がどのように変化するかを鑑みつつ，自らの獲得しうる利得を最大限にする戦略を選択すると想定されている．利得表として与えられるゲームは，単に個人が内面化しているルールだけではない．たとえば技術革新が行われたり，税制度や交易条件が変わったりすればゲームの利得表は書き換えられる．このように，利得表がどのような手段に訴えることができるのか，ということをあらかじめ表明しているという点では，これは行為主体を取り巻く社会制度の反映でもある．さらにゲームが協調ゲームになるのか，それとも非協調ゲームになるのかは，共通の利得表を評価する行為者間の信頼に左右されるように，ゲームのルールは行為主体間の関係性にもおよぶものである．すなわち，ゲームとは内面化された個人の志向と個人が社会の中でとりうる選択肢を規定する制度の複合体と考えることができるのである．

3. 賃金ゲーム・滞在ゲーム・権利ゲーム

　それでは外国人労働者をめぐって，いかなるゲームが作用しているのかを検討していこう．日系人労働者の多くが業務請負業を通しての間接雇用である．業務請負業を通しての雇用は不安定であるかもしれないが，賃金という面では日本人のパートタイマーやアルバイトより高額であることは，これまで繰り返し述べてきた．外国人労働者のなかで，日系人のみがほぼ独占的にこの賃金で比較的恵まれた労働市場に参入できるのは，彼・彼女たちに与えられたビザステータスに大きく左右されている．不安定就労であっても高賃金の労働市場に入る戦略と，不安定でかつ賃金の高さを望めない労働市場に入るのかの戦略は，外国人労働者の就労資格を定める法制度と，高時給の職を外国人に提供する業務請負業が誰を労働者とするか，によって決定される．

　現実には，基幹産業への労働者の送り出しを行っている業務請負業は，資格外就労や不法就労助長罪で摘発されれば，送り出し先から取引停止されるために，合法的に働けない者を雇おうとしない[2]．そのため高賃金の職に就くという戦略を，行為主体である外国人労働者がとりうるかどうかは，もっぱら法制度に依拠することになる．この賃金をめぐるゲームをここでは「賃金ゲーム」と呼ぶことにする．

　賃金ゲームによって，高賃金の業務請負業労働市場に入れるかどうかがまず決定される．**図5-1**の賃金ゲームにおいて yes の矢印の先に多くの日系人労働者が位置し，no の矢印の先に資格外就労者が位置することになる．労働市場への参入が賃金ゲームによって決定された後に，日本滞在期間中のライフスタイルをめぐるゲームが働くことになる．合法就労者である日系人労働者であろうと，資格外就労者であろうと，いつか帰国する日に少しでも多くを持ち帰ろうとする者は貯蓄をし，出身国に居住する家族の生活をまかなおうとする者は送金を行っていることであろう．このような「貯蓄・送金」志向の外国人労働者が，仮の生活の場である日本での生活に質を求めることは少ないであろう．

　一方で，デカセギが長期化し家族を呼び寄せたり，日本で結婚したり，出身国の社会的・経済的状況が悪化したりしていれば，「貯蓄・送金」志向は小さ

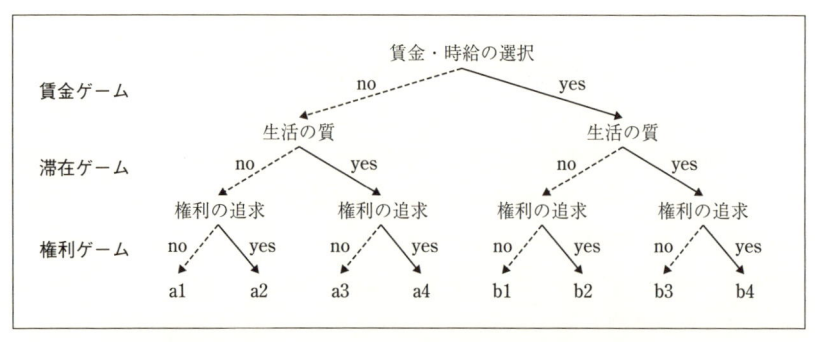

```
                    賃金・時給の選択
                    no ╱       ╲ yes
賃金ゲーム
              生活の質              生活の質
             no ╱ ╲ yes         no ╱ ╲ yes
滞在ゲーム
        権利の追求  権利の追求   権利の追求  権利の追求
        no╱╲yes  no╱╲yes    no╱╲yes  no╱╲yes
権利ゲーム
        a1  a2   a3  a4     b1  b2   b3  b4
```

図 5-1　ゲームツリーとしての外国人労働者の多様化

注：a1：「都市下層」の外国人労働者，a2：貯蓄・送金志向があって組織化される資格外就労者，a3：日本人の配偶者を得た外国人労働者，a4：生活の場を日本と考えて権利主張を行う組織化される資格外就労者，b1：孤独な日系人，b2：貯蓄・送金志向があって組織化される日系人，b3：過剰消費性向の日系人，b4：理想の権利主張追求主体．

くなり，生活の場としての日本のウェイトが高くなることで，生活の質を求める欲求が当然でてくるだろう．このように生活の質を求めるような志向性がでてくるかどうかというゲームをここでは「滞在ゲーム」と呼ぶことにする．滞在ゲームは，合法就労者である日系人と資格外就労者の双方に働き，四つのパターンを成立させる．

　滞在ゲームは，日本に滞在する外国人労働者が「生活の質」を求める環境にあるかどうか，というゲームである．だが，このことから外国人労働者が，日本を長期的な生活の場と認知しているかどうかを即断することはできない．なぜなら，貯蓄・送金志向の低下にともなって生活の場として日本のウェイトが上昇することは，必ずしも労働者が主体的に状況を選択した結果ではないからである．むしろ，不安定就労のもとに長期に置かれた個別の行為主体がその状況に適応的に振る舞ったからという側面が強い．主体的にホスト国日本と関わろうとする関係を捉えるという視点は滞在ゲームには存在しない．この点に関して，第3のゲームが働くことになる．自らの権利を主張することによって，生きる場としての日本を確立しようとする「権利ゲーム」である．

　第1の賃金ゲームには，合法的就労者として働くことができるか＝高賃金の請負労働市場に入れるかという，個別の労働者には選べない制度的な選択（choice）という側面がある[3]．しかし，滞在ゲームおよび権利ゲームは選択の問題というより，労働者個人が自らの日本滞在をどのように位置づけている

のか,あるいは日本滞在をどのような状態におきたいのかという選好(preference)の問題である[4]. とにかく3層のゲームからa1, a2, a3, a4, b1, b2, b3, b4という八つの選好パターンが生じることは,外国人労働者の間に異なる合理性(rationality)が存在するということになる. どのような状態を受け入れているか,あるいはどのような状態を目指すのか,という選好の違いによって,何が個人にとって合理的であるのかも異なるからである.

では,選択,選好,合理性の違いから分岐する8つのパターンが具体的にはどのような外国人像と結びつくのかを示していこう. さしずめa1は最も弱い外国人労働者であり,西澤晃彦の言う「都市下層」の外国人労働者に近いものであろう(西澤,2002)[5]. a2, a4は送金・貯蓄志向を持ちつづけているかどうかの違いはあるが,労働組合やNGOに参加しつつ発言する組織化された資格外就労者にあたる. a3については,日本人あるいは永住者・定住者の配偶者となり法的には安定した地位を得て日本を生活の場の中心としてはいるが,権利を主張する運動には加わらない者である. b1は貯蓄・送金のみに生きて,工場と寮の往復だけが日本滞在の生活となってしまい,友人との付き合いさえない「孤独な日系人」である. b2は主にペルーからの労働者にみることのできる組織化された日系人労働者ということになる. そしてb3が「生活エンジョイ型」の日系人ということになろう. b4は労働市場で優位にあって,生活の質を求めたうえに,日本滞在においてきちんと自己の権利を主張していく労働者ということになる. これは,外国人労働者の権利運動の担い手として理想の担い手ということになろう. だが,4章でみたように合法就労者で最も労働市場のなかで条件のよいブラジル人ほど権利の闘争を回避する傾向があるので,いまのところこの理想的な労働者が集団として存在すると認知できない[6].

4. 下請企業間の「命令なき秩序」

論じてきたように,外国人労働者は賃金ゲーム,滞在ゲーム,権利ゲームという3層のゲームを通して,労働者の間に異なる行為パターンをもったグループに分岐する. しかし,外国人労働者が分岐してきたのは,単に滞在期間が長期化し,外国人労働者個人の日本社会での経験・知識が増加したからではない.

外国人労働者は雇用を得ながら日本で生活していくわけであるから，彼・彼女たちの行為パターンの形成は産業社会の変化と密接に関連している（3章および6章参照）．一見すると外国人労働者個人が選好・選択しているようにみえる滞在志向や権利闘争志向もまた，別の側面から見ると企業社会が強いたものである．そこで本節は，外国人労働者をめぐる産業社会，とりわけ重層的な下請関係を持って形成される企業グループとしての産業社会について，企業組織という観点から検討を加えることにしよう．

　雇用をめぐるゲームとその結果としての秩序形成において重要なことは，どの段階の下請に位置するか，つまりその企業が一次下請であるか，二次下請であるかなど，親企業との位置関係により雇用方法が異なるということである[7]．企業のとる雇用方法の差異が，どのように特異な秩序を形成していくのかを考察するために，まず簡単に下請構造間における雇用調整のあり方の違いをみておくことにしよう．

　親企業は，正規労働力（本工），下請からの応援要員（社外工），期間従業員（期間工・季節工）の三つのルートを用いて，現業職場に必要な労働力を集めている．親企業と資本関係のあるグループ企業のなかでも，大手企業であれば，ほぼ親企業と同じ雇用方法を用いている．だが，一次下請企業の多くは，変動する需要にあわせた期間従業員部分の労働力を期間工・季節工だけに求めることができない．そのため期間工・季節工に加えて業務請負業からの送り出し労働力を用いている．すなわち，一次下請企業にとっての主たる雇用方法は，正規労働力（本工），下請からの応援要員（社外工），期間従業員（期間工・季節工），業務請負業（間接雇用労働力）ということになる．二次下請以下の企業では，下請からの応援要員と期間従業員がなくなり[8]，正規労働力（本工），パート・アルバイト労働力（常用非正規雇用），業務請負業（間接雇用労働力）ということになる．下請構造に占める企業の位置によって，用いる労働力に階層的な差異が生じているのである（詳細は7章）．

　ところで，ジャストインタイムが徹底されている現代の日本企業にあっては，下請関係を通じて伝達される情報（伝達刺激）は一つである．それは親企業から下請企業へと伝えられる仕事の量（具体的には調達される部品の量）である．親企業は可能な限り商品在庫を持たない生産システムを構築しているから，季

節変動をはじめとするさまざまな要素によって自社製品の需要が変化する．そのため，親会社から最末端の下請に至るまで日々変化している．ただし，下請構造の上位ほど多種の商品生産活動に関係するのに対して，より下位の下請企業は特定商品の特定部品（ときには特定部品の特定工程）を受け持つことになるので，下請構造のなかで下位企業ほど大きな変化を受けることになる．ここに雇用方法における階層的な差異が生じる[9]．

　正規雇用と非正規雇用の組み合わせにみる下請構造の階層秩序は，「仕事の量」というたった一つの伝達情報によって創りだされたものであり，親企業が最末端の下請企業の雇用にいたるまで綿密に設計したものではない．下請構造を形成する各個別企業が，自身がとりうる選択肢を個別に判断した結果，ある秩序が自生的に生まれてゆく．この限りにおいて，雇用方法にみる階層性は「自生的秩序（spontaneous order）」である．そして個別行為主体としての企業が個別の判断で自己の用いる雇用方法を選んだという意味において，この階層秩序はハイエクの言う「命令なき秩序」（Hayek, 1960：159-161＝1987：40-43）と捉えることができる．

5. 「命令なき秩序」と無責任を再生産する社会構造

　命令なき秩序によって創りだされた社会構造は，需要の変動という観点からすると機能的に優れたパフォーマンスを発揮する．これは「仕事の量」（＝部品の発注量）という情報が伝達されるなかで生じた連関によってつくられる構造であるから，機能的にみて良好なパフォーマンスを発揮するのは当然とも言えよう．だが，機能的に優秀な制度が，必ずしも社会的公正という観点から優れているわけではない．

　個別企業が自己のとりうる最も合理的な雇用方法を選択した結果として生じる問題は，論理的には問題を起こした個別企業のみの問題である．親企業（発注元）が特定の雇用方法を用いるよう命じているわけではなく（現実には用いるよう圧力がかけられることがしばしばあるが，それを証明することはできない），自発的にある手段を用いたに過ぎないからである．この手段の一つとして業務請負業があり，業務請負業を用いた結果として外国人雇用が生じたので

ある．外国人労働者が働いている下請企業にしても，業務請負業に工場内の工程を構内下請に出したのであるから，自社の工場内で外国人労働者に関する問題が生じたとしても，それはあくまで委託先企業の問題であり，自社の問題ではないという論理になる．

　このことを具体的に考えてみよう．非正規労働力を用いることで企業が得るメリットは，簡単に雇用関係を切ることができるフレキシビリティだけではない．需要にあわせた生産活動を支える非正規雇用と言うと，どうしてもフレキシブルな面に焦点が当てられがちであるが，下請構造の下位を占める企業では，恒常的に必要な労働力をパートやアルバイト雇用といった非正規労働者に依存していることは珍しいことではない．正社員と違って年功序列賃金の枠のなかに組み入れる必要がなく，なにより賃金以外の間接費用（法定福利厚生費等）を負担しなくて済むことが，定量的な仕事に非正規雇用を用いる最大の理由であろう．日系人の業務請負業を通した間接雇用の場合，社会保険（健康保険）に入らないということが常識化している．このことによって，社会保険に入る日本人よりも，日系人労働力の送り出し価格（いわゆる請負単価）を低く設定できるようになり，日系人間接雇用の競争力＝日系人を送り出す業務請負業の競争力が高くなっている．

　コスト的に有利な手段である間接雇用，なかでも外国人の間接雇用は，本来ならば法人従業員として社会保険に入らなくてはならない労働者である．社会保険に入らないことが常識化してしまっているために企業負担分の社会保険費用が浮き，安価な労働力となっている．2007年現在，業務請負業がもし社会保険に入ったならば，労働者の時給が1,200円／時のとき，請負単価は1,920円／時になり，社会保険に入らなければ請負単価は1,618円／時で済むという[10]．そして実際，日本人労働者を送るときは社会保険に入った請負単価で，外国人労働者を送るときは社会保険に入らない請負単価で契約はなされる（これは序章で取り上げた企業の例でも確認した）．いわば社会保障費をソーシャルダンピングをすることによって，外国人労働力は安価な労働力になっているのだ．

　もちろん，第一義的に社会保険に入るべきは，個別企業としての業務請負業者である．しかし，本来入るべき保険に入らないことによる利益は，低コスト

の労働力を活用することができる親企業を含めた下請構造全体が受けている.「命令なき秩序」は,こうして社会問題の責任を個別企業の問題へと矮小化する.利益を得ている構造全体は自己責任から逃れることによって,機能的に良好なパフォーマンスを示すが,同時に社会的な不公正の源である制度を存続させる.これが,筆者の言うところの,命令なき秩序が創りだす「無責任の社会構造」である.

6. 強制されたフリーライダー

　無責任の社会構造が生み出す看過できない問題として,外国人の集住化問題がある.これは,特定の地域での外国人の集住が,それまで住んでいた日本人住民にとって住環境の悪化として捉えられる問題である.外国人住民が多く居住するところでみられる現象であり,具体的には「ゴミだし」,「騒音」,「違法駐車」といった問題として顕在化する.日系人労働者の場合は,どうしても製造業が発達している地方都市で集住化する傾向が強いため,大都市圏であれば問題とならなかったであろう自治区(町内会)への未加入も大きな問題となる.

　なぜ外国人の居住する地域に共通の問題が生じるのか.端的に言って,問題の核心は,外国人居住者と日本人住民との間におけるディスコミュニケーションにつきる.外国人住民と日本人住民とのコミュニケーション,そしてコミュニケートすることによって成立する共同体(コミューン)が形成されるために必要なのは,共通の規範・認知枠組みである.だが現実には,集住化問題が生じているところでは,どこでも,外国人と日本人の間に共通の規範・認知枠組みはできていない.

　外国人が地域に居住することによって生じる問題は,「共生」の問題として,これまでもさまざまな論者によって議論されてきた.しかしながらそこでの議論は,①倫理・道徳として人はあらゆる人びとと仲良くしていくべきだというスタンスからの共生の議論と,②共同体を形成していかなくてはならないという共同体先行共生論が主流を占める.いずれの立場も,人は共同体を形成する,ということが前提となっており,共同体に参加しようとしない者の存在は分析の対象外となってしまう[11].

外国人の集住化問題を考えるには，なぜフォーマルな地域共同体に参加しない者が生まれるかを検討することが必要である．ここでは，ハイエクにとって「自由」と対概念になる「強制」という概念に着目して議論をすすめてゆこう．ハイエクにとっての「強制」とは，人があることを無理やりやらされることを意味するのではない．ハイエクは，個人が選択する際にその選択を行う他者との関係，および選択を行わざるをえない事情との関係から強制を次のように定義する[12]．

　　「強制が生ずるのは，ある人の行動が自分自身の目的ではなく，他人の目的のために他人の意志に奉仕させられる場合である．強制された人は，全く選択をしないということではない．……（中略）……しかし，強制の意味は次のことにある．わたくしはなお選択をするのであるけれども，わたくしは他のだれかの道具とされている．というのは，わたくしの前にある別の途というのは，すでに仕組まれてあって，強制者がわたくしに選択させたいと望んでいる行為はわたくしにとって，最も苦痛の少ないものとなるようになっているからである．強制されるとはいっても，決定するのは依然としてわたくしであって，その事情のもとで，もっともわざわいの少ないものをえらぶのである」(Hayek, 1960 : 133=1987 : 4)．

　外国人労働者を移民として捉えると，個人が出身国以外で就労するという意思決定をした結果，ホスト国に渡ってきたので，この限りで移住労働（migrant labor）は個人の自由な意志による決定である．しかし，これまでみてきたように，日本で働く外国人労働者の多くは，不安定就労の周辺労働市場にしか参入できず，職業移動ができるといっても周辺労働市場の内部に限られたものである．
　日系人の場合でいえば，頻繁な職業移動が見られるとはいえ，それは業務請負業を通して就労する職場の移動である．彼・彼女たちは，賃金の高さ，残業の有無，休日出勤の有無によって，就労先を変えると言われるが，この場合の「就労先を変える」ということは「雇用されている請負会社を変える」ことと同義であることが多い．個人の選択とはいえ，非正規雇用しか選べず，請負業

者やブローカーの利益のために労使折半の社会保険（健康保険）に入れない状態が継続する雇用のあり方は，強制された雇用契約といっても過言ではない．そして，強制された雇用契約の結果，朝早くから夜遅くまで働き，そのためコミュニティの一員としての役割を果たすこともできない．こうした外国人労働者の居住スタイルもまた強制されたものなのである．

「ゴミだしの時間を守らない」，「ゴミだし当番を行わない」，「町内会費（組費）を払わない」，「町内会の役をやらない」．ともすると，外国人労働者はコミュニティのフリーライダーとして捉えられがちである．しかし，このフリーライダーとしての外国人労働者のあり方も強制された雇用契約の結果であり，この意味において「強制されたフリーライダー」なのだ．

7. 結語にかえて

問題は，どのようなメカニズムによって，「無責任の社会構造」と「強制されたフリーライダー」という，社会問題を創出する関係性が生じるのかだ．最初に考えておかなくてはならないことは，法制度という移民流入を制限する枠組みである．日本の場合，パキスタン人，バングラデシュ人からイラン人へのシフトの要因が，日本政府による1988年のパキスタン・バングラデシュ両国とのビザの相互免除協定の停止によるものであることはよく知られているし(Tanno, 2002)，1990年の入管法改正は日系人労働力の日本流入に大きな影響力をもった[13]．これは法制度が労働者だけに作用するからではなく，労働力を受け入れる企業にも作用するからである．また，具体的には7章で検討することになるが，男女雇用機会均等法の完全施行が女子の深夜労働を可能にすると，外国人労働力から日本人労働力へのシフトも起きる．このように法制度が設定するルールは，分析対象である外国人労働者と企業という直接のアクターの行為パターンを規定するばかりか，競争相手となる第三者の行為パターンにまで影響を与え，行為環境を規定する（「法制度ゲーム」）．

法制度の影響が企業社会全体にかかってくるということは，企業間のルールもまた法制度の影響を受けるということである（「企業間のルールゲーム」）．法制度の変更は，企業間のルールに基づいて企業グループ内で個別企業がいか

なる役割を果たすのか，ということにも影響を与える．企業グループ内での役割は，個別企業が下請構造のなかでいかなる役割を担うのかによって，どのような労働力を必要とするのかを決定する（「企業グループ内の役割ゲーム」）．いかなる労働力を欲しているのかという労働力の実際の需要は，労働力市場として，どのような働き方をする労働力を企業側が欲しているのかについてのシグナルとなり，日本人労働者および外国人労働者の働き方を規定する（「日本人労働者の働き方ゲーム」「外国人労働者の働き方ゲーム」）．下請構造のなかでの役割は，工場が日本国内のどこに立地するのか，あるいは海外に移転するのかという，個別企業・事業所の立地条件をも決定する．下請構造のなかで立地条件が決定されると，それによって，個別の生産点がいかなる労働力を用いることができるかということも決定される（「個別企業の社会的・地理的条件ゲーム」）．

また，法制度の変化は企業組織のみに影響を与えるのではない．企業組織が変化することによって日本人および外国人への労働力需要に変化が生じると，それによって労働者の働き方も変わらざるをえない．男女雇用機会均等法の完全施行や年金の支給開始年齢の引き上げ等による定年延長といった法制度上の変更が，労働市場の需給関係を変化させるのはその典型であろう．そしてこうした要因の変化は，具体的に個別の生産点でどのような労働力を活用するのか，という雇用戦略の再検討を迫るものになる．

図 5-2 はこのような関係を示したものである．ここで図 5-2 が「移住労働者をめぐる強制の社会構造」という題である理由を述べておく必要がある[14]．筆者は，既述したように「外国人労働者の多様化」を賃金ゲーム・滞在ゲーム・権利ゲームという 3 層のゲームによって生じたものとして理解した．この多様化を促したゲームは，それとして完結した論理によって進行したものではない．外国人の多様化は，図 5-2 においては外国人労働者の働き方ゲームとして表される領域であり，法制度的枠組み（法制度ゲーム），企業の産業構造・下請構造のなかでの位置づけ（企業間のルールゲームおよび企業グループ内の役割ゲーム），立地条件（個別企業の社会的・地理的条件ゲーム），そして日本人の働き方（日本人労働者の働き方ゲーム），といった他の領域のゲームがどのように進行するのかということと相互作用する．このようなゲームの連鎖をとおし

```
        ┌──────────────┐
    ┌───│  法制度ゲーム  │──────────┐
    │①  └──────────────┘③          │
    │     ②│                        │
    ↓      ↓                        ↓
┌──────────────┐  ←─── ┌──────────────────────┐
│企業間のルールゲーム│  ⑤   │日本人労働者の働き方ゲーム│
└──────────────┘       └──────────────────────┘
    │④        ╲⑥            │⑦      ↑
    ↓          ↘             ↓        │⑪
┌──────────────────┐ ⑨ ┌──────────────────────┐
│企業グループ内の役割ゲーム│→│外国人労働者の働き方ゲーム│
└──────────────────┘   └──────────────────────┘
    │⑧                    ↑⑩
    ↓                     │
┌────────────────────────────┐
│個別企業の社会的・地理的条件ゲーム│
└────────────────────────────┘
```

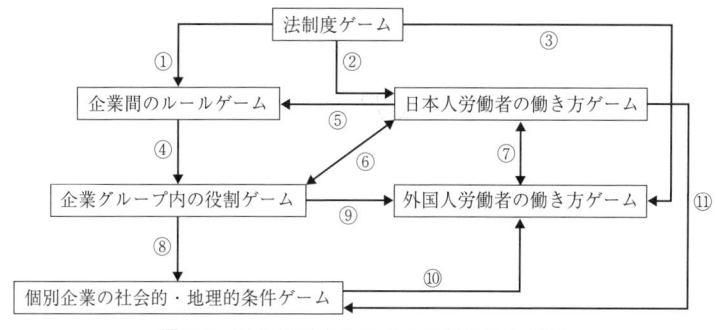

図 5-2　移住労働者をめぐる強制の社会構造

て組織と個人のフィードバック回路が形成される．市場（market）を含む組織はその時点で形成された個人の思考様式と作用しつつ，組織そのものが規定されている．

　さて，図 5-2 の①②③はナショナルレベルの法制度が企業，日本人，そして外国人に共通に作用することを意味する．④は法的な枠組みのなかで企業間の取引関係や業界団体が形成されることを，⑤は長期的にみて日本人の生活スタイルが変化したときに，業界団体を挙げて雇用のあり方の検討が行われることを意味する．毎年発表される日経連の『労働問題研究委員会報告』などがこれにあたる．⑥⑨は下請構造のなかで自己の働く企業がグループ内でいかなる位置を占めるのかが，そこで労働する日本人および外国人にいかなる働き方を要求するのかを決定することである．⑥および⑦は双方向の矢印となる．⑥は，企業側の要求によって働く側のあり方が大きく影響されるが，選択肢の多い日本人にとっては，働く側の要望に沿わない職場が敬遠されるため，企業側の要求もまた規定されることを示すものである．かといって日本人の働き方に外国人労働者がまったく影響を与えないということではない．7 章でみるように，不安定就労層の間では日本人と外国人労働者は競争関係になっているし，4 章で触れたように日系人の請負労働力の存在は正規雇用者を組織する労働組合の方針にも影響を与えている．こうした関係を示すのが⑦である．⑩⑪は日本人労働者を集めることができるかどうかが，企業のおかれている立地条件に大きく規定され，日本人の労働者を集められない場合に外国人雇用の場が生じることを意味する．そして⑧が示すのは，外国人に頼らざるを得ない企業の立地条

件や，日本人が働きたがらない時間の操業が，親企業の企業戦略に大きく影響された結果であるということである．このようにそれぞれの要因が相互作用することによって，日本で働く外国人労働者の問題が生じていると理解できる．

さて，最後に考えておかなくてはならないことがある．それはこのような相互作用が「見えざる手（invisible hand）」の必然的結果なのか，それとも「見える手（visible hand）」の仕業であるのかということである．答えは図5-2の矢印の方向に示される．ナショナルレベルの法制度枠組みである「法制度ゲーム」，企業がいかなる雇用戦略をとるのかを決定する「企業グループ内の役割ゲーム」および「個別企業の社会的・地理的条件ゲーム」，そして日本人がどのような仕事に就くようになるのかを決定する「日本人労働者の働き方ゲーム」が外国人労働者の働き方を規定しているのがわかるだろう．では，外国人労働者の働き方の変化は，外国人労働者の働き方を規定している諸ゲームに影響を及ぼすことができるのであろうか．筆者は，その影響は部分的で，基本的にはないだろうと思っている．外国人労働者の導入は，夜勤をきらう，3K職場をきらうなどの，日本人労働者の働き方の変化に企業が対応せざるをえなくなった結果であった．だが日本人に魅力ある職場の形成が企業にとっての優先課題となることはあっても，外国人の要求に対応することの優先順位は低い．

そのため，このような相互作用のあり方はけっして「見えざる手」によるものではない，と筆者は考える．とりわけナショナルレベルで日本国内に居住するすべての成員にかかってくる法制度枠組みと，下請構造をともなって成立する産業社会を前提とするとき，個別の企業・事業所がいかなる機能・役割を果たすのかを決定する際に大きな影響を与えるのは親企業の経営戦略である．

外国人労働者を用いている産業社会に働く「見える手」の影響力を排除して考えることはできない．「見える手」の作用を抜きに，外国人労働者が居住する特定の都市，その特定都市の特定集住地におけるコミュニティのフリーライダー（visible free rider）を論じることは無意味なことである．この問題を真正面から捉えるためには，日本の産業社会を規定するゲームのあり方を理解し，外国人労働者を「強制されたフリーライダー」にしている「見えないフリーライダー（invisible free rider）」が存在していることに着目しなくてはならない．日本に居住する外国人に作用している強制の社会構造を理解することによ

って，初めて具体的な外国人労働者問題をめぐるナショナルレベルでのスキームを構想することができるだろう．

1) ゲームツリーを使用して外国人労働者の多様化にアプローチする方法について，筆者はOstrom（1995）より着想をえた．
2) このことは業務請負業者が資格外就労になる外国人労働者を雇用しない，ということではない．日系人労働者の高い賃金は払えないが，簡単にクビにできる労働者への需要は多い．こうした職場は賃金が下がるので，就労機会の多い日系人労働者を集めることが難しい．特に大手の送り出し先を持っていない，規模の小さい業務請負業者の中には，安い労働力を供給できることを売りにして，資格外就労者を積極的に送り出しているところがある．
3) アダム・スミスは「彼らの賃金は海員の賃金率を規制するふつうの港湾労働者の賃金よりも高くはない．彼らは港から港へとたえず移動するので，グレート・ブリテンの様々な港のすべてから出港する人びとの月々の給与は，それらのさまざまな所の他のどの職人たちの場合よりも，差異が少ない．そして最大多数の海員が出入港する港，すなわちロンドン港の賃金率が他のすべての港の賃金率を規制する」と述べた（Smith, 1789 ; 2000 : 193-194）．スミスは，賃金が平均化する要因として人びとの移動が大きく関係し，移動が広域にわたると全国一律の賃金が発生することを論じた．業務請負業に媒介される日系人労働者は，まさにスミスが論じたシーメン（海員）と同じ論理で全国でほぼ一律の賃金が生まれているのだろう．
4) 「選択」と「選好」の関係については，Sen（1982=1989）を参照のこと．
5) 同様な外国人労働者に対する位置づけは青木秀男（2000）でも見いだすことできる．
6) ただし，日系人労働者の集住している地域に，個人的にリーダーとして機能している人びとを見いだすことは相当程度可能である．筆者も，少数ながらそうした人びとの個人名をあげることができる．
7) このことはすでに，2章および3章で簡単に触れたが，具体的には7章でグループ企業のケーススタディとして現実を示し，8章でその機能を詳しく検討することになる．
8) 二次下請以下の企業が三次下請以下の企業からまったく応援要員を受けていないということを意味するのではない．企業規模の大きな二次下請企業では，三次下請企業から要員の応援を依頼することは珍しいことではない．しかし，一般には二次下請レベルの企業の場合，従業員規模が小さく下請に対する影響力が弱いことも多く，要員の応援を依頼できないため，ここでは典型的な二次下請企業は，自らの下請企業から要員の応援を受けないという仮定でモデル化した．
9) 組織が大きく自己の内部に大きな変動要因を抱え込む親会社は，人気商品を生産している人手不足の工場と，予定より販売の伸びない商品生産のために人が余っている工場との間の要員の移動，および販売の伸びない商品の部品を担当している下請か

ら余剰人員を出してもらうことで，人手不足の解消と取引先工場の余剰人員対策を同時に行なう戦略をとる．親会社の複数の商品の部品製作を担当している大手の下請企業もほぼ同じ戦略を下請との間で構築するが，親企業と下請企業の間には明らかな権力関係があるので，親企業は取引先の余剰人員対策の機能を果たしていると考えているが，下請サイドではそう受け取れないことも珍しいことではない．

10) 中部アウトソーシング協同組合の試算による．2007年6月の聞き取りより．

11) その結果，第1の倫理・道徳としての共生論の場合，地域に新たに参入してきた外国人にはホスト社会を理解することを求め，受け入れる日本人社会に対しては外国人への寛容な理解を求めることになる．理念としては素晴らしいが，「ゴミだし」「騒音」「違法駐車」といった具体的な地域問題を解決する対案を出すことはできない．第2の共同体先行論では，まず共同体ありきということから始まるため，共同体の形成が議論の射程から抜け落ちることになる．

12) ハイエクはハモゥィによる『自由の条件』(*Constitution of Liberty*) の書評に対する論駁を行なっている．そこにおいてハモゥィの書評内容に自身の議論に対する誤解があるとして，ハモゥィが強制のないことが自由であると判断していることについて，本文で引用した部分をもって強制と自由の関係を論じるのは早計であるとしている．その根拠として，ハイエクは『自由の条件』第1部において，「人間の条件とは，そこにおいて他者による強制は社会の成立することが可能になる程度に縮減されている」と論じていることを根拠に，あらゆる強制がないことではない，ということを主張している（Hayek, 1961）．

13) ただし，日系人の日本への流入はすでに1980年代半ばには顕著になっており，1990年の入管法改正は事後的承認であるという評価を多くの研究者が下している．

14) 図5-2のような整理の仕方が可能になることは，Keohane（1984），Dasgupta and Maler（1992），Ostrom（1995）および Martin（1995）から示唆を得た．本章での議論はナショナルレベルの考察にとどめている．しかし，現在の社会状況を考察するには，本来国際的な水準で働くゲームがナショナルレベルのゲームにいかに作用するかを検討することが重要である．とりわけ企業に働く三つのゲーム——企業間のルールゲーム，企業グループ内の役割ゲーム，そして個別企業の社会的・地理的条件ゲームは，企業の国際競争力というグローバルレベルでのゲームに強く影響されている．本章ではこの点を省いて整理した．グローバルレベルでのゲームがどのように外国人の雇用に影響を与えているのかについては，7章を見てほしい．

第II部　越境する労働者と日本

6章　契約の時代と日系人労働者

1. はじめに[1]

　日本の外国人労働者研究は不幸な股裂き状態にある．エスニシティ研究者は労働の現場に興味を持たず，労働研究者はエスニックな差異に関心を示さない．その結果，日本の外国人労働者研究は労働現場なき外国人研究か，エスニックな差異を欠いた周辺労働研究の両極の論文が発表される．
　この学問動向・関心の背景には，学問が持つ国民イデオロギーとの親和性も少なからず関係している．外国人労働者研究では，ナショナルなバウンダリーを自明の分析単位とするかどうかを問わなくてはならない．労働研究で言えば，労働者の福祉およびその向上のための組織化を主たる研究課題におくときに，既存の組織構成者を越えた社会形成に関心を向けることができるかどうかを問わなければならない[2]．現実の労働市場は，越境する雇用システムの観点を持ち込めば，閉じた地域内で成立するものではなく，地域と地域が国境を越える形で結ばれる「地域労働市場」(local labor market) (Sassen, 1995)として確立していることは2章でも確認した．国民概念を越えた労働者という観点を再び導入しないことには，すでに時代は，既得権を持った国民である労働者の福祉の低下をとどめることもできない．そこで，外国人労働者の存在を視野に入れた周辺部労働市場の問題設定を論じる枠組みの検討を，本章は行うことにする[3]．

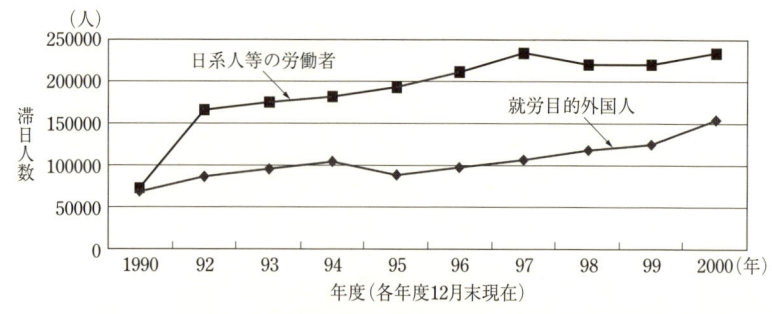

図 6-1　入管法改正以後の外国人の就労状況
注：就労目的外国人の人数に関する出所は各年度版の『出入国管理統計』から，日系人等の労働者数は法務省入国管理局発表資料から厚生労働省が推計した値を載せている．

2. デカセギ現象の歴史的概観

　日本の外国人労働者研究の多くは，外国人労働者の問題を受け入れ国日本の国内問題として捉えている[4]．だが筆者は，2国間の異なる地域が結ばれることで成立する「越境する雇用システム」という視点が必要であると考える．ここでは，国民経済のなかではなく，国境を越えた2地点がいかなるコンテキストにおいて労働市場を形成するようになったのかということから検討を始める．労働市場は具体的な組織的制度が実体化してから機能し始める．では，具体的制度はいかに形成されてきたのか[5]．歴史的経過を摑んでおこう．
　図 6-1 は，1990年の入管法改正以後に日本で就労する外国人の推移である．就労目的外国人とは，就労可能と定められた入管法別表1のカテゴリーに入る14種のビザステータスを持つ外国人であり[6]，日系人等の労働者とは，別表2の「定住者」，「日本人の配偶者等」および「永住者の配偶者等」の在留資格で日本に在留し，なおかつ日本で就労していると推定される外国人である．定義からも分かるように後者「日系人等の労働者」は必ずしも日系人のみを含むものではないが，実質的にはラテンアメリカからの日系人労働者がほとんどである．1990年の入管法の改正により，日系人等の労働者があらゆる仕事に就くことが可能になったため，入管法改正はもっぱら単純労働者の増加とリンクして論じられることが多い．しかしながら，図 6-1 が示すように，入管法改正以

後は高度な専門性が要求される就労目的外国人労働者もまた確実に増えている.

ところで日系人等の労働者の大半を占めるラテンアメリカからの就労者,とりわけデカセギ労働者と呼ばれる現象は,一般的に1980年代半ばから起きたと解釈されている（森,1992）. だが,ラテンアメリカから日本への移動はそれ以前から存在していた. もともと日本からラテンアメリカに移住したすべてが移民として定着したわけではない. むしろ,移住先を一生の住処とした人びとのほうが少数者である.「故郷に錦を飾る」ことを夢見た移住者であるから,すぐに帰還する人びとは少なかったが,ラテンアメリカ到着後も移住を繰り返しつつ,5年,10年という単位では,移住に見切りをつけ日本に戻ることを決意した人は珍しくはなかった（半田,1966；1970；前山,1981；在伯沖縄県人会,1987；コロニア・オキナワ入植四十周年記念誌編纂委員会,1995；具志堅,1998）.

また,移住地ラテンアメリカから引き揚げてしまう人びとだけでなく,農業経営や事業の失敗のため一時的に日本に帰国し就労する,「プロト・デカセギ」は常に存在していた[7]. プロト・デカセギは1980年代の中葉に,新しい形態のデカセギに急速に転換する. この転換は,行為主体たるデカセギ者の属性変化にもよっているが,軍政から民政に移行する移行期に起こっていた経済的混乱と日本との直行便の開始による新しい交通経路の開設という外生的要因（＝外在的条件）にも大きく関係している[8].

2章の図2-2を再度見て欲しい. ブラジルにおけるビザ発給件数の推移を示した図である. この図から1990年の入管法改正期にデカセギブームが起きていたが,1992年にバブル経済がはじけると一気にこのブームがしぼんだことが読み取れるであろう. ここで注意をしなくてはならないことがある. 第1に,入管法改正後も,日系人の多くは短期滞在ビザで入国し,就労し始めてから特定ビザ（個別に判断されて就労に関する制限のない査証）への資格変更を行っていた. これに対して,入管当局は,あらかじめ就労することが分かっている日系人に対して,制度の運用を実態に合わせた[9]. 1996年から1997年のビザ発給の変化はこのことを表している. 第2に,1997年以降,2000年を例外とすると,ビザの発給件数の減少＝日本・ブラジル間の移動者の減少が生じているかのように見える. だが,これにも制度の運用上の問題が関係している. 特

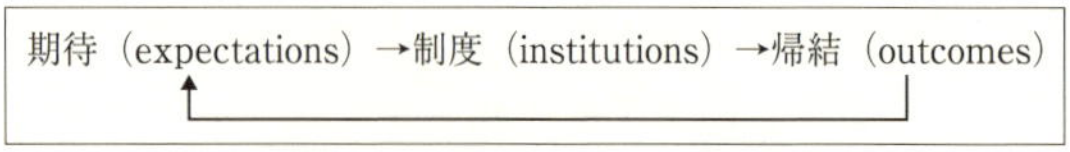

$$\boxed{期待 (expectations) \rightarrow 制度 (institutions) \rightarrow 帰結 (outcomes)}$$

図 6-2　関数としての制度

定ビザは1年または3年を期間として発給されるが，近年，期間の長い3年のビザが多く発給されるようになっている．かつまた，定住ビザを持っている者の永住ビザへの資格変更が増えている[10]．このため日本とブラジルの間を移動する際に，いちいちビザを取って移動する者が減っているのだ．その結果，ビザ発給件数からすると日本とラテンアメリカの間の移動が減少しているかのように映る[11]．だが，図6-1に示したように，日本に滞在する日系人等の労働者の存在は横ばいであり，常に国境を移動する者を含みながら，労働力として定着しているのである．

3. デカセギの誕生

プロト・デカセギからデカセギへの転換とはいったい何であったのか．デカセギを一つの制度として考えたときに，人びとがこの制度にどのようなことを期待し，それに対して制度がどのような帰結をもたらしているのか．ここでは図6-2のような関係としてデカセギを考えてみたい．つまり，行為主体たるデカセギ者が，デカセギという制度に対してどのような期待をもってかかわり，この制度にかかわることによって当初の期待が帰結として得られているのかどうかということである．期待（希望）が帰結（顕在的結果）に結びついていれば，行為主体たる人間は，期待が裏切られるまでこの制度を利用するだろう[12]．また，特定の行為主体がこの制度を利用して結果を得ていることは，同じ期待をもっている他の行為主体に対しても，期待が実現するモデルを提示することになり，他の行為主体をもこの制度に引き込むことになる．ヴェブレンも言うように「制度とは，実は，個人と社会との特定の関係なり，特定の機能なりにかんする支配的な思考習慣」となるからだ（Veblen, 1998：190=1961：183-184）．

制度としてデカセギを考えると，1980年代半ばにおいてデカセギが変化していることが理解できる．1980年代半ばまでのプロト・デカセギは「負け犬

の出稼ぎ」とも呼ばれたように,行為主体の期待はラテンアメリカにおける農業経営の失敗,あるいは事業の失敗を取り返すためのものであったし,帰結も日本就労によって得た収入で借金を返してラテンアメリカにおける生活をリスタートさせるためのものであった.ところが1980年代半ばに始まったデカセギは,プロト・デカセギとは行為主体の期待と帰結が明らかに異なっている.デカセギは蓄財や少しでもよい生活をしたいという「期待」によって導かれ,帰結として「不動産・自動車の所有」「起業のための資金稼ぎ」が求められた.失敗者の生活基盤再生のための出稼ぎと,蓄財とよりよき生活を求めるデカセギとでは,制度に参入してくるアクターの数に大きな違いをもたらす.つまり,失敗者しか参入してこなかった制度から,日系コミュニティのあらゆる人びとが潜在的利用者になる制度に変化したのである.

　より多くの潜在的な利用者を抱えることになった制度としてのデカセギには,いかなる社会的な意味があるのだろうか.青木昌彦の「要約表現」という概念からアプローチしたい(青木,2001).「要約表現」とは,青木によると,経済的行為を行う行為主体が,その制度を利用することによって,自らの予想(期待)を帰結(結果)においてほぼ実現できると考えることで,制度が行為主体の予想と行動選択をコーディネートすることである.必ずしもデカセギに出れば確実に資産形成(貯蓄や不動産の所有)が可能になることを意味しない.要約表現は,多くの者がその制度を利用すれば特定の結果がもたらされるであろうと想定し,そのことによってより多くの者が制度に加わり,なかには想定していたのと同じ結果を得る者が現われる,ということを示すにすぎない.だからこそ,デカセギという制度が要約表現たりうるため(デカセギが「要約表現」として社会的認知を得るため)には,デカセギが人びとにとってモデルとして受け入れられなくてはならないのである.

　筆者は聞き取り調査から,デカセギのパイオニアたちが,どのようにデカセギ斡旋をビジネスにまで育てたのかを聞き取ってきた(梶田,1998;樋口,2002).1985年前後から日本就労斡旋を行っていた者が異口同音に語ることは,「1984年ごろから日本に就労に行った者が,2年間就労して1986年ごろから帰国してきた.この者たちが日本でためたお金で家を買うようになって,デカセギは一気にブームになった」というものである.目の前にデカセギの果実が不

動産資産の形成として可視化されたとき，デカセギは成功への要約表現になったのである．

4. 変わる受け入れ企業にとってのデカセギ

バブル経済期にブームの最高潮を迎えるデカセギは，その当時の外国人労働者をめぐる開国・鎖国の論争に見られるように，仕事はあるにもかかわらず働き手を見いだせない絶対的な人手不足に陥っている職場に迎えられた．デカセギ労働者が多く就労した部門は，直接雇用であれば期間工・季節工といった直接雇用の有期雇用の職場か，業務請負業（構内請負業）の間接雇用の有期雇用の職場であった．いずれにしても有期雇用の職場が，彼・彼女たちの就いた就労部門の特徴である．ところで，こうした有期雇用の就労部門とは，景気がよかったり，就労先企業に注文が集中していたりするときは連続性のある雇用となるが，ひとたび不景気になったり就労先企業が不振に陥ったりすれば，たちまち解雇の危機に直面する職場である．現在の雇用が権利によって守られているのではなく，たまたま結果として連続した雇用になっているにすぎないからだ．この意味で彼・彼女たちは明らかに不安定就労者層を形成している．

丹野（2002c）に対して，山本潔は，既存の不安定就労者層析出の議論を四つのタイプに整理した．第1に農村の女子で世帯の家計を補助するための出稼ぎという形態をとる出稼・家計補充型（山田，1934；平野，1934），第2に農村からいったん都市の雑業層に吸収され，すでに形成されていた都市雑業層と一体となって工業部門の不安定就労層を形成する都市雑業層型（平野，1934；隅谷，1964；1969），第3に好況期は労働市場に参入し工業部門を支えるが，不況期には労働市場から退出して家庭の主婦になる縁辺労働力型（梅村，1964）である[13]．そのうえで，筆者による日系人労働力の位置づけをいったん工場で働くようになった日系人労働力が排出されることで都市雑業層を形成していると評した（山本，2002）．

筆者はここに第4の不安定就労の析出タイプの議論として，川島武宜がシェーマ化した家制度規定型があることを忘れてはならないと思う．「出稼・家系補充型」，「都市雑業層型」，「縁辺労働力型」が経済的モメントから解釈がなさ

表 6-1　周辺部労働力の析出モデル

労働力析出タイプ	周辺部の形成メカニズム
①出稼・家計補充型	農村女子→工業部門
②都市雑業層型	農村→都市雑業層→工業部門
③縁辺労働力型	好況期→労働市場→不況期家庭の主婦
④家制度規定型	農村→都市の労働市場→不況期農村過剰人口
⑤デカセギ日系人型	ラテンアメリカ→工場（工業部門）⇔都市雑業層

注：山本（2002：1）を一部改訂して作成．

れるのに対して，家制度規定型は，経済外的な要因による都市と農村の移動から説明する．川島は，家制度について，「まさにこのことが，農村出身の都市労働者に，特殊＝日本的な特色をあたえて来た．というのは，わが国の賃労働者の多くは，自分の生家から離れて別の世帯を持っていながら，右に述べたように，伝統的な家族制度の見えざる糸で，農村の生家につながっており，彼らは失業した場合には，潜在的な家族関係に基づいて，その生家に帰ることができた．その結果，日本の賃労働者は，生産手段（ここでは農地）から完全に分離されていないのであり，そうして長い間わが国においては，失業が『失業』として現象化せず，近代的労働法の発展をはばんできたのである」と述べる（川島，1982a：62）[14]．これが家制度規定型の移動の本質である．

　上述の五つのタイプを整理したのが**表 6-1**である．**表 6-1**に示した労働力析出のタイプによる周辺部労働力の把握の仕方は，それぞれの研究対象の時代的背景と主たる産業が異なるから，それぞれは他のモデルに対して排他性を持つものではない．また，①出稼・家計補充型，②都市雑業層型および③縁辺労働力型が日本国内での資本蓄積の問題として捉えられるのに対して，④家制度規定型は社会関係からアプローチする．労働移動が一国内で閉じていることを前提に論理が組み立てられているこれら四つの型に対して，⑤デカセギ日系人型における労働力供給の論理は日本国内の資本蓄積とは異なる次元で生じている．この点で，デカセギ日系人型は上記4類型とは決定的に異なっている．

　山本が指摘するように，筆者は日系人労働力が都市雑業層の一部を形成していると考えている．しかし，日系人が都市雑業層化する際には，労働者の側にプロト・デカセギからデカセギへの転換があったように，使用者サイドにとってもデカセギ労働者の持つ要約表現の転換があったことを指摘しておかなくて

はならない．また，ここでの「都市雑業層」が隅谷三喜男の定義にはない，という留保もまたつけておかなくてはならない．筆者は，「都市雑業層」を賃労働ではあるが正規労働に転換されることの少ない業務請負業によって供給される職種に就労する者という意味で用いている[15]．

　デカセギ労働者にとって，デカセギが成功への道程という意味を持った（＝要約表現として確立）のと同じように，デカセギ労働者を受け入れた日本企業にとってもこの制度は一つの要約表現であった．既述のように雇用契約からみると，日系人労働力は，「短期の有期雇用」ということにその一貫した特徴がある．そしてこの「短期の有期雇用」という雇用契約に，使用者サイドにとっての要約表現の核心が表現されている．つまり，日系人労働力とは，生産点から常に退出可能な労働力であるということだ．

　同じ短期の有期雇用とはいえ，絶対的な人手不足の時代の終焉は日系人雇用に企業が求める期待・帰結関数としての要約表現を決定的に変えてゆく．日系人が他者に先んじて確保しなくてはならない労働力から，複数の周辺労働力資源との組み合わせのなかから最適な組み合わせをつくる（労働力ポートフォリオの構築）のに必要な労働力の一部となることによる変化である．バブルの崩壊を挟んで，定量的作業，変動的作業のいずれにおいても人事労務担当者の募集対象者が拡大した．企業が与えた日系人労働力に対する要約表現が，フレキシブルな生産活動からフレキシブルな人事計画へと変わった．この点を実証研究から明らかにしたのが次章で示す**表 7-3** である[16]．

5. 労働市場の適応進化と労働者個人の不適応の拡大

　労働者にとっての要約表現の変化と，企業の要約表現の変化とを考察してきた．両者の変化は労働力供給サイドの変化と労働力需要サイドの変化を表すものであるから，双方は相互作用しつつ変化していると考えるほうが無難であろう．そこで本節では，労働力の需要と供給の相互作用による変化が，どのようにしてデカセギという制度に対する期待（およびその帰結）を変えていくのかを検討する．

　バブル経済期において，デカセギをめぐる期待は**表 6-2** に示すものであった．

表 6-2　バブル期のデカセギ制度に対する労働力供給サイド・需要サイドの期待，帰結，そして帰結をもたらした条件

	期　待	帰　結	帰結をもたらした条件
労働力供給サイド	資産形成	一部の人々の資産形成	本国のインフレと弱い自国通貨
労働力需要サイド	人手不足解消	人手不足解消	作れば売れる経済環境

　注意しなくてはならないのは，労働力供給サイドと労働力需要サイドのそれぞれの期待と帰結を可能にしていた条件の存在である．労働者にとって期待と帰結がほぼ一致していたのは，出身国が高いインフレ経済のなかにあり自国通貨への信認が落ちていたために，外貨を持ち込めばインフレと為替相場の関係で自国通貨換算の貨幣保有額を大きくできたからである．他方，企業にとっても，作れば売れるという経済環境が慢性的な人手不足を起こしていた．

　だが，バブル経済の崩壊期に，以上の帰結をもたらしていた条件が双方とも変化した．ブラジルでは通貨ヘアウ（REAL）と米ドルの交換比率を1対1にするペッグ制が採用されることにより，インフレは収まり為替が上昇した．外貨を持ち込んでも価値以上に増えることがなくなったのである．日本の経済環境とは関係のないところで，成功へのデカセギという要約表現は衰退することになったのだ．他方，労働力需要サイドでも，バブル経済の崩壊は作れば売れるという経済環境を過去のものとし，勝ち組み企業と負け組み企業にはっきりと分かれる経済環境に変わった．その結果，勝ち組み企業は勝ちつづけるためによりフレキシブルな生産活動を求め，負け組み企業は生産体制の再構築の必要性から非典型雇用を必要とするに至った．

　出身国側の経済環境が変わることによって成功へのデカセギは困難になった．それでもデカセギが持続するのはなぜか．出身国におけるインフレ抑止政策により雇用環境が悪化したために，バブルが崩壊しても出身国よりは雇用環境がましな日本にくるからである．デカセギを取り巻く社会環境の変化にもかかわらず，他方で成功へのデカセギが神話化している．そのため，個別のデカセギ労働者のデカセギに対する期待は依然として資産形成のままなのである[17]．

　バブル崩壊後も進展するグローバル競争の激化によって，勝ち組み企業も組織のスリム化に余念がなく，いわゆる非正規雇用による正規雇用への代替が社会全体で進むことになる．しかしこのことは，外国人労働者全体の雇用先を不

安定化するものでもない．少子高齢化が進行することによって，長期的に日本で生産活動を続けていくことを考えている企業は逆に日系人労働力を正規労働力化し始めるからである[18]．その結果，全体として日系人雇用のより不安定な雇用へのシフトが進む一方で，一部における安定的な職場への進出が認められ，日系人雇用内部での分極化が始まっている[19]．

6. 越境する雇用システムの論理

日本の雇用環境の変化は，ラテンアメリカのリクルーティングシステムにも影響を与えている．

デカセギ労働力をラテンアメリカでリクルーティングする制度は1980年代中葉に始まり，1980年代の後半に制度的に確立され，ほぼ現在のシステムと同じ分業関係が確立した．2章でみたように，市場としての労働力輸出機構（図2-3）は，日系人の労働市場の分業関係を実態的に明らかにしたものである．ブラジルと日本という地理的に遠くはなれた2国が，分業関係を通して，一つの労働市場を形成していた．この分業関係を通して成立した制度を，「労働力輸出機構」と呼ぶことにする．このような分業制度の成立の影には日系コミュニティの歪んだ支配構造が関係している．典型的な例として，人集めという性格を強く持つデカセギ旅行社には，日系コミュニティをこれまで支えてきた県人会組織の幹部がかかわっていることが多いということを挙げることができる[20]．

労働力輸出機構は絶えず変化している．1997-1998年調査ではデカセギ旅行社間に明確な水平分業関係がみられていたが，2002年の調査では，デカセギ旅行社間での分業関係はほとんど見られず，デカセギ旅行社はそれぞれの旅行社が単体として事業活動をしているだけであった．2005年，2006年の調査では，2002年の時点で消失していた分業関係が部分的に復活していた．しかし，1997-1998年調査の時に見出すことのできた関係性とはまったく異なるものになっていた．垂直的な統合は確認することができたが，水平的な統合関係を欠いたシステムになっているのである．決定的な違いは水平的分業が行なわれる場所が移っていたことである．ラテンアメリカにおける水平的分業は小さくな

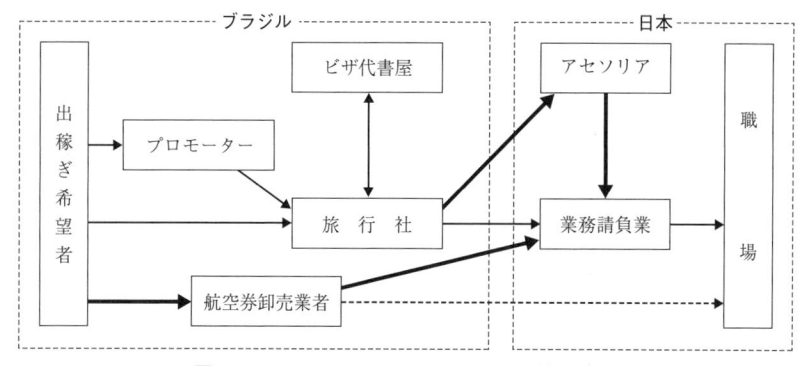

図 6-3　ネットワークとしての労働力輸出機構

注：太線は頻繁に見られる移動の経路であり，細線は移動経路としては少なくなっているものを指す．航空券卸売業者から職場へ引かれた点線の矢印は，細線以上に少数だが存在する，日本での職場を確保したまま一時帰国した労働者が航空券のみを購入し元職場に戻る経路を示している．筆者は 2002 年，2005 年，2006 年，2007 年と定期的に旅行社を訪ねているが，この図におけるビザ代書屋は年々減少している．3 度目，4 度目のデカセギがあたり前になったいまでは，ビザに必要な書類はすでに集められているからである．

ったが，日本の内部での水平的分業がむしろ拡大しているのである．日本国内での水平的分業には，新たに影響力が増大した日本国内ブローカーの存在が大きく関係している[21]．日本国内ブローカー（日本側アセソリア）は自社で抱えている日系人労働者のリストを全国の業務請負業者にファックスで流す[22]．業務請負業者は，新規に労働力が必要になったとき，あるいは自社で労働力を募集していたのでは間に合わなくなったときに，ここから必要な労働力を送ってもらう．このことにより，ラテンアメリカの日系旅行社は自社と取引のある日本の製造業や業務請負業からの労働力需要がなくても，自社を訪ねてきたデカセギ就労希望者を日本に送り出すことが可能になった．このことを示すのが図 6-3 である．

こうした変化には，制度（労働力輸出機構）を利用していたアクター（労働者）の行為パターンが変わったことも関係している．ブラジル人だけで 30 万人が常時日本に滞在することで，日系人労働力の募集をラテンアメリカ現地で行わなくてはならない必要性が大きく減ったし，デカセギ旅行社に頼らなくては来日できない者も少数派になっている[23]．そのため，日系旅行社は業務提携をしている業務請負業や日本の製造業企業からの送り出し依頼を待っていては，自社の存続ができなくなっている[24]．

これまでも論じてきたように，日系人労働者の労働市場は日本側の労働力需要によって大きく規定されている．労働力需要が旺盛であれば，合法的に就労できる日系人はだれもが労働市場に参入できる．しかし，いったん不況になるやいなや，市場はネットワーク的要素を強く持ったものに変質する．ネットワーク的要素とは，特定のゲートキーパーとの個別的関係がないと市場への参入が困難になること，とここでは定義する．

　長引く景気低迷と不況の深刻化，そしてグローバル競争の激化は労働力需要を一変させた．ラテンアメリカに届く求人が大きく減少したのである[25]．ただし求人の減少が日系旅行社への需要を減らし，このことが旅行社間の水平的統合を破壊したのではない．求人の減少は労働力需要側（日本の請負業や工場）の力を強め，労働者の選別方法に変化をもたらした．日系人であればだれもが労働市場に参入できたときは，「日系」という属性があれば任意の者でよかった．しかし，日本語の会話・読み書きの能力やこれまでの日本就労の経験，性別や年齢といった条件，つまり特定の属性をもった労働者が求められると，旅行社は信頼できるつてのなかから属性条件にあう労働者を集めようとするようになった[26]．こうしてラテンアメリカの労働力輸出機構は水平的統合より垂直的統合を特徴とするネットワーク的組織の装いが強まったのである．

　労働法は，制度的色彩の強い労使関係法から市場的色彩の強い労働市場法に至るまで，関連する諸法が異なる領域を規定している．諏訪康夫は労働市場の法の論理を具体的な制度化された組織レベルで働く法と任意の市場を構成するすべてのアクターに関する法が，その時々の労働市場に求められる機能によって，強調される論点が異なることを，図6-4を使って説明した．諏訪によると労働市場の自由化・規制緩和が叫ばれるようになって，現在，労働法は α から β の位置にシフトし，それぞれの法がより市場志向的性格を期待されているというのである（諏訪，2002）．

　諏訪による労働法の整理と同じ論理が，日系人の労働市場にもみてとれるのである（ただし，論理の働く方向は異なる）．労働力輸出機構の変化からも理解できるように，労働力需要が旺盛なときには，特定のカテゴリーを満たす者であれば誰もが参入できる，より市場的な要素の強い労働市場となる．反対に，労働力需要がタイトになると，特定の属性を持った労働者を集めることが求め

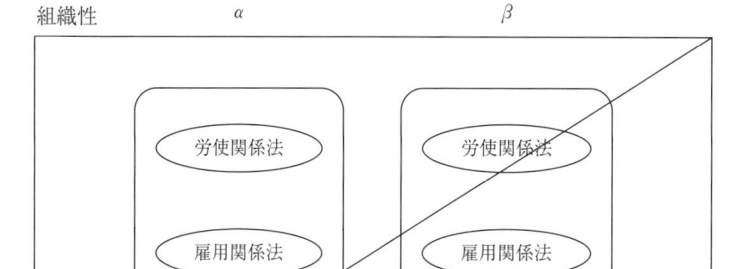

図 6-4　労働市場に働く法の位置づけ
出所：諏訪（2002：23）．

られる．誰もがアクセスできる市場的性格は消失し，必要とする属性を判断できる既存のつながりのなかから労働者が求められる．その結果，市場はネットワークに取って代わられるのである[27]．図 6-5 で示した β の労働市場が α の労働市場へとシフトしたと考えることができる．

7．結語にかえて

　外国人雇用とはいったい企業にとってどのような意味があるのか．筆者に対して，ある輸送用機械機具製造関連の労務担当者は日系人雇用を「グレーゾーン」と称していた．資格外就労者を働かせていないという点で違法行為ではないが，請負労働者である彼・彼女たちの職場での実態が適法な状態にはなっておらず，摘発を受けていないから許されているという認識である．
　日系人雇用は，労働力が必要だけれども正社員雇用を回避したいという企業の思惑から始まった．人件費を安価にするため，法定福利厚生費などの労働の対価部分以外に関する保障を回避することが雇用の目的なのである[28]．請負契約を通して労働の対価の費用だけで労働力を確保することは，契約を基本とす

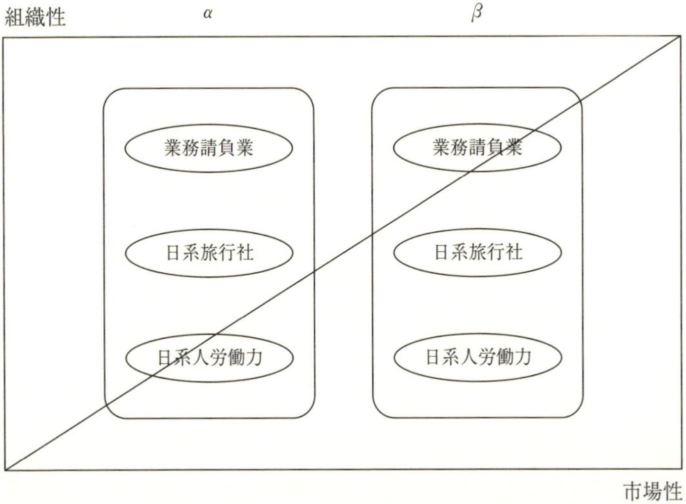

```
組織性      α              β
        ┌─────────┐  ┌─────────┐
        │ 業務請負業 │  │ 業務請負業 │
        │          │  │          │
        │ 日系旅行社 │  │ 日系旅行社 │
        │          │  │          │
        │日系人労働力│  │日系人労働力│
        └─────────┘  └─────────┘
                                  市場性
```

図 6-5 日系人労働市場の組織と市場の関係

る法の範疇や企業会計上の問題としては矛盾がないかもしれない．しかし，絶えざる有期雇用の繰り返しによって生きていく労働者が持たざるを得ない行動様式は，個別の行為が合成された結果において，著しく不合理な帰結を個人と社会にもたらす．それゆえ，地方自治体にとって外国人の居住問題で最も関心を集めている外国人労働者の無保険の問題とか，社会保険に入るべき労働者が国民健康保険に入っているという問題は必然的に起こらざるを得ないのである．

有期雇用の労働市場にしか入れないということは，労働者の行為に特異なパターンを生み出す．自己を雇用する職場や労働市場（組織）との関係で，労働者には組織への意思表明が退出（exit）しかないという行為パターンである．ハーシュマンが想定したような，組織へ声をあげる（voice）とか，忠誠をもって応える（loyalty）といった，利他的関係性をはぐくむ選択肢がないのだ（Hirschman, 1970）．ドリンジャーとピオリの言う意味での第 2 次部門（secondary sector）の労働力とは，退出戦略しか持たない労働者であり（Doeringer and Piore, 1971)[29]，それが「外国人」という属性によって決定されているのである．

外国人に限らず，近年の非正規雇用の伸びは先進社会に共通した現象である．非正規雇用の増加が必ず悪となるのではない．スペインの事例が示すように，

非正規雇用での就労経験が正規雇用に参入する際に労働者に有利になるよう勘案されるシステムがあれば，非正規雇用の増大は決してネガティブに作用しない（Marsden and Ryan, 1990 ; Marsden, 2003）．日本の外国人労働者にとって問題なのは，正規の労働市場（期限の定めのない雇用）への移動がきわめて困難なことだ．とりわけ日系人労働者の場合にはこれが顕著である[30]．

内田貴は「国家の役割を縮小し，市場メカニズムを重視する政策が前面に出る時代を迎え，これまで契約とは異質と思われていた活動が市場，すなわち契約にゆだねられつつある」状況を「契約の時代」と呼んでいる（内田，2000：1）．間接雇用にしか参入できない日系人労働力は，労働者の請負契約者への転換であるのだから，生産現場における「契約の時代」の先取りである[31]．

日系人労働者の雇用セグメントは，契約の時代を先導しているという意味で新しい働き方である．だが日系人雇用は多様化しつつも，多くの者の雇用先が業務請負業に収斂することで，彼／彼女らの労働市場はかつて江口英一が「開放的労働市場」と呼んだものにきわめて近い性格を示している（江口，1980）．江口が不安定就労層の労働市場を「開放的労働市場」と呼んだのは，氏原正治郎による年功序列と終身雇用を特徴とする大企業や公務員の「企業封鎖的労働市場」に対置させる意図があったからであろう（氏原，1966）．江口は不安定就労の特徴を主に労働市場の開放性に求めたが[32]，現代の不安定就労層である日系人においては，その主たる特徴は生産点との契約のあり方に求められなくてはならない．グローバル化時代の特徴である契約の時代だからこそ，国境の外から呼び込まれた日系人が契約の時代の先兵にされている．このような日系人労働者の存在は，日本の労働現場を考察する思考において一国内で完結しないアプローチを行うことをわれわれに要求しているのである．

1）　本章は2002年度労働社会学会シンポジウムにおいて「労働力輸出機構のミクロ分析——労働力輸出機構の変容からアプローチする周辺部労働市場の変化」として発表したものを，討論者からのコメントおよびフロアーからの質問等を受けて，筆者が問題意識を再構成して書き直したものである．このため当日の報告内容と一部重ならない論点が含まれている．
2）　残念ながら，既得権を持った集団の福祉の低下をいかに防ぐかということに多くの労働研究者の関心が向かっており，そのため筆者からすると，労働研究はいまだ国

民である労働者および国民経済の枠内の研究が多い領域に思える．
3) シンポジウム発表内容は事例報告が中心であったが，本章は外国人の労働市場に関する分析枠組みを主に論じる．ただし，外国人の労働市場といっても，本章で扱うのは日本で合法的に就労できる日系人に限られている．
4) 例えば，浅生（1994）は工場のなかでの日系人労働者の問題を実態調査のなかから指摘した．工場のなかでの日系人，あるいは労働現場での日系人という点では，浅生の指摘した問題に尽きる．しかし，浅生の指摘した問題群にはいまなお解答が出されておらず，工場のなかの問題を工場内で捉えるという観点には限界がある．現状の何らかの改善を志向すればするほど，国境を越えて成立する労働市場という観点からの問題点の整理が必要となる．
5) 2章での日本とラテンアメリカ間での航空路線開設の経緯，10章でのデカセギ旅行社が事業を開始する経緯は，この制度開設の具体例を示す．
6) 14種の就労資格は，教授，芸術，宗教，報道，投資・経営，法律・会計業務，医療，研究，教育，技術，人文知識・国際業務，企業内転勤，興行，技能である．
7) 「プロト・デカセギ」というタームは一般的には存在しない．1980年代半ば以降のデカセギと対比するために，筆者はこれ以前のデカセギをプロト・デカセギと呼ぶことにする．本書では他の場所で用いている「負け犬のデカセギ」をもっぱら記述概念として使っているが，これを操作概念として用いたものがプロト・デカセギである．
8) この間の経過については2章に論じてある．
9) 日系人が日本渡航する際には短期滞在ビザ（観光ビザ）ではなく特定ビザ（定住ビザ）の取得を求められるようになった，ということである．
10) 定住ビザから永住ビザへの変化には，入管当局の外国人政策の変更が関係している．
11) このことは航空券の発行件数を見ると分かりやすい．日系旅行社で最大の規模を誇るツニブラ社は，航空券を求めてきた個人に対してチケットを売るばかりか，職業紹介込みでチケットを売る日系旅行社に対する航空券の卸売りも行っており，日本とブラジルの間を往復する人のチケットの6割から7割を発券している．東京と名古屋にも支店を構えているが，97年以降，チケットの総発券枚数にはあまり変化がないにもかかわらず，往復チケットの発券地に大きな変化がみられる．つまり，ブラジル発の往復チケットから，日本発の往復チケットへの転換である．これに伴いブラジル側の業務は大きく変化し，従来の発券業務中心から，日本支店で買ったチケットで帰る際のリコンファーム等の日本便確認業務が増えることになった．このためサンパウロ市内に複数あった支店を1997年以降は本店一店舗体制に変えた．
12) このような状態として成立している制度は，ハイエクの言う「均衡は一度到達されると，外的与件がこの社会の成員が共通にして持つ諸期待と一致し続ける限り，継続する」という状態であり，一つの均衡状態としても捉えられる（Hayek, 1949 : 41 =1990 : 57）．
13) 平野義太郎の『日本資本主義社会の機構』（1934）が①出稼型・家計補充型と②都市雑業層型の双方に分類できるのは，本書上編第一編第四節「工業プロレタリアート

の成立とその階級分化過程に対應する隸役形態」第一項「遂斥された直接的生産者とくに貧農およびその子女の工場制工業・マニュファクチュアへのプロレタリア化，その四大基本的形態」において，「(1)生産手段の生産に関する機械工業，(2)消費資料，就中，衣料を生産する綿糸紡績工業ならびに零細マニュファクチュアの製糸業，(3)鉱山・鐵道敷設その他土木建築場，(4)スウェッチング・システムの近世家内工業における労働者」を基本形態とし（平野，1934：93-94），(2)および(3)が農村からの新規流入者が担うのに対し，(1)と(4)を農村の分解から直接導き出されるものよりも，それがいったん都市の特定の階層を担うことを分けて論じていることによる．

14) この文章のすぐあとの労働市場に対する家族の規定的役割に対する論及も見逃してはならないだろう．少し長くなるが，ここでその部分を紹介しておく．「民衆にとっては，本籍のある場所は，先祖伝来の『家』のあり場所であり，個々の人間の意思からは独立して客観的にきまっている．人と本籍地との関係は，人の自由意志で変えられるものではなく，人は或る『家』に生まれることによって，生来的に，その『家』のあり場所としての本籍地にいや応なしに結びつけられるのである．そのような本籍地の意識は，人の家族的共同生活が，独立な意思の主体者の共同生活ではなく，個人意志を超越する『家』の構成員の共同生活としてのみ意識されていることに対応するものである．本籍地は先祖の墓場の所在地であり，先祖の霊の所在地，それの宿っている先祖伝来の『家』の所在地である．本籍地をうつすことは，祖先を見すて故郷を見すてることを意味するのであって，正しい人間のなすわざではないと考えられており，非難や軽蔑の対象となる」（川島，1982a：63）．

15) この意味で，ラテンアメリカからのデカセギ労働者が都市雑業層化したというのではなく，業務請負業が都市雑業労務供給事業者化している，といった方がより正確かもしれない．

16) 社会環境の変化によって，企業における外国人雇用が大きく変化した例として，愛知県岡崎市にあった岡崎地区外国人雇用管理推進協議会（以下，協議会と表記）を挙げることができる．協議会は日系人労働力を必要な労働力と認識し，直接雇用を進めていこうとした．だが，経済環境の変化にともなって非正規雇用の日本人が集まり始めるようになると，直接雇用で雇用する企業数が減少し，2002年をもって協議会としての活動を停止した．

17) ところが日本で得た賃金で財産を築く社会環境は崩壊しているから，期待は実現されず帰結はとりあえずの雇用先の確保にとどまる．

18) ただしこの場合でも，正規雇用とは労働保険・社会保険に入った直接雇用という意味に留まり，期間の定めのない雇用に新たな市場が開けてきたという意味ではない．

19) その結果，日系人の労働市場は雇用状況に適応的に進化するが，労働者個人のデカセギへのモチベーションが資産形成のまま残ることにより，労働者サイドの期待と帰結の間の乖離は拡大し期待と帰結が一致する蓋然性も低くなるのである．

20) これは，ラテンアメリカの日系旅行業の歴史的経緯に由来する．日系旅行社はデカセギ現象が起きる前までは，各県人会の慰安旅行を組織し，国内旅行を主な事業としていた．このため日系旅行社はこれまでも海外旅行を若干行っていたが，それもま

た各県人会を単位とした母県への里帰り旅行を中心としたものであり，実質的に県人会組織の慰安部門という性格を帯びていた．
21) 日本国内のブローカーとは，ラテンアメリカの日系旅行社がとりあえずデカセギ就労希望者を送り出す先でもある．
22) 静岡県浜松市に所在するブローカーの場合，ファックスを送付している業務請負業は日本全国におよそ600社あると言う．そのため自社の抱えるラテンアメリカから送られてきて日本で職探しをしている者のリストを作成すると，そのリストのファックス送付だけで2日から3日がかりの仕事になるという（2001年10月の聞き取り調査より）．筆者の知る限りにおいて，このようなブローカー組織は筆者が聞き取りを行った浜松の組織のほかに，名古屋において活動をしている組織がある．浜松の組織は旅行業を行っていた日系人の手で運営されているが，名古屋の組織は本業として業務請負業を経営している経営者（日本人）がサイドビジネス的に行っている．
23) 日本での就労経験があったり，家族や知人という先行者を頼って日本に渡ったりする者が，国境を越えてくる労働力の主流になっている．
24) バブル経済がはじけた後に成功へのデカセギがなくなったことは1990年代に発行されたラテンアメリカでの移住史誌における，デカセギの具体的な結果に関する体験談にみてとれる（汎アマゾニア日伯協会，1994；南米産業開発青年隊40年史刊行委員会，1997）．だがしかし，ラテンアメリカからみた日本経済の良好性は明らかである．アルゼンチンの通貨危機以後，ブラジルも2002年の大統領選の時期には通貨レアウがペッグ制の時期に比較し約3分の1にまで下落した．このように外貨を国内に持ち込むインセンティブは，通貨危機以後急速に高まっている．
25) ラテンアメリカにおける募集の一形態として，日本の業務請負業や製造業企業と労働力募集について業務提携している日系旅行社が地元の新聞等に載せる求人広告がある．このとき日系旅行社は自社と取引のあるプロモーターにも人集めの要請を出すので，プロモーターもまた求人広告を新聞等に載せる．大手の日系旅行社だと200人以上のプロモーターと取引があるので，現地の新聞には現実には同じ就労先が複数の広告として掲載されることになる．そのため日本からの求人の減少は，メディアの上ではより増幅されて減ったかのように見える．
26) いかなる属性が求められるのかについては，丹野（2000a）および2章をみていただきたい．前者は業務請負業で，後者はサンパウロの日系旅行社で，筆者が参与観察をした際の記録であり，請負業者の募集に応募してきた者に対する面接で作成される調書の項目，日系旅行社がデカセギ希望者に対する面接で作成される調書の項目を載せているので，これらを参照のこと．
27) だが，労働力需要の減少がただちに市場からネットワークへの移行を意味するものではない．
28) 実態としては以前と同じ職場で働く労働者が，出向・転籍させられたことで請負作業員に代わるのと同じ論理である．
29) 日本のデュアリズムをめぐっては野村（2003）によって刺激的な議論がなされている．本稿で取り扱った日系人労働力は，賃金額という点では疑問符がつくが，定義

的にはドリンジャーとピオリの第2次部門に完全に当てはまると筆者は考えている（Doeringer and Piore, 1971）．
30) 雇用・能力開発機構（2001）にもあるように，中国等のアジアからの労働者の場合，ブルーカラー労働力だけではなく，エンジニアや専門技能職のホワイトカラー部門（正規雇用）で働く者が，もちろん多数を占めるということはないが，少なからず存在する．日系人労働力の場合，こうした例がきわめて少ないことが一つの特徴になっている．
31) 契約の時代の働き方がもたらす矛盾は研究者だけでなく，弁護士や労働組合の活動家からも指摘されている（森，2003；中野，2003）．
32) この点は Doeringer and Piore（1971）も同じである．

7章　産業再編と地域労働市場

1. はじめに

　1995年,労働省は,技術・技能職以外の一般職としての外国人労働者とは,「日本人の『学卒者』,『パート』,『期間工』が採用できれば採用しない」ものであり,給与的にも「チープレーバーとはいえない」存在であると指摘している(労働省職業安定局,1995：64-65).日本人が採用できる条件があれば,外国人労働者は置き換えられるという指摘である.また,その後の研究も外国人労働力が日本人に対する雇用代替効果をもっていることを示している(筒井,2001).こうした見解に対し筆者は日本人と外国人の間に働く関係は単なる代替の問題として捉えられるものではなく,1990年代後半以降の日本の労働市場では,外国人労働者がそれまで占めていた職場の位置を日本人に奪われ,より条件のよくない労働市場へ下降させられてきている,という上下の位置での移動として把握すべきものと考えている.本章は,こうした見解を実証的に示そうとする試みである.

　本章の研究対象地は愛知県豊田市である.本章は,2000年度に豊田市商工会議所に加盟する製造業事業所へおこなった「豊田市内産業及び地域社会における国際化進展の影響調査」(以下,「豊田市内産業調査」と表記)の結果に基づいている.調査方法は豊田市商工会議所名簿をもとにした1,493の事業所への郵送アンケート調査と,外国人雇用の経験のあるアンケート調査回答の47の事業所にたいする面接調査の二本立てになっている[1].量的調査と質的調査を同時に行うことにより,量的に出てきた全体としての傾向が,個別の事業者

（企業）および労働者にどのような具体的問題として顕在化するのかを明らかにしていくことにする[2]．

本章は，下請構造のなかに占める企業の位置が外国人雇用と関連するものと考えて，2000年度の豊田市内産業調査を一つの下請構造のなかから捉えなおすものである．本章で取り上げる下請構造の親企業A社は，本社が豊田市に所在するが，主要なグループ企業は隣の刈谷市に集中している．しかし，本章はA社研究を意図したものではない．また豊田市内産業調査は豊田市内に居住する外国人労働者と市内産業との関連を明らかにする目的で行われたためであるので，地域労働市場といってもそれは豊田市内労働市場という限定が設けられている．

2. 豊田市内工業の概要

豊田市は人口約35万人の地方産業都市であり（2000年現在），町村合併を繰り返して現在の市域が確定した．現在の豊田市役所が所在する旧挙母城の周辺部の挙母町を中心として，豊田市は発展してきた．挙母町と自動車産業は密接な関係をもってきた．このことは，A社を誘致した当時の挙母町長とA社創業者の銅像が，市発展の基礎を築いた功労者として市役所の前に並んで立っていることに象徴的に示される．2000年12月現在で，市内最大の企業A社の従業員は6万7,000人あまり，愛知県内に12の工場があるがそのうちの8工場が豊田市にあるため，A社従業員の約75％が豊田市内に居住しているという[3]．市人口35万人に対して，じつに5万人がA社勤務ということになる[4]．

企業城下町というと，中枢企業とその少数のエリートが多くの下請と大多数の労働者を支配する，というイメージがある．だが，世界企業に成長したA社をもつ豊田市は，巨大企業とそこに勤務する労働者がマジョリティで，事業所数の上では多数者である中小企業に勤務する労働者がマイノリティである．

豊田市は市独自統計として，自動車関連産業だけを取り出した工業統計をとっている．その一つが自動車関連産業を事業所の従業員規模で階層化し，事業所が雇用者に対して支払った年間現金支給額である．図7-1は，これを定義ど

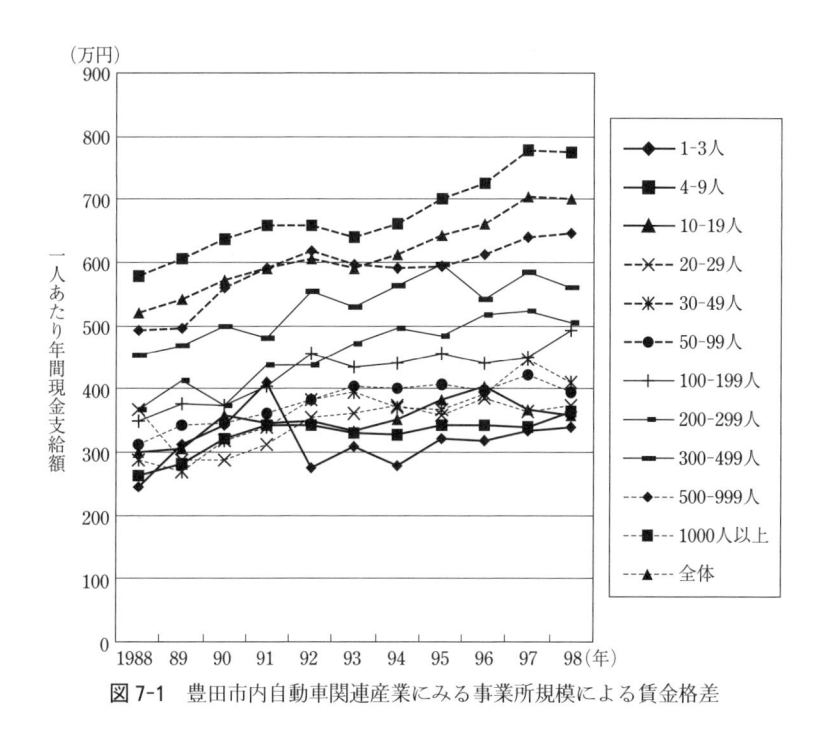

図7-1 豊田市内自動車関連産業にみる事業所規模による賃金格差

おりに各階層の年間現金支給額を雇用者数で除すことで，1人あたりの年間現金支給額を求めたものである．1,000人以上の事業所規模と200人未満の事業所とでは約2倍の賃金格差があるにもかかわらず，自動車関連産業全体の1人あたりの年間現金支給額が，1,000人以上の事業所の賃金水準に近似している．巨大企業がいかに地域全体に影響を与えているのかが端的に示されている[5]．

筆者が豊田市の産業と外国人労働を考えるうえで，自動車産業を中心に考察を進めなくてはならないと考えるのは，自動車産業の労働者が地域においてマジョリティを形成するからというだけではない．アンケート調査は1,493事業所に質問表を送付し740の事業所から回答をえた[6]．740の事業所を分類すると自動車・自動車部品製造が203事業所（27.7％），その他の製造業318事業所（43.4％），その他212事業所（28.9％）である．事業所の数からみると，自動車関連産業は豊田市内製造業の4分の1強を占めるに過ぎない．しかし，回答事業所を従業員規模でみると，従業員3人以下の事業所が44.8％，10人

表 7-1 従業員規模にみた外国人雇用の経験の有無

従業員規模（人）	雇用経験あり	雇用経験なし	合計
30 未満	69(11.8)	518(88.2)	587
30 以上 100 未満	36(48.6)	38(51.4)	74
100 以上	35(66.0)	18(34.0)	53
合　計	140(19.6)	574(80.4)	714

注：（　）内は％．

表 7-2 業種別にみた外国人雇用の経験の有無

業　種	雇用経験あり	雇用経験なし	合計
自動車・自動車部品製造	92(45.3)	111(54.7)	203
その他の製造業	51(16.0)	267(84.0)	318
その他	15(7.0)	197(93.0)	212
合　計	158(21.6)	575(78.4)	733

注：（　）内は％．

以下の規模までの累積で市内の製造業の 67.3％ を占めている．このような零細企業は，外国人労働者を雇用することとは無縁であり，規模の大きい自動車関連が，外国人労働者の雇用の場をこの地域で提供していると推測される．

　表 7-1 は，従業員規模別で外国人雇用の経験があるかどうかをみたものである．従業員規模が 30 人未満の事業所では 11.8％ が，30 人以上 100 人未満の事業所では 48.6％ が，そして 100 人以上の事業所では，じつに 66.0％ が外国人労働者を雇用した経験をもっていた．従業員規模が大きくなるにしたがって，外国人労働者の雇用経験が増えていくことがわかる．この地域における外国人労働者の問題は，中規模以上の事業所の雇用問題であることが表 7-1 から読み取れるであろう．

　表 7-2 は，さらに表 7-1 を業種ごとに分けて，外国人雇用経験の有無を示した．自動車・自動車部品製造では，外国人労働者を雇用した経験をもつ事業所が 45.3％ を占める．これにたいして，その他の製造業では 16.0％，製造業以外を示すその他では 7.0％ ときわめて少数である．回答事業所総数のうち 21.6％ が外国人労働者を雇用した経験をもっている．だが，外国人労働者を雇用した経験をもつ事業所のなかで，自動車・自動車部品製造は 58.2％ を占めることになる．外国人労働者を雇用した経験がある事業所の多くが自動車・自動車部品製造になるのは，この産業の多くが表 7-1 に示した従業員規模 100

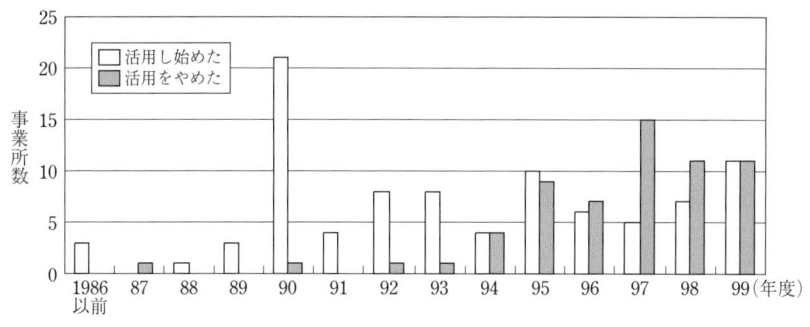

図 7-2 外国人労働者の活用を始めた年と停止した年

人以上の事業所にあたることと重なっている．豊田市における外国人雇用は，従業員規模100人以上の自動車関連産業の動向に大きく影響をうけているのだ．このため地域の外国人労働者を考えるにあたって，地域経済に多大な影響を及ぼすA社の戦略を見落とすわけにはいかないのである．

ところで，外国人雇用には近年大きな変化が生じている．図7-2は，外国人労働者がいつから事業所内で働き始めたか，あるいはいつから外国人労働者を事業所内で用いなくなったかを回答してもらったものである．1990年に外国人労働者を雇用し始めた事業所が多いことが一目で理解できるであろう．バブル経済のなかで入管法が改正され，日系人労働が合法化されたこの時期に，外国人労働力を用い始めた事業所が増加したことは想像するに難くない．だが，景気後退が鮮明になっていた1995年以降に，新たに外国人労働者を用い始めた事業所も決して少なくはないことがわかる．しかし最も注目しなくてはならないことは，1995年に外国人雇用の活用を停止する事業所が激増すると，それ以降は一貫して，外国人労働者を活用し始める事業所数より，外国人労働者を見ることができなくなった事業所数が上回っていることである．事業所の数の上では，豊田市内から外国人労働者が働く場所が減少している様子がうかがえる．

それでは外国人労働者の活用をやめた事業所はどのように雇用形態を変化させているのだろうか．その変化は，仕事量の減少もしくは必要とする労働力の減少を意味するのだろうか．それとも外国人に代わって働いてくれる別の労働力を手に入れることによって，外国人労働から別の労働力への置き換えが進ん

でいるのだろうか．あるいは，工場の海外移転＝空洞化の進展によって，働く場所そのものがなくなっているのだろうか．以下，筆者が行った面接による聞き取り調査からこれらの点を明らかにしていく．

3. 自動車産業の下請構造と外国人労働者

ここで用いるデータは，アンケート調査に回答のあった事業所の人事・労務担当者にたいして行った聞き取り調査から得たものである．アンケート調査のなかには，1社で豊田市内に複数の事業所を構え，外国人労働者を雇用している（あるいはしていた）事業所も存在していた．こうした企業については，人事・労務に関しては「本社で一括して答える」という回答がきた．そのため聞き取り調査では，事業所調査が企業調査という形になっている．それぞれの企業が，個別企業として回答した内容を検討するので，以後は，事業所という単位に代わって，企業を単位として考察を進める．

本調査対象企業において，もっとも早くから外国人を雇用したのは，親企業のA社である．だが，A社は，ワーカーとして働く現業職労働者に外国人を雇用したことはない．これまで親企業に勤務する外国人はエンジニアとして働く技術者と，海外現地法人の幹部候補生で日本に企業内研修に来ている者のみである[7]．ワーカーとして外国人労働者を用いたことがある企業は，図7-3に示した下請関係のなかでは，車体メーカー AR社以下の下請企業である．

一次下請レベルでは，グループ企業のB社とBT社が日系人労働者を直接雇用で用いている．T社，SR名古屋，M社，KS社，TT社は，業務請負業から，日系人労働力の送り出しを受けている．しかしながら，FS社，HB社，AS社，SR社，TN社，C社の豊田市内の工場から，外国人労働者がいなくなった．

二次下請レベルでみると，SK社，SP社，MD社は直接雇用で，GS社，SW社，MT社，MK社，KK社には業務請負業からの間接雇用で外国人労働力が存在している．外国人労働力を用いなくなったのはSZ社のみである．従業員規模でほぼ等しくなる3次下請および工作機械メーカーレベルだと，E運輸，Y工業，T工業，Rエンジニア，I工業所が直接雇用で外国人労働者を雇用しており，W工業，T製作所が間接雇用の外国人を用いている．その一方で，O

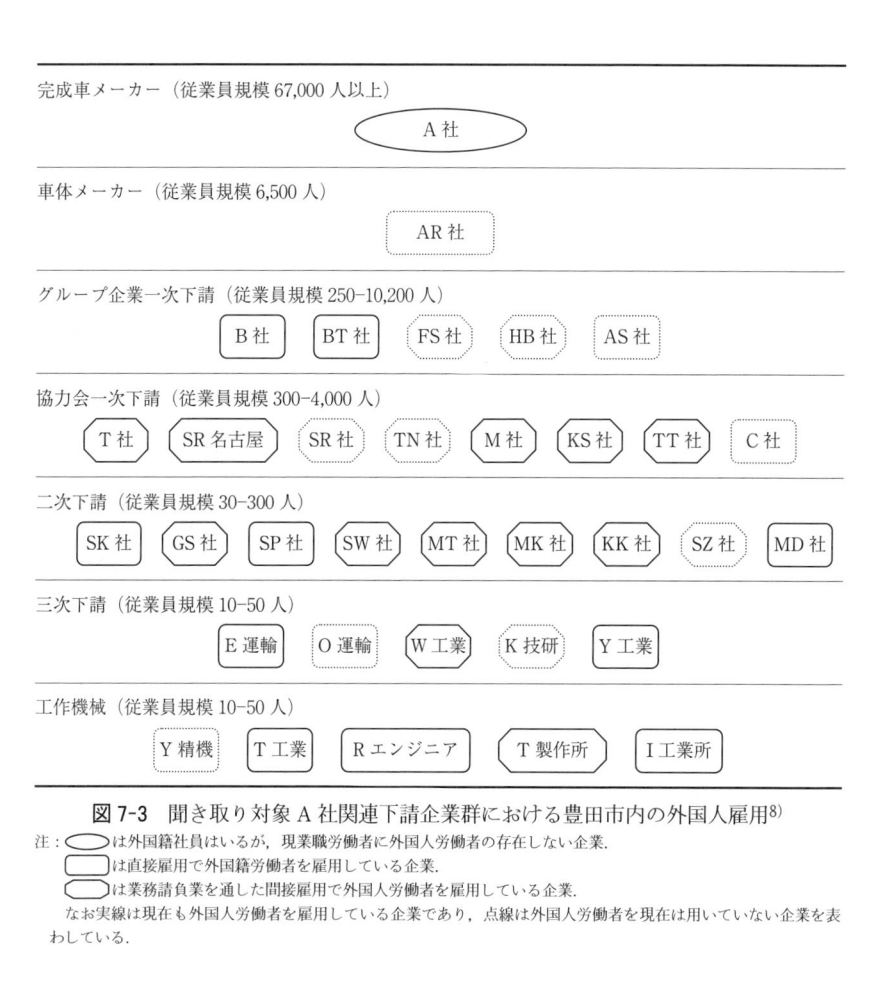

完成車メーカー（従業員規模 67,000 人以上）

　　　　　　　　　　　　　（　A 社　）

車体メーカー（従業員規模 6,500 人）

　　　　　　　　　　　　　［ AR 社 ］

グループ企業一次下請（従業員規模 250-10,200 人）

　　　［ B 社 ］［ BT 社 ］［ FS 社 ］［ HB 社 ］［ AS 社 ］

協力会一次下請（従業員規模 300-4,000 人）

　［ T 社 ］［SR 名古屋］［ SR 社 ］［ TN 社 ］［ M 社 ］［ KS 社 ］［ TT 社 ］［ C 社 ］

二次下請（従業員規模 30-300 人）

　［SK 社］［GS 社］［SP 社］［SW 社］［MT 社］［MK 社］［KK 社］［SZ 社］［MD 社］

三次下請（従業員規模 10-50 人）

　　　　　　［ E 運輸 ］［ O 運輸 ］［ W 工業 ］［ K 技研 ］［ Y 工業 ］

工作機械（従業員規模 10-50 人）

　　　　［ Y 精機 ］［ T 工業 ］［ R エンジニア ］［ T 製作所 ］［ I 工業所 ］

図 7-3　聞き取り対象 A 社関連下請企業群における豊田市内の外国人雇用[8]

注：◯は外国籍社員はいるが，現業職労働者に外国人労働者の存在しない企業．
　　◯は直接雇用で外国籍労働者を雇用している企業．
　　◯は業務請負業を通した間接雇用で外国人労働者を雇用している企業．
　　なお実線は現在も外国人労働者を雇用している企業であり，点線は外国人労働者を現在は用いていない企業を表わしている．

運輸，K 技研，Y 精機から外国人雇用が消えていた．

　このように規模の大きな一次下請と規模の小さい三次下請，および工作機械メーカーで，外国人の職場が消失してきている[9]．その一方で，二次下請レベルの企業においては，依然として外国人労働力が現業職場の重要な戦力となっている[10]．同じ下請関係のなかにある企業において，①外国人労働力に近年頼らなくなった企業と，②外国人労働力に頼って生産活動を行う企業との二極化が起きているのである．

7 章　産業再編と地域労働市場　　153

4. 雇用をめぐる企業間ルールの崩壊と外国人労働者

ここで下請関係のなかに，どのように外国人労働者が導入されてきたのか検討しておこう[11]．外国人雇用が急増した1990年，豊田市商工会の異業種交流会の一つで，豊田市N町に事業所が所在する6社がN町グループとして，共同でブラジルから日系人労働力を導入することにした．グループのなかにブラジルで旅行社を経営する友人がいた経営者がおり，その旅行社で労働者を集め，6社で分配することにしたのである．ひとたびこの旅行社と取引が始まると，2-3カ月ごとに新規に必要な求人を6社が持ち寄り，それを旅行社に伝え，ブラジルから労働者を導入する流れができた．

だが，1992年にN町グループは自然と機能を停止した．バブル経済が崩壊して人手不足の時代が去ると，グループを形成するすべての企業が同時に求人を行う必要がなくなったからである．N町グループを形成していた企業では，個別にブラジルの旅行社と契約して，求人が必要になると求人情報を流して労働力を集めるようになった[12]．

N町グループの企業が日系人を導入するようになったのは，自社で働いていた労働者が転職してしまったからである．このグループを形成する企業は，図7-3において二次下請以下のレベルにあたる．そこから日本人労働者が転職した先は主に二つである．第1が，下請正社員から業務請負業への転職である．そして第2が，より上位の下請企業への転職である．

まず，業務請負業への転職のパターンをみてみよう．正社員およびパート労働者のほかに，工場のなかには，生産量の変動に対応するために業務請負業からの社外工が働いている．職場が同じであるので，正社員と請負労働者のあいだで給料の話が交わされる．バブルの時期だと二次下請レベルの企業の正社員と社外工では，手取額でほぼ2倍の差が生じていた．同じ職場で同じ仕事をしているにもかかわらず，下請正社員がたばこ銭にも苦労しているときに，請負労働者は自動車のローンを払っても遊興費を持っており，真面目な下請正社員に可処分所得の格差を自覚させた．その結果，退社し業務請負業の求人に応募する者が続出したのである[13]．

次に，系列企業内における，より上位企業への転職をみてみよう．すでに図7-1でみたように，自動車関連においては，企業規模による大きな賃金格差が存在している．賃金額に格差がある以上，低賃金の者が高賃金の職場に流れていくことは自然のことのように思われる．しかしながら，この「二重構造」は1957（昭和32）年の『経済白書』に指摘されて以来，消滅することなく存続しつづけている．もちろん時期および地域によって二重構造存続のメカニズムは異なっていると思われるが，1980年代から1990年代の豊田市内のA社関連企業においては，「求職者が系列内で勤務した職歴を持つ場合は採用しない」という系列企業間の取り決めが二重構造を持続させてきた[14]．このため，A社関連で就業しようとする者は，新卒時，あるいは他産業・他社系列といった非A社関連から，最初にどのレベルのA社関連の下請に入るかによって，高賃金の労働市場に入るのか，低賃金の労働市場に入るのかが決定されていた．

　バブル経済による空前の人手不足の時代になって，「系列内勤務経験者を採用しない」という原則を守っていたのでは，親企業ですら必要な労働力を集めることができなくなった．自動車産業は，一方での大量採用と他方での大量離職が同時に存在する産業として知られている．外部に存在する労働市場から労働力を充分に引き出せるときは，大量採用と大量離職が同時に存在していても，系列内勤務経験者を労働市場から排除することができていた．しかし，外部の労働市場の消失にともない，親企業は，系列内勤務経験者を雇用しないという系列間ルールを改定したのである（このことの社会的な連関については3章で論じた）．それが「直近の前職が系列内勤務経験者の者は採用しない」というルールである．この改定によって，一つ別の職歴をはさめば，低賃金の労働市場から高賃金の労働市場への移動の道が開かれたのである[15]．

　系列内企業間における労働者の移動を無制限に認めることは，系列内での二重構造を維持することが困難になることを意味する．二重構造は親企業にとって，自社で生産活動をしたのでは割の合わないものを外部に出して製品価格を安価にしうるため，コスト競争力の源泉にもなる．この二重構造が完全に消えてしまうことは，親企業の利益をも害することになる[16]．そのため，系列間での必要以上の労働力移動を制限する仕掛けが，新しいルールに盛り込まれた．系列内での勤務経験者を採用する際には，最初から本採用（本工）とするので

はなく，①半年間あるいは1年間は養成工として訓練期間（この期間は見習い賃金しかもらえない）を経たうえで試験を受けて採用すること[17]，②系列内企業を退職してから半年以上経過していること，この二つが条件とされたのである．

ところで，この系列内移動者の存在をめぐっては，親企業と下請企業とのあいだに大きな温度差がある．親企業サイドは，確かに系列下請から養成工を経て本採用になった者が存在するが，その数はきわめて少数で，下請企業の工場運営に影響の出る程度のものではないはず，という認識を持っている[18]．これに対して下請企業では，従業員規模の大きい親企業が考えるよりも，1人の熟練労働者が抜けることで生じる影響は大きい．とりわけ低賃金を嫌って親企業への転職をはかった者は，長期的な視点から賃金獲得額を考慮して移動を決意しうる，目的意識を持った労働者である．規模の小さい企業の職場において，目的意識を持った労働者が抜けていくことの影響は，親企業が想定する以上のものなのである．図7-3に示した二次下請企業のなかの6社は，親企業への転職ルートが開けることによって，自社の労働者が引き抜かれた経験をもっていた[19]．豊田市内における自動車産業での外国人雇用は，このような企業間ルールの変更と並行して始まったのである．

5. 下請関係のなかでの親企業の要請と労働市場

下請構造においては，より低次の下請にすすむにしたがって外国人労働力に頼らざるを得ない状況が生じていた．ここには，系列内に存在していた企業間ルールの変更が，大きな影響を与えていた．だが下請企業が手不足感を強めたのは，企業間ルールの変更だけではない．本節では，系列内における工場の運営方法の検討を通して，豊田市内の自動車産業における労働市場の連鎖が下請企業の外国人労働力の活用を不可避としてきたことを考察する．

親企業A社は豊田市商工会議所に加盟する八つの事業所を持っている[20]．本社工場，元町工場といった親企業の初期に開設された事業所から，1989年に稼動し始めた広瀬工場にいたるまで建設時期は様々である．また，完成車を組み立てている工場もあれば，上郷工場のようにエンジンの生産に特化した工

場,電子部品を主に生産している広瀬工場と様々である.

生産車種は工場ごとに異なっている.親企業A社はジャストインタイムを徹底させたTPS（トヨタ生産方式）によって知られている.後工程から出される「かんばん」にしたがって生産過程が進むこの生産方法は,下請も含めて,在庫を最小化するシステムである.同時に,この生産方法では,生産活動がディーラーからの顧客注文に同期化している.生産計画の段階で綿密な需要予測を立てて,それに合った生産体制を組むのであるが,計画どおりにオーダーが入るわけではない.予定より売れ行きの多い車種もあれば,予測を下回る車種もある.このため各工場（事業所）の間では,常に稼働率の違いが生じている.

親企業は,稼働率の違いから,工場（事業所）の人手不足に対しては,まず,①稼働率の低い工場から稼働率の高い工場への要員の事業所間移動によって対応する.それでも足りない部分について,②下請企業からの応援要員を要請し,さらに足りない部分には,③期間工募集を行い労働力を補うのである.親企業には,これらの他に不況業種や業績の良くない他メーカーからの受け入れ要員も存在する.だが,これらはアドホックな労働力調達であり,企業のなかでシステマティックに構成された労働力部分になっていない.そのため本章では,他産業・他メーカーからの要員の受け入れは考慮しない[21]．

一次下請であるグループ企業もまた,親企業と相似形のシステムで人手不足に対応する.このため二次下請以下の企業では,親企業の生産活動が活発になるほど応援要員を求められることになる.親企業の生産活動が活発であるということは,下請企業の生産活動もそれに引っ張られて活性化している状態である.A社の関連企業は下請を含めて西三河に集積している.親企業から下請企業への応援要請は,地域の労働市場全体が逼迫したなかで行われるから,地域内の労働市場が消滅すると,下請企業は業務請負業へ依存するか,あるいは外国人労働者の導入にはしらざるを得ない.

地域外部の労働市場としては,九州や沖縄における期間工募集という手段も存在する.しかし,豊田市内の自動車産業のなかで,調査時点において期間工募集に成功していたのは,図7-3の企業群のうちA社とグループ中核企業であるB社のみであった.車体メーカーAR社,B社の子会社であるBT社,そしてHB社の場合,グループ企業で大手企業であるにもかかわらず,自社での

期間工の募集に失敗している[22]．一次下請企業においても同様である．期間工の採用には，企業名によるブランド力の違いが大きく左右する．親企業と同様に完成車を組み立てているにもかかわらず，また親企業と同一募集賃金額で同一条件であるにもかかわらず，企業名の社会的認知の低いAR社や，BT社は期間工を集められないのである．とりわけ外国人雇用にシフトして，一時的であれ，九州や沖縄の都市部における期間工募集を停止していた企業は，雇用状況の悪化から再び日本人が集められるだろうと期間工の再募集を始めても失敗している．

さて，経済状況や雇用環境の悪化は，外国人労働力に代わる新たな労働力を見いだした．1995年以降に外国人労働力の活用を停止した企業を中心に，新たな非正規雇用が広がっている．図7-3の企業群での非正規雇用は，A社とB社においては期間工が中心であるが，他の企業においては業務請負業とパートタイムの女子労働力が主力となっている．一次下請までの企業で外国人労働を用いなくなった企業は，①直接雇用の外国人を日本人の期間工あるいは日本人のパートタイマーへシフトしたか（外国人の直接雇用から日本人の非正規雇用へ），②外国人社外工から日本人社外工へシフトした（外国人の非正規雇用から日本人の非正規雇用へ）のである．このような外国人労働者から日本人労働者へのシフトは，二次下請以下においても部分的にみられる．ただし，企業規模の小さい二次下請では，K技研のように業務請負業との契約そのものを停止した企業も存在している[23]．

6. 日本人に置き換えられる外国人労働力

このように，大手企業における外国人労働力の撤退の要因は，①外国人の自社直接雇用から日本人社外工への置き換え，②業務請負業から送り出されてくる社外工内における外国人から日本人への代替によるものである．だが，外国人労働力の日本人労働力への置き換えが進んできた理由はこれだけではない．ここでは親企業，グループ企業一次下請，協力会一次下請[24]，二次下請，そして三次下請及び工作機械メーカー現業職の職場の労働力がどのように階層づけられたのか，バブル経済の前後における変化を検討してゆこう．

表 7-3 バブル経済の前後に見る下請レベルの違いにおける人事・労務担当者にとっての主要な現業職労働者の属性の変化

		定量的作業		変動的作業	
親企業	本工		事業所間要員移動,	下請応援要員,	期間工
バブル期	高卒男子中心		〃	〃	期間工(男子のみ)
バブル後	高卒男子+再雇用者		〃	〃	期間工(男子+女子)
車体メーカー	本工		事業所間要員移動,	下請応援要員,	期間工(業務請負)
バブル期	高卒男子中心		〃	〃	外国人期間工+外国人請負労働者
バブル後	高卒男子+高卒女子+再雇用者		〃	〃	日本人請負労働者
グループ企業	本工		事業所間要員移動,	下請応援要員,	期間工(業務請負)
バブル期	高卒男子中心		〃	〃	日本人期間工, 外国人請負労働者
バブル後	高卒男子+高卒女子+再雇用者		〃	〃	日本人+外国人期間工, 日本人請負労働者
協力会一次下請	本工(請負・パート)		業務請負業		
バブル期	高卒男女+外国人		外国人請負労働者		
バブル後	高卒男女+女子パート+高齢者		外国人請負労働者+日本人請負労働者		
二次下請	本工(請負・パート)		業務請負業, パート・アルバイト雇用		
バブル期	高卒男子+外国人		外国人請負労働者		
バブル後	高卒男子+外国人+女子パート		外国人請負労働者+日本人高齢者, 女子パート		
三次・工作機械	本工		業務請負業		
バブル期	高卒男子+外国人		外国人請負労働者		
バブル後	高卒男子+日払い外国人		外国人請負労働者		

注：事業所間要員移動および下請応援要員は, 日本人男子労働者が前提とされているので性別属性の表示は省略した. 協力会一次下請における本工(業務請負業), および二次下請における本工(請負・パート)は工場の定量的な作業が本工とカッコ内の労働力を用いて行なわれていることを意味する. 同様に車体メーカーにおける期間工(業務請負)は期間工と業務請負が企業にとって同じ位置づけの労働力になっていることを意味する.

　表 7-3 はバブル経済の前後の時期に, 現業職労働者の属性がいかに変化したかを示している. 業務請負業から送り出される間接雇用の外国人労働者が占めていた仕事に, 新たに進出してきた労働力が存在することがわかる. 女性と高齢者である. 女子の雇用は下請企業だけではなく, すでに親企業 A 社でも始められている. A 社は 1998 年から現業職の期間工に女子を採用し始めた. 当初女子労働力が集まるかどうかが心配されたが, 賃金額が男子とまったく同じ額であるため女性の働く場としては高給となり, 募集人員は瞬く間に集まった[25]. また, 定着率も高い.

　A 社は過去 3 年間に期間工で働いた者の名簿を作っており, 新たに期間工募集を行う際には, まずこの名簿を元にしてダイレクトメールを送っている. 九州や沖縄に担当者を派遣して労働力募集を行うより, ダイレクトメールに応募してくる者を雇用することがコスト的にもっとも安価な募集になるからであ

る．期間工のリピート率は1990年代後半において平均2回である．半年間の期間工の満期を迎えて，続けて契約を延長する者はおよそ1割に過ぎない．だが，2000年現在，女子の期間工は40名の水準ではあるが，定着率が8割を超えている．現業職女子労働力は企業にとって確保すべき重要な戦略的セグメントになっている．

　しかしながら，期間工としての女子労働力は期間工労働力市場にとってまったく新しいセグメントを開くものである．期間工には住み込みのための住居を用意せねばならない．新たな女子寮が必要となる．混住は，寮内の秩序に問題を生むため，たとえ1人であっても男子寮に入れることはできない．そのため担当者は，女子の期間工は寮の人数を単位として増やさねばならず，生産量の増減にあわせた雇用には向かないと考えていた．A社の社員寮のキャパシティは4,300名であった．2000年夏季から2001年冬季まで，期間工だけで3,800名から3,900名の体制が続いていた．新入社員や企業内転勤を考えると，常時，400名から500名の余裕がないと人事活動に差し障りがでるので，3,800名超にのぼる期間工水準は寮の能力からいっても限界値にあるという[26]．

　期間工として女子労働力を採用しているのはA社だけである．現業職の正社員としてAR社とHB社は女子の採用を始めたが，職場において戦力となる人数にまでは至っていない．この2社の場合，女子の採用は単に女性労働力を活用するためだけではない．女性の特徴を肉体的に力の弱い労働者と捉えており，女子の就けるラインをつくることは高齢者もそこに活用できるラインになると．大手企業である1次下請以上の企業は，労働組合からの定年延長や再雇用の申し入れを見越して，女子労働力の活用を高齢者の職場づくりとセットで考えているのである[27]．

　規模の小さい協力会一次下請企業や二次下請以下が活用している女子労働力は，多くがパートタイマー労働者である．これら企業は，もともと女子のパートタイマー労働力に依存していたが，地域経済の発展に伴って，パートに出る女性が少なくなり，この部分に外国人労働力を用いた．ところが，近年は豊田市内においても雇用不安の影響は深刻で，夫の仕事に解雇の心配がついて回るようになった．そのため，家庭の主婦層が労働市場に参入してくるようになっている．こうした安価な労働力の参入によって，業務請負業からの高い間接雇

用労働力は置き換えられる部分が生じている[28]．

　だが，すべての企業が主婦のパートタイマー労働力を活用できるわけではない．主婦のパートタイマー労働者は家事も同時に行う存在であるので，労働時間は限られているし，職場と住居とが隣接していなくてはならない．住宅地に近い工場ではこうした主婦層を労働力に組み込むことができるが，住宅地から離れた工業団地の工場ではパートタイマー労働力を活用できない[29]．扶養控除との関係から，年間に労働可能な時間も限られているので，残業を期待することもできない．そのため規模の小さい協力会一次下請企業や二次下請レベルの企業では，昼勤で工場の仕事の定量的な部分に多くのパートタイマーを配置し，残業や夜勤もこなす部分に業務請負業からの外国人労働者を配置している．パートの主婦層が労働市場に出てくる前は，この部分を外国人労働者が占めていたわけだから，主婦層の労働市場への参入によって外国人労働者の職が奪われているのである．

　住宅地から離れた工業団地に立地する企業等は主婦層を労働市場に組み込めない．こうした企業は依然として業務請負業からの外国人労働力を用いている[30]．だがここでも，少数ではあるが，外国人労働力から日本人へのシフトがみられる．この場合は，第1に，企業が日本人の高齢者を送り出す業務請負業に取引先を代えることによって起きた[31]．大手電機メーカーおよび通信業の子会社2社は豊田市内で日本人の高齢者の送り出しを進めている．これら2社は自社の再雇用者を自社内で働かせることができないため，子会社内に請負業セクションをつくって労働者の送り出しを行っている[32]．第2に，親企業を退職した後で，下請企業で再雇用された高齢者である．工場内には55歳以上の高齢者でもできる軽作業も多く，こうした作業が，単価の安い日本人の高齢者の請負にシフトしているのである．親企業退職者の受け入れには，下請企業の言う「人質としての雇用」（親企業の退職者を受け入れている間は取引が切られないという意味）と高い生産技能をもった労働者の確保という二つの側面があり，双方にとってのメリットがある．

　さて，一次下請レベルの企業ですら，バブル経済の時期とその後の95年ごろまでは，新卒者の採用は思うにまかせなかった．それが一転し，近年は一次下請企業における新卒者の定期採用は，ほとんどが計画通りに進められている．

バブル経済がはじけ，社会全体が好景気に沸くことがなくなると，企業にとっての労働力の選択肢は増加し，外国人労働は様々な選択肢の一つになってしまった．表7-3でみたように，バブル期とバブル後で，人事・労務担当者が対象としている労働力の選択肢が増加しているのである．この結果，絶対的な人手不足のなかでの労働者の確保とは異なって，外国人より安価な労働力が確保できる昼勤は女性のパート労働者や高齢者を用い，日本人が働きたがらない早出や残業を必要とする勤務に外国人労働者を当てるといったように，企業は戦略的に現業職労働者の最適な組み合わせである「労働力ポートフォリオ」を構築しようとしている．

ところが企業に最適な労働力ポートフォリオの構築のなかで，外国人雇用をめぐる状況は二極化してきている．企業のおかれた位置によって一方で外国人労働者雇用からの撤退がみられ，他方でB社，BT社のように日系人労働者を期間工として採用するという状況が存在する．このような現象を考察するために，次節においては，企業の事業見通しが，労働力編成にどのような影響を与えているのかを検討する．

7. 親会社の経営戦略と下請の「後ろ向きの雇用戦略」

図7-3に示した企業群の事業見通しを考えるには，まずはじめに親会社の事業戦略を時代を遡って検討しなくてはならないだろう．1950年の厳しい経営危機を乗り切ったA社は，その後順調に経営規模を拡大してきた[33]．石油ショックの際も集中豪雨的輸出と欧米から非難されたが，市場を積極的に海外に求めることで乗り切った．しかし，日米貿易戦争やその結果としてのアメリカにおけるローカルコンテンツ法の制定によって，1980年代からA社は生産拠点の海外移転をドラスティックに進めた．いまやA社の工場は，南北アメリカ大陸，ヨーロッパ，タイやフィリピンといった東南アジア，そして中国でも稼動し始めた．これによって，日本の工場の位置づけが大きく変わってきている．従来日本の工場は，日本市場と海外輸出分の両方を生産してきた．だが，現在は，世界中に散らばったそれぞれの工場が，工場の所在する地域の市場向けの車を生産するようになってきている[34]．

A社の労使がつくっているシンクタンクは，1995年に日経連が「新時代の日本的経営」として，多様な労働力の組み合わせである「雇用ポートフォリオ」の必要性を訴える前年に，A社グループとして取り組むべき，国際化時代の人事・労務政策の方向性を打ち出した（中部産業・労働政策研究会，1994）．ここでは長期雇用の維持を前提としつつも，自動車産業がグローバルレベルでの競争において対峙せざるを得ない課題が提示されている．

　ここでは①「カーメーカー」，②「系列中核メーカー」を中心とする「企業グループ」，そして③「個別メーカーの集合である日本の自動車業界全体」という異なる三つのレベルで，グローバル化がどのように影響を与えるのかという観点から将来予測が行われている．第1が「カーメーカーによる集約と内製化の進展」である．第2は「カーメーカーを核にしたカーメーカーと力のある部品・設備メーカーの連携」による「業界のスリム化の推進」であり，そして第3が「減少するパイの争奪による整理・淘汰の結果としての部品・設備メーカーの自主再編」である．

　第1と第2のレベルの予測は産業社会の潮流となって，確実に，豊田市内において進行している．業績好調なA社を抱える西三河地区においても，親企業から下請にいたるまで設備過剰感を感じている．地域の生産能力が過剰に存在している一方で，グローバルレベルでの競争力が下請を含めて求められている．2000年現在，親企業A社は，「グローバル・ワンプライス」の名のもとに，汎用部品についてはインターネットで，世界中の企業のなかから最も安い値段を提示した企業と取引することを進めている．下請に対してもグローバルレベルの競争力を求める圧力がかかっている．一次下請企業C社は，1999年に同業他社の工場を吸収した．親企業A社から，同業他社の工場を吸収するように要請されたからである．生産規模の小さい工場は量産効果が出ないとして，A社は下請の生産統合を進めているのである．C社は1999年には吸収する側に回ったが，自社がいつ吸収される側に回されるか分からない．そのため日本国内の事業所の統合，および一部については親企業について進出した海外工場への移管も視野に入れている．このような状況下で，C社からは外国人雇用がみられなくなった．だが，これはC社で働く外国人がいなくなったことを意味しない．C社は1997年に，厳しさの増す競争環境を見越して，生産労

働者の一部を新たに創設した子会社に移籍させた．この新設子会社は企業内業務請負業である．生産労働者の一部は，形式上ここから送り出されて工場内で働くのである．外国籍の労働者はすべてこの企業内業務請負部門に移籍させられ，Ｃ社は各地に分散している事業所の需要にあわせて必要な労働力を移動させている．

　西三河地区の自動車生産能力が過剰であるなかで，グローバルな競争に勝ち抜くために，Ａ社が新たに市場に投入する新車は，設計段階からコスト削減の努力が徹底されたものである．そのため，サンバイザーを含む内装のモジュール化の一部を担当しているＳＷ社の場合，スターレットからヴィッツにモデルチェンジが行われると，同じ部分を担当しているにもかかわらず，部品点数は300点から180点へと4割も削減されている．部品点数の削減は当然のごとく労働工程の減少であり，必要とする労働者数の減少を意味する．かつまた，部品点数の減少により，従来はＳＷ社がさらに下請に出していた部分が自社内の作業になった．

　設備過剰感があるなかでの，モジュール化の進展に伴う部品点数の削減は，下請に回る仕事を減少させ，下請企業間の競争圧力を高めている．二次下請企業の半数が，契約をとるために，単価のたたきあいをしていることを認めている．また，Ａ社および大手の一次下請企業において定年延長や再雇用が徐々に始まることで，従来，下請に回していた仕事が下請に回らなくなるという状況，すなわち親企業における内製化の進行が顕著になっており，下請の仕事はさらに減少している．グローバルな競争に勝ち抜くための企業努力に加えて，高齢化社会を迎えた企業の論理が下請企業間の競争をさらに激化させてしまっているのである．

　ところで親企業のグローバルな展開にあわせるならば，下請企業にも海外展開するという選択肢が存在する．しかし，下請企業が親企業と同じ場所に独自に進出しても，日本国内と同じように，親企業が取引してくれるわけではない．親企業の海外進出先に下請企業が出ていく場合は，親企業がどの下請を海外進出させるのかを決定している．下請企業の海外進出にあたっては，親企業が現地の部品メーカーとの合弁とするのか，単独の進出にするのかについて決定を下す．合弁の場合には，現地企業との出資比率も，親企業の意向が強く反映す

る．下請会社にとってのグローバル化は，親企業からの厳しい選別にたえてはじめて可能になる．

　このような競争圧力のなかで，下請企業はA社の業績が堅調でもあるにもかかわらず，明確な将来展望を持つことができないでいる．親企業から生産性が低いと判断されたら他社へ吸収されるかもしれない環境にあっては，下請企業は長期的展望を持って人事・労務管理政策を進めることができない．そのため事業の継続に必要な最小限度の正社員が確保できれば，後の部分はそのときどきで最も安価な労働力を確保していくことが，企業にとって最も合理的な行動となっている．パートタイマーを雇用することができればパートタイマーを，それが不可能であれば，とりうる選択肢のなかで最も合理的となる労働力を選択すればいいのである．本章ではこのようなコスト圧力のなかでの競争に汲々とし，長期的な展望をもてず，そのときそのときで安価に済む労働力を集めようとする下請企業の雇用のあり方を「後ろ向きの雇用戦略」と定義する[35]．

　「後ろ向きの雇用戦略」が存在する一方で，グループ企業であるB社およびその子会社であるBT社は直接雇用で外国人労働力を雇用し社会保険にも加入している．長期的にみると生産労働者が足りなくなる日本国内で生産活動を続けるには外国人労働者に依存せざるを得なくなる，と考えているからである．労務管理は一朝一夕で獲得できるものではない．この2社は将来を見越してのノウハウの獲得として，外国人を直接雇用をしているのである．「後ろ向きの雇用戦略」としての外国人労働者の間接雇用と，将来の少子化を見越した労務管理確立のための外国人労働力の直接雇用が，同じ下請構造のなかに同時に存在する．企業のおかれた位置によって，①短期的展望から外国人労働力を用いる企業と，②長期的展望から外国人労働力を捉えている企業とがあるのだ．これが，外国人雇用から撤退する企業と，新たに外国人労働力を活用し始める企業とが同時に存在する理由である．図7-2で示したように，近年になって新たに外国人労働力の活用に踏み切る企業と，外国人労働力を停止する企業とがほぼせめぎ合う形になるのは，こうした状況を反映したものと筆者は考える．

8. 新しい労働パラダイムか，古くからある根本問題か

　豊田市内に所在する下請には，1日に8回の「かんばん」が送られてくる．かんばんで指定された時間に取引先へ部品を届けることができないと，10分の遅刻につき1,000万円のペナルティーが科せられる．在庫を持たないわけだから，下請からの部品供給の遅延は，親企業のラインをストップさせることを意味する．現実に親企業のラインがストップすれば，その損害額は10分あたり1,000万円では補償しえないが，ペナルティーを科すことによって，下請企業は「かんばん」を確実に守ることになる．制度の経済を強調する人びとが指摘するような，長期的な取引関係によって生じた信頼が，トヨタ生産方式を可能にしているかもしれない[36]．だが，「かんばん」が確実に守られるのは，鞭としてのペナルティーの存在があるからだ．

　ペナルティーを科してまで時間を守らせることによって，トヨタ生産方式は企業間をまたいで在庫を持たない生産システムを構築することを可能にした．部品や仕掛品の余分を持たないだけではなく，最終商品である完成車も需要に合わせた量しか生産しないシステムとは，耐久消費財の生産を受注産業化したシステムである．在庫を持たないということは，見込み生産をしないということなのである．組織が需要にあわせた生産活動を行うということは，U字型にラインを配置した多工程持ちの職場をつくるとしても，需要動向にあった労働力の変化を生じさせることになる．

　実際には，複数の車種の生産に関係する一次下請以上の企業では，生産量の変動は3カ月前に出される内示から5％以上のずれが生じることはほとんどないという．ただし，これは複数の商品を担当する一次下請以上の話であって，特定車種の特定の部品を担当することが多くなる二次下請以下，とりわけ三次下請以下では3カ月内示から大きく外れることもままあるという[37]．

　需要動向にあわせた生産は，「空費（ムダ）」を可能な限り小さくする[38]．この空費（ムダ）を最小化するシステムは，自動車の生産という一つの大きな組織で行っている出来事を，内部の小さな個別組織間でのモノの取引関係へと変換している．このことによって，その時点その時点での必要な資源のみを抱え

ることが可能になる．トヨタ生産方式とその応用としての「セル生産方式」は，日本の工業競争力を回復させる方法として注目を集めている．ローコスト・オートメーションとしてのセル生産方式は，近年，電機やカメラといった精密機械産業で急速に導入され一定の成果を上げている．しかし，「人に依存した生産形態」（白井，2001）とも呼ばれるこの生産方法については，構内請負業（業務請負業）の活用と強い親和性を持つことに注意が払われなければならない[39]．

受注産業化は，すぐに"切れる"労働力を不可欠のものとする．労働力もまた，ジャストインタイムにならざるを得ないからである．一つの大きな組織のなかでの自動車の生産が，個別の企業間での部品の取引として動いていくのと同じように，労働力受け入れ企業と送り出し企業である業務請負業は，必要な労働力を請負作業量に変換することで，労働力の受け入れ企業に必要な労働力のみを供給する．これは労働力の価格を，再生産費を含まない短期的な時価のみで評価することである．再生産費を含まない価格として考えられていることは，月給部分だけの費用で済みますというメッセージが込められていることからわかるだろう．業務請負業者の新規取引先へのパンフレット（**表 4-2**）が端的に示している．

論じてきたように，現代の外国人労働者をめぐる新しいパラダイムとは，本質的には「空費（ムダ）」の縮小という古典的な労働問題にほかならない．ただし，この「空費（ムダ）」の縮小は，パートタイマーの女性，再雇用された高齢者，日本人の期間工や社外工，そして外国人の期間工や社外工といった，賃金額をはじめ地理的・時間的領域に質的な差を持った，異なる性質の労働力の組み合わせによって行われている．日本経済の長期にわたる景気低迷が，様々な労働力を労働市場に参入させてきた．企業は，工場の位置する地理的条件，あるいは必要とする量的な特徴にあった最適な労働力ポートフォリオを構築することが可能になったのである．その結果，従来考えられていたように外国人労働者が日本人労働者の職場を奪っていくのではなく，日本人労働者が外国人労働者の職場を奪っていくという現象がみられるようになった．ここにおける外国人労働者から日本人労働者への置き換えは，外国人労働者より安価な日本人労働力への置き換えであり，「空費（ムダ）」の縮小という問題に，コスト低

減の問題が重なることによって表出してきた．そしてこのコストの問題を最も重要な課題としているのが，グローバリゼーションの進展なのである．

9. 結語にかえて

　本章では，景気が低迷するなかでグローバル化が進行することによって，周辺部労働力間に新たな競争が生じていることを明らかにしてきた．最後にどうしても指摘しておかなくてはならないことがある．それは外国人雇用が，企業のなかでどのように会計処理されているのか，ということである．本章では，外国人労働者を直接雇用した経験をもつ14社を検討してきた．これらの直接雇用経験のある企業で，社会保険に加入した労働者としての雇用を確認できた企業は，AR社，B社，BT社，AS社の4社のみである．残りの10社は，社会保険に入っていないことを認めた．10社のなかの6社が「直接雇用の外国人に支払った給与は，労働者への給与の支払いとして処理されているのではなく，調達部門における部品の購入費として会計処理している」と回答した[40]．このように外国人労働者の直接雇用とは，企業社会のなかでは，必ずしも人間を雇い入れていることを意味しないのである．

　こうした会計処理の仕方は，工場における業務請負業の活用にも見いだすことができる．中部産業・労働政策研究会によると，工場では請負業による労働者の送り出しも各工場単位での購買費として処理されるのが普通であるという（中部産業・労働政策研究会，1998：21）．コストの削減が求められるなかで，パートタイマー労働者に比較して，相対的に高賃金となる外国人とりわけ日系人労働者が，産業社会で一定の規模で存在しつづけているのは，それが人間を雇用するのではなく部品を購入することとして処理できることに関係していると思われる．

　これらの結果，地域社会での外国人の存在には奇妙な現象がみられる．豊田市内において外国人労働者を大口で抱える企業（事業所）は確実に減っている．にもかかわらず，外国人労働者の居住だけが増えているのである．もちろん，豊田市内での就労場所が減ったとはいえ，豊田市内から通うことのできる周辺市町村で外国人労働者への需要が増えているのであれば，豊田市内での外国人

労働者の増加は不思議なものではない．

　しかし，同じような現象を隣の岡崎市においても垣間みることができるのだ．岡崎市には，外国人労働者を直接雇用する企業が，岡崎市商工会議所のなかに岡崎地区外国人雇用管理推進協議会という組織を作っている．岡崎地区外国人雇用管理推進協議会は，絶対的人手不足のなかで，外国人雇用にはしらざるをえなかった中小企業が，商工会議所における異業種交流会のなかから，外国人労働力を導入するための勉強会を始めたことから始まる[41]．バブル経済が終焉してからしばらくすると，外国人を直接雇用する企業は減少し，2001年現在では最盛期の半分以下に加盟企業は落ち込んでいる．加盟企業においても外国人労働者が現業職場での欠くことのできない戦力になっているわけではない．にもかかわらず，岡崎市における外国人の居住者数は増加の一途である．

　豊田市や岡崎市において，外国人労働者の働く場は減っているにもかかわらず居住する者が増えているのは，請負業からの送り出し労働者のように，必要に応じて活用できる労働力需要が増えていることの社会的な現われではないだろうか．戦前において風早八十二は不安定就業層について，「彼らにとつては好況も不況も夫々窮乏化の要因を含んで居り，一度疾病・天災等に遭遇すれば其場で救貧的失業者の範疇に陥没する」と論じている（風早，1937：23）．風早の指摘は，現在の外国人労働者にも当てはまるものである．必要なときに用いることができる労働者というのは，必要でないときもその地域に存在していることを前提とされ，旧来の不安定就業層と同じ社会的機能を果たしているからである[42]．つまり「後ろ向きの雇用戦略」は，地域に対する外部不経済があってはじめて機能するシステムなのである．

　必要なときだけ部品の購入として用いられる労働者，世帯のなかで主たる稼ぎ手となることが想定されていないパートタイマー，退職金をもらった後あるいは年金をもらいつつ労働していると想定されている再雇用者は，彼・彼女たちの賃金設定の段階で長期的な再生産費を含む労働者と想定されていない．グローバル化の進展とコスト圧力のなかで，これらの再生産費を必要としない労働者への需要は増加し，雇用不安が労働力供給を増やしている．現実には，長期的な再生産費を必要しないと想定されている労働者が，世帯の主たる稼ぎ手になっていることは珍しいことではない．われわれは，人間が働き生きている，

という原点に立ち返って,企業,地域社会,そして国家がグローバル経済のなかで生き残ることの意味と目的を再検討しなくてはならない時期にきている.

1) 事業所への聞き取りは,豊田市内の外国人集住地・住宅都市整備公団保見団地に部屋を借り 7 カ月住み込むことで行った.
2) 研究対象地である豊田市は大手自動車メーカー（後述の A 社）の本社が所在しており,製造業の多くが何らかの形で A 社関連であることが多い.しかし,隣の岡崎市および名古屋市には三菱自動車が（2001 年に名古屋大江工場は閉鎖),近隣の鈴鹿市には本田技研が工場を構えている.そのため,これらの企業に部品を供給する事業所も豊田市内には存在しており,必ずしも A 社とその下請だけで地域の製造業がなりたっているわけではない.
3) 2000 年 12 月 11 日の A 社グローバル人事部への聞き取り調査による.2000 年 12 月 14 日の人事部採用担当者への聞き取りでも 75％ が市内居住であると確認できた.
4) 2000 年 10 月 1 日現在において,全市の人口は 35 万 282 人,その内訳は日本人が 12 万 399 世帯で 34 万 1,092 人,外国人が 4,513 世帯で 9,190 人である.
5) 猿田正機は豊田市における A 社の及ぼす地域経済への影響について「1991 年から 1993 年にかけて豊田市の自動車関連従業者総数の現金給与額が約 4373 億円から 2761 億円へと約 6 割強へと激減している事実一つをとってみても,トヨタが打ち出した『方向性』はきわめて重く厳しいものである」（猿田, 1999 : 126）と評価している.しかし,この評価は誤りである.1993 年度の豊田市工業統計が発表された時点では「現金給与額」の項目において,市内最大の事業所の一工場が抜け落ちていたが,「雇用者数」の項目にはこの工場が含まれていた.市は後から工業統計を修正し,1993 年の自動車関連従業者数の現金給与額を 4,130 億円と発表している.工業統計の確認とその算出方法については,豊田市国際交流協会事務局次長・成田英明氏,および豊田市自治振興課主査・鈴木英之氏に労をとっていただいた.
6) アンケート調査は送付数 1,493,転居先不明等による不配達 22,廃業 5 で,有効対象数は 1,466 であった.回答数が 740 であったので有効回答率は 50.48％ である.本調査結果については豊田市（2001）を参照のこと.
7) A 社にとっての外国人社員は,アメリカやヨーロッパのデザインセンターや R＆D センターで採用されたエンジニア,海外現地法人（工場）で採用された現地法人正社員が中心であり,これらの人びとを統括するセクションが本社内に設けられている.それが「グローバル人事部」である.グローバル人事部は,海外現地法人から日本に来る外国人社員のみならず,日本から海外現地法人へと海外赴任する本社従業員の人事管理も行なっている.
8) この図は野村（2001）を参考に作成した.
9) 一次下請企業である KS 社は 2000 年現在でも日系人労働者が働いているが,その数は 2 名ときわめて少数であった.この企業においては,実質的には,外国人労働力は現業職場の戦力となっていなかった.

10) 他に，外国人の労働力としては研修生の存在についても触れなくてはならないが，自動車産業における研修生は，グループ企業の世界進出と密接な関係にあって，単に労働力を求めるものとして入れるものではない．この点については，本章の範疇を超えるので，ここでは割愛する．また，下請構造として，企業規模が大きいほど外国人労働からの撤退が見られる傾向が存在するのだが，個別企業としてみると，一次下請レベルで外国人労働力を用い続けている企業における外国人の割合は，現業職場の労働力の3割から6割を占めている．
11) ここでいう外国人労働者の導入とは，現業職労働者として働く外国人労働者が職場に入ってきたことを意味するので，海外現地法人からの企業内転勤者を含まない．
12) 求人がでたときにすぐに労働者を送ってもらうために，旅行社と契約を結んでいる企業では，送り出される労働者がすぐにビザがとれるよう経営者の源泉徴収票，課税証明書，そして住民票を毎年取り直して旅行社に送っていた．
13) 労働者が以前に働いていた工場に送り出しをしている業務請負業に応募することは少ない．また，業務請負業者も請負先に以前に勤務した職歴を持つ労働者を送り出すことはない．だが，A社の下請関係においては，納品した部品・部材に不良品が出た場合，および設計変更等による打ち合わせなどで，下請系列内の工場に呼び出されることは珍しいことではない．このようなときに，かつて自社で働いていた者を他社工場内で発見し，業務請負業者への転籍と給料のアップを知るという．
14) 野原光・藤田栄史編（1988）は，とりわけ第3章において1970年代から1980年代前半までのA社とその下請の労働市場形成を詳しく分析している．この時期はA社の社会的認知がようやく高まり，日本を代表する企業になりつつある一方で，まだ親企業であるA社本体ですら労働力募集に苦労をしていた時期だった．1990年代後半のA社をめぐる状況が本章の関心の中心であるわけだが，いくつかの点で野原・藤田編の分析に，筆者が隔世の感を持つ部分もある．
15) 1989年から1990年ごろにかけての人手不足は親企業A社も深刻な影響をうけていた．A社本社人事部も，現業職＝期間工としての外国人労働者の導入を真剣に検討していたという（A社本社人事部への聞き取りより）．
16) このことの裏返しとして，付加価値生産性の高い仕事に親企業が特化することが可能になり，親企業の高い賃金を維持することができる，という面もある．
17) 養成工期間中は見習い賃金となり，本工のほぼ2分の1の賃金額である．本工の賃金と比べたら半分の額に過ぎないかもしれないが，規模による賃金格差が存在しているので，それまで勤務していた二次下請，三次下請で働いてきた賃金と比較すると，見習い賃金であってもそれほどの所得の減少は生じないという．
18) こうした認識を示している親企業は，もっぱら二次下請企業にとっての直接の親となる一次下請企業である．二次下請から下請構造の頂点であるA社の本工になった例はまったくないわけではないが，非常に少ない．ここでいう下請企業から親企業への移動とは，もっぱら二次下請から一次下請への移動を指すものである．
19) 労働者の自発的な移動であるから，これは決して引き抜きではない．しかし，聞き取り対象企業は，この現象を「引き抜き」という言葉を用いて説明してくれた．下

請企業からみれば，親企業側からの企業間ルールの改定によって引き起こされた移動は，引き抜きとしか思えない．
20) A社は，豊田市商工会議所に事業所（工場）単位で加入している．
21) これは，本書が外国人労働研究であって，自動車産業研究ではない，という筆者の位置づけに関係している．他産業・他メーカーからの要員の配置は自動車産業研究としては検討課題であるかもしれない．だが，外国人労働研究である本章は，A社の下請関係においてどのような契機において外国人が用いられているのか，ということを検討課題にしており，現業職労働者として外国人労働力を雇用したことのないA社は分析の対象外になる．本章におけるA社の扱いは，下請企業に影響を与える部分についてのみ触れる，という程度のものである．
22) 三菱自動車系の二次下請でシート製作企業，本田技研の一次下請でドアモール部を製作している企業へも聞き取りを行なったが，いずれの企業も期間工の採用には失敗していた．前者の企業では，同じ三菱系のシート製作を行なっている同業他社からの応援要員によって必要な労働力を集めている．後者は日本人と日系人の請負労働力を用いることで，必要な現業職労働力を集めていた．
23) A社関連企業で，業務請負業からの送り出しを停止した企業は1社に過ぎない．筆者が聞き取りに回った企業は総数47であるが，非A社関連を含めると，業務請負業との取引停止は珍しいことではない．A社関連において，業務請負業との取引を停止した企業が少ないのは，A社の業績が景気後退期にあっても好調を維持していることに関係していると思われる．
24) 協力会とは，直接取引をする一次下請会社の集まりである．日本の自動車メーカーは，それぞれ独自の協力会を持っている．協力会メンバー企業には，親会社から生産管理の指導が定期的に入ったり，ニューモデルへの切替の際には設計段階から親会社のプロジェクトに入ったりする．さらに，下請企業の工場の増設や生産装置の更新の際には，親会社から金融支援を受けたりもする．
25) 日給・月給で皆勤手当てを含めて32-34万円の月給になる．時給幅があるのは，初めて期間工にくる者は日給9,000円であるが，期間工にくる回数（あるいは契約を更新する回数）が増えるにしたがって200円ずつアップするためである．ただし無限に200円ずつ加算されるのではなく上限が9,600円までと決められている．
26) なお，従来はA社人事部内の住宅課が寮の管理を担当していたが，2000年現在では，住宅課は子会社のA住宅に移管されている．
27) そのため，女性及び高齢者が使いやすい，力を必要としない工具の開発，力の弱い者が作業しやすいラインの配置の研究を始めている．
28) 業務請負業から労働者の送り出しを受けると，女子労働者でも請負単価で1,300円から1,400円となる．パートタイムの女子労働者であれば時給はほぼ業務請負業からの送り出し労働者の半額であり，福利厚生費を含めてもパートタイマーの方が安い労働力になる．
29) 豊田市の場合，住宅地が広がっている市の南部地域にある工場のパートタイマーへの置き換えが顕著である．

30) 市北部の山間地を切り開いて造成された工業団地では，住宅地から遠く離れていることもあって，業務請負業から送り出される外国人労働力への依存が高い．
31) 社外工を供給する業務請負業者においても，日本人の求人が可能になってきた．
32) 日系人の男子労働者が請負単価時給 1,900 円であるのに対して，日本人の高齢者（55 歳以上）であれば請負単価 1,750 円／時で済む．
33) この危機を乗り切るための様々な苦難は A 社マンに多くの企業内神話を残している．この危機のときに取引関係の見直しを申し出たところや，支援の要請を断った金融機関等への怨嗟の言葉を，まだ当時は入社してもいなかった世代の社員からも，あたかもその危機を自らが経験したかのように聞くことは珍しいことではない．
34) 日本の自動車生産は，1990 年に 1,200 万台という年間最高生産台数を記録して以後，徐々に減少，2000 年は 2 年ぶりに 1,000 万台の年間生産台数を回復したものの，10 年前に比べて，日本全体でおよそ 2 割の生産能力が過剰になっている．これには単に日本の景気が長期停滞しているからというだけではなく，A 社のように，自動車産業における日本の工場が日本市場向けのみに変わりつつあることが大きく関係していると思われる．
35) 横山正博は日経連の経営側の雇用ポートフォリオとしてのパートタイマー労働者（主に女性）の増加を，「パートタイム労働は臨時工に代わり日本的雇用慣行を維持する要素を持つことになったと言える」と評価している（横山，1997：30）．本章の観点からすると，横山のパートタイム労働に与えられている役割は，それを非正規雇用の役割と読みかえて，パートタイマーに加えて，外国人労働者や高齢者を加えて検討をしなおしてもよいだろう．ただし，横山の主たる論点は，本章における非正規労働者のあり方と大きな違いがある．彼は，日経連が雇用のポートフォリオとして提起した「長期蓄積能力活用型」および「高度専門能力活用型」で働く労働者をフルタイム，「雇用柔軟型」として働く者をパートタイム労働力とすることに対し，これからの雇用環境が専門技能・知識によって評価される働き方になることを承認しつつも，日経連の提示したフルタイムで働く「長期蓄積能力活用型」および「高度専門能力活用型」の労働力にもパートタイム労働で働くことを選択できる「パートタイム労働選択権」を与えることを主張する．このことによってパートタイム労働者にはフルタイム労働者になる回路が開け，フルタイム労働者で自らの専門知識・技能を生かしつつも出産・育児・介護等の生活の部分に労力を向けなくてはならない人のニーズを満たしうる環境へ向けての一歩となり，産業構造の変化や社会における男女の役割変化にも対応可能となる，というのが主たる論点である．
36) トヨタ生産方式を制度の経済という観点から分析した代表的論者は浅沼萬理であろう（浅沼，1997）．また荒井一博は数理モデルから二重労働市場の形成を検討したうえで，1990 年代以降の雇用制度を分析している（荒井，2001）．しかし筆者は，浅沼に対しては制度の持つ結果としての経済合理性の面に焦点が当てられすぎていると考えるし，荒井の議論に対しては制度に対する最初の仮定に強く疑問を持っている．また，こうした論者は，かんばんが守られるためにペナルティーが設けられていることへの関心が薄い．

37) このため稲上毅の指摘にあるように，企業社会のいかなる階層＝スペクトラムに組み込まれているかによって各企業は異なる雇用戦略をもたざるをえないのである（稲上，1992）．
38) 本章で言うところの「空費」に関する概念は，佐武弘章（1994）に負っている．そこにおいて佐武は空費を「製品に含まれた人間労働の成果が販売を介して消費（実現）されるより前に無為に消失することを『空費』と呼ぶ」と定義し，そのうえで「発達した大量生産方式でのムダ（空費）の削減を実践テーマとして初めて提起したのはトヨタ生産方式である」とA社の生産システムを位置づけている（佐武，1994：1）．
39) 2001年9月3日付けの日本経済新聞が，群馬県昭和村のキヤノン電子赤城工場における外国人雇用を伝えている．500名の労働者のうち，正社員は200名で残りが請負会社からの派遣であり，派遣社員300名のうち8割が外国人であるという．
40) 残りの4社は外国人労働者への給与支払いの会計処理の仕方については，ノーコメントとした．
41) 岡崎地区外国人雇用管理推進協議会は，外国人を直接雇用する企業が減少していることに鑑み，その社会的ニーズが失われたと判断し，2002年6月をもって活動を停止した．
42) 講座派・労農派で論争があったにせよ，日本資本主義の発達段階における労働市場分析は，工業部門での労働力不足に農村に滞留する過剰人口が供給される，という認識においては一致していた（山田，1934；大内，1952）．現代の外国人労働者のあり方は，工業部門の労働力需要が都市に滞留する過剰人口を形成しつつ労働力を供給してゆく，という社会編成が形成されていることを示唆する．

8章　在日ブラジル人の労働市場

1. はじめに

　日系ブラジル人の労働市場はどのように形成されているのか．本章は分析の焦点を彼・彼女たち日系人と直接の雇用関係にある「業務請負業」に焦点をあてて分析する[1]．日系ブラジル人労働者の多くが業務請負業者から送り出される社外工として労働現場で雇用されており，この意味で業務請負業が日系ブラジル人の雇用を媒介しているからである．直接雇用されている日系ブラジル人もいるが，多くは業務請負業を通して現業部門を中心に働いている．日系人は日本を代表する自動車や電子機器メーカーの工場からその下請といった製造業だけにとどまらず，漁協でのアサリ・蜆の選別，農協での切花の箱詰め，コンビニ向けの弁当工場，はては産業廃棄物処理場に至るまで多様な業種に就労している．もはや，日系人雇用は製造業に特殊なものではなく，地域の雇用全体のなかでその位置づけをしなくてはならない状況となっている．

　こうした様々な現場に送り出しを行なっているのが業務請負業である．本章は業務請負業への聞き取り調査をもとに，景気後退期のなかで日系人労働力が，どのような意図のもとで用いられているのかを考察する．

　なお，これまでの日系人雇用に関する研究が示すように，日系人雇用と彼らの定住問題とは密接に関係していて，本来切り離すことのできない問題であるが（依光・佐野，1992；都築，1995；1998；石井・稲葉，1996），本章は業務請負業を通じての雇用という側面についてのみ考察対象とする．ここで扱うデータは，1997年2月から1998年3月にかけて実施した業務請負業者45社へ

の調査研究の成果に基づいている[2].

2. 業務請負業の定義と担い手

　本章が業務請負業者に焦点を当てるのは，日系ブラジル人労働者の多くが直接的に雇用契約を結ぶのが業務請負業者であり，業務請負業者から工場等の実際に労働が行なわれる現場に労働者が送り出されているからである．国籍上では外国人になる日系ブラジル人が単純作業に就くことができるのは，戸籍を保有していた日本人の血縁者であるという属性によって日系人に定住ビザが与えられるため，あるいは短期滞在ビザ（いわゆる観光ビザ）から定住ビザへの書き換えが可能であるため，日本で合法的に就労することができるからである[3]．そして，この単純作業に就ける日系人は，その多くが業務請負業に雇用されて，各労働現場に配置されている．では，日系人を直接に雇用し，彼・彼女たちをそれぞれの現場に送り出す業務請負業は，どのように定義されるものであるのか．概述してみよう．

　業務請負業はしばしば人材派遣業と混同されるが，法律上，異なるものとして扱われる．民法第三篇「債権」第二章「契約」の第九節「請負」（民法第632条から第642条）は，仕事の完成を約束としてその仕事の結果に対して報酬を受け取る契約である，と定義する．仕事を行なう場に労働者を派遣するという意味では，請負と人材派遣とは業務の形態上ほとんど変わらない．だが，使用者が自己の雇用する労働者を他者の指揮命令を受ける場所へ送り出すことは，職業安定法で禁止されている．職業安定法は公共部門以外への私的な労働者供給事業を禁じているからである．特定の部門への労働者の送り出しが，例外として，「労働者派遣事業の適正な運営の確保及び派遣労働者の就業条件の整備等に関する法律」（以下，労働者派遣事業法と表記）に示された範囲で認められている．ここには建設業はもちろん，製造業の現場作業も含まれていない（製造業の現業職への派遣は2004年4月から，一連の規制緩和の流れのなかで，一部解禁されるようになった）．業務請負業は，民法にいうところの「完成物の引渡し」を法律上の拠り所としている．言い換えると，業務請負業は製造業でしか認められないことになる．

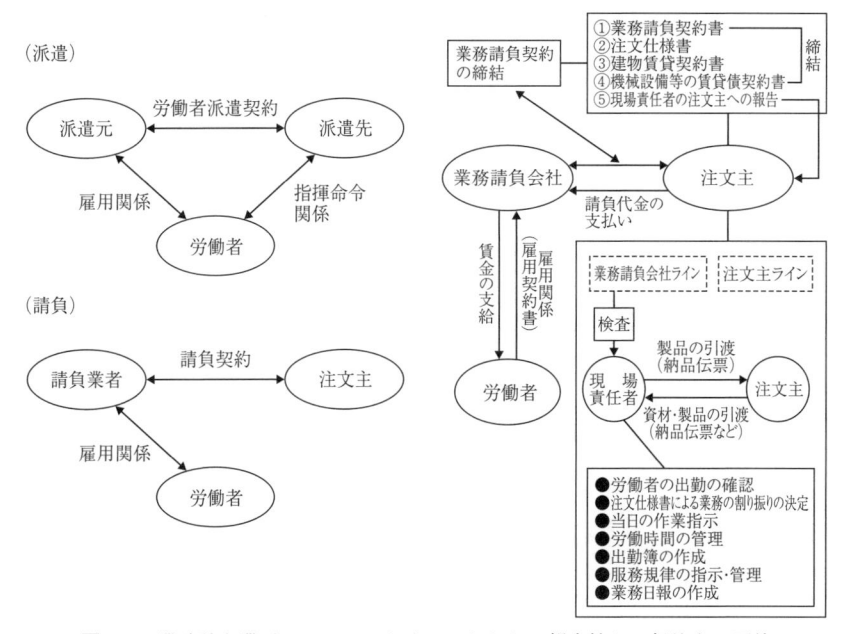

図 8-1　業務請負業がクリアーしなくてはならない親会社との契約上の要件
出所：林（1996：7）．

　労働者派遣業と請負業との違いは図 8-1 のように示される．問題となるのは，「発注上の指示等が『注文者としての指図』の範囲にとどまるのか，労務管理上の指揮命令となるのか」ということである（安西，1997：50）．すなわち業務請負業は，民法上の定義に立ち戻るため，労働者の送り出し先企業との契約で製造ラインを単位とし，そこで生産される商品1個あたりの加工賃としての請負をするものでなくてはならない．これを第1の要件とすると，ここから必然的に第2の要件が導き出される．製造ラインを請け負って労働者の職務と安全に責任を持つのだから，そのラインに自社の責任者が常駐していなくてはならないというものである．つまり「事業経営上の独立性」と「労務管理上の独立性」という二つを確保しなくてはならないのである（林，1996：2-3）．

　しかし，図 8-1 が示すように業務請負業と人材派遣業をはっきりと区別することは難しい．両者を区別する指揮命令関係は，労働現場における実質的な問題として取り扱われるべきであり，契約書に明示的にあらわれてくるものでは

8章　在日ブラジル人の労働市場

ないからである．それは請負単価のあり方からも明らかである．業務請負業者が製造業者と結ぶ請負契約は，書面上は生産物1個あたりの単価を基礎にして契約がなされているが，それは当該ラインで働く人間の数に時間給を乗じて請負単価が決定されたものであり，単価から賃金が導き出されるのではない（依光・佐野，1992：120)[4]．しかし，これは契約書面にはあらわれない．そうすると第2の要件，すなわち現場に責任者がいるか否かが業務請負業と人材派遣業を区分するうえでの分かれ目になる．

　しかしながら，業務請負業者は複数の現場を請け負っており，そのすべてに責任者を配置している事業者はない．こうした点には業務請負業者にラインを請け負わせる取引先企業（ユーザー企業）の意向が大きく働いている[5]．これまでも指摘されてきたが，業務請負業を活用する側は，需要の変動にあわせ，ラインを単位とした仕事を委託し，好況時と不況期の生産活動の波にあわせることにベネフィットを見いだしている（前掲書：140-148）．だが，ラインを単位とした委託には，契約ライン以外の必要な場所へ必要な人数を就かせることが前提となっていることを見逃してはならない．業務請負業者は，ほとんどの場合，複数の現場を請け負っている．その場合，どの事業者も，送り出し先に自社責任者が常駐している現場と，そうでない現場のいずれをも抱えているからである．そこで本章は，先行研究（依光・佐野，1992；西澤，1995；佐野，1996）が工場と日系人労働者の契約関係から日系人労働者の雇用を類型化していたのと異なり，一つの業務請負業者が様々な現場に送り出していることを鑑みて，業務請負業者とユーザー企業（業務請負業者から労働者を送り出してもらう企業）との関係から日系人雇用にアプローチする．

　これまで論じてきたことだけからも分かるように，業務請負業の実態は，法律上の定義では論じることができない．業務請負業の実態を多少なりとも知るために，まずは業務請負業経営者がどのように労働者送り出しのノウハウを獲得し，この事業に乗り出してきたのかを見てみることにしよう．

　請負業はいかなる人びとによって担われているのか．**表8-1**は39社の業務請負業の事業責任者の前職についての調査結果である．前職でも請負業に携わっていた者が22社と圧倒的であった．次いで多いのが業務請負業者から労働者を受け入れていた労働者受け入れ企業の労務担当の社員が独立してはじめる

表 8-1　業務請負業経営者の前職　　　　　（単位：人）

業務請負業勤務	親会社労務担当	下請工場経営	建設業関連	その他
22	5	5	3	9

注：有効回答39社．経営者によっては上記の職を複数経験した者がおり，そのため表は複数回答になっている．

場合であり（親会社労務担当），それから下請工場を経営していた者が親会社の要請で親会社工場のラインを引き受けるようになった場合（下請工場経営），さらに業務請負業に企業活動がきわめて類似している建設業と続く（建設業関連）．若干の例外はあるが，いずれの場合でも，ラインを請け負うあるいは労働者を送り出す取引先と何らかの関係があって，そこから事業に乗り出した者たちである．

　日系ブラジル人が経営者である場合には，彼らはすべて業務請負業で通訳として働いていた経験があり，独立する際に日本人のビジネスパートナーの助けを借りている．これら日系人の独立の場合，独立してからの労働者の送り出し先は通訳時代の取引先か，あるいはビジネスパートナーが確保している取引先である．こうしたことを考えると，日系ブラジル人が労働者送り出し業を始めるにあたって決定的に重要なことは，労働者を集めることではなく，労働者の送り出し先を確保しているか否かということになる．

　労働力が「商品」である業務請負業は，事業開始時に工場やそこに置かれる装置などの固定資本を必要としない．とはいえ，後述するように，労働者の住む住居を確保しなくてはならないため，労働者への賃金支払い分だけでは事業を開始することはできない．しかし，労働者の住居を確保しうる資本を用意できれば，電話1本で事業を始めることができるため，誰もが業務請負業に参入することは可能である．このため最初から事務所を開設し，専業として業務請負業に進出してくる者より，当初はビジネスパートナーに業務を任せきりにしたり，自社工場を経営しながらのサイドビジネスであったりと，業務請負業を主体とする事業経営への移行は漸次的に行なわれる場合が多い．また，取引先を見つけられれば誰でも参入できる事業であるが，取引先の拡大は容易に進むものではない．生産現場を任すに足るだけの信用を獲得することが重要なのである．

表 8-2　日系人が用いられている市場の区分

市場セグメント		市場の特徴	請負単価	賃金	請負・雇用契約の安定度
1-a	自社工場雇用	生産点を自社が経営	高	高	安　定
1-b	工場内安定雇用	製造ライン請負	高	高	安　定
2-a	工場内変動雇用	契約を結ぶ請負	高	高	不安定
2-b	工場内変動雇用	契約はしないが単価は 2-a と同じ	中	高	不安定
2-c	工場外不安定雇用	日系ブラジル人の賃金相場以下の職務	低	低	安　定

注：高，中，低は請負単価および賃金の高さを相対的に比較した際の程度を示す．

3.　業務請負業の規模と市場

　以上，法律的な業務請負業の定義では実態を把握できないこと，業務請負業の経営者の経歴に示されるように，送り出し先を確保できればこの業界への参入の壁が低いこと，しかし事業の拡大には時間を要することについて指摘した．
　これらの点を踏まえて，業務請負業者が請け負う仕事を「市場」として捉え，この市場がどのように階層化されているのかを考察することにしよう．
　そこには請負単価および請負先との契約期間，契約の仕方において質の異なる市場が広がっているからである．
　厳しい競争にさらされている企業にとって，コストの低減は日々要請される課題である．そのため，安定した生産物の産出規模に必要な雇用部分への需要もつねに存在している．元来，本社工場が受け持ってきた生産部分を丸ごと請け負い，自社の工場内で本社工場と同じ工作機械で同じ労働編成を行なう業務請負も存在する．すなわち，アッセンブリーを専らとする完全な一次下請企業になるのである．日系ブラジル人が業務請負業を通してえる雇用の第 1 のセグメントは，この組み立て一次下請としての雇用と通常の生産規模で工場のラインごと請負に出される雇用とである．これを表 8-2 では 1-a と 1-b と表す市場と措定する．
　業務請負業が最も利用されるのは，季節変動を含めた生産規模の波の部分にあわせた雇用である[6]．季節工・臨時工としてつねに変動にさらされている生産の波部分の雇用が第 2 のセグメントとして存在する．このセグメントでもいくつかの類型に雇用市場を分類することができる．その第 1 が変動の波のなかであるが相対的に安定した雇用である．これは業務請負業者と親企業との間で，

表 8-3　送り出し労働者への指導および監督のあり方

(単位：業務請負業者数)

	送り出し先任せ	自社ライン責任者	ラインに従事する先輩
新規労働者への指導	27	12	12

	自社責任者が常駐	管理スタッフが巡回	完全に送り出し先任せ
労働者の監督	15	30	14

3カ月，半年，または1年の期間を定めた契約を結ぶ製造ライン請負である．この場合，この期間に近い範囲で雇用契約も結ばれる．これを2-aの市場とする．

次に，ラインを単位として契約するのではなく，工場に一定人数を業務請負業が送ることを約束として成立する雇用がある．この場合は工場との契約だけでなく，同業他社が請け負ったラインへの下請として入っている場合もある．これを2-bという市場とする．2-bの市場は2-aよりも短期の生産の波にあわせたものであるので，契約期間も3カ月または半年とより短く設定される[7]．最後に，最も安定してはいるが，請負単価で日系ポルトガル語新聞を通して知られている平均賃金より低くなってしまう雇用がある[8]．これを2-cの市場とする．この市場の雇用は，通常の工場でのライン作業でない雇用が多い．家族経営の菓子製造業，生肉工場，漁協や農協での選別や箱詰め作業，弁当屋，建設業の軽作業，産業廃棄物処理といった雇用である．業務請負業者は，これらの市場を自らが生き残りをかける戦略的市場として，複数の市場を組み合わせた事業を行なっている．このように業務請負業は不安定就労部門を広範に引き受けて必要な労働力を必要な量だけ供給するという意味で，あたかも労働力の編集を担うような機能を産業社会のなかでもっている．

この市場セグメントの違いは，表 8-3 に示される送り出し労働者への指導および彼・彼女らに対する監督のあり方に端的に示される．ラインを請け負っている仕事場では，自社の責任者が常駐し，その者が新規の労働者に対し最初に作業についてのレクチャーをする．それが1-a，1-bの市場なのである．本調査では，ほとんどの業務請負業者は20人以上送り出しをしている現場に自社責任者を置いていた[9]．ここで重要なのは，安定した1-aと1-bの市場を自己のメインマーケットとして企業活動を行っている請負業者の多くが労働者への

指導および監督が送り出し先まかせになる 2-b の市場，ときには 2-c の市場にも同時に手を出していることである．条件の悪い市場のほうが新しい取引相手を見いだす可能性が高いからである．業務請負業には不安定な市場のほうによりビジネスチャンスが広がっているのである．ここには業務請負業を活用する親企業の意図も介在している．業務請負業者を使う事業者は，安定した市場をまかせると同時に，工場の他の部分にも人を回してもらうことに旨味を見いだしているからである．日系ブラジル人が経営している業務請負業は，すべてこの 2-b と 2-c の市場に中心を置いていた．

他方で，積極的に危険度の高い市場を中心とすることで，大量の送り出し労働者を必要とする業務請負業が生み出される．また，1-a を主要な市場としている業務請負業者は，自社で工場を経営していることもあり，安定的雇用でかつ大量に労働者を必要とする．その結果，規模の大きい業務請負業者ほど，安定した市場に中心を置く場合と，逆に不確実な雇用を積極的に受ける場合の両極に位置することになる．小規模の業務請負企業の場合は 2-b，2-c が中心になる．本調査で最も多い，送り出し労働者が 50 人以上で 100 人以下の規模では，1-a，2-a，2-b を組み合わせて事業を展開している．このように条件が悪いほうに広がっているビジネスチャンスが，企業規模（送り出し労働者数）との関係で奇妙なねじれ現象を起こす．業務請負業では企業規模の小さい会社が不安定で，規模が大きくなるにしたがって安定した企業であるというような単純な図式が成り立たない．ここにニッチ産業である業務請負業の特徴がある．

4. 産業社会のなかの業務請負業

前節で日系人の送り出されている市場の階層性を検討したが，ここでは業務請負業者を通す雇用がどのような性質のものであるかを考えてみる．表 8-2 でみた 1-b から 2-c の市場は，程度の差こそあれ，従来は季節工，期間工，パートタイマーに担われてきた不安定就労部門である．業務請負業は，この不安定就労部門を一手に引き受けて，必要労働のみを分配することを産業社会のなかでの役割としている．この必要労働の調達，換言するならば，必要がなくなれば速やかに労働力の配置転換を行なえることが，地域社会のなかに業種を超

表8-4　業務請負業が送り出し先からの増員・減員要請にこたえる日数

(単位：事業者数)

	1日	3日以内	7日以内	14日以内	30日以内	90日以内
増員対応日数	5	5	8	8	8	2
減員対応日数	5	4	7	7	11	2

注：有効回答36社．

えて日系人雇用を広げてゆくことになる．

　業務請負業者はどのくらいの期間で，送り出し先から要請された雇用の増減に応えるのだろうか．表8-4が示すように，約半数の業者は増減に対して1週間以内に対応し，需要に応えている．一般に業務請負業が論じられるときに，その速やかなる必要労働への対応に焦点が当てられがちであるが，事業者によっては，この短期間での対応を求められる部分には最初からタッチせず，安定した雇用のみに的を絞っている．増員の場合は27.8％（10社），減員の場合は36.1％（13社）の業務請負業が，請負先からの要請にそれぞれ1カ月以上かかっている．緊急の要請に対応ができるかどうかは，業務請負業者を活用している工場等にとって，その業務請負業者に一段高い市場の部分を任せるか，それとも新たに別の業務請負業者との取引関係を開始するかを決定する重要な要素になる[10]．すなわち，業務請負業者からすると，安定した市場に移行しようとすればするほど，不安定な雇用に対応しなくてはならないというアンビバレントな状況に陥らざるをえないのである．

　この状況を，業務請負業が産業社会のなかで果たしている機能に即して，理論的に考察してみよう．塩沢由典は，すべての財の取引量と価格が同時に決定される一般均衡論を批判し，現実の経済を年々繰り返される再生産過程と認識したうえで，この過程がつねに一定量を生産しているものではなく，その生産量に変化のある「ゆらぎ」をもった過程であると捉える．そして，必ずしも生産される量と実際に販売される量が一致しなくても企業の経営活動が進行していく状態が普通であって，それを定常状態と考える（塩沢，1990：33-39，238-241）．塩沢は，ゆらぎのある経済が需要と供給にズレを生じながらも進行していく機能として，「在庫」および「貨幣」の持つ役割に注目する．在庫によって供給者は需要があるときに間髪をおかずに応えることができ，貨幣があらゆる財に対して一般的等価物として働くから，双方が互いに相手の物を必要

としなくても交換が可能になる（塩沢，1990：365-369；1997a：147-164）．塩沢はこの機能を「切り離し装置」と呼ぶ．そして，切り離し装置としての在庫があれば，例えば事故で川上の産業が停止したときでも操業がある一定期間可能になるように，もっぱら切り離し装置によって企業と企業とが独立に行動しうる側面に注目する（塩沢，1997a：163-164；1997b：221-223，242-243）[11]．

　これを本章の議論に即してみると，業務請負業は生産と需要の間での切り離し装置ではなくて，生産活動内部に取り込まれた切り離し装置であり，どのレベルで切り離すかの意思決定が，業務請負業者の異なる市場をつくりだす．われわれの生きている経済の定常状態は，塩沢が想定するように在庫や稼働率の変化で対応するだけではない．彼にあっては定常状態の変化とされている生産容量の変化も，年々の活動のなかに組み込まれていることに目を向けなくてはならない．それぐらいに季節変動は生産活動のなかで大きい．在庫を極小化するトヨタ生産方式では，企業は自由度を確保するために生産活動の内部に切り離し装置を置かざるをえないのである[12]．

　ここで日系ブラジル人が雇用されている位置を確認してみよう．製造業者に労働者を送っている業務請負業は，製造業者がこうむる予測困難なあそびの部分を一手に引き受けるのであるから，複雑さを増大させることによって危険の回避をはかる．図8-2をみてみよう．請負業者は，本社工場のラインを請け負う場合でも，そのラインすべてに自社で直接雇用する労働者を配置するわけではない．請け負ったラインの生産活動にも波があるから，その部分を他の請負業者からの人員でまかなう．また請負ラインが大きくなり，自社工場で本社工場と同じ作業をする直営下請工場では，親会社と同じように製造ラインを他の業務請負にだす．そこでは請負会社のラインを請け負う他請負業（二次請負業者）に労働者を送る別請負業（三次請負業者）をみることができる．このように，幾重にも重なる請負によって需要の変動に応じた生産活動が実行されるのである．この請負の網の目を通して雇用されるのが日系人労働者である．

　労働者の送り出しを受ける製造業者は，製造業者が経営する製造業工場，および業務請負業に下請として出している業務請負下請工場の両方をあわせて，自己が計画する製品の産出量を確保する．生産計画に入っている通常の生産活

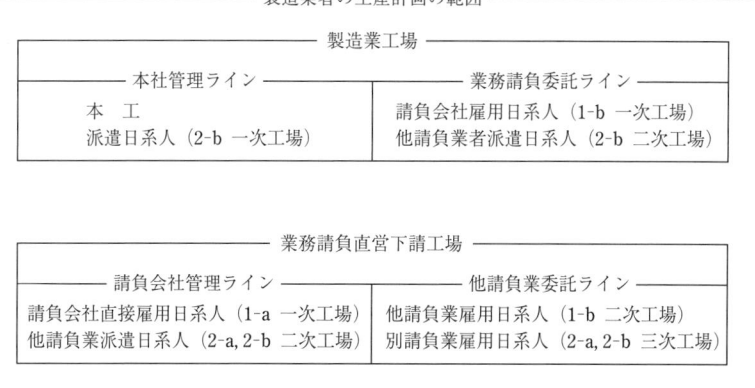

```
┌─────────────── 製造業者の生産計画の範囲 ───────────────┐
│ ┌─────────────────── 製造業工場 ───────────────────┐ │
│ │ ─── 本社管理ライン ───   ─── 業務請負委託ライン ─── │ │
│ │  本  工                  請負会社雇用日系人 (1-b 一次工場) │ │
│ │  派遣日系人 (2-b 一次工場)  他請負業者派遣日系人 (2-b 二次工場) │ │
│ └───────────────────────────────────────────────────┘ │
│                                                       │
│ ┌─────────────── 業務請負直営下請工場 ───────────────┐ │
│ │ ── 請負会社管理ライン ──   ── 他請負業委託ライン ── │ │
│ │ 請負会社直接雇用日系人 (1-a 一次工場)  他請負業雇用日系人 (1-b 二次工場) │ │
│ │ 他請負業派遣日系人 (2-a, 2-b 二次工場) 別請負業雇用日系人 (2-a, 2-b 三次工場) │ │
│ └───────────────────────────────────────────────────┘ │
└───────────────────────────────────────────────────────┘
```

図 8-2 製造業の生産計画と日系ブラジル人雇用の位置

動においてすら,業務請負業が組み込まれていることが図 8-2 に示されている.製造業工場でラインを業務請負業に請け負わせているラインには,業務請負業の二次下請が組み込まれており,業務請負業の直営工場でも他請負業（二次請負）へのライン請負が行われ,そこでは他請負業の指揮監督するラインへ労働者を送る別請負（三次請負）を確認できる.すなわち,製造業の定常的な生産活動で,すでに三次の業務請負を含む労働力編成が前提となって,生産活動は日々行われているのである.

ここでさらにいま一歩議論を進めると,製造業に必要な人数の労働者を送るということが,非製造業の様々な職場に日系ブラジル人が就労するということとセットになっていることに気づく.もちろん,製造業の工場にしか送り出しをしていない業務請負業者は多い.だが,本章が日系ブラジル人の労働市場を媒介している業務請負業全体を考察の対象にしていることを考えると,むしろ非製造業の送り出し先がどのような役割を果たしているかを検討しないわけにはいかない.

非製造業における就労は表 8-2 における 2-c の市場になる.製造業での就労に比べて請負業者にとっては請負単価が,日系人就労者にとっては時間あたり賃金が大きく劣る雇用である.しかし,単価的には請負業者にとっても労働者にとっても儲けの薄いこの部門が確立することによって,請負単価のよい労働

市場が成立する．ラテンアメリカからのデカセギが始まってほぼ10年が経過した1990年代後半，個別の請負業者はいかにデカセギ労働者の定着率を高めるかに腐心していた．この長期勤続者の固定化戦略として，家族と帯同できるデカセギが生じてきた．3章で論じた主たる稼ぎ手になる必要のないデカセギがこれで，2-c の市場を形成していくのである．業務請負業は自己への需要を安定化させるために，製造業の工場のなかで，ラインごとに親請になったり下請（子）になったりの関係を重複させている．だが，これだけでは自己への需要を安定化することはできない．2-c の市場のような単価的には割の合わない仕事であっても，常時必要とされる労働者を送る部分を確保することで，工場で突然の人員増加の必要が生まれたときに，請負業者はここから工場の求めに応じて労働者を供給することができるようになる．こうして速やかに労働力を送る能力が強化されていく．

　ただし，必ずしもすべての業務請負業者が非製造業部門への送り出しを行う必要はない．非製造業部門への送り出しを行っている業務請負業者と何らかのかたちでつながりをもてればいいからである．その結果，日系ブラジル人労働者の就労を媒介している業務請負業全体を見渡してみると，業務請負業者は三つに類型化することができる．第1は，自動車や電機といった製造業の工場にしか送り出しをしていない業務請負業であり，第2は製造業の工場を中心にしながら非製造業の現場にも送り出しを行っている業務請負業，そして最後に，非製造業に特化して送り出しを行っている業務請負業である．

　製造業と非製造業との単価の違いを簡単にみておこう．一般に製造業のほうが請負単価が高く，非製造業部門は著しく低い．具体的には，自動車関連では，請負単価は，作業が要求する労働強度の違いにもよるが，1人あたり2,000-2,500円／時である．電機産業はそれからすると15％以上低く，1,650-1,800円／時である．これらに対して，食品加工業は工場の事業規模による違いもあって950-1,400円／時と幅がある．農協での出荷作業は1,400円／時ではあるが，これは夜間作業のみを請け負った夜間割増分を入れての額である．産業廃棄物処理場での作業は，これらに比べてさらに請負単価が低い．

　あるところでの増員とあるところでの減員が相殺されることによって生じる雇用市場を取り結ぶことで，業務請負業者は自己の事業を成立させている．こ

うした雇用市場を成立させている制度としての業務請負業は，1社だけで対応していたのでは，増員と減員の幅をなくすことができない．どうしてもミスマッチの部分を抱えてしまう．ミスマッチに対応していくには，一時的には割の合わない職場すら確保する必要性を生じさせる．それでも1社では，請負先の急激な労働力の増減の要請に応えることもできない．

　そこで業務請負業者間には何らかのネットワークが形成されてくる．この業務請負業者間のネットワークは，必ずしも経営者間で成立しているものではない．正確に言うならば，経営者間で成立しているネットワークはむしろきわめてまれで，ネットワークの範囲もせまい．ここで力を発揮するのが日系人の側のインフォーマルなネットワークである．業務請負業の管理スタッフとして本社に勤務する者，現場でリーダーの役割を与えられている者の人間関係が利用されるのである（これらの人びとは通常「担当者」と呼ばれる）．これらの人びとは日本での滞日期間の長い者が多い．通訳スタッフが介在することで，業務請負業経営者間ではなんらの繋がりもみえないにもかかわらず，業務請負業者間が結ばれる．その結果，あたかも業務請負業者間で労働者がやりとりされているような構図ができるのだ．これは業務請負業者間が協調的に結ばれていることを意味するものではない．むしろ個別の業務請負業者間はパイの食い合いのようなライバル関係の状況にあり，また独立していく者も前の会社に黙って独立することもあって，業者間は無関心である場合がほとんどである．われわれの調査でも，経営者間で組織を作っていたのはただ一つの組織であった[13]．しかし，公的な組織や企業間の連絡はなくても，本節で議論したように業者間には見えない糸が互いに結ばれ，これを通して労働市場が形成されているのである．

5. 業務請負業のなかの日系ブラジル人労働者

　前節で業務請負業が地域の雇用をいかに結んでいるかを論じたが，本節では業務請負業の日系ブラジル人がどのように位置づけられる労働者なのかを考察する．すなわち，彼・彼女ら日系ブラジル人は誰の代わりに用いられているのか，ということである．そこで本節では，最初に業務請負業者にとっての日系

人労働者を，次いで業務請負業を通して日系人を雇用する親会社にとっての日系人労働者の意味を考える．

既述のように，業務請負業は日系人労働者が入る以前は不安定就労者層の日本人を雇用していた．出稼ぎ・季節工・期間工といったものがこれに当たる．だが，請負業の仕事量に対して既存の出稼ぎ・季節工・期間工の人数は減ってしまっている．潜在的に少なくなった労働人口を掘り起こすことは，募集にかかる経費を増加させている．出稼ぎの多い北海道や九州・沖縄から期間工を採用しようとすると，業務請負業者は募集活動に労働者1人につき約50万円の経費をかけなくてはならない[14]．それにたいして日系ブラジル人の場合は，ブラジル現地の旅行社を使っても1人30-35万円の経費で済む[15]．日本に滞在している日系ブラジル人を選ぶならば，募集経費はほとんどかからない．さらに重要なことは，絶対数を確保しようとすると，日本人の場合は募集費用が逓増してしまうことにある．職安法との関係で，下請に現地採用業務を任せることはできない．このことが日本人の募集経費の費用逓増と大きく関係している．日系人を海外で集める場合は，日系旅行社と1人集めるにつきX円と決めるだけで済む．また日本の法律の及ばない海外での募集活動を現地旅行社に下請させても法に抵触することはない．日系人であれば費用を抑えることができて，なおかつ費用逓増がないために，単純に募集人数倍で計算ができる．そのためにそれまで日本人の出稼ぎ・季節工・期間工を送り出していた業務請負業者がブラジル人労働者へとシフトしたのである[16]．

しかしながら，既存の不安定就労者層の減少と募集経費の増大が，すべての業務請負業者を日系人雇用へシフトさせるわけではない．そこには工場等の業務請負業を使う側や，業務請負業者の外国人労働者に対するイデオロギーが大きく作用するからである．労働が行われる現場に，容貌，皮膚の色，および言語の異なる労働者が入ってくることを工場は嫌う．そのため日系人が雇用されている現場でも，なるべく顔立ちや肌の色が日本人に似ている者から工場は採用するし，血統的には日系人でない日系人の配偶者の労働者から解雇が始まる．このことは逆に，日本人だけで労働者を集められるならば，そのほうが業務請負業者にとって，大きなセールスポイントになるということを示す．また，工場が外国人労働者を異質なものとみているので，業務請負業者のなかにも外国

人労働者を観念的に忌避している事業者を見いだせる．たとえば「日本構内請負業協会」を構成している請負業者ではそれが顕著に見られ，外国人労働者を雇用する業者はこの協会への加盟ができないし，すでに加盟している業者も外国人労働者を雇用すると直ちに脱会を求められていた．

　日本人の出稼ぎ・季節工・期間工の減少は，既存の労働力が枯渇したということだけによるのではない．業務請負業という業種自体が1980年代を通して成長したものであることに注目しなくてはならない．後述するところであるが，本調査で送り出し従業員数の最大年を聞いたところ，1997年度が最も多かった．これは労働力が商品である業務請負業では，従業員数で最大であると同時に，売り上げレベルでも最大年であることを意味する．いずれの業者も景気後退期のなかで業績をのばし，かつまたそうした事情を見越して新規参入してきた．これは日系人を雇用する業務請負業だけが成長したということを意味しない．日系人を労働力とする業務請負業では，最大の規模でもグループ全体で送り出し労働者人数が6,000名の水準であり，こうした巨大請負業は一つしかない．しかし，日本人の送り出しのみの業務請負業では，グループではなく単独企業で常時1万人以上を送り出している業者が複数存在している．これらの日本人労働者を主力とする巨大業務請負業も，1980年代を通して売り上げおよび送り出し労働者数で3倍以上の伸びを示した[17]．業務請負業という業種全体が大きく成長したことが理解できる．

　業務請負業者は既存の労働力，つまり東北や四国・九州地域から募集していた出稼ぎや季節工・期間工の絶対的な枯渇と，業務請負市場の拡大による労働力の相対的減少に直面した．そこで日本人労働者専門の業務請負業者は，1980年代に労働力供給地を大きく変化させたのである．1998年9月現在でも，常時1万2,000人を送り出している業務請負業最大の規模と売り上げを誇るある会社は，1980年代を通して東北地方での採用が大きく減少する事態に直面した．そのため1980年に旭川採用事務所と沖縄採用事務所を新たに開設した．旭川では，札幌採用事務所から採用課の職員を出張させて，不定期に募集活動をしていた．沖縄事務所でも，労働力が必要となると，公民館等を借りて面接会場とし，宮崎採用事務所から出張して募集活動をした．旭川と沖縄での新たな事務所開設は定期的に労働力を募集するために，より遠隔地へと労働力供給

表 8-5　業務請負業者のパンフレットに見る日本人労働者と日系人労働者の比較表

		正社員のコスト（円）	外部委託のコスト（円）
給　与	(100.0)	299,500	300,000
賞　与	(33.3)	99,833	0
法定福利費	(15.2)	45,524	0
法定外福利費	(5.2)	15,574	0
労務管理費	(2.0)	5,990	0
退職金等	(7.2)	21,564	0
合　計	(163.0)	487,985	300,000

出所：林（1996）．

地を広げたということを示している．他方で，この会社は四国の採用事務所を閉鎖した[18]．日本人労働力に頼る業務請負業が，この会社のように新しい労働力供給地を求めて移動したのは決して例外ではない．沖縄県那覇市ではそれまで数社しかなかった業務請負業の採用事務所が1990年から急激に増えた．ほんの2，3年で現在とほぼ同じ約30社が事務所を構えるようになった[19]．すなわち，既存の不安定就労者層が減少していくなかで，不安定就労の供給地が大きく変化したのである．日本人を送り出し労働力の中心に考えている業務請負業は，より僻地へと募集地点を移動することで，日本人の出稼ぎ・季節工・期間工の減少に対応した．他方で，送り出し労働力として日本人にこだわらない業務請負業者は，送り出し労働力を日系人にシフトさせることで，拡大した市場に対する労働力不足に対応したのである．

このようにして拡大した業務請負業市場のセグメントは，親会社による正社員と業務請負業者との代替，つまりアウトソーシング化によって生まれた部分である．ここでは正社員を業務請負に代える費用は，親会社が正社員を1人雇用する場合の親会社にとっての経費と比較される．当然ながら，この業務請負業に請け負わせる親会社の費用は，日系人労働者に支払われている給与額でなく，労働者の賃金分に加えて請負会社のマージンが上乗せされた額である．業務請負業にとっての請負単価がこれに当たる．

ある業務請負業者が，新規に取引先＝送り出し先を確保するための営業活動において，参考資料として用いていた正社員と外部委託との比較表をみてみよう．表8-5がそれである[20]．業務請負業者が正社員に代替するものであることをセールスポイントにしていることが理解できるだろう．業務請負業者と取引

表8-6 業務請負業者にとっての外国人労働者数の最大年

(単位:社)

年	1990	1991	1992	1993	1994	1995	1996	1997
業者数	2	0	2	1	4	2	1	26

注:有効回答38社.

を始めた送り出し先は,直接雇用に比べて間接雇用のほうが安価で生産性にも影響がないことを確認すると,取引はほとんど再更新となる.再更新は,親会社からの取引停止の通告がない限り,請負契約の再契約を文書で結ぶことはほとんどせず,自動延長という形で取引が継続していくという特徴がある.

業務請負業という間接雇用の業界が,業界全体として伸びていることは**表8-6**からも確認できる.個別の業務請負業者に送り出し労働者数の最大年を尋ねると68.4%(26社)の事業者が,1997年に最も送り出し労働者が多かったと答えている.入管の統計上でも日系人人口は1998年まで一貫して増えており,不景気といわれる現在の日本の産業社会で,業務請負業のパイが確実に増加していることがわかる(2007年までタイムスパンを伸ばしても,このことは変わらない).業務請負業の成長は,単純作業に従事する社外工の増加を意味するだけではない.単純労働者は依然として大きな割合を示すものであるが,正社員に代替する部分をも含む日系人雇用は,社外工であっても熟練の要素を求められるようになっている.新規に採用する者について,溶接・たまかけといった専門技能工としての資格をもっていることを挙げる業者が20%にものぼっているのだ[21].また資格ではないが,本調査の1割の企業で,採用に当たってノギス,マイクロメーターの講習を受けることを条件としていたことも付け加えておかなくてはならない.

近年の業務請負業の拡大の要因をいくつかの請負業者で聞くことができた.それはいずれもバブル経済の時期までは現業部門の人手不足,バブルがはじけた後は正社員雇用を安全にするために正社員を減らし,この削減する部分の雇用をアウトソーシングに代替するというものであった.これによって親会社は雇用の安定がはかれて経費の削減もできる.これは親会社の雇用の安定化が一方で不安定就労を増大させるというディスコースである.各現業部門で実際に日系人労働力が用いられている現場での用い方とは異なるコンテクストが,送

表8-7 送り出し先から請負業への要請と送り出し先の請負の用い方

送り出し先からの要請	生産性への寄与	賃金の圧縮	労働災害
	29	10	9
送り出し先の用い方	絶対数の確保	競争させるため	両方を含む
	30	1	5

り出し先企業と業務請負業の間に働いている．国際競争力が求められている現状では経費削減傾向がつねに求められ，国民経済の景気の上昇があっても雇用を増加させたくない環境にあって，正社員のコストを下回る外部委託コスト比較は業務請負業の活用を検討している企業にとって魅力あるものとなるのだ[22]．

表8-7が示すように，日系人労働者に求められるのは，第1に生産性への寄与である．可変資本である賃金部分の単なるコスト縮減のためにライン作業が外注されるのではない．業務請負を送り出し先が用いるのは，述べたように変動する製品需要のなかで現業部門の労働者数の絶対数を確保するためである．労働者の絶対数を集めるために，親会社は複数の業務請負業を用いている．業務請負業者が1社単独で200人，300人といった数の労働者を送り出すことは可能であるが，一つの工場で50人，100人，ときにはすべての間接人員が必要なくなるときもある[23]．こうした際に，複数の取引業務請負業をもっていれば業務請負業者1社あたりの負担を小さくできるし，また増員の際にも1社あたりの増員の幅が小さいので速やかに必要労働を集めることができる．繰り返しになるが，増員・減員の際で特に緊急の場合に用いられるのは，業務請負業の経営者間および日系人スタッフ間のネットワークである．

業務請負業の日系人雇用が，これまでの東北および北海道・四国から募集していた不安定就労者層の不足を補うものであると同時に，拡大した外部委託市場の担い手になっていることを明らかにした．これは単純作業ばかりでなく，技術の習得に時間がかかる労働を含むものにまで職種を多様化させた．送り出し先企業は，日系人労働力が現業部門の「数としての戦力」と「質としての戦力」を満たすものとして期待を寄せている．バブル経済期の前と後を比べて，1カ月皆勤する労働者の割合が98％から96％に下がったことを，自社工場を経営するある業務請負業者は，ブラジル人の質の低下と呼んだ[24]．

一定額を故郷に持ち帰ることを目的とするデカセギ労働者から，日本での消

費生活を楽しむ生活エンジョイ型への日系人の労働者の変化に，近年の日系人労働者をめぐる議論の焦点は移ってきている．しかし，こうした問題は現業部門で働く労働者以外の滞日日系人の問題を含むものである（**3章参照**）．実際の生産現場では依然として，よく働く労働者として認識されている．しかし，その一方で3ヵ月，6ヵ月，あるいは1年の雇用契約期間をまっとうしようとするものの，次期の再契約をする者の割合が下がっていることも事実である．雇用契約を1年契約を基本とするところでは60％以上の高い再契約率をみることができたが，3ヵ月契約の請負業者では契約期間を勤めきる者が50％以下であり，再契約率は3割前後になる．労働の現場において高い出勤率をほこりながらも，一方で働く目的が変わったと言われるのは，このような定着率の変化が問題にされているからである．

6. 結語にかえて

　日系人労働者の一つの特徴として，男子にしろ女子にしろ日本中でほぼ時間あたり賃金が等しいということを挙げることができる．これは日系人が集住しているところで必ず売られている日系ポルトガル語新聞によって情報が均一に流れていること，携帯電話の高い普及率，そしてこうした情報による頻繁な移動が引き起こしたものである．100円違えばどこにでも移動するという日系ブラジル人の特性が，日本のどこでもほぼ同じ単位時間あたり賃金をつくりだした．移動を頻繁に行うことによって，彼・彼女らは単に賃金のみならず，住居環境を大きく変化させた．かつてのタコ部屋的住居環境は，移動をさせずに少しでも定着率を上げるため，また移動してくる労働者を定着させるためのインセンティブとして，日系ブラジル人の滞日の長期化につれて大きな向上がみられる．ここにさらに住宅都市整備公団や低所得者むけの県営住宅が老朽化し，日本人の借り手が少なくなった住居に，日系人を顧客として迎えて空家を埋めようとする意図が加わる．業務請負業者も移動を抑えかつ定着率を上げることを狙って，公団住宅や県営住宅が借りられるところでは，そうした住宅をすすめる．このように定着率を上げようとする業務請負業者の戦略は，必然的に，外国人との居住問題を地域に引き起こす．これが既述した日系人の住宅問題と

業務請負業の企業戦略の密接な関係である[25]（詳細は次章で論じる）．

　日系ブラジル人の就業は，入管法改正当時，その使用者に対する罰則規定もあって，間接雇用から直接雇用へ向かうものと予想されていた．だがそうした思惑に反して，実際は間接雇用の増加という結果をもたらした．これには本章でも確認できたように，業務請負業を活用する送り出し先の意図を理解しなくてはならない．ただ一つ言えることは，製造業だけにとどまらず地域のあらゆる業種で日系人が雇用されることによって，労働力需要の部門間および企業間のミスマッチが埋め合わされる労働力供給システムが構築されたということである．

1) 業務請負業は構内請負業とも呼ばれる．しかし，日本人の送り出しのみを行なっている請負業者の業者団体である「日本構内請負業協会」は，外国籍労働者を雇用している請負業者の同協会への加盟を認めていない．他方，請負業者の団体としてはもう一つ中部地域を中心とする「中部生産請負協同組合」がある．こちらは外国籍の労働者を雇用する請負業者の加入も認めている．前者は労働省，後者は中部通産局の認可団体と監督官庁が異なるだけでなく，それぞれの請負業へのスタンスも異なっている．こうした状況に配慮し，本章では外国籍の労働者の送り出しを行なっている請負業を，構内請負業ではなく業務請負業というタームで表わす．

2) 本章は，平成8年度日本証券奨学財団助成「エスニック・インフラストラクチャーと移住過程」（研究代表・梶田孝道），平成9年度および平成10年度科学技術振興調整費による総合研究「人間の社会的諸活動の解明支援に関する基盤的研究」の一環として行なわれた．調査者は筆者のほかに，一橋大学社会学部教授梶田孝道，徳島大学講師樋口直人，一橋大学大学院社会学研究科博士課程高橋幸恵が担当した（肩書きは当時）．梶田がプロジェクトの進行具合を含む全体を管理し，樋口がエスニック・ビジネスおよび外国人の宗教を，高橋がデカセギ日系人家庭の教育問題を，そして筆者が雇用問題を主に担当した．しかし，少人数でのプロジェクトのため，メンバーは相互に他の問題への面接調査をも受け持ちながらデータの蓄積を行った．調査を受けてくれた業務請負業者は全部で52社，そのうち45社より有効な回答をえることができた．これらの会社が直接雇用し，工場に送り出している外国人労働者の総数は1万4,029人であり，そのうち日系ブラジル人は1万3,634人である．

3) 1990年の入管法の改正以前は，日系人の工場労働への就労は資格外就労にあたるものであった．よって日系人のデカセギが本格化する1985年から入管法改正までの間は，本章で示す論理によって日系人の就労が進行したわけではない．

4) こうした指摘は，われわれの調査においても確認された．例えば1996年3月，ポルトガル語新聞 *Nova Visao* 紙編集長兼社長への聞き取りでも確認された．氏はポルトガル語新聞の編集に携わる前まで，業務請負業のスタッフとして直接ブラジル人の

送り出しをマネージメントしていた．このような請負単価の出し方を厳密に法と照らし合わせれば法律違反という事態になる．しかし，請負単価の出し方は請負契約と関係がない．契約上，ラインでの作業工賃として契約書は作成されているからである．

5) 製造業者より直接ラインを請け負っている工場においてすら，契約として請け負ったライン以外の製造業者が直接に指揮・監督するラインへの労働者の送り出しがあることを複数の業務請負業者が答えた．実際に工場見学をさせてもらった請負業者では，請け負ったラインからの応援という形での「工場内送り出し労働」といった方法と，あらかじめ「遊軍的人員」をラインの一つとして契約しその人員を必要な箇所へ補充するという方法をみることができた．この事業者によると，取引先企業のラインを請け負うということには，その他の場所への応援も暗黙のうちに含まれている，とのことであった．

6) このような生産活動にともなう波の部分は，不安定就労層によって担われている．ただし，本章のブラジル人のように，不安定就労であっても正社員以上の生産性が求められ，企業活動のなかに完全に組み込まれた部分を区別するために，以下では表に示されたようにこれを1と2という異なる市場と捉えた．この1と2の区分はバーガーやピオリによるデュアリズムの議論によっている（Berger and Piore, 1980 : 17-24）．

7) この部分の雇用では，期間を定めた請負契約を結びはしないが，請負業者を競争させるため，あるいは1社では対応できない数の労働者を集めるために，工場の側が複数の業者を入れる雇用がよくみられる．このため業務請負業者はつねに競争にさらされていると認識している．後の注12）で詳しく論じるが，業務請負業の契約単位は親企業の中期（6カ月），短期（3カ月）の生産予定にあわせて請負契約を結ぶ．

8) 1997年から1998年の調査時において，日系ブラジル人の標準的な賃金は男子1,300-1,400円／時で，女子は900-1,100円／時という時給であった．日系ポルトガル語新聞での求人広告にしろ，ブラジル人が集まるエスニックレストラン等に貼ってある募集広告にしろ，もっぱら書かれているのは時給だけである．こうした広告を通して広まっている賃金は，男子の場合は自動車関連，女子の場合は電機産業を基準にした賃金相場である．20代から30代であれば，これらの賃金相場の産業に雇用されることが可能であるが，生産性を求める職場でもあるので，年齢の高い者は排除される傾向がある．このため通常の賃金相場より低い労働現場には，高齢の者，日本に来たばかりで滞日生活の基盤のない者，年少者をよく見いだすことができる．

9) 一つの現場に50人以上送り出しをしている送り出し先では，送り出し工場のなかに一室を貸し与えられ，そこに事業所を常設していた．この工場のなかの事業所には，現場のリーダーを監督し，請負業本社との連絡・打ち合わせにのみ従事する業務請負業正社員スタッフが常駐している．

10) ただし，大きな変化に耐えられる請負業は規模の大きいところに限られる．この変化に応えるため，ある請負業者は常時予備人員として30名の日系ブラジル人を給与を支払いながら自社寮に住まわせ人数の確保をしている．増員の要請を受けると，この予備人員から労働者を請負先へ送るのである．また，この予備人員が20名を切

ると新しい募集活動を始めるという．
11) 塩沢は『市場の秩序学』(1990)，『複雑さの帰結』(1997a)，『複雑系経済学入門』(1997b) のいずれにおいても，社会制度としての「切り離し装置」に議論の焦点をあてている．だが，上記の3著書においては，もっぱら貨幣と在庫にのみ切り離し機能が見いだされている．
12) 現代の生産様式の典型でもあるトヨタ生産方式では，切り離し装置としての在庫は放棄され，企業は在庫が果たしていた機能を下請の生産量そのものの変化や業務請負業を通しての労働量の変化にすることで，自由を確保しているのである．これを具体的に示そう．下請はすべて本社工場の生産リズムにあわせた生産活動を求められており，本社工場渡しで生産ラインで使用される20分前に部品が到着していることを求められる．つまり，トヨタ生産方式では在庫は20分であり，在庫に切り離し装置を求めることはできない．現代資本主義分析として切り離し装置に着目すると，業務請負業が果たしている労働編成上の機能がこれを満たしていることが理解できる．なお，トヨタ生産方式はトヨタ自動車では「カンバン方式」，鈴木自動車では「流れ生産方式」と呼ばれるように，それぞれの会社で呼称は異なる．しかしながら，生産活動の編成においてはほとんど変わるところがないので，ここではトヨタ生産方式としてこれを呼ぶことにする．トヨタ生産方式は自動車企業本社とその下請のみにとどまらず，自動車企業に部品を納入する部品供給企業とその下請にも同じ生産方式を要求する．
13) 中部生産請負協同組合では組合員同士が，互いの請負単価にいたるまで情報の交換をしていた．この組合は約50社の請負業者の集まりである．このようなケースは例外であって，通常の場合は経営者は2または3社程度の仲間内で急な増員や減員の際に労働者を融通しあう関係をもっている程度である．また，同業者とまったく関係なく面識をもたない者も，本章のもとになった1997年から1998年にかけての調査では，約3分の1存在した．しかし，こうした経営者間で何のつながりも見られない場合でも，日系人通訳の間でそれに代替するものをみることができた．中部生産請負協同組合は2007年現在，「中部アウトソーシング協同組合」へ名称を変更し，加盟組合員数も大きく増えている．
14) 九州に事務所を開設している事業者（本社，浜松），および釧路・帯広に現地事務所を開設している業務請負業者（本社，東京都大田区）の現地事務所でのインタビューによる．ただし今回の調査で答えてくれた業務請負業者によると，日系人をブラジルからエージェントを通して連れてくるには約30万円の費用で可能であるが，彼・彼女らを住まわせる寮を確保するために1人平均でさらに50万円ほどの支出をしなくてはならない．これらを考慮すると，日系人の送り出しへ業務請負業を展開するには，最初にまとまった費用を必要とすることになる．
15) ただし，日系人のなかには，自身の出生証明や両親の婚姻届がきちんと提出されていなかったり，またそうした書類を紛失してしまったりしているケースも多い．アマゾンの奥地に入植し，書類が不備であるにもかかわらず日本へのデカセギを希望する場合には，必要書類を集める仕事を業者に依頼し，さらにブラジル国内での移動費

がかかるので，50万円以上の経費がかかる．また，日系ブラジル人が日本にデカセギにくる際には，渡航にかかる一切の費用について「タテカエ」という制度ができている．これは直接雇用者である業務請負業者や工場が，通常，男性ならば4-5カ月で，女性ならば6カ月の月賦で給料から渡航費用を天引きすることを条件に，形式的に前貸しする制度である．日系人労働者の募集経費はこのように労働者に転嫁されるものである．

16) 出稼ぎ・季節工・期間工を募集してきた業務請負業の制度が，日系ブラジル人のブラジルでの募集でも似たような制度として機能していることを確認できる．森幸一はブラジル現地における日系人募集のための，日本の請負業者，および請負業者の意を受けて人集めをしている現地旅行業者がだす募集広告に注目する．そして，そこに「a 赴任手当 20,000円，b 勤務報奨金 480,000円，c 退職慰労金 240,000円，d 特別赴任手当 50,000円，e 特別通勤手当 20,000円」とあることを指摘したうえで，このような条件が出てきたことをブラジルでの人集めが困難になってきたためと結論づけている（森，1992：150-151）．森が挙げた項目は，これまで業務請負業者が日本の地方から出稼ぎ・季節工・期間工を調達し，彼らが契約期間を全うするように用いられてきたインセンティブである．1997年12月の沖縄調査，および1998年3月の北海道調査では，複数の業務請負業者が森が挙げた項目をインセンティブとして現地事務所で人集めをしており，こうした情報は公共職業安定所でもみることができる．ちなみに，沖縄と北海道の両方で募集活動を行っていた業務請負業者は，a 赴任手当て交通費全額支給，b-1 毎月の精勤手当て 20,000円，b-2 半年間の精勤手当てに 200,000円，c 退職慰労金 300,000円として労働者の確保をはかっている．そしてこうしたインセンティブは以前から存在しているとのことであった．このようにしてみると業務請負業は日本での募集のやり方と同じやり方をブラジル現地でも行っていたことが理解できる．

17) 1998年5月，7月，および9月における業務請負業の沖縄現地募集事務所調査より．また，沖縄の出稼ぎ・季節工については『沖縄県労働力の県外移動に関する調査研究報告書――経済自立に向けての労働市場の役割を探る』（沖縄労働経済研究所，1988）を参照のこと．

18) 四国の事務所は閉鎖されたが，仙台営業所は現在もある．ただし，かつて募集採用拠点として位置づけられていた仙台営業所は，現在は宮城県を中心とする地域の電子機器メーカーの工場，約100事業所への送り出し労働力管理を中心業務とする．1998年7月の業務請負業の沖縄現地事務所調査より．

19) 1998年9月の那覇公共職業安定所で県外就職を担当している職業相談第2部門統括職業指導官・山城勝巳氏，職業相談第2部門就職促進指導官・神山久美子氏への聞き取り調査より．なお，沖縄県は全国で唯一，公共職業安定所と業務請負業者の現地事務所が連携して県外就職を斡旋している．そのため公共職業安定所が県内の業務請負業者を直接指導し，おおよその実態を把握している．

20) この**表8-5**をある業務請負業者は「アウト・ソーシング（外部委託）活用の提言」と題して，請負業の新規取引先勧誘のチラシを製作していた．このチラシのもとにな

ったものは請負業の業者団体である愛知生産請負協同組合（現在の中部生産請負共同組合）が名古屋銀行発行のパンフレットに収録したものであるので，それを載せた．給与を100とした人件費コストの割合は愛知生産請負協同組合が「平成7年版　愛知県の中小企業賃金事情」をもとに算出したものである．

21)　その他，日本語の会話能力・年齢といった要件が新規採用の際に重視されている．これらに加えて，すでに述べたように日本人らしい容貌という要件を挙げる業者が数社あった．工場のなかにある異質なものを排除するイデオロギーがこうした要件を生み出しているとのことであった．

22)　調査対象の業務請負業者の約5分の1である9社が答えてくれたところによると，業務請負業者の売り上げ構成は，全売上規模の約2割が粗利であり，残りの8割が労働者への賃金となっていた．沖縄調査で聞くことのできた範囲では，日本人の送り出しをしている構内請負業者もこの割合はほぼ同じである．ただし，事務所および寮の維持費，管理スタッフの人件費を差し引いた経常利益率は3％前後である．

23)　労働者の送り出しを受ける業者が，このような分散した取引を進めるようになったのは1993年頃からという．この年の9月，静岡県湖西市の工業用モーターを製造している「アスモ」という企業が，業務請負業者から送り出されている300人以上の日系人労働者を突然解雇した．解雇された労働者が労働基準監督署や職業安定所に連日押しかけ，それをマスコミも報じたために社会問題と化した．これ以降，大量の労働者の送り出しを受けている企業では，取引先を増やす傾向がみられるようになったという意見を複数の業務請負業者から聞くことができた．

24)　他の詳しいデータをとっていない請負業者でも皆勤率が9割を切ることはなく，この点では，日系人の質が悪くなったという業者も，日本人の不安定就労者層とは比べものにならないと述べていた．

25)　デカセギの経過にともなって日系人の日本での定住化のあり方が変化したことについては，梶田（1998）および丹野（1999a）を参照のこと．

9章　日系人労働市場のミクロ分析

1. はじめに

　業務請負業は，主に製造業の労働現場に社外工を送り出している構内請負業である．これまでの先行研究では，フレキシブルな労働力としての日系人労働者に焦点を当てる研究（渡辺編，1995a；1995b；西澤，1995；佐藤，1996a；1996b；丹野，1999b）と，地域社会での定住者としての日系人労働者を対象とする研究（都築，1995；1996；1998）とに分かれている．そのため工場での労働者の移動と地域での定住者の移動との関係が別個に研究されてきた．本章は，業務請負業者が借り上げている寮から労働力を必要とする工場に，日系人労働者がどのように配置されていくのかを実証的に検討することによって，労働問題が地域のコミュニティ問題を引き起こしていることを明らかにする．この意味において本章は上述の二つの先行研究を架橋するものである[1]．
　ただし，本章は特定の業務請負業者での参与観察から得られたデータに基づく研究であり，この点で大きく制約を受けるものである．なおこの業務請負業者は経営者夫婦と通訳スタッフ2名によって約50名の労働者を調査時点において送り出していた[2]．

2. 調査対象地域と業務請負業

　本章で取り上げる業務請負業者は豊田市の集合住宅地域に事務所を構え，送り出す労働者の寮もすべて集合住宅のなかにある．この集合住宅地域は，住宅

表 9-1 集合住宅地域の住居類型

(単位：戸)

	公団住宅	県営住宅
総戸数	1,653	1,350
賃貸住宅戸数	979	1,350
分譲住宅戸数	674	0
法人賃貸戸数・外国人賃貸戸数	213	472

注：上記表は 1999 年 12 月現在である．県営住宅は総戸数 1,350 戸であるが入居戸数は 1,060 戸であり，入居戸数に占める外国人比率は 45％ である．

　都市整備公団（以下，公団と表記）による分譲および賃貸の公団住宅と，愛知県住宅供給公社による低所得者向け賃貸の県営住宅からなる一群の集合住宅であり，約 1 万人が暮らしている．このうち日系人は約 3,000 人であると言われる[3]．県営住宅は労働者個人が借りているが，公団住宅の賃貸では公団が企業への法人貸しを行っていることもあって，業務請負業者を含む事業者 13 社が寮として借りて日系人を住まわせている．アパートを業務請負業者が借りるときには，一棟を丸ごと借り切るという形がしばしば見られるが，集合住宅地域では公団が長い間法人貸しを認めず，空家が埋まらなくなってから法人貸しを始めたために，通常の個人住宅の間に請負業者の寮が点在している．表 9-1 は 1999 年 12 月現在のこの地域の状況である．若干説明を加えると，事業者が借りている 213 戸すべてに日系人が居住しているか否かは明らかではない．法人賃貸は誰を住まわせるかが各法人にまかされているため，家主である公団さえも正確に公団の賃貸住宅に住んでいる日系人の人数を確認できないでいるのである．

　この集合住宅地域は外周路に囲まれている．早朝，6 時を回る頃になると，勤め先の工場まで乗せていく業務請負業者の送迎車を待つ労働者が外周路にでてくる．送迎車は自社の労働者をみつけるとそこで 2 人，3 人と乗せていく．遅れた労働者を暫くの間待って，次の労働者が待つ場所に急いで走り出す車もある．こうした送迎の車は，外周路だけではなく，集合住宅地域のなかの駐車場にも見られる．労働者の多くは，男も女も工場の制服を着ている．9 時に勤務が始まる労働者を乗せていくため 8 時過ぎくらいまで，このような風景が集合住宅地域内のあちらこちらで繰り広げられる．そして，夕方 18 時を回ると，

集合住宅地域内にただ一つだけあるショッピングセンターで日系人の存在が顕在化する．

集合住宅地域に外国籍の労働者が増え始めたのは，公団が法人貸しをするようになってからのことである[4]．ひとたび法人貸しが始まると，業務請負業者が借りて寮となる部分が増えると同時に，業務請負業者から送り出されながら個人で部屋を借りる日系人もまた増えた．集合住宅地域内で外国人が増えるにしたがって，日系人労働者およびその日系人労働者の寮として法人借りしている業務請負業者と日本人住民との間でのトラブルが顕著になってきた．トラブルの多くは，①ゴミのだし方，②部屋からの大音響，③路上駐車など日常の生活のあり方に関するものである．生活を送るうえで最も基本的な生活習慣をめぐる日本人住民の不満は，1997年9月に臨界点に達した．住民が正式に文書で豊田市に申し入れを行ったのである．市は公団および愛知県住宅供給公社に住民からの申し入れを伝えた．この問題は同時期に開かれていた愛知県議会でも取り上げられ，直接の雇用者である業務請負業者ばかりか，地域の産業構造の頂点に立つトヨタ自動車も住環境悪化に責任があるとして非難されるという異例の事態に至った[5]．

こうした状況になって初めて，豊田市役所のなかでも関係各部署がそれぞれの垣根を越えて，担当者同士が直接に意見交換を行う協議会が発足した．また，この問題の表面化を受けて日系人を直接雇用している業務請負業者も危機感を強め，愛知・静岡を中心に組織化を進めている中部生産請負協同組合を中心に日系人雇用企業連絡協議会（以下，企業連絡協と表記）が結成された．1999年末現在では，行政として豊田市，家主として公団および愛知県住宅供給公社，住民側代表として地区の自治会，そして業者側として企業連絡協が一つのテーブルについて定期的に話し合う場が持たれた．

先にも述べたように，集合住宅地域は公団住宅と県営住宅から構成されている．県営住宅は日系人が個人で借りていることもあって，法人貸しがみられる公団住宅のみが社会問題化している．だが，日本人の住民が問題にしているゴミの出し方等の問題がより顕在化しているのは，むしろ県営住宅のほうである．圧倒的に住環境の悪いほうの住宅で問題化していないことに，集合住宅地域の外国人居住問題の特徴がある[6]．この理由として，県営住宅のほうは，表9-1

が示すようにすでにその借主の多くが日系人になっていて，棟によっては日本人の住民のほうが少数派であること，公団と違い全住宅が賃貸で分譲がないため，日本人の住民に終の棲家と考えている人が少ないことなどが考えられる．

このように集合住宅地域の住環境の悪化が指摘され，その原因として日系人が非難されている．だが，こうした問題とは別に，集合住宅地域に住んでいる日系人労働者がどのようにして業務請負業者を介して，豊田市やその周辺の市町村の工場に配置されているのかという点は，意外なことにほとんど知られていない．本章では，以下においてこの点について明らかにしていく．

3. 業務請負業者の組織形態

筆者が参与観察した業務請負業者をここではA社と呼ぶことにして，まずはA社の経営者であるB氏がどのように業務請負業に参入してきたのか，A社がどのような組織形態のもとで事業活動を行っているのかを概括してみよう．

もともとB氏はコンサルタント業を行っていた．主な業務はレジャー施設やレストランの開店・改装に際しての全般的なコンサルタントであり，営業範囲は日本全国に及んでいた．1995年にA社はコンサルタント業から業務請負業へと大きく事業を転換した．コンサルタント業はクライアントがあればどこにでも出かけ，長期に家を空けることを余儀なくさせるために，家庭崩壊の危機に陥ったからである．B氏はコンサルタント業を行っていたときから労務管理についてのアドバイスもしており，製造業者とも付き合いがあったので，業務請負業の事業形態を知っていた．たまたま事業内容の転換を考えていたときに，労働者の送り出しを希望する知人がいたので，業務請負業へ事業転換しその会社への送り出しを開始した．

現在のA社の組織形態は図9-1のようになっている．経営者としてB氏が事業全体を統括し，そのもとで2人の通訳スタッフが係長としてそれぞれ担当先企業を受け持って，担当先の労働力需要に合わせて日々日系人労働者を送り出している．A社には書面上6社の取引先（自動車関連1社，食品関連2社，建設関連1社，電機1社，窯業1社）があるが，電機と窯業の2社は1997年に大きな経営環境の変化があり，それ以降は労働者の送り出しをしていない

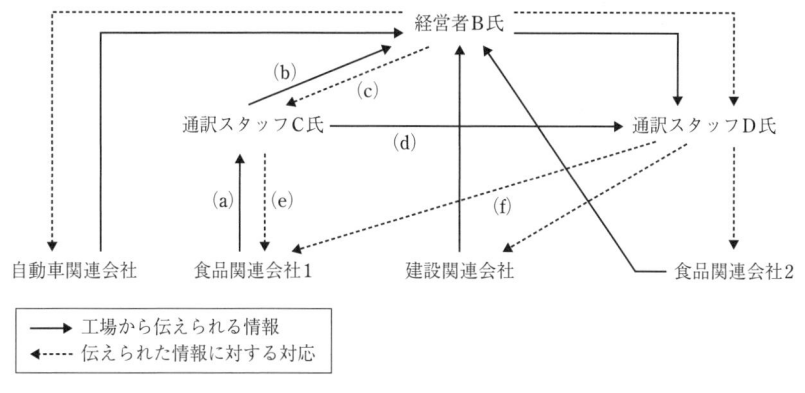

図 9-1　A 社の組織図と労働力需要についての情報の流れ方

よって，調査時点で実際に労働者を送り出している送り出し先は 4 社であった．
　請負単価が最もよい自動車関連会社は，日々の残業時間が部門ごとに大きく変化する．また親会社の操業状態によって新規の採用や突然の解雇が必要になるため，B 氏が直接に自動車関連会社を担当している．調査時点での送り出し労働者数は 11 名である．食品関連会社 1 は，この会社が送り出している労働者数の最も大きな取引先である．女子労働力を中心とするこの会社への送り出しは，労働者の送迎を必要とする．また，品質が高く鮮度のよい高級練り製品が主力商品のため，生産が受注生産であり，毎日の生産量が大きく変化する．このため生産活動に必要な労働者数も日々変化する．この会社は通訳スタッフ C 氏が 1 人で担当している．送り出し労働者数は 18 名で，これに臨時に採用したアルバイトが週末に加わる．これに対し，通訳スタッフ D 氏は建設関連会社と食品関連会社 2 を担当している．建設関連の会社は木造プレハブ住宅に用いる木材のプレカットを行っている．食品関連会社 2 は，食品関連会社 1 と異なり日々決まった量を生産する工場である．これら 2 社は生産量が安定していることもあって，労働力需要の変化が少ない．さらに男子の労働者だけが勤務しているので，送迎を行う必要がない．そのために通訳スタッフ D 氏が 1 人で 2 社を担当している．2 社への送り出しは，それぞれ 10 名ほどである．
　取引先各社の労働力需要のあり方は，A 社における通訳スタッフ間の役割

に大きな影響を与えている．労働力需要の最も激しい食品関連会社1を担当している通訳スタッフC氏は，B氏にいちいち判断を仰がないで意思決定を行える裁量を認められている．B氏に判断を仰いでいたのでは，取引先の要求に円滑に応えられないからである．このためC氏の仕事は，ほとんど図9-1中の(a)と(e)の矢印として行われている．C氏とB氏との(b)と(c)の矢印で表される活動は，昼休み時と1日の最後にみられるくらいである．他方で，通訳スタッフD氏の自律性は低く，取引先の建設関連会社と食品関連会社2も要望をまず経営者に伝える．D氏には，経営者からの指示として，取引先に対する諸活動が伝えられる．D氏がC氏のヘルプに回るときは，矢印(d)として直接C氏から要請が入るときと，矢印(f)として経営者からの指示があったときである．以後の節では，この図9-1に表される事業活動を具体的にみていくことにする．

4．業務請負業者の1日

　業務請負業者の1日は朝の労働者の送迎から始まる．A社の場合は，集合住宅地域から食品関連会社1への送迎である．工場の始業が6時半からのときは送迎の第1便が5時半になり，7時に始まるときは6時20分になる．送迎は，A社の場合は基本的に通訳スタッフが行うことになっている．しかし，通訳スタッフが休みの日や急な増員が入った場合等には，経営者夫婦がこれを行う．送迎車は10人まで乗れるワンボックスカーが1台であるが，工場の要請で送り出し人数が多い時間帯にはこれが2台になる．工場は車で約20分の距離にあり，集合住宅地域に戻った車が1時間後に第2便を，さらにもう1時間後に第3便を工場に送り出す．工場に到着すると労働者を従業員入口で降ろして，それから工場の責任者に連れてきた人数を報告する．急に休みの社員が出てしまったときには，その者について工場責任者に伝えると同時に，欠員があってもラインが動くかどうか，代わりの人間を用意しなければならないかどうかを確認する．この確認作業は各便で行われる．

　休みの者に代役を立てなくてはならないときは，まず当人にどうしても出勤できないか，また休む理由が何であるのかを通訳スタッフが確認する．当人が出勤できないと言うとき，当日に休日をとっている者に連絡をして休日出勤が

	5:30	9:00	12:00	15:00	18:00 以降
経営者 B氏	・7:00 に送迎	・役所関係	**・昼休みの労働者 へ必要事項連絡** ・新規雇用労働者面接 ・取引先役職者から 今後の生産計画の伝達		**・FAX で当日の残業者 リストと勤務表の確認** ・18:00 に C 氏の 送迎の手伝い
通訳 C 氏	・5:30-9:30 まで 送迎が3便	・欠勤者の手配 ・タクト変更者への説明 ・市役所で新規労働者の保険手続きと 外国人登録の変更 ・新規労働者を 工場の責任者と面接させる		・労働者の公共料金／送金の代行	・当日の残業者リスト と迎えの時刻の確認 ・翌日の勤務者数と シフトの確認 ・18:00-22:00 まで 送迎 ・送迎中に翌日の 勤務シフトを労 働者に伝える
通訳 D 氏	・7:00 に C 氏の送迎の手伝い	・タクト変更者への説明		・労働者の公共料金／送金の代行	・18:00 に C 氏の送 迎の手伝い

図 9-2　業務請負業事務所における 1 日の仕事の流れ
注：太字の項目は毎日欠かさず行うものを指し，それ以外の項目は必ずしも毎日あるわけではない．

できるかを交渉する．たいていの場合，これで代役を確保することができる．それでも代役が見当たらない場合，通訳スタッフがラインに入ることになる．

しかしながら，ときには一度に複数の者が休む日もある．この場合は，あらかじめ仕事を求めて事務所に電話をかけてきた求職者リストから労働者が選択される．選択された者は 1 日だけのアルバイトとして工場に入る．A 社は業務請負業をはじめて 3 年になるが，これまでこの方法で工場の必要とする人数に欠員をあけたことはないという．

ところで A 社が送迎の仕事を行っているのは食品関連会社 1 だけである．A 社の主な取引先は他に 3 社ある．自動車関連が 1 社，木材のプレカットを行っている建築関連会社が 1 社，それと食品関連会社がもう 1 社である．これらの会社に A 社が送り出しをしている労働者は，ほとんどが男性労働者である．男性労働者は多くが自動車の運転免許を所持している．そのため自動車を

所有している者は自分の車で通勤したり，または職場でのリーダー的な労働者にA社が送迎用の車を貸与したりしてそれに分乗してもらうことが可能となる．だが，女性の場合は自動車の運転免許を所持していない者が多いため，女性が多くを占める職場では，労働者の送迎を業務請負業者が行わなくてはならない．男性が主となる職場では，送迎にかかる費用は，送迎の役割を負っている男性社員の給与に送迎役の手当てを追加するだけですむ．このため本来ならば男性が主力の場所にだけ労働者の送り出しをできるのならば，その方が経営的には最も好ましいことになる．

　工場への送迎の仕事が9時に終わると，18時の帰りの送迎までは雑務の連続となる．この雑務は日によってまったく異なり，決まった曜日に特定の雑務を行うものではない．雑務の内容は，名古屋入国管理局や豊田市役所等の役所関係での手続き[7]，送り出し先の工場との連絡および今後の生産計画に関する打ち合わせ，そして平日に工場で働いている労働者の代理での電気・ガス・水道の支払い，ブラジルの家族への送金などである．つまり大別すると，役所関係，取引先関係，労働者関係の三つの雑務がある．このなかで役所関係と労働者関係は表裏一体の関係である．具体的な例を通してみてみよう．B氏または通訳スタッフは，当日が休みの労働者で役所関係に手続が必要な者を車に乗せて連れていく．A社の労働者はすべてが集合住宅地域に居住しているので，送迎の車が戻ってくる9時30分頃に駐車場もしくは事務所に来てもらい，連れていくのである．筆者も同行したやや意外な雑務としては，小学校・中学校に子どもが入れるように教育委員会に必要な手続を行うことと，その手続を労働者に説明することがあった[8]．また，現業部門での労働であるので，どうしても労働災害がついて回る．筆者が参与観察していた2週間の間でも，労災を申請している労働者が2人おり，労災申請に必要な書類の取り集めと休業補償の計算の雑務があった．B氏が事務所で休業補償の計算をしている頃，通訳スタッフは労働者に頼まれた電気・ガス・水道の支払いやブラジルへの送金を行う[9]．

　新規の労働者を雇用するときは，多くの場合，昼に面接が入る．面接といってもこれはA社の面接ではない．A社の社員となることを希望する者は，送り出し先工場の責任者の面接を受けなくてはならないのである[10]．このため通

訳スタッフは新規労働者を工場の昼休み時間に合わせて，工場の責任者のもとに連れていく．

　雑務が長引かなければ，通常は昼の13-15時くらいまで，管理者側にとってのつかの間の休憩が入る．ただし，この休憩も急に具合が悪くなった労働者がでたり，工場で事故があったりするとなくなる．15時を過ぎる頃から事務所の電話が鳴り始め，通訳スタッフの携帯電話にもひっきりなしに電話がかかってくる．取引先から事務所へは，送り出されている労働者の当日の労働時間と残業時間の報告がFAXで入ってくる．通訳スタッフの携帯電話にかかってくるのは，送迎を行っている食品関連会社1から帰宅する労働者数の連絡である．通訳スタッフは，朝の送迎の完了から夕方の迎えにいくまでに，必ず一度は食品会社1の工場に行き，責任者と直接に会って，当日残業させる部署とそこで働く人数，および最初の迎えの労働者数の確認をしている．しかし，工場には夕方になって急に注文が入ることもあるので，昼の打ち合わせの人数が変更になることもある．そのため確認の電話が入るのである．

　工場から帰宅する労働者を送迎するための第1便を出すために，17時30分に集合住宅地域をでて，18時に工場の駐車場に入る．このとき，駐車場には他の業務請負業者の送迎車も来ている．以後，朝と同じように1時間ごとに車を回すことになる．朝の送迎は工場のラインが工程の順にしたがって順次進行していくのに対して，終業時は残業のライン以外は一斉に終わるので，第1便の送迎車が2台必要になる．残業があるかどうか，そしてその残業が何時間あるかは日によって違うが，最も遅くなる日は最終の便が22時に工場を出る．この便が集合住宅地域に戻って労働者を降ろして，A社の1日がようやく終わるのである．

5. 業務請負業における日々の仕事

　前節では業務請負業者がどのような仕事をしているのかを，朝の送迎の第1便から夜の最後の送迎に至るまでの時間の流れを概観した．本節は固定した場所で指示を出す事務所と，その事務所の指示を受けてつねに現場を回りながら与えられた課題をこなしていく通訳スタッフに分けて，それぞれがどのような

仕事をして，どのように労働力の送り出しという課題を遂行していくのかを詳しくみてみよう．

まずは事務所である．すでに述べたようにA社の事務所は集合住宅地域の公団住宅のなかにあり，経営者夫婦の自宅が事務所をかねている．業務請負業者の仕事としては，①送迎，②送り出し先との連絡，③労働者の募集と解雇，④関係機関との交渉があるが，事務所はこのなかで，②送り出し先との連絡と③労働者の募集および解雇が主な仕事である．送り出し先との連絡は，通訳スタッフにまず伝えられるが，緊急を要するものや，労働者の勤務態度に関するものは事務所にも連絡が入る．しかし，通訳スタッフとの連絡が主に当日と翌日の問題であるのに対して，事務所への送り出し先からの連絡はもっと期間の長いレベルでの情報が多くなる[11]．

筆者が参与観察をしていた1998年9月時点で，A社が雇用し送り出している労働者の人数は50名弱である．だが，これくらいの規模でも2名から3名の労働者が毎月入れ替わる．A社は一切の募集広告を出していない．雇用している労働者の縁故で入ってくる者が多いが，口コミで電話をかけてくる者については，その時点で送り出す先がなくても，送り出し先から突然の増員要請があったときのために求職者のウェイティングリストを作成している．求職希望者からかかってきた電話で確認する内容は，名前，性別，年齢，住所（集合住宅地域内の棟と部屋番号），電話番号，それにこれまでの職歴である．住所に関して集合住宅地域内の棟と部屋番号を聞くことを前提としているのは，A社のリクルーティングが集合住宅地域内を中心に行われていることを物語る．しかし，電話は集合住宅地域内からだけかかってくるのではない．筆者が電話番をしていたときには，遠くは群馬県大泉町や福岡県からも職を求める労働者が仕事を求め電話をかけてきた[12]．

電話での応募はA社にとって主要なリクルーティング方法ではない．A社の募集は会社側というより，自分の家族で日本に来たがっている者がいるが仕事はないかという，労働者側の「売り込み」が大きな役割を担っている．50名ほどの規模で，1月平均で入れ替わる労働者の数が1割弱というレベルでは自社の社員の縁故者を中心とする採用でほぼ済ますことができる[13]．そのため電話での応募者はもっぱら1日だけのアルバイトが中心となる．送迎を行って

いる食品関連会社1には，通常の業務請負としてラインに労働者を送り出しているだけでなく，土日にはアルバイトを送り出している．食品関連会社1が土日にアルバイトを必要とする理由は，日本人のパートタイマー労働者が，家族が家にいる土日は工場に出てこないためである．A社のアルバイト雇用の送り出しは集合住宅地域内に住む日系人には知られており，木曜日の午後からアルバイトを求める電話がかかってくる．アルバイトの人数については，金曜日の夕方にFAXで連絡が入る．A社はあらかじめかかってきたウェイティングリストを順番に電話をかけて，工場が必要とする人数分だけ集める．アルバイトの場合は，金曜日の夕方，工場から連絡があるとすぐに翌日の労働者の手配をしなくてはならないので，基本的に集合住宅地域内からのみの募集になる．面接を事実上はぶいて採用をするが，電話での応対の際におけるコミュニケーションの良し悪しが面接に代わる判断となる．

　本採用の場合は，面接を欠かすことはできない．前節で述べた工場での面接の前にB氏との面接がある．昼に求職者に事務所に来てもらい，B氏が直接面接するのである．筆者が滞在していたときにも面接にきた求職者がいた．この求職者は面接時点ではまだ他の業務請負業者のもとから工場に送り出されており，当日は，A社での面接のために休みを取ってきていた．この求職者はブラジル人の女性で，日系三世の夫がA社に勤務して3年経っており，その間の勤務態度もよいことを考慮して，A社は現状では人員を特に増やす必要がないにもかかわらず特別に採用した．ただし，現在勤務している業務請負業者を円満に退社してくることが条件であった．この間，B氏は面接をしながら工場の人事担当者に提出する労働者の履歴書を作成していく．工場に提出する履歴書は**表9-2**に掲げた項目を埋めなくてはならない．この労働者の場合，翌週の水曜日に通訳につれられて工場に向かい，履歴書を見ながら工場の責任者が面接をして本採用になった．採用の可否は工場側が決め，この決定がおりてから労働者はA社に本採用されることになる．

　他方で通訳スタッフの職務は，事務所から指示された課題の優先順位にしたがって臨機応変に対応することが求められる．A社では通訳スタッフは係長の役を与えられている．係長である通訳スタッフの必需品が携帯電話である．この携帯電話には取引相手，事務所，そして労働者からひっきりなしに電話が

表 9-2　日系人労働者の履歴書の項目

- 氏名，顔写真，性別，生年月日と年齢，現住所，電話番号
- 出生地，国籍，最終学歴，来日回数とブラジルでの直前の職業，血液型
- パスポート番号，パスポート発行地，身長，体重，制服のサイズ，靴のサイズ
- 日本語を話す能力，日本語の聞き取り能力，日本語の文字の読み取り能力[14)
- 礼儀態度，話し方および勤労意欲についての面接者の評価[15)
- 日本での家族の状況，家族の人数，配偶者の有無，ビザの有効期限日
- 今回の来日における上陸日時と上陸港
- 面接日時，面接者，派遣会社名

かかってくる．取引相手からの電話は，当日の仕事量を中心に翌日の予定が伝えられる．送迎を行っている食品関連会社1は，この点で最も変化の激しい会社である．昼に当日の残業予定ラインとそのラインで残る労働者の名前が伝えられる．16時30分以降に迎えの便の定時帰宅者数と残業者数が伝えられる．この連絡が形式的には当日の最終連絡のはずであるが，労働者を迎えにいく送迎車の運転中に，定時で終わる予定が残業になるという連絡が入ることがたびたびある．通訳スタッフはこうした変更に対応していかなくてはならない．

また，工場でのラインの変更や，同じライン内でもこれまでと違うタクトを含む作業にかわるときには，通訳スタッフはすぐに工場に呼び出され，ライン長が説明する作業の手順を労働者に通訳する．そしてその労働者が新しい作業に慣れるまで，約1時間労働者の後ろで控えている．急に休みの社員が出てしまったときや，工場のなかで特定のラインの仕事が増えるなど，現場ではその日の作業量と労働力との関係で作業タクトの変更はしばしば起きる．通訳スタッフは，工場での各ラインの編成が変化するときに絶えず呼び出される．

労働者からは，係長である通訳スタッフが直接の上司ということになる．それゆえ，通訳スタッフには，休日の希望日の申し出や役所関係での必要な手続きの相談が寄せられる[16)．これは主に昼休みの時間帯に多いのであるが，日系人労働者の多くが携帯電話を所持しているため，時間を問わずかかってくる．その他，仕事を探している求職者からも通訳スタッフに電話連絡がしばしば入る．

このようにして事務所と通訳スタッフは連携を取りながら業務請負業の日々の仕事を進めてゆく．

6. 解雇をめぐる経営者・通訳スタッフ・労働者の関係

　本節では，日系人雇用をより具体的に理解するために，主に労働者の解雇をめぐって業務請負業者がどのように意思決定を行っているのか，また，そのためにＢ氏，通訳スタッフ，労働者の関係がどのようなものであるのかを中心に議論を進める．

　Ａ社では，労働者の解雇について，明確な基準を設けている．第1に無免許運転である．第2に無断欠勤および職場での怠業である．そして第3に取引先が減員するときである．この減員に関しては，減員する者のリストアップはＡ社が行うのではなく送り出し先が行う．送り出し先は，日ごろの勤務態度，仕事への慣れ，年齢や言葉の問題等の生産性にかかわる要素を総合的に考慮して，誰を減員要員とするのかを決定する．Ａ社は，送り出し先がピックアップした者にたいして，Ａ社からみて明らかに判断が間違っていると思われるケース以外は，基本的に取引先の要求にしたがってその職場での解雇を通告する．取引している会社のなかで労働力需要に余裕ある企業があるときには，Ｂ氏が頼み込んでそこに入れてもらう．誰の雇用を切るかということをめぐっての取引先との交渉と，それを労働者に伝えることはＢ氏の役割である．

　通訳スタッフは，解雇という点では主要な役割を演じないが，採用の際には大きな役割をもっている．それというのも取引先とつねに雇用状況について確認をしている通訳スタッフには，労働者が自分の家族を呼び寄せる際に最初の相談が寄せられたり，友人に彼の電話番号を教えたりするからである．そのため求職希望の話をＢ氏に話を持っていく前に，通訳スタッフに相談があるのが普通である．また，すでに述べたように，新しい労働者や新しい職務に就く者にとって，通訳は直接に仕事を教えてくれる者であり，また仕事のために日中に処理できない様々な用事を代行してくれる人でもある．そのため，労働者は通訳スタッフに，日常の小さな問題を含めて相談している．ただし，このことによって労働者と通訳スタッフが信頼関係で結ばれているわけでは必ずしもない．労働者も間接雇用であることを十分に熟知しているので，通訳スタッフとの関係が悪いことが解雇の評価につながることを恐れて表面上とりつくろっ

ているケースもある[17].

　A社には通訳スタッフが2人いたが，その2人の間には共生と競争が同居している．通訳スタッフはそれぞれが自分の管轄する取引先を与えられ，その取引先および取引先に勤務する労働者の管理すべてが任される．通訳スタッフは労働者についての雑務をこなすと同時に，工場から要請があればすぐに駆けつけなくてはならない．このためときには通訳同士が互いに相手の仕事をカバーしなければ，その日の課題を解決することができない．そのため通訳スタッフ同士もまた密に連絡を取り合わなければならない．

　しかし同時に，B氏からは取引先との関係や課題の解決能力についてつねに比較されることになる．筆者が滞在中に，通訳スタッフD氏が解雇された[18]．D氏が行っていた仕事を一時的にB氏自身が負うことになっても，B氏は彼を切ったのである．C氏とD氏の間における問題解決能力の違いが，B氏にこのような決定をさせた．

　B氏は機会があれば労働者に話しかけ，現在の状況を聞く．通訳スタッフも送迎の際や，電話があればいつでも親身になって相談に乗る．しかしそれでも労働者と管理する側の間には越えられない一線がある．筆者が寮で一緒だった2人の労働者は，両者とも60歳を超える一世であった．一世ということは日本国籍保持者である．ブラジルの法律では2年以上出国している外国籍者は永住権を喪失する．2人にはブラジルに家族がいて，ブラジルに戻ることを前提にしているため，2年に1度帰国しなくてはならない．筆者の滞在期間中は，日系人の間にもホームレスが出ていた時期でもあった．高齢者である彼らに，ブラジルに戻って再び日本にくるときに仕事があるという保証はない[19]．このため両者とも帰国しなくてはならないぎりぎりの時点までA社で働くことを望みながら，万が一途中で解雇された場合の相談をしていた．1人は自動車関連会社で7時から勤務するために，朝6時半に寮を出て，毎日20時過ぎに帰寮する．もう1人は食品関連会社で8時，または13時からの勤務のため，7時半あるいは11時過ぎに寮を出て，帰寮はやはり20時を過ぎる．自動車関連会社で働く者は翌日も朝が早いので，両者が顔を合わせるのは，帰寮して帰ってきた順に風呂をすませて食事をとる30分程度の間だけである．筆者が寮にいたこともあって，B氏が夜にくることも何度かあったが，そうした日を除い

て，当日の仕事の様子を一通り話すとたいてい解雇された場合のことを相談していた．

これは高齢者に限ったことではない．筆者は，夜ごと，他の公団の寮や県営住宅に住んでいるA社の社員を訪ねた．そこでは雇う側と雇われる側の越えることのできない壁をみるとともに，被雇用者間に「セーフティネット」が張りめぐらされていることを知った．日系人労働者の「セーフティネット」とは，突然の解雇の危険を最小化し，失業期間中の生活保障を行い，もし解雇されてもすぐ次の雇用先を見つけるためのネットワークである[20]．集合住宅地域に親類がいる労働者はきわめて多く，親類との電話や週末の夜の食事の際に，雇用状況の確認が行われる．それぞれの工場の稼動状況および残業時間，自己が直接雇用されている業務請負業者の状態，よそから聞こえてくる噂などの情報を交換し，確認をとっている．労働者は業務請負業を通した雇用が基本的に短期のものであり，人員削減が始まれば自分たちが最初に切られることを理解している．それゆえ，請負業の経営者や通訳スタッフとどれだけ親密な関係をもっていようとも，労働者は現在の会社との関係だけに縛られるのではなく，機会があれば他の業務請負業者に移ることのできる選択肢を「保険」として確保しようとする．

A社には家族で雇用されている者が多いが，家族での雇用は経営者側にとっても労働者側にとっても魅力が大きい．経営者側にとって，家族での雇用は，労働者に安心感を与えて定着率を高くし，家族が一緒にいることで働くモチベーションの高い労働者を確保できる．また家族の呼び寄せを通してすみやかに増員をはかることができる．寮費は1人2万円を基本としているが，場合によっては公団から賃貸している1戸あたりの賃料をその寮に住んでいる労働者の人数で割ったものが1人あたりの寮費になる[21]．働いている家族が多ければ1人あたりの寮費は抑えることができ，やむを得ず人員整理で失業状態になったとしても彼の分の寮費を家族がカバーしている限り，労働者は寮に住みつづけられる．これは，いつでも工場の増員に応じることのできる予備人員をA社が持つことでもある．労働者にとっても，家族の誰かが突然失業するかもしれないリスクを同居家族が負担できれば，それにこしたことはない．誰か1人がこの寮を持っている請負会社で働いている限り，別の会社の労働者でも知人の

失業者でもそこに住むことができる[22]．

　ただし，寮費を払っている者が失業したときには，労働者は1カ月以内に寮を明け渡さなくてはならない．だが，A社の労働者もそうであるが，集合住宅地域内には親類がいる者が多い．そのため，労働者は失業しても集合住宅地域に住みつづけることが可能になる．またセーフティネットがもつ情報の正確性，そこから仕事をえることのできる確実性，さらには集合住宅地域を離れることによる危険を考慮すると，失業した労働者は可能な限り集合住宅地域にとどまることを選択する．セーフティネットを通して集められる情報は，労働者として働いている親類や友人からのものばかりではない．かつての勤務先の通訳スタッフとは，勤め先がかわっても付き合いが続くのが普通である[23]．他社の通訳スタッフは，雇用関係を直接もたないだけに，かえって労働者が不満を述べる相手としてふさわしいものでさえある．

　経営者，通訳スタッフと労働者は雇用関係のあるときはもちろん，雇用関係がなくなっても人間関係が続く．この人間関係が労働者にとって失業にたいするセーフティネットになると同時に，雇う側にとっては急に工場の増員があったり，解雇した労働者の代わりをみいだしたりするときのリクルーティング・ネットワークになる．一切の募集広告をしないにもかかわらず，つねに必要労働力をすみやかに集めているB氏，通訳スタッフ，労働者の関係のなかに，労働者の解雇をめぐるセーフティネットの二面性を見てとることができる．2節で述べた集合住宅地域内の日系ブラジル人と日本人住民とのコンフリクトは，このセーフティネットの裏返しである．このセーフティネットの結果として，日本人住民からみたときに，突然見知らぬ住民が増えたり減ったりすることになるからである．そして，このことがゴミの出し方，部屋からの騒音，違法駐車といった目に見える現象として表出したことで，日系人雇用がコミュニティの問題を惹起する要因という側面を持ったのである．

7. フレキシブルな労働力を利用する取引先

　これまでの議論から，業務請負業者がどのような活動を日々行っているか，また日系人雇用という問題がコミュニティ問題をどうして引き起こしてしまう

かが理解できたと思う．本節では，雇用問題が地域問題へと転換させる原因になった取引先における業務請負業の利用の仕方を検討する．具体的には，労働者の増員要請と減員要請，さらに既存の社員の勤務時間帯や残業についての指示からみていく．すでに述べたようにA社の現在の主な取引先は4社であるが，このうち送迎を行っている食品関連会社1と自動車関連会社は労働力需要の変動が大きい．他の2社は比較的安定しており，上記の2社ほど変化は大きくない．筆者が滞在していた期間が2週間と短いので，変化の大きい2社に絞って，ここでは労働者の送り出し先企業との関係を論じることにする．

まず最も変化が激しい食品関連会社1から述べていく．この会社は蒲鉾や揚げ物等の高級練り製品を市場の仲買人向けに販売しているほか，百貨店の食品売り場内に自社の直営販売店を展開している．特に百貨店での直営店の展開により，この会社は急成長している．百貨店直営店では実演販売も行っているため，半完成品として持ち込む商品も一部ある．そのため，この会社は市場の休みの前日と，百貨店が休日となる前日は生産量を大きく減らす．また，特定の百貨店系列に出店しているので，全店での大売出しセールなど百貨店のスケジュールによっても大きな生産変動がある．

送り出し労働力は女性が中心であるが男性も働いている．筆者が滞在しているときは，1日13名から23名の幅で日々の送り出し労働者数が変動していた．送り出し労働者数が最も少ない日は百貨店が休みとなる前日の火曜日である．送り出し労働者数が最も多い日は日本人のパートの女性労働者が休みを取り，しかも百貨店の最大の稼ぎ時である日曜日の前日，つまり土曜日となっていた．通常の日系人労働者の勤務は，7時に工場に入って18時までである．1時間の休憩時間はあるが，仕事は毎日10時間立ちっぱなしの労働になる．これは労働者にとって喜ばれる．8時間を超える労働時間の場合には時給が1.25倍になるからである．残業はほぼ毎日ある．この会社は，男子が時給1,100円であるのにたいして女子は900円である．工場は総支給額を抑えたいので，女子に残業がつくような勤務シフトを組む．反対に，男子の勤務は昼過ぎから始まり，女子労働者の残業時間と同じ時間に終わっても，男子労働者には残業がつかないようなシフトを組んでいる．

高級練り製品であることが，この会社のセールスポイントである．品質が高

く,鮮度が良いことが求められる.そのためつくりおきはほとんどせず,翌日出荷する量が前日の夕方に工場に伝えられる.出荷量をみて翌日の残業量と労働者数が決められ,予定していた以上の人数が必要になるようであれば,A社に労働者を増やすように連絡が入る.増員する人数が少ないときにはたいてい通訳スタッフC氏に連絡があり,それが事務所に伝えられる.5人,6人と人数が多いときには工場の責任者から通訳スタッフと事務所の両方に増員の要請が伝えられる.さらに翌日の生産量があまりに多いときには,翌日の朝一番に工場から出荷できるように予定外の残業が入る.これが最終の確認以後に発生する変更である.日本人のパートタイマーはほとんどが家庭を持っている主婦なので,土日に勤務ができないばかりか,突然の残業をしてもらうこともできない.食品関連会社1の製造において,日系人労働者は欠かすことができない存在になっている.

次に自動車関連会社に目を向けてみよう.自動車関連会社では,A社から送り出された労働者はプレス,内装,板金,溶接の四つの部門で働いている.筆者が滞在していた期間においては,内装および板金では残業はまったくなかった.溶接部門は残業がある場合でも週に2日2時間ほどである.プレス部門は残業時間が最大で4時間の幅で変動する.だが,ほぼ毎日残業があり,さらには日曜出勤の日もあった[24].筆者が滞在中のこの会社への送り出し労働者は,内装1名,板金2名,溶接4名,プレスが4名の計11名であった.

この自動車関連会社は,翌月の予定を月末にA社に伝える.このときに減員の連絡もある.減員要請を受けてA社は減員を進めるが,当人たちへ通告したり次の場所を手配したりする予定があるので,約3週間の余裕をもって順次退社させる.例えば1998年4月末に4名の減員要請が入ったときは,1名を同年5月16日まで勤務させ5月18日付で退社させ,3名を同年5月22日まで勤務させ5月25日付で退社させることで,この会社からの要望に応えた.この会社からは1998年6月以降,減員の要請は入っていない.筆者の参与観察時点では工場の操業が下限ぎりぎりの状態が続いているというのがB氏の認識であった.

他方で,増員の場合もまた,同じように月末に増員の予定が伝えられ,A社から送り出すことのできる労働者候補を会社の担当者と面接させ,雇用する

かどうかが決められる．1997年までは，翌日からでも送り出して欲しいという突然の増員要請が入った[25]．だが，筆者が調査を行っていた時期は，1997年までとは状況が一変していた．1998年8月には久方ぶりの増員予定が入り，これを受けてA社は募集活動を行った．そして日系人1人を連れていき，この会社との面接まで済ませ，どの部門で働くかも決まった．しかしながらその者の雇用は，親会社の計画が変更になったということで流れてしまった．

このように業務請負業を活用する側にとって，労働者を解雇するのが簡単だから業務請負業を通しての雇用が利用されているのではない．増員の予定が親会社の計画で狂ってしまうなど，不測の事態にたいして雇用計画を柔軟に変化させるために業務請負業の利点が見いだされているのである．自社が直接募集をかけたのでは，計画が狂ったからといって内定者の取り消しを行うのは難しい．だが，業務請負業を通すことによって，何度でも計画を組み替えることができるようになる．食品関連会社であれ，自動車関連会社であれ，現在の職場は生産量の変化に合わせた労働編成を組むことが要求されている．日本人が嫌がる現業部門の労働を積極的に引き受けてくれ，なおかつ長時間労働をいとわない日系人労働者は，生産とその裏返しである必要労働力の変化を残業という形で引き受けて工場に貢献するとともに，解雇という職場からの退出によって，より大きな変動を吸収する役割を受け持たされている．

8. 結語にかえて

業務請負業者の特徴は，工場からの要請に応えることによって事業を展開していく受動的性格にあるといえる．ここで受動的というのは，労働力が商品である業務請負業が，労働者の採用には取引先の承認を必要とし，解雇の場合にも取引先が解雇者をリストアップしてくるなど，労働力＝商品の選択に自らの主体的決定がなされていないことを指す．このことが，取引先企業と労働者との関係において，自社への需要次第によっては労働者の置かれている状況に関係なく冷酷にクビ切りを断行していく側面を生み出し，その結果，集合住宅地域にあらわれたような社会問題が引き起こされる．

もちろん，本章の業務請負業者を集合住宅地域の業務請負業者の典型とする

ことはできない．また，業務請負業を通して雇用される労働者が住む地域のすべてが，この集合住宅地域と同じような状況にあるわけではない．日系人労働者の就労が住居環境の悪化という社会問題を引き起こしているのは，愛知県に見られる特異な状況である．日系人が多いことで知られる群馬県太田市・大泉町や静岡県浜松市では，こうした問題が表面化していない．同じような地方都市でありながら，浜松周辺で問題化しないで，愛知県で外国人の雇用問題と住宅問題が一体となってしまうことには，公団名古屋支社および県住宅供給公社の経営方針が大きくかかわっている．池上重弘らが指摘しているように，静岡県では公団が法人貸しをしていない．県営住宅および市営住宅への入居に際して職業条件が厳しくかつ外国籍の者を基本的に排除していることもあって，浜松のように1万人以上の日系人が住んでいるところでも，特定の場所に集住していない（池上ほか，1998：2）．

　集合住宅地域が本章のような事態に陥ったのは，固有の条件があったためである．しかしながら，日系人が業務請負業から送り出されている限り，どの地域でも雇用問題と住宅問題は多かれ少なかれリンクしてしまう．業務請負業者が用意する寮に，労働者は住居を依存せざるを得ない．短期雇用を前提とした間接雇用で住居を雇用先に依存すると，労働者の居住地における住民＝労働者の入れ替わりは必然となる．日本人の期間工・季節工と同じように，社外工である彼らは送り出し先の都合によってある工場から別の工場へと移動させられる．そのため，業務請負業者は工場の近くに住居を確保する．請負業者のなかには，集合住宅地域のなかに自社の従業員が1人しかいないにもかかわらず，企業連絡協に入っている請負業者もある．請負業者は労働者の住宅を用意しなくては事業活動を行えないのだから，集合住宅地域で起きている問題はどこにでも起こりうる問題であり，今後，別の場所で同じような問題が起きたときのマニュアルを手に入れるために参加しているのである．集合住宅地域問題が，外国人労働をめぐる一つの重要な試金石として捉えられているのだ．

1）　本章が依拠する調査は1998年9月14日から9月27日にかけて，愛知県豊田市の集合住宅地域に事務所を置くある業務請負業者の寮で，工場に送り出される日系人の社外工とともに生活をしながら，筆者が寮から工場へ向けての送迎や事務所での電話

番をした参与観察結果に基づく．この研究は平成10年度科学技術振興調整費による『トランスナショナルな環境下に於ける文化的共創に関する研究』の成果の一つである．

2) 業務請負業は許認可事業ではないので，誰もが業務請負業に参入できる．A社は送り出し人数としては小さく，経営者B氏は名古屋入国管理局から「申請取次ぎ者」の資格を受けて事業を行っている．「申請取次ぎ者」の資格によって，第1に在留資格の変更の許可，在留期間の更新許可，資格外活動の許可ならびに就労資格証明書の交付申請を行う際に，本来は外国人労働者自身が入国管理局に出願しなくてはならないが，これらを代理申請することができる．第2に，再入国の許可申請についても，必要な書類を提出したうえで第1のものと同じように代理申請ができる．

3) 集合住宅地域に住んでいる3,000人のブラジル人という計算は豊田市の算定による．1998年5月22日に開催された第2回目の企業連絡協議会に筆者と徳島大学准教授樋口直人はオブザーバー参加させてもらったが，以上は，その場における議長からの説明による．

4) 企業連絡協議会を構成するある業務請負業者が，最初に集合住宅地域で公団から法人で寮を借りたのが，1990年のことである．この請負会社の役員の話によれば，当時はこの会社だけが集合住宅地域への送迎車を運行させていた．この会社がはじめに集合住宅地域に住まわせた日系人は6人であった．

5) 集合住宅地域を構成する四つの自治会から1997年9月30日付で豊田市長に対して公式に「住環境改善に関する要望書」が提出された．この前に1997年9月の愛知県議会ではある県議会議員より，集合住宅地域の日系人問題が議題として提案され，質疑応答が行われた．そのなかでは集合住宅地域における日系人が増えて住環境が悪くなったことについて，直接的な加害者として業務請負業者が名指しで非難されるとともに，業務請負を使った産業構造の頂点に立つトヨタ自動車に善処を求めなくてはならないという主張が展開された．業務請負業者による企業連絡協議会は，こうした事態に危機感を持った業務請負業者が，この地域を基盤としている中部生産請負協同組合を中心に結成したものである．ただし，企業連絡協議会は9社で構成されているが，集合住宅地域を寮として使っている業務請負業者は20社以上存在するとも言われている．愛知県内の集合住宅地域をめぐる日系人問題に関しては，都築くるみが継続的に追いかけており，それらを参照のこと（都築，1995；1996；1998）．

6) 日系人を取り巻く実態として集合住宅地域の変化の一例を挙げると，公団住宅ではゴミ出しの日に，ある業務請負業者が自社の労働者を動員してゴミ集積所に歩哨を置き，日系人のゴミの出し方をチェックしていた．この請負業者がこのようなことを始めたのは，住民が生活環境の悪化を問題化して以後のことであるが，これらの結果公団住宅ではわずかながら改善の兆しも見え始めている．これに対して県営住宅では，どこの駐車場も1台しか入れない駐車スペースに無理やり2台の車が駐車してあったり，駐輪場が粗大ゴミ置き場になってしまったりしているところを目にすることができた．高層住宅のエレベーター前のコンコースは各階ともゴミ置き場になっていた．

7) 入管関係の仕事では在留資格の変更，在留期間の更新許可，および再入国の申請

が多いとのことであった．市役所関係の仕事では市民課での外国人登録，および保険年金課での国民健康保険関係であった．ただし，国民健康保険についてはA社も市と折衝していたが思うようには進めることができないでいた．それは以下の理由による．豊田市は1997年まで日系人労働者の国民健康保険の加入を認めていた．しかし，1997年に豊田市から浜松市に転出した労働者が，浜松市において豊田市で加入していた国民健康保険に浜松市で入れないのはおかしいと訴え浜松市とトラブルになった．この件で厚生省（現在の厚生労働省）に，浜松市から国の要請どおりに厳格に国民健康保険を運営しているほうが文句を言われるのは心外であるとクレームが入った．これを機会に豊田市に厚生省から直接指導が入って，1998年から豊田市は国民健康保険でのスタンスを変更したのである．この点については，1998年9月24日，豊田市役所内部の外国人雇用連絡協議会を構成するある部局・係長へのインタビューより．

8) 1998年9月16日にB氏，日系二世の母親，13歳の長男，9歳の次男，そして筆者で豊田市教育委員会に行った．その場で外国人登録を確認し，すぐに学校へ通うための市への手続は終了した．この後，通学する予定の学校でさらなる手続と説明を受ける必要があり，母親の工場が休みになる翌週の土曜日，9月26日にこれを行うことにした．子どもたちの登校は，学校に行くための学用品等の準備があるので今月の給料をもらってからとし，翌月から通うことにした．この2人の子どもの通学について，日系二世の母親は次男の通学のみを希望し，長男はすぐにでも工場に働きに出ることを希望していた．B氏が日本では15歳未満では工場で働けないこと，工場で働くにしても日本語が必要であることを1時間ほど説明して，長男の中学への編入を承知させた．こうした仕事も雑務のうちに含まれる．

9) 通訳スタッフが労働者に代わって電気・ガス・水道の支払いをしたり，彼・彼女の家族への送金をしたりしていることについて，B氏は平日に休みを取らせているのだからそこまでする必要はない，と何度も通訳スタッフに言っていた．しかし，日本で大学を卒業してからブラジルに渡った日系一世である通訳スタッフC氏は妻が日系二世であり，日本へもデカセギ労働者として帰ってきた．そのため彼は，労働者の希望にはなるべく沿うようにしてやりたいと，自身の仕事を増やすことになることを積極的に引き受けていた．

10) 業務請負業者は，事業経営上の独立性と，労務管理上の独立性をもってなくてはならない．この点からすれば，採用か不採用かという人事上の最も重要な点で送り出し先が決定権を事実上握っていることは制度的には問題となる．しかし，このように人事の決定権を送り出し先が握っていることは，筆者が聞き取りをした72社の業務請負業で普通にみられることである．日系人の送り出しだけがこのようになっているのではない．上記72社のうち15社は日本人しか送り出しを行っていなかったが，これらの日本人専門の送り出し業者にも，送り出し先での面接を経ないで労働者を自己の請け負っているラインへ配置することができる請負業者は存在しなかった．

11) 電話によって伝えられる連絡事項には，取引先や必要な情報を得るための付き合いに関するものが多い．付き合いの場としてはゴルフ場が重要な位置を占めており，筆者が滞在していた間も経営者B氏は市会議員と1回ゴルフに出かけていたし，取

引先の役員とのゴルフコンペの予定も入っていた．A 社は集合住宅地域のなかにあって，B 氏自身もこの集合住宅地域の自治会の構成員の 1 人であるが，住民の一部が市に日系人問題で要望を出したことを知らなかった．彼は，筆者滞在中にゴルフをともに回っていた市議から問題のあらましを聞いたのである．また，B 氏に言わせると，取引上必要な情報は多くの関係のなかからもたらされるものであって，取引先とだけ付き合っていて必要な情報が得られるわけではない．日系人の多い愛知県内ではすでにほとんどの工場に日系人が入っている．自社の営業だけで，人からの紹介なしに新しい取引を始めることは不可能である．こうした点からもゴルフを通しての人との出会いは重要だと語っていた．

12) 遠隔地からの電話はいずれも携帯電話からで，勤務時間の間に暇をみつけるような形でかかってきた．電話番をしている間に受けた電話では，時給と総支給額だけを聞くだけの労働者が多かった．

13) 実際，A 社では家族で働いている者が多い．1999 年 9 月現在，10 組で 27 名の約半数強が夫婦あるいは親子・兄弟を含む家族で雇われている．現在は単身で住んでいる者であっても，一緒に来日した親や兄弟，あるいは子どもが一時帰国している労働者が多い．ある家族は県営住宅に 6 人で住み，そのうち 5 人が A 社から送り出されている．A 社から支払われるこの家族への給与は全員で 138 万円であった（1998 年 8 月現在）．

14) これらの項目は良，普，少，不の 4 段階で評価される．上記の 4 段階の評価に加えて特記すべきことを「その他」の欄をもうけている．話すこと，聞くことについていえば日本語で行われる面接を特に説明や外国語で補足を受けなければ良と判断される．日本語の文字の読解については，普と少があり，両者の間としてカタカタを読めるという項目を置いている．

15) これらの項目も良，普，少，不の 4 段階で評価され，同じように「その他」の項目が設けてある．前の項目と違って特に基準はなく，面接者の主観に基づいて評価がなされる．

16) 通訳スタッフへは自社の労働者ばかりでなく，かつて A 社から送り出されていて今は他の請負業者から送り出されている労働者や，口コミで通訳スタッフの携帯電話を聞いた者からも直接雇用に関係ないことで電話がかかってくることもままあった．

17) 筆者が住まわせてもらった公団の寮で一緒だった労働者は，B 氏および通訳スタッフがいるときといないときでは話題がまったく変わっていた．食品関連会社に勤務している者は労災で指を 1 本，第 2 関接から先をなくしたうえに，筆者が訪れた週の中日である 9 月 16 日から送り出し先の方針で昼からの勤務にされてしまっていた．翌週から再び早朝の仕事に戻り，残業があるといわれていたが現実にはそうはならなかった．こうした不満は，B 氏や通訳スタッフではなく，同じ寮に住んでいる同僚や集合住宅地域内に住む友人への会話でもらしていた．集合住宅地域の友人のなかには，前に送り出されていた業務請負業者の通訳スタッフも含まれていた．

18) 1998 年 9 月 23 日の出来事であった．

19) 浜松市や群馬県大泉町で日系ブラジル人のホームレスが出ていることが，彼らに

とって大きな話題になっていた．この日本でのブラジル人のホームレスの話は，ブラジルの『サンパウロ新聞』がまず伝え，逆輸入で日本にいる日系人の間に伝わった．それから日本のマスコミでも伝えられるようになった．その典型は磯村（1998）にみることができる．また，小牧市における日系ブラジル人少年の刺殺事件は，日系人にとっても彼らと日本社会のあり方を考える契機になった．この事件については荒川（1998）を参照のこと．

20) こうしたセーフティネットについて筆者は一橋大学教授梶田孝道とともに，土・日に集合住宅地域にやってくる日系人アントレプレナーの移動販売店に集まる労働者への聞き取りを行った．そこでもセーフティネットの存在は明らかであった．聞き取りを行った者のなかには失業者もいた．そうした失業者は多くの場合，妻が日系人で自身は日系人の配偶者として定住ビザを得た者たちであった．彼らは失業者であるが，子どもの面倒を集合住宅地域内に住む妻の親や親類に預け，求職活動に専念していた．また，金の無心や仕事の斡旋を集合住宅地域内に住む親類に頼んでいる者が多数いた．しかしながら，1998年現在の雇用状況では，労働者自身が日系人でないと仕事がないことについては，配偶者として日本に滞在している失業者も十二分に理解していた．なお，移民をセーフティネットの観点から捉えた研究としては金子編（1996）がある．

21) 家族や親類と一緒に居住することを希望する者にたいして，1戸の寮費を自社に勤めている労働者の人数で頭割りして，その分の負担をそれぞれに求める．この場合には1人2万円以上の寮費になる場合もある．

22) 労働者によっては，自分の部屋に家族や友人を住まわせて彼らからその分の費用を出してもらって，自身の負担分を下げている者がいた．こうした場合が多々存在するので，集合住宅地域に何人日系人が居住しているのかなかなか分からない．法人貸しでのみこういう事態が発生しているのではなく，労働者自身が借りている物件でも同じことが頻繁に行われている．

23) ブラジルでは仕事のなかでの上下関係は勤務時間のみの出来事で，終業のベルが鳴れば上司と部下との関係は意識されない．同様に，日本でも仕事が終われば日系人労働者は経営者とか上司とかの意識がなくなる．そのせいか労働者は，送り出し先がかわっても前の業務請負業者の経営者や通訳スタッフと当たり前のように付き合っている．経営者や通訳スタッフも，それが当たり前のような感覚ができている．

24) 日曜日は本来休日なので，定時の時間の出勤でも休日出勤として1.25倍の賃金が支払われる．そのためこの自動車関連会社からA社の事務所に入る出勤簿には，彼らの日曜出勤は残業として処理されて報告が行われていた．

25) 自動車産業に送り出している業務請負業では必ず聞くことのできたことであるが，1997年は消費税が3％から5％へ上がる前の駆け込み需要が多く，その後も秋口までは順調に自動車の生産が行われていた．12月に突然生産が落ち込み，1998年9月まで同じような状況が続いている．1998年9月時点において自動車で生産が活発なのは，規格が変更になった軽自動車である．B氏が言っていたことだが，消費税といい軽自動車の規格変更といい，制度が変わることが一番の生産量の変化をもたらしている．

第 III 部　経済社会と法社会の分裂

10章　総合デカセギ業の誕生

1. はじめに

　日系人の日本就労がはじまってほぼ20年が経過した．1980年代のブラジルからの日本就労は，送り出し国ブラジルでは，国内法との関係で議論を引き起こしたし，受入れ国日本では1990年の入管法改正以前の日系人の就労は資格外活動であった．この段階から，ブラジル現地において日本就労者を集める機関として機能してきたのが，日系旅行社である．かつてピオリは，具体的な制度の研究によって，19世紀から20世紀にかけてアメリカに渡ってきた移民が当該地域に存在する理由を説明した（Piore, 1979）．ポルテスはさらにこの問題に関して，プッシュ＝プル理論ではすでに存在している移民の流れしか説明できず，具体的な制度の研究のみが初期の移民の流れの形成過程を論じることができると評した（Portes, 1982）．

　日系人労働力の問題の場合，彼らの言う具体的制度に当たるのが，日系旅行社と業務請負業である．日系人の具体的な労働市場は，日系旅行社を中心とする海外における募集組織と日本の生産点とが有機的に繋がることで，国境を越えて成立している．本章は，この日系旅行社と業務請負業が連携する仕組みの形成過程を明らかにすることで，日系人労働力の移民フローの生成過程がどのようなものであったのかを解明しつつ，具体的にどのような制度として国境を越える仕組みが成立しているのかを検討する．そして今起きている制度の変化から，今後のデカセギの行方についても論じてみたい．

2. 国境を越える労働市場——日系旅行社と業務請負業の連携

これまでも論じてきたように，デカセギ旅行社が人集めを開始するやいなや，日系社会にデカセギブームが発生した．出稼ぎ（負け犬のデカセギ）の時代は渡航者自らが就労先を探し，ビザ取得に必要な書類を用意しなくてはならなかった[1]．デカセギ旅行社の発達は，日本就労のハードルを低くした．日本就労希望者は，旅行社に日本就労の意思を伝えるだけで，面倒な書類集めやビザの手続き，さらには就労先探しまでを旅行社に任せることができるようになったからである．とりわけ，バブル経済期は，自動車メーカー，その下請の車体メーカー，さらには電機メーカー等がラテンアメリカの大都市で直接に労働者の募集説明を行っており，こうした日本の求人がラテンアメリカに及ぼす影響を現地の日系新聞が伝えることにより，就労先の情報がデカセギ希望者に直接届くようになった（森，1993 ; Del Castillo, 1999）[2]．

デカセギ現象の初期の頃は，メーカーが直接ラテンアメリカで募集活動を展開することも珍しくなかったが，バブルがはじけて以降はほとんどみられなくなった[3]．日本がバブル経済に進展していく過程で，ラテンアメリカにおける募集活動は業務請負業を中心とした仕組みに転換した．この転換は，デカセギに関する情報が拡大されてアナウンスされる効果を生み出した（図10-1 参照）．

ここで少し詳しく，デカセギ情報の拡大アナウンス効果をみてみよう．メーカーが直接ラテンアメリカで募集活動を行っていたときは，メーカーは自社が提携している旅行社と共同で採用説明会を開き，そこに集まってきた日本就労希望者に仕事の内容を説明しつつ面接を行う．面接を通った者はその場で旅行社と航空券のチケットの購入を含む渡航手続に進む[4]．この仕組みだと，例えばメーカーの100名の募集は，提携先の旅行社が100名の日本就労の募集広告として流すことになる．

他方，メーカーで100名の募集が必要になる場合，一つのメーカーに通常は複数の業務請負業者が労働力を送り出している．25名ずつ4社が送り出していると仮定すると，この4社は日本国内で募集活動を行うと同時に，ラテンアメリカで取引契約をしているデカセギ旅行社にも25名の求人があることを伝

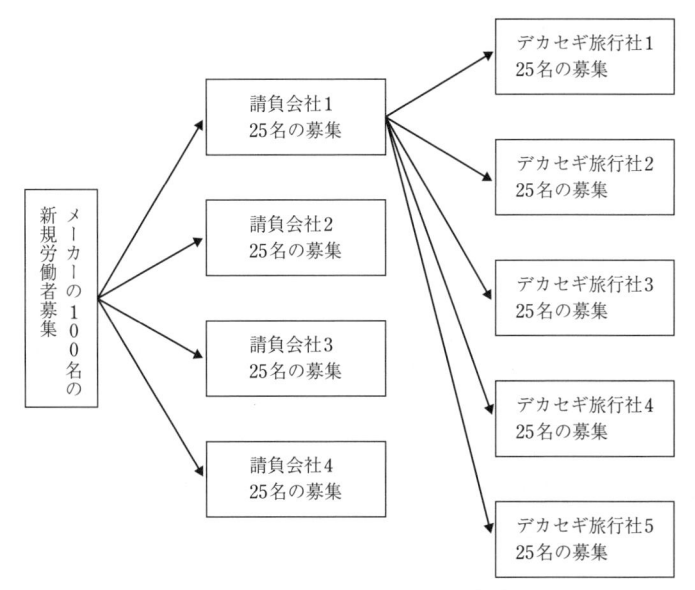

```
                              ┌─────────────┐
                         ┌───→│デカセギ旅行社1│
                         │    │25名の募集    │
                         │    └─────────────┘
              ┌─────────┐│    ┌─────────────┐
         ┌───→│請負会社1 │┼───→│デカセギ旅行社2│
         │    │25名の募集││    │25名の募集    │
         │    └─────────┘│    └─────────────┘
         │               │    ┌─────────────┐
┌───────┐│    ┌─────────┐├───→│デカセギ旅行社3│
│メ新    ││    │請負会社2 ││    │25名の募集    │
│ー規    │├───→│25名の募集│┤    └─────────────┘
│カ労    ││    └─────────┘│    ┌─────────────┐
│ー働    ││               ├───→│デカセギ旅行社4│
│の者    ││    ┌─────────┐│    │25名の募集    │
│1募     │├───→│請負会社3 ││    └─────────────┘
│0集     ││    │25名の募集││    ┌─────────────┐
│0       ││    └─────────┘└───→│デカセギ旅行社5│
│名      ││                    │25名の募集    │
│の      ││    ┌─────────┐     └─────────────┘
└───────┘└───→│請負会社4 │
              │25名の募集│
              └─────────┘
```

図10-1　拡大アナウンス効果の概念

える．業務請負業者は，一般に5社から10社のデカセギ旅行社と取引関係があるから，ラテンアメリカでは最低20社以上（業務請負業者4社×5社のデカセギ旅行社）のデカセギ旅行社が募集広告を出して人集めを始める．その結果，本当は100名の募集に過ぎないものが，20社がそれぞれ一つの募集広告を打っても25名×20で500名の求人広告が出ることになる．現実には5社以上のデカセギ旅行社と取引がある業務請負業者が存在するし，デカセギ旅行社も複数の媒体に募集広告を打つから，100名の求人は500名以上の求人としてラテンアメリカに伝わる．これが筆者の述べるところの拡大アナウンス効果である[5]．

　拡大アナウンス効果を生み出した日系旅行社数の増加は，一方で，旅行社間の分業も引き起こした．1997年にブラジルでのビザの発給事務がサンパウロ領事館のみで行われる体制に変わると同時に，領事館は旅行社をA，B，Cにランク分けした．航空券と必要な書類を整えていっても，領事館はBランク以上の旅行社でないとビザの発給に制限を加えるようになったのである．これは事実上のデカセギ旅行社の締め出しであったが，Cランクの旅行社は，Aま

資料 10-1　デカセギ旅行社のチラシ

たは B ランクの旅行社に領事館手続きの代行を依頼することにより，生き残りをはかった．同時に，このランク分けは，A ランク，B ランクの旅行社を中心にした旅行業の系列化を形成させた．A ランク，B ランクの旅行社は傘下のデカセギ旅行社に航空券を卸すことにより自社で取り扱える航空券量を増加させることができる．航空券の取扱量の増加は，航空会社に対する交渉能力の増加をもたらし，販売航空券の量の確保に加えて，より安価に航空券を仕入れる能力をもたらす．

2003 年，大手日系旅行社（A ランク，B ランク）に対抗して，C ランクのデカセギ旅行社が日系旅行社協会（Associasção Brasileira das Agencias Nikkeys de Turismo）なる組織を形成し，航空券販売においてオルタナティブを打ち出すことに成功した．これまでの航空券をめぐる交渉能力は親旅行会社の航空券取扱量に依存していた．親旅行会社は，各旅行社ごとに専属的に売る航空会社を決めて自己の交渉能力を高めていた．しかし航空券価格は，量の販売以上に，個別航空会社のその時々の経営方針によって安売り券がでたりでなかったりすることに大きく左右される．デカセギ旅行社からすると，その時

```
         ブラジル側募集システム              日本側労働力分配システム
                                                    ┌─────────┐
                                                    │ 名古屋営業所 │
           1800ドル                                  ├─────────┤
┌──┐   ┌────────┐                                    │ 岐阜営業所  │
│  │──→│ プロモーター1 │─┐  ┌────────┐                ├─────────┤
│  │   └────────┘  │  │ 代理店A │                    │ 飯田営業所  │
│  │   ┌────────┐  │  ├────────┤                    ├─────────┤
│  │──→│ プロモーター2 │─┤  │ 代理店B │                    │ 三重営業所  │
│  │   └────────┘  │  ├────────┤                    ├─────────┤
│デ │   ┌────────┐  │  │ 代理店C │                    │ 兵庫営業所  │
│カ │──→│ プロモーター3 │─┤  ├────────┤                    ├─────────┤
│セ │   └────────┘  │  │ 代理店D │                    │ 富山営業所  │
│ギ │   ┌────────┐  │  ├────────┤   ┌───┐   ┌─────┐    ├─────────┤
│希 │──→│ プロモーター4 │─┤  │ 代理店E │──→│C社│──→│B社本社│──→│ 福井営業所  │
│望 │   └────────┘  │  ├────────┤   └───┘   └─────┘    ├─────────┤
│者 │   ┌────────┐  │  │ 代理店F │                    │ 九州営業所  │
│  │──→│ プロモーター5 │─┤  ├────────┤                    ├─────────┤
│  │   └────────┘  │  │ 代理店G │                    │ 御殿場営業所 │
│  │   ┌────────┐  │  ├────────┤                    ├─────────┤
│  │──→│ プロモーター6 │─┤  │ 代理店H │                    │ 筑波営業所  │
│  │   └────────┘  │  ├────────┤                    ├─────────┤
│  │   ┌────────┐  │  │ 代理店I │                    │ 埼玉営業所  │
│  │──→│ プロモーター7 │─┤  ├────────┤     ┌──────┐    ├─────────┤
│  │   └────────┘  │  │ 代理店J │     │B社関東本部│    │ 神奈川営業所 │
│  │   ┌────────┐  │  └────────┘     └──────┘    ├─────────┤
│  │──→│ プロモーター8 │─┤                                │ 水戸営業所  │
│  │   └────────┘  │                                ├─────────┤
│  │   ┌────────┐  │                                │ 岩沼営業所  │
│  │──→│ プロモーターn │─┘                                └─────────┘
└──┘   └────────┘
2400-2600ドル（プロモーター経由の場合も
同じ渡航費）
```

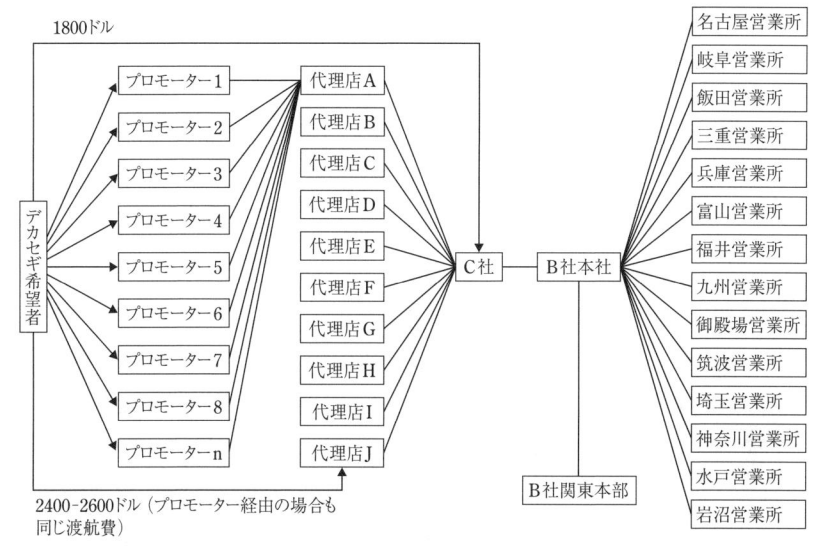

図10-2　B社の労働力調達システム

注：$10 < n < 200$ （n＝取り引きプロモーターの人数）．
　　実線は労働力募集情報の流れる回路を示し，矢印はデカセギ希望者が最初にアクセスするエージェントを示す．

点でもっとも安い航空券を利用できることが好ましい．親会社がどの航空会社のチケット卸元であるかで，自身の価格競争力が左右されてしまうのは経営戦略上不利である．そのため日系旅行社協会は航空会社に交渉し，日本行き航空券の価格を同一にさせた．JALで行こうが，VARIGで行こうが，KALで行こうが同一料金になったのである．これは航空会社にとっても，他社との値引き競争に陥ることを避けられる好ましい申し出であった[6]．2007年9月現在において，日系旅行社協会は未だ存在しているが，機能はほとんど停止している．これには組織の運営をめぐるメンバー間でのコンフリクトの発生も少なからず関係している．だが一番の理由は，9.11以後の厳しい航空不況下における航空業界の競争に対して，ブラジル政府がブラジル発着の同一航空路線は同一価格にするように行政指導を行ったことに端を発している．協会が始めたこのルールが，協会メンバー内だけのルールではなくなったのである．

　航空券価格が固定されたなかで，デカセギで伸びているのは現地でアセソリアと呼ばれる経営形態の旅行社だ．詳細は次節にゆずるとして，ごく簡単にア

セソリアとは何かを示しておこう．従来のデカセギ旅行社は提携している請負業からの依頼を受けて日本就労希望者を集めるので，日本就労希望者は出発前に日本のどの地域の工場でどのような仕事に就くのか説明を受けている．これに対して，アセソリアは特定の請負業者や製造業企業とのみ業務提携をしているのではない．日本のなかにある業務請負業者へ労働力を供給する請負業の労働力供給者に，日本就労希望者を送り出すことによって事業を成り立たせている．それゆえアセソリアは，その時点で仕事がなくても請負業の労働力供給者に日本就労希望者を送り出す[7]．ある意味いつでも日本就労希望者を送り出すことのできるアセソリアは，デカセギ旅行社にとっても，自身を頼ってきた顧客でたまたま取引先の要求する条件を満たさなかったときや，その時点で取引先からの依頼がないときに，アセソリアに回せば日本就労に結びつけることのできる労働者になる．この機能を通じて，近年，チケット卸のもとに統合される旅行業者のグループ化の他に，アセソリアを中心としたグループが形成される仕組みが生まれたのである．

3. 変容しつづける制度――ネットワーク・市場・アセソリア

この節ではブラジルで日本就労希望者を集めて，日本に送り出す仕組みを一つの制度として捉え，その制度の変容を「ネットワーク」，「市場」，「アセソリア」という三つの契機に即して考察してゆくことにしたい．すでに述べてきたように，日系旅行社と県人会組織が密接に結びついていることが[8]，大量のデカセギ就労者の日本送り込みにとって重要な必要条件であった．なぜならば，具体的なリクルート活動は人脈というネットワークを介して行われるものだからであり，このネットワークが体系だっていればいるほどブラジル全国からくまなく人集めができるからである．この意味で，旅行社の市場はつねにネットワークを動員し，市場のなかにネットワークを内包する形で進化してきたと言ってよい．

このネットワークと市場の関係が崩れ始めるのは，1997年である．この年の変化は，先に述べたビザ発給事務のサンパウロ領事館への集中と旅行社のランク分けだけにはとどまらない．日系ブラジル人が就労目的に日本に渡航して

いるにもかかわらず，少なからぬ人びとが短期滞在ビザ（観光ビザ）で日本に行き，日本で定住ビザに資格変更するケースが相次いでいた．ビザ発給は，本来，渡航時における入国コントロールの政策手段であるはずなのに，それが形骸化していることが問題になったのである．これ以後，日系ブラジル人の日本渡航に際しては定住ビザを取得することが義務づけられることになった．ここで問題にしたいのは，定住ビザが要求されるようになったことではない．定住ビザの有効期間こそが問題であった．定住ビザは，1年または3年の期限で発給されるビザであるが，従来の定住ビザはほとんどが1年の期限で発給されていた．1年のビザであれば，日本で就労し，ある程度働いた後で一時帰国してしまうと（たとえ日本でビザの更新をしたとしても），ほとんどの者は再度デカセギに行くときに定住ビザを再取得しなくてはならなくなる．定住ビザ取得のためには，あらかじめ就労先が決まってなくてはならないから，再渡航しようとする者はデカセギ旅行社で就労先を確保したうえで渡航手配をしなくてはならなかった．ところが，これが3年のビザで出されるようになったのである（このことは日本での更新においても3年のビザがでるようになったことを意味する）．その途端に，旅行業は転機を迎える．一時帰国をする者たちが再入国許可を取って戻ってくるので，日本に戻る際にビザを取得し直す必要がなくなったからである．これにともない再渡航する際に，就労先が決まっている必要がなくなった．リピーターは航空券の購入のみで日本に行けるようになったのである．

　これまでは筆者も，リピーターの増加と家族デカセギ者の増大，さらにはデカセギ者個人の経験の増加は，デカセギ旅行業を頼ることなく日本へ渡ることを可能にさせた，と解釈してきた（丹野，2001a）．しかし，アセソリアという形態に注目すると，このような評価は誤りである，と言わざるを得ない．アセソリアは，特定の就労場所が決まる前に日本就労希望者を日本に送り出してしまう．このような国境越えが可能なのは，アセソリアのマーケットがすでにビザをもっている者を対象にしているからである．この点で，アセソリアはビザをめぐる政策の変更過程で産み落とされたと言ってよいだろう．

　ところで日本での就労先が決まる前に送り出すことが可能になるのは，日本側に請負業者への労働力供給者をパートナーとして持っていることによる．筆

者は，浜松にある請負業者への労働力供給者に聞き取りをしたことがある．ここの仕事は日本中の請負業者に現在抱えている待機中の労働者のリストをファクスで送信することであった．この業者は，送付したリストの中から業務請負業者に指定された労働者を当該請負業者へ送ることでビジネスを成立させているのである．「ファクスの送り先は600社ある．1日ではリストを全部送りきれない．1社が1人送ってくれと言っても，月に600人は必要になる．待機者が多くて困ることはない」のである[9]．

　アセソリアは，リクルーティングにも大きな変化を与え始めている．新聞や雑誌といったメディアを通しての募集広告は，2000年代に入ると急速に減少している．筆者が，1997年にはじめてブラジル調査をしたときは，街なかで手にできるメディアに載っている募集広告をみて，聞き取り調査のお願いの電話をかけ，67社に話を聞くことができた．2004年11月段階だと，このような方法でアクセスできる旅行社はおよそ30社に過ぎなかった．また97年当時は，広告は出してなくても，大きな看板を出して日本就労希望者を集めているデカセギ旅行社がたくさん存在していた．これが，リベルダージ駅周辺のわずかな場所に限られるようになった．広告の拡大アナウンス効果は大幅に小さくなり，街なかでデカセギが不可視化してきているのである．しかし，このことはデカセギ旅行社が消えてきていることを示すわけではない．グロリア通り32X番地のペンシルビルには，14のオフィスが入っている．このうち11がデカセギ旅行社だ．看板も何もでていないこのビルにデカセギ旅行社が集積しているとは誰も気づかないだろう．しかし，日本就労希望者はそこに絶えず流れ込む．デカセギ旅行社の所在地は，なかば日系コミュニティの暗黙知と化し，いまや募集広告の必要は大幅に減少したのである[10]．しかしながら，アセソリアも2005年以降急速に変化している．アセソリアはブラジルで日本就労希望者が多いにもかかわらず，個別のデカセギ旅行社の持っている取り引き先は労働者の募集を余り活発化させていないときに有効な仕組みであった．これが海外に出ていった工場の日本国内への回帰現象もあって，日本国内の労働力需要が高まると，デカセギ旅行社は，日本就労希望者をアセソリアに回すのではなく，自らの取り引き先に送るようになる．アセソリアに回すと自分の取り分は1人当たり600-700ドルだが，直に取り引き先に送れば1,000-1,200ドルになるか

らだ．国境をはさんで労働力需要が変化するたびに，デカセギビジネスの形態は変化し続ける．

デカセギ旅行社やアセソリアを通すことなく，個人で航空券のみを持って日本に行っても仕事がすぐにみつかる保証はない．「リピーターしかいない」，「はじめてデカセギに行く人なんてみつからない」，「デカセギ旅行社ももう終わり」といった言葉を口にしつつも，デカセギ旅行社はなくならない．どんなにリピーターが増えて，一見すると航空券のみで渡っていく者が多くなっているようにみえても，それは表層的な変化に過ぎない．むしろ日系旅行社と業務請負業の連携のあり方の変容を示すだけであって，相変わらず個人は日系旅行社と業務請負業の上を通って生産点に配置され続けているのである．

4．進化しつづけるデカセギ旅行社——総合デカセギ業の誕生

アセソリアという新しいデカセギ媒介機構が発生することによって，既存のデカセギ旅行社も経営形態を大きく変化させてきた．ブラジルでデカセギのチャンピオンと呼ばれる老舗のデカセギ旅行社A社の変容を検討していく．筆者は1997年にはじめてA社にインタビューをして以来，この10年間，経営者兄弟とその家族，そしてA社の幹部社員に継続的に聞き取りを積み重ねてきた．本節では，主にA社のこの間の変化を検討することから，デカセギの変化を考察してみたい．

A社は，本社を沖縄系ブラジル人が集住するビラ・カロンに置き，支店をリベルダージと横浜に置いている．ビラ・カロンには，A社以外に3社のデカセギ旅行社が本社を置いており，このすべてがボリビアからの再移住者によって経営されている[11]．A社は，ボリビア系旅行社のなかでは後発旅行社であるが，デカセギに手を出したのは一番早い．A社は，最初の日本就労者を1983年から1984年に送り出した．A社にデカセギがビジネスになることを教えた1人が，ボリビアのコロニア・オキナワの有力者N氏の長男であるM氏であった[12]．M氏は結婚を考えていたこともあって資金が必要になり，父のすすめもあって1年間日本で働くことにした[13]．1年間期間工で働き，帰国するときに，就労先の工場から「ラテンアメリカに就労意欲のある者がいるなら

ば集めて欲しい」と言われた[14]．日本就労希望者を集めるのであれば自身の出身地であるボリビアで集めるより[15]，日系人人口の多いブラジルで集めるほうが集めやすいと考え，旧知のA社経営者兄弟に募集活動を手伝ってくれるよう依頼したのである[16]．

デカセギ旅行社のパイオニアのA社も，1984年の終わりまでは，日本就労者のリクルーティングには苦労していた．とりわけ，日本就労希望者集めの最初の2回は「日本に行けば稼げる」と言っても誰も信用してくれなかった．状況が変わってきたのは，1985年になってからだった．最初に募集した人びとがブラジルに戻って，家や車を購入し始めると，「デカセギは儲かる」という言説が一気に広がり，後は広告も必要なくなった．A社草創期の主たる取引相手は，次節で取り上げる請負業B社であった．B社は，業務請負業のなかでいちはやく日系人労働者の取り込みに成功した会社であり，2005年現在でも外国人労働者の送り出し数では日本最大を誇る請負業である．A社は当初，B社の手足となってなかばB社の代理店のような形で事業を展開していた．しかし，B社が日本で「入管法違反」で摘発されると，A社もまた同法違反で摘発された．

A社はこの摘発を機にB社との提携を解除した．A社のビジネスがこのころ急速に変わり始めていたことも理由の一つであった．A社は80年代の終わりには，デカセギビジネスをトータルに考え始めていた．多くのデカセギ旅行社は日本就労希望者に対するサービスで完結している．つまり，日本行きの航空券と就労先の手配である．しかし，A社はデカセギビジネスをこの段階のみで終わるものとは考えなかった．日本就労者たちは，帰国時には就労の成果＝貯蓄を持って帰ってくる．そのためA社は，帰国者を相手にしたビジネスを展開しうると考えたのである．そこでA社は，自社のなかに不動産部門を設けて，帰国者が自宅や農地を購入する際の仲介をはじめた．それゆえA社は，B社という特定の取引先に依存する必要性がなくなったのである[17]．

A社は不動産部門の収益が上がり始めると，不動産部門を子会社として分社化した．旅行社の一部門として運営していくには大きくなりすぎたからである．しかし，90年代半ばにさしかかる頃から，この不動産子会社の事業は急速に停滞する．デカセギ者のリピーター化が始まったからである．最初のデカ

セギの結果として家を購入した者は，2度目のデカセギの貯蓄を不動産には向けなくなった．さらに同時期，ブラジルの銀行が東京，浜松，そして名古屋といったブラジル人の多い都市に支店を設けるようになった．日本にブラジルの銀行支店がなかった頃は，デカセギ者は帰国するときに貯蓄を現金で持ち帰った[18]．大きな額を一度に持ち帰るからこそ，大きなモノを購入したのである．これが日本にブラジルの銀行ができるようになると，貯蓄と送金のスタイルが一変する．日本の支店で口座をつくると渡されるカードをブラジルにとどまる家族に渡しておくことで，必要なときに日本でもブラジルでも現金を引き出せるようになる．危険を冒して，大金を運ぶ必要がなくなったのである．このことはデカセギ者の消費行動において，大きなモノをまとめて購入するという消費スタイルを，日々の生活費を増加させるスタイルへと変更させた．結果，いまだ不動産を持っていない者も，不動産ビジネスの対象から消えてしまったのだ．

　デカセギ者の消費に変化が見られると，A社は不動産ビジネスを縮小し，再び原点に回帰してデカセギ業に力点を移した．そのため，今度はデカセギ紹介業を分社化した．A社本体は航空券販売のみを行い，就労先の紹介までをも含むデカセギ旅行社は小会社のAS社が行う．しかし，このときA社は不動産子会社を縮小したが，帰国者へのビジネスを諦めたわけではなかった．かつてのように大金を一挙に使う消費行動ではなくなったが，日本就労が金を稼ぐためのものである限り，どのような形であれ帰国者あるいはブラジルに残っている家族は日本就労の成果を消費活動に移す．変化にあわせさえすればビジネスとしてまだまだ成立する，と考えたのである．

　新たに始めたビジネスは，A社のビジネスの展開ひいてはビラ・カロンのボリビア系オキナワンのビジネスを系統発生的にみるようなものであった．ビラ・カロンのオキナワンは，集団として一つのビジネスに集積する形で時代時代を乗り切ってきた．1960年代の道ばたや露天市場（フェイラ）での露天商（主にパステルの販売）から始まり[19]，1970年代の縫製業への進出，1980年代には建築資材の卸業やスーパーマーケットの経営，そして1980年代後半以降は旅行業である．占領下の沖縄からボリビアに送り出され，コロニア・オキナワでジャングルを開拓した共通の経験を持つボリビア移民は，自身がある商売

で成功すると仲間内に隠すことなく商売のノウハウを教えあった[20]．このことによって，カロンのボリビア系オキナワンは少しずつ資本蓄積を進めて，大きな商売へと転換してきた（森，1998 ; 2001）．

　A 社もまた，ランドリー業，スーパーマーケット，ランチョネッテ（定食屋），建築資材卸業とさまざまな商売を行ってきた．ランドリー業，スーパーマーケット，ランチョネッテは売り払ってしまったが，建築資材卸業は経営者の息子の1人が引き継いでいる．また，親族がさまざまな自営業を営んでおり，ボリビア以来の手の内をさらけだしあう仲間も存在している．A 社は，ここに目を付けたのである．かつて，自分たちは共通の体験を持っていたからこそ，助け合い，手の内をみせあった．これを共通の体験のない外部の者に，金銭を受け取ることで，起業に必要な経営ノウハウを教えることにしたのである．デカセギで資金を得た者が起業しようと思っても，自身にこれまでビジネスの経験がない場合や起業しようと思った業種での経験がない場合には不可能である．そこで A 社は起業を考えている者の相談に乗り，相談者の希望するビジネスで成功している知人や友人のもとに送り込んで，3 カ月から半年の OJT（On the Job Training）の機会を与える．この間に仕入れや顧客へのサービスの仕方等々を実地で学んでもらい，OJT 期間が終わった後に，再度まだ起業する意志を持っているかどうかを確かめる．これまでの経験からすると，相談者のおよそ3分の2の者がこの OJT 期間に自営業の厳しさを知り，起業を諦めていくという．それでも最後まで諦めなかった者に，A 社は概ね2年間のビジネスの起ち上げ期を，経営支援していく．コンサルタント業への進出である．このコンサルタント業は，起ち上げ期の経営支援のため，売り上げも小さく，コンサルタント業のみではもうけが出ない．それゆえ単に経営支援するだけでなく，不動産子会社が店舗を紹介し，息子の経営する建築卸業の関連企業が店舗の改装を請負うことで関連部門と連携して一つのビジネスとして展開する仕組みを作っている．

　A 社はいまや総合デカセギ業となっている[21]．デカセギは航空券と就労先がセットとなったパック旅行である．デカセギ旅行社のビジネスは基本的にこのデカセギパック旅行を売ることである．しかし，A 社は出発の部分だけでなく，デカセギ帰国者サービスをビジネスの柱にすることによって，パック旅

行部分でも大きな収益を上げる構造になっている．一般に沖縄系旅行社はパック旅行の代金が高い．標準的なデカセギ旅行社が航空券と就労先のセットで2,400ドルであるのに対して，A社では2,800-2,900ドルになる（この金額は2004年11月時点のものであり，2007年9月は航空券価格の値上りもあって，標準的なデカセギ旅行社が3,000-3,200ドルに対し，A社は3,200-3,300ドルと価格差は縮まってきている）．価格競争的には不利になる値段であるが，A社を利用する者は帰国後のサービスも期待してこの値段を受け入れる．そのためA社はデカセギ旅行社間の競争に巻き込まれることなく，独自のニッチ・マーケットを確保することに成功している．

5. 古典的デカセギ旅行社の現在
―― 日本の請負業の支配とデカセギ旅行社の疲弊

航空券と日本の雇用とをセットで売る典型的なデカセギ旅行社の場合は，どのようなものになっているのだろう．ここでは，オキナワンが経営している沖縄系旅行社を除いて考察してゆく．沖縄系旅行社はリピーターの顧客を多く持っているのに対して，本土出身者の経営する一般的なデカセギ旅行社は顧客をリピーター化することに失敗している．ここでいう顧客のリピーター化とは，一度日本就労（デカセギ）に行くときに自社を利用した顧客が再度日本に行く際にも利用してもらえることを意味する．

デカセギ旅行社は，互いに競争しつつも，1社だけではミスマッチを抱えてしまう日本就労希望者を融通しあうグループを形成している．本節では，B社を中心とする労働力募集システムを中心に考えてみる．すでに述べたように，B社は日本最大の日系人を雇用する請負業で，最大時に6,500名，2005年現在でもおよそ5,000名の送り出し労働力を誇る．取引先はおよそ230社ある．すべての取引先に1名の欠員がいるだけで毎月230名の新規労働者が必要になるのである．B社は，1984年にサンパウロにC社をつくり，ブラジル現地における労働力募集を始めた．2004年11月の調査時点までで，延べで3万人の日本就労者を送り出している．その一方でC社は，B社の労働力募集活動を行うための現地法人であるから，そのため旅行社単体としての利益を求められ

ない[22]．この点で，C社を一般の日系旅行社と同列に考えることはできない．

　C社の募集システムは，代理店システムである．自社に飛び込んできた者は自社から送り出すが，自社だけで必要な人数を集めることができないので10社のデカセギ旅行社を代理店と指定し，この10社が日本就労希望者を集めてくる[23]．自社飛び込みの場合の価格は1,800ドルであり，この価格は航空券代およそ1,400ドルにビザの取得手数料等の書類集めの手数料に事務所を維持するための最低限の経費が含まれただけの価格である[24]（2007年9月では航空券価格1,800ドルにビザ取得手数料等を加えた2,100ドルが，自社飛び込み価格になっている）．これに対して，10社の代理店は，2,400-2,600ドルを日本就労希望者に要求している．価格面だけから言えば，C社から日本に行くことが，日本就労者にとってもっとも負担が軽いし，その分だけC社のほうが圧倒的に価格競争力を持っている．しかし，C社は1,800ドルで行けることを積極的に宣伝していない．単純に人集めだけを考えれば，価格面だけを前面に出す広告をうてばよい．だが，その場合にはリスクを全面的に引き受けなくてはならなくなる．航空券と就労がセットになった価格は，現地で「タテカエ」と呼ばれる制度で払われる．男性なら5回，女性なら6回の分割払いで，就労先の給料から天引きされる．デカセギ旅行社には，このタテカエ期間が終わったときに，就労先から旅費の代金が全額支払われる．タテカエ期間中に労働者が逃亡してしまうと，旅費は全額旅行社の損害となる．日本就労希望者を代理店で集めれば，このリスクをB社は代理店に負担させることができる．しかし，一方的な代理店のリスク負担では，代理店がついてこない．このためインセンティブとしてC社は，日本就労者を1人集めてくるごとに10万円を代理店に支払っている[25]．これによって，代理店はデカセギ旅行社の通常の相場価格を日本就労希望者に要求しつつ，C社からの10万円でリスクを引き受け，企業利益を獲得する．このような構造を維持するには，C社（ひいては親会社たるB社）は代理店と自らが競合関係になってはならず，そのためC社はもっぱら一度B社に勤務した者が再度日本に行くリピーターの部分を自社のマーケットとしている．

　代理店10社は皆疲弊している．代理店は，どこも自社のリピーターを確保できていないのである．どの代理店に聞いても「つきあいは今だけ．リピータ

ーになって次に行くときは，別の旅行社から行く．消費者が選別するから仕方ないが，何度も使ってもらえる旅行社なんて信じられない」という言葉が共通に吐かれる．マーケットである旅行者を囲い込むことに成功していないから，つねに，他社と競争になる．競合する他社よりも1人でも多く日本就労希望者を集めるためには，プロモーターと呼ばれるブローカーを用いなくてはならない．B社の代理店は少ないところで20人，多い旅行社では300人のプロモーターと取引がある．2004年11月段階では，各代理店は，1人集めるために900ドルから1,100ドルをプロモーターに渡していた．しかも，代理店によっても異なるが，プロモーターなしで集められるのは5％から30％である．どの代理店も，プロモーターなしで日本就労者を集めることはできなくなっているのだ．

　プロモーターに渡す額が1,000ドル前後の水準であると，実質的に，C社から渡される10万円がほぼまるまるプロモーターに回っていることになる．しかも，このプロモーターへの支払い価格は，そのときどきの労働力需要に大きく依存する．しかし，日本就労希望者（デカセギ者）を囲い込めないデカセギ旅行社は，人数を集めるにはプロモーターに頼らざるを得ない．ところで，各プロモーターは特定の旅行社と専属契約しているわけではない．プロモーターは，日本就労希望者をみつけてくると，取引のある複数のデカセギ旅行社に話を持っていき一番高い値段を付ける旅行社に渡してしまうのである．このため，プロモーターとデカセギ旅行社の関係では，プロモーターは下請というよりもサプライヤーとして強い交渉力を持っているのである．

　ビジネス面だけを考えれば，プロモーターとの取り引きは必ずしも利益をもたらすものではない．ここには親会社C社がデカセギ旅行社を用いるのと相似形の論理が働いていることを見逃してはならない．プロモーターが連れてきたデカセギ者がタテカエ期間中に就労先から逃亡した場合に，デカセギ旅行社は負債として降りかかってくる立て替え旅費をプロモーターに請求する．このリスク回避機能が必要になるほど，リピーター化が進行する日本就労希望者のタテカエ期間中の逃亡は増えている．だが，プロモーターの利用は，既述のように，自身の利益とトレードオフの関係であって，プロモーターを利用すればするほどデカセギ旅行社は利益を小さくせざるを得ない．こうして二度三度と

繰り返して利用するリピーターを確保できないデカセギ旅行社はどこも消耗戦に入り込んでいる．

6. 9.11 とデカセギ

　9.11の航空機テロはデカセギにも大きな影響を与えている．合衆国政府がアメリカを通過するだけのトランジットパッセンジャーに対してもビザ（トランジットビザ）を要求するようになったからである．トランジットビザの登場は，デカセギ旅行社に二つの選択肢を迫ることになる．第1は，アメリカを通過しない便を利用することである．ただし，この選択肢では飛行距離が長くなるため航空券代は上がらざるを得ない．第2は，自社から送り出す日本就労希望者を再入国許可保持者のみにしてしまうことである．トランジットビザは文字通りトランジット（乗り継ぎ）旅行者に発給されるものであり，すでに目的地のビザが取得されていなくてはならない．これから定住ビザを取ろうとする者の場合，日本領事館に申請して3-4週間後に定住ビザがまず発給され，定住ビザが出てからトランジットビザの申請を行うことになる（日本政府は世代によるビザ発給の差別を行っており，3-4週間を要するのは日系三世の人びとである．日系二世のビザ申請に対しては1週間で対応している）．トランジットビザは，おおよそ1週間で発給されるが，最短でも1ヵ月の時間が必要になる．
　ブラジルの求人雇用は，日本のなかでの求人雇用と競争関係にある．ブラジルから送られることが決まっていても，当人が日本に着くまでに日本のなかで労働者がみつかり，ブラジルから送られた者が渡航前に聞いていた仕事と異なる職種に就かざるを得なくなることは珍しいことではない[26]．これを避けるため，旅行社全体の需要は，アメリカを経由しない便＝非直行便にシフトしている[27]．2004年11月の時点では，カナディアン航空を利用するデカセギ旅行社が最も多く，カナディアン航空が埋まっている場合にヨーロッパ系航空会社を利用するというプライオリティ付けがなされていた．カナディアン航空の場合，直行便より飛行距離が伸びるので，およそ100ドル程度航空券が高くなる．だが，トランジットビザを，旅行社を通して取得すると100ドル前後の費用がかかるため，直行便との価格差はほとんどない．また，日系旅行社協会を通して

航空券の協定価格が成立しているのは直行便に関してのみなので,非直行便では価格競争が発生する.他社よりも安く航空券を仕入れることのできる旅行社にとっては,利益を拡大できる.さらに,より早く日本就労を可能にさせることで,消費者へのサービスも向上すると捉えていた.2007年9月現在では,日本就労者を乗せていくルートはカナディアン航空からヨーロッパ系航空会社にシフトしていた.とりわけエールフランスとルフトハンザへの需要が高かった.これはこの2社がフランス国内,ドイツ国内でのコネクティング時間を最少となるような便の設定を行い,かつフランス・ドイツから中部国際空港に乗り入れる便を用意することにより,北米経由で成田または関空から中部日本へ入るよりも早く到着できるからである.このように新空港の建設や新しい飛行ルートの誕生で,デカセギ者の国内への入り方も絶えず変化する.

　9.11はこのようにして日系人のデカセギにも大きな影響を与えている.アメリカ直行便に集中していた渡航ルートが非直行便に変わることによって,グアルーリョス国際空港の風景は一変した.1990年代には,日本直行便が集中する午後11時から午前1時の便のチェックインを目指して,午後9時には第2ターミナルは毎日500メートル以上の列ができていた.一家族あたり四から五台のカートが家族の前に並んでいる.カートにはトランクケースが五つ六つと重ねられている.それは,まさに豊かな社会を求める人間の群れであった.この人間の群れが空港で不可視になった.日本とブラジルの間を行き来する人間の数が減少したのではない[28].不可視になったのは非直行便に需要がシフトすることにより,日本への渡航者が深夜便に集中せず,様々な時間帯に分散したためである.

7. 変容しつづける制度＝デカセギ旅行社を理解する
　　――新制度論からのアプローチ

　ラテンアメリカからの日系人の日本就労は,デカセギ旅行社と業務請負業の連携を,入管法の改正やビザのコントロールといった法・行政制度がオーソライズすることにより成立している.だからこそ,様々な制度の変更は日系人の労働市場に多大な影響を与えてきた.本節ではデカセギ旅行社を制度の観点か

ら検討してみたい．

　本章では，制度という言葉の使い方をノース（North, 2005）に準じて用いることにする．ノースは，まず制度（institution）のタームで分析する対象を「ゲームのルール」に限定し，組織（organization）をゲームのルールである制度のなかでのプレーヤーとして，制度と組織を厳しく峻別する（North, 2005 : Chap. 5）．これは制度という言葉で，習慣，価値観，規範，法，会社組織，労働組合といった有形・無形のありとあらゆるものを扱ったヴェブレンやコモンズなどの旧制度学派と異なるばかりか（Veblen, 1998=1961；1904=1965；Commons, 1990；1995）[29]，取引費用の理論（transaction cost theory）を用いて組織分析を行うコースやウィリアムソンなどの新制度学派とも異なる（Coase, 1937；1960；Williamson, 1975；1985）．

　ノースは組織を含むプレーヤーの行動を規定するのが制度であるとし，制度はプレーヤーを形成する諸個人が持つ信念（belief）によって成立すると考える．そのうえで，個人がある結果をもたらすという信念から制度にかかわってくることを重視する[30]．しかし，ノースはこの制度，信念，個人の関係が安定したシステム（あるいは安定した意味連関）をなすとは考えない．なぜなら，これらの関係は時間の軸を入れたとたんに，(1)「人口の量と質の変化」，(2)「環境への対応に必要な知識のストックの増加」，(3)「個人のインセンティブを動機づけるフレームワーク」という三つの要因の絶えざる変化によって，絶えず再編されなければならないからである．

　この観点からブラジルにおける日系旅行社の変化についてまとめると次のようになる．まず「個人のインセンティブを動機づけるフレームワークの変化」が生じた．それが「負け犬の出稼ぎ」から「成功へのデカセギ」への日本就労に対する認知枠組みの変化である[31]．「成功へのデカセギ」はそれ自体がインセンティブを与える認知枠組みであり，これが日系社会にゆきわたっていったからこそ，日本就労はブームとなり，人の流れは止めることができなくなる．こうした事態を受けて，フォーマルなルールの変更が引き起こされた[32]．コモンズが指摘したように，法は，(1)何を富として所有できるのか，(2)どのような方法で富を獲得しなくてはならないのかを規定することによって，人間の行為パターンを決定してしまう（Commons, 1995 : Chap. 2）．コモンズの取り上

げた問題を，法の問題としてのみでなく，フォーマルなルールの変更の問題という点でみれば，領事館のビザ発給の仕組みがかわることによって，再入国者が増加し，航空券を購入しただけの渡航や，アセソリアという新しい制度が生じてくるのも当然といえよう[33]．

また，1980年代半ばから始まったデカセギは，すでに20年の時間が経過し，この間にデカセギ労働者個人の経験・知識も増加した．だが，労働者以上に経験と知識を積んだのは，デカセギ旅行社の側である．デカセギ旅行社の経験と知識の増加は，B社が10社の代理店を通してリクルートする集め方，10社の代理店のプロモーターを通した送り出し労働力の集め方に典型的に現れている．企業という組織で吸収できないリスクを，下請組織に吸収させ，下請組織もまた同様に孫請組織にリスクを吸収させる仕組みがここには成立しており，ヒエラルキーによるリスク管理の仕組みが事後的に成立している（Williamson, 1975；1985）[34]．これは日本就労者の逃亡をただ確率的な事故として処理するのではなく，送り出し後も責任を持たせる仕組みを作ることで，事故の確率そのものを低下させようというインセンティブを与える一つの制度である．労働者サイドの選好（preference）をコントロールすることを諦めた選択肢とも言える．

反対に，労働者サイドの選好をコントロールすることができれば別の選択肢が浮上することになる．その一つのあり方を提示するのが，A社のリピーター確保戦術である．A社はリピーターの確保によって，単純に自らの市場を囲い込むだけではなく，クライアントの選好までもコントロールしているのである[35]．そしてこのことによって，就労意欲の高い労働者の確保→消費者側にとって高いパック料金の受入→逃亡者の低下→帰国後のサービスの提供という好循環を生み出し，一連の収益源を確保すると同時に就労意欲の高い労働力の確保を可能にしている[36]．クライアントの選好をコントロールすることを諦めて，ヒエラルキーを形成することでリスク管理を行おうとするC社型の制度も，クライアントの選好をコントロールするA社型の制度も，どちらもが日本就労希望者という労働力貯水池の中から「見えざる手」によって労働者を選択するのではなく，リスク管理という「見える手」を用いることで労働者の選択を行っている．

10章　総合デカセギ業の誕生　243

もちろん，デカセギ旅行社がプロモーターを使ってリクルート活動を進めるのは，旅行業者の知識の増加に伴う制度化だけではない．ここには，ラテンアメリカ社会での日系人労働力が滞日人口の増加によって減少していること，就労者の世代がかわり，日本語がほとんどできない者が多くなるなど，デカセギ就労可能人口の規模と質の変化が働いていることも見逃せないだろう．3 節で取り上げたデカセギ広告をめぐる変化にも，このデカセギ就労可能人口の質の変化が関係していることが予想される．日本語が読めない人びとが中心になれば，日系コミュニティ紙からデカセギ広告が減少するのは必然であるからだ．

　しかし，制度の変化を通して理解しなくてはならないことは，個人の変化を通しての日系コミュニティの変化であり，このコミュニティの変化を反映するものがデカセギ旅行社の変容である．この点でコミュニティの変容をより表すのは A 社グループの総合デカセギ業化である．A 社グループの変化はデカセギ帰国者の消費性向の変容を示す．デカセギ労働者が海外で就労した成果を本国ブラジルで消費することは，単純な消費活動ではない．それは消費であると同時に資産形成のための投資活動と密接につながっている．この意味において，A 社が帰国者へのサービスの中心を不動産事業からコンサルタント業へとシフトさせたのは，A 社の経営戦略の変更を示すだけでなく，ブラジルの日系コミュニティの資本蓄積そのものの変化を表すのである．

8．結語にかえて

　デカセギ旅行社は大きく変容してきている．「日本就労という選択肢が発生しなければ，ブラジルの日系コミュニティはもっと落ちていただろう」と森幸一はデカセギを評価する[37]．デカセギとは決して個人に生じた問題ではない．日系コミュニティ全体の問題であり，だからこそコミュニティペーパーである現地日本語新聞各紙は，デカセギを報道し続けている．日本語新聞はつねに県人会幹部の「デカセギがコミュニティの空洞化をもたらし，日系コミュニティが解体の危機に瀕している」というメッセージを流しつつも，県人会幹部がデカセギビジネスで収益を上げていることには目をつぶっている[38]．

　デカセギ旅行社の変化にも，同じことが言える．デカセギ旅行社は「儲から

なくなった」と言うが，リベルダージだけでも日系旅行社，デカセギ旅行社，デカセギエージェントは100社以上ひしめいている．1990年にリベルダージだけでデカセギ旅行社が230社存在した時期に比べれば減少しているが，サンパウロ市全体でみれば，日本領事館のあるパウリスタ通り周辺，沖縄コミュニティの発達しているビラ・カロンやカーサベルデ，アクリマソン，ビラ・マリアナ，そしてサウージといった地域にもデカセギ旅行社は集まっており大幅な減少は感じられない．

「もうデカセギも終わり」という言葉とは裏腹に，旅行社の数は一定規模のままである．デカセギ旅行社は終わることのない変化を遂げてきている．デカセギは終わらないのである．前山隆はかつて，「日本人」移民が日本人であることを止めた時に「日系」ブラジル人が誕生し，国籍としてブラジル人が定着していくなかでコミュニティに日系宗教が広がっていくさまを克明に分析した（前山，1997）．前山が問題にしたのは，日本からラテン・アメリカに渡った日本移民にとって現地でどれだけ世代を重ねても，魂の帰る場所が日本である限り，日本移民のコミュニティは墓を持たなかったということである．それが勝ち組・負け組の問題を経て，ホスト社会＝ブラジルのなかで生きていくことを選択せざるを得なくなった1950年代になって，ようやく日本移民は墓標をたて始め，自らの魂がホスト社会にとどまり続けることを自覚し，「日系」ブラジル人になっていったのである[39]．

デカセギがどんな形であれ続いていくのは，前山が論じたのとは逆の出来事が起きているからであろう．どれほど日本での就労が長引き，日本で稼ぐことなしに日本とブラジルに分かれて住む家族の生活が成り立たなくなっても，魂の帰る場所（＝最後に戻る場所）がブラジルである限りにおいて，デカセギはなくならない．それどころかブラジルの日系コミュニティにおける資本蓄積が，日本就労によって構造化されている現実に鑑みれば，ブラジルのコミュニティが存続していくためにもデカセギは今後も必要とされていくであろう．そしてこの構造が存続する限りにおいて，デカセギ旅行社もまた，需要に応じてそのサービスの内容を今後も変化させながら存続していくのである．

1）　一世で日本のパスポートを所持する者であれば，自由に日本に入ることができるので，手続き的バリアーは低いが，二世以降のブラジル国籍保持者が個人で必要な書類を集めることは難しい．必要な書類には，自分の出生証明書（ナシメント），両親の結婚証明書（カザメント），本人が結婚していれば自分の結婚証明書，これに加えて両親あるいは祖父母の戸籍謄本が含まれる．第二次大戦中の混乱や移住してからのたびかさなる引っ越しで戸籍謄本の写しを紛失してしまっている場合には，日本の役所（市役所・町役場・村役場）に連絡をとり送ってもらう必要がある．
2）　例えば，三菱自動車岡崎工場では，サンパウロに人事担当者を直接送って日系人労働者の期間工集めを行ったこともある．こうした経緯もあって，三菱自動車とその下請を中心にした企業が，岡崎市商工会議所のなかで岡崎地区外国人雇用企業連絡協議会をつくり，地域における日系人の直接雇用を 1992 年から進めていた．しかし，1990 年代の後半，中心企業の三菱自動車の不振もあって，この協議会企業内部における日系人直接雇用が大きく減少した．そのため協議会は 2003 年をもって活動を終えた．
3）　筆者のこれまでの現地調査では，2000 年以降にメーカーが自社の名前を出して直接現地で募集活動をしていたのは，いすゞ自動車が夏期休業中の大学生を対象に「アルバイト雇用」の名前で 3 カ月の期間工募集をしていたのみである．
4）　この仕組みは，メーカーが自ら募集活動を行う期間工の募集と基本的に同じである．
5）　求人量が現実よりも大きく伝わることで，日系コミュニティに日本には働き口がいくらでもある，というイメージが広がった．その結果，サンパウロ，リマ，ブエノスアイレスといったデカセギ旅行社の集積している地域には，デカセギ旅行社に行けば日本就労の道が開ける，という神話がうまれ，日本就労を期待する者たちが絶えず流入してくる．このことがますますデカセギ旅行社の集積地に新規のデカセギ旅行社を集めることになった．
6）　9.11 以後航空需要が減少するなかで，航空券価格の固定化は航空会社を利する仕組みになっていると言われている．
7）　2003 年に名古屋のブラジル領事館がブラジルのアセソリアと組んでいる請負業者の労働力供給者を突き止めた．そして日本の労働力供給者にブラジル人を仕事がないままに送り出しているアセソリアをブラジル連邦警察に摘発させた．その結果アセソリアと組んで日本就労希望者を送り出していたデカセギ旅行社が連鎖倒産するという事件が起きた．
8）　筆者がブラジルで聞き取りを行ったデカセギ旅行社のなかで，県人会と並んで旅行業経営者を輩出してきた組織としてコチア産業組合等の農業協同組合がある．一時は世界最大の農業協同組合であったコチア産業組合をはじめ，日系移民による農協は 1990 年代に相次いで倒産する．農協の専従者や理事等の役職経験者には，倒産が迫るなか，農業経営に行き詰まった農業者から日本就労希望が寄せられた．それらへの対応として，農協の仕事の一つとして日本側での就労先探しをしたことがあったと，彼らは口を揃える．そして農協が破綻する直前，あるいは農協の破綻の後に，彼らは

デカセギ旅行業へ進出していった．ラテンアメリカにおける日系人による農協の運営については，コチア産組中央会刊行委員会（1987），南米三翠同窓会史編集委員会（2004）等に詳しい．
9） 豊橋市に本社をおく業務請負業経営者が筆者に語ったところによると，「一度地元にどのくらいの業者がいるのか調べたことがあって，磐田市と浜松市で営業所を持っている請負業者だけで300社を把握することができた．しかし，自分たちで把握できない業者が最低でもその倍は存在するだろう」とのことであった．当事者ですら，地元にどれくらいの同業者が存在するのか把握できていないのである．
10） この点で森（1992）の当時とは，大きく募集構造そのものが変化したといえる．
11） カロン（Carrão）はサンパウロ市営地下鉄東西線の駅名でもあるが，オキナワンの集住しているのはカロン駅からバスで15分ほど離れたカロン大通り（Conselheiro Carrão）周辺のビラ・カロン（Vila Carrão）地区である．しかし，ここでのビラ・カロンという地域は行政上の地域名ではなく，「在伯沖縄県人会ビーラカロン支部の会員が分布する地域を指し，沖縄県人の慣用的な地域区分に基づいている」というように，オキナワンにとっての通称の地域名である（石川・町田，1986：126）．
12） コロニア・オキナワにおけるN氏の位置は具志堅（1998）をみると理解できる．この本は，コロニア・オキナワの日本ボリビア協会会長（実質的なコロニア・オキナワの村長）によって書かれた書物であるが，N氏はそこで著者の有力な政敵として登場している．現在，息子のM氏はボリビア第2の都市サンタクルスで，デカセギで稼いだ資金をもとに縫製業を営んでいる．
13） 父親であるN氏はこれを，「ボリビアはのんびりした国だから，ここにいたらダメになると思った．息子は，それまで寝てばかりだった．日本の厳しい社会をしらなきゃいけないと思って，日本に送り出した．人の釜の飯を食ってくることで，ずいぶん変わった．日本に働きにいくのは，ここでは社会教育みたいな面もある」とも述べていた．
14） ホンダ系の軽自動車をつくっている車体メーカーであった．
15） ボリビア日本人移住100周年移住史編纂委員会（2000：第三部第五章）によれば，コロニア・オキナワの1954年からの入植移住者総数はおよそ500家族，3,200名に対して，残った者の割合をおよそ25%と評価しており，コロニア・オキナワは労働力供給地としてはきわめて小さい．ボリビアに所在するもう一つの日本人入植地・サンファン移住地も1996年時点での入植地人口は762名と，コロニア・オキナワと同様に小さい（前掲書：第三部第七章）．
16） もっともA社経営者兄弟に言わせると，この時期M氏のような話を持ちかけてくる者が何人かいたとのことである．旅行業に乗り出すことにしたのは，複数から話がでてくることを考えて，これは一時的なものではない，と思ったからだという．旅行業の前は，スーパーマーケットとランチョネッテ（定食屋）を経営していた．
17） A社は摘発を受けるまでに，およそ1万人の日本就労者を送り出していた．
18） 1980年代後半から90年代前半の，『日伯毎日新聞』『パウリスタ新聞』『サンパウロ新聞』といったブラジルで発行されていた邦字新聞をみると，帰国の便で空港に着

いたとたんに強盗にあうデカセギ帰国者の記事が，ほぼ毎週のように載っている．
19) 1960年代後半において「サンパウロ市内のフェイラでのパステル販売は約200家族程度で，この99％までは沖縄系人であったという」との記述が見られるように，露天でのパステル販売をオキナワンが牛耳っていた（森，2001：41）．ブラジルの都市部は所得格差が大きいところに低所得者層が戦後大量に流入したため，この低所得者層に食料や日用雑貨品等の必需品を安価に提供する仕組みが必要であった．このことへの対応が，街路の決められた場所で毎日どこかで開かれる定期市である．サンパウロ市内だけで，この定期市の開かれる場所は530カ所を超える．この露天の定期市場をフェイラと呼ぶ．
20) 島嶼部では島を，沖縄本島では字をといった具合に，出身地を単位に郷友会が作られるのが通常であるのに対して，ボリビア移民は出身地とは関係なしにコロニア・オキナワ建設を契機に郷友会を形成している．それがブラジル・ボリビア協会である．日本でも神奈川県に日本ボリビア協会がボリビア移民により作られている．
21) A社の総合デカセギ業化について，森に意見を求めたところ，「A社がこのモデルをつくったのではないと思う．むしろ，グルッポオキナワをつくったN旅行社がこうしたビジネスのモデルではないか．しかし，金銭を取るとはいえボリビア移民を超えてノウハウを教えるというのは新しい」と評していた（2004年11月）．N旅行社とグルッポオキナワについては，森（2001）が詳細に論じている．
22) 「C社は，これまで単体ベースでみれば，一度も利益を出したことはない．これは旅行社としてC社があるのではなく，あくまでB社のリクルーティング活動を行う部門であるという位置づけによっている．だから，利益を出すことではなくて，人集めをすることが求められている」と所長は語っていた（2004年10月）．
23) C社の代理店で常時取引があるのは，2000年以降はサンパウロ州とパラナ州の旅行社のみである．1990年代の半ばまでは，ブエノスアイレス，アスンシオン（パラグアイ），リマにも代理店や代理人をおいていた．しかし，アルゼンチンやパラグアイの日系人人口は小さいので，日本就労希望者を一通り送り出してしまうと，リピーター人口は小さく商売としてはほとんど成立しない大きさであるという．そのため1990年代の後半から徐々に取引が少なくなり，自然消滅的にこれらの代理店・代理人との取引は消えていったとのことである．しかし，アドホックには現在でも取引がある．これらの代理店・代理人もまた日系コミュニティの指導者層であることは，2004年の参議院議員選で自民党から公認を得て，海外在住邦人として初めて立候補した高倉道男氏がC社のアスンシオンにおける代理人をしていたことが端的に物語る．
24) サンパウロ事務所スタッフの人件費すら含まれていない．
25) C社の入っているオフィスの上の階に，C社と同じ日本の業務請負業が開設しているS旅行社がある．2004年10月から11月にかけてでは，このS旅行社は代理店が1人日本就労者を連れてくることに対して，11万円のインセンティブを出していた．このためS旅行社の代理店が高いプロモーターフィーを支払うため，C社の代理店は日本就労希望者を集めることに苦戦していた．プロモーターがS旅行社の代理

店に日本就労希望者をもっていってしまうからである.
26) 再入国許可を取ってくる者が増加しているなかで,はじめてデカセギに出る者はなるべく早く日本に着くために,トランジットビザの必要がないアメリカを経由しない便を選ぶことがほとんどである.
27) この点で,近年,アメリカ系航空会社の経営不振が伝えられているが,これには単純な旅客者の減少という問題だけでなく,トランジットビザの要求等による制度の変更によって,アメリカ系航空会社の需要が他の航空会社にシフトしている現実も重くのしかかっているのではないだろうか.
28) この10年を限ってみても,日本-ブラジル間の移動人口は年に5万人台の水準を推移している.
29) Commons (1995) は1924年にマクミランより出版されたもの,Commons (1990) は1934年にウィスコンシン大学出版会から出版されたもののリプリント版である.本章ではコモンズに関してはリプリント版を参照したため,原著書の出版順と一致していない.
30) この制度・信念・個人の関係は,ノース自身も認めているように『プロテスタンティズムの倫理と資本主義の精神』におけるウェーバーのスタンスと重なるものがある.
31) 筆者はブラジル現地旅行社の調査の際に,旅行社が使っていた「負け犬の出稼ぎ」と「成功へのデカセギ」という用語を使ってこの変化を扱ったが,森 (1995a) はこれを「出稼ぎの恥意識」から「出稼ぎ肯定論の登場」として整理をしている.
32) 法そのものの変更としては,日本における入管法改正と,ブラジルにおける刑法206条の修正があった.ブラジルの刑法206条は,いったんブラジルに入国した移民の海外就労を禁じていた.
33) コモンズの分析した法は慣習法である.法律の条文が変更したことに焦点を当てるのではなく,個人の行為を規定していく判例に彼の研究のテーマはあったのであり,この限りにおいて,ここに行政の統治ルールの変更を含ませることは大きな逸脱とは言えないと筆者は考えている.
34) ウィリアムソンにおける組織とヒエラルキーの分析概念上の区分については,Williamson (1998) で簡潔に論じられている.
35) A社グループのクライアントの選好をコントロールすることでマーケットを確保する統治の仕組みとC社のヒエラルキーを構築することでマーケットを確保する統治の仕組みという視点は,中世の地中海貿易における地縁・血縁を媒介に商取引を行っていたムスリム系マグレブ商人と手形取引所・航海法を発達させることで商圏を拡大していったキリスト教系イタリア商人とのグライフによる比較制度研究を日系人の労働市場に適応したものである (Greif, 1997).
36) A社のクライアントになる人びとについて考えるアプローチとして,小室直樹による規範社会学からのアプローチは有効であると思われる.小室は「規範的情報は,その情緒的意味すすんでは組織的意味によって,存在するだけで人間行動を規定し(つまり,人間行動は,それが存在しない場合とは異なったものとなる),また,規範

的決定がなされたという情報およびなされ得るという予想によっても規定する．……中略……それが，いつどこで誰によってどの程度まで順守されるか（またはされないか）は，利害状況，社会化様式，行動者の心理状態その他多種多様な変数によって左右されるであろう．この制御はサンクション（の作動）を通じてなされるがサンクションのみによってなされるとは限らない」と論じている（小室，1972：207）．A 社を通じてデカセギにゆき逃亡することなく勤め上げれば，帰国後に自営業化できる可能性が高い．そしてロールモデルになる成功例もすでに存在している．このとき，帰国後の自営業化援助というプラスのサンクションでクライアントを制御する A 社モデルでは，小室の論理とは反対にクライアントの間に何らかの規範意識が成立している可能性を読み取る（あるいは想定する）こともできる．

37) 1997 年以来，筆者は何度も森に「ラテンアメリカに住む者として，デカセギをどう評価するか」ということを聞き続けているが，森の評価は一貫して変わっていない．

38) 同様の構造は，日本で発行される *International Press* や *Nova Visão*, *Journal Tudo Bem* といった日系ポルトガル語新聞ではよりデフォルメ化されてみることができる．様々なコミュニティの問題が，デカセギという就労形態によってもたらされているにもかかわらず，新聞がデカセギの問題を深く追求することができない．それは，読者はデカセギ労働者であるにもかかわらず，新聞に広告を載せる広告主はそのほとんどが求人情報を載せる業務請負業者であるからだ．この結果，読者に関心のあるデカセギがもたらすその時々の様々な現象については触れられても，その根源を追求していくことはある種のタブーとなっている．このことは，筆者がインタビューした何人かの元日系ポルトガル語新聞記者も認めていた．

39) 戦後移民の集住地であるビラ・カロンでは，現在進行形で沖縄からブラジルへのトートーメ（位牌）の移動にはじまる墓の移動が起き始めているという．墓の移動は単純に位牌，遺骨，香炉，ヒヌカンといった物理的なシンボルの移動のみならず，沖縄の宗教が祖先崇拝であることから，ブラジルにおけるユタの再生産が問題になってきているという（ブラジル沖縄県人会，2000：第 11 章；森，2005）．

11章　在留特別許可の法社会学

1. はじめに

　本章は，日本の外国人問題を考えるうえで最も根本的な問題を考えるために，在留特別許可制度の問題を検討する．在留特別許可は，「出入国管理及び難民認定法（以下，入管法あるいは法という）」の50条に基づいて出される不法に在留する外国人に在留資格を与える制度である[1]．本来，法が定める在留資格に反した人間に正規の在留資格を与える制度であるから，仕組みとしては欧米におけるアムネスティにきわめて類似した制度である．アムネスティが，すでに当該国に居住していて一定の条件を満たした者を正規化するのに対して，日本の在留特別許可は，この制度に該当すると申し出た者に対して個々に判断して日本滞在の在留許可を与える[2]．そのため，この点だけをとってみればアムネスティとは異なるし，国もまたこの制度をアムネスティと認めていない．「第3次出入国管理基本計画」[3]には，「我が国は，新たな不法滞在者の流入及び不法滞在の長期化を誘発するアムネスティ政策はとっていません」という文言を見いだせる（出入国管理法令研究会編，2005：171）[4]．国はアムネスティを採っていると理解されると，そのことが新たな移民の流入を呼び込み，滞在を長期化させると考えている．そのため在留特別許可はアムネスティではないとしているのだ．

　だが，アムネスティであろうとなかろうと，最も弱い立場の在留資格のない外国人がアンダーグラウンドでの生活から表に出てくる際に，在留特別許可は必ずくぐらなくてはならない関門である．在留特別許可を求めてきた人びとに，

いかなる制約が課せられているのかを検討することは，正規の滞在資格を得るために最低限満たさなければならない要件を国がどこに定めているかを明らかにしてくれる．本章は，現在の在留特別許可を考えるにあたって，判例として重要なモメントになった事件を取り上げ，法廷の場での論争を詳細に検討する．具体的には，退去強制処分の執行停止を求めた申立書，申立書に対して入管の提出した意見書，入管意見書に対する論駁としての申立人側意見書，そして東京地裁の決定文を順に検討していくことを通して，論争の経緯そのものが議論の対象となる．

　筆者が裁判所における論争過程に注目するのは，川島武宜が述べるところの「裁判所は，権利のための闘争を公に承認し，これを援助するところの極めて有力な手段，社会的な制度である」（川島，1959：147）と筆者もまた認識しているし，ここでの権利をめぐる闘争は「対抗し合う力の関係であり，相互的対抗によって保たれる均衡関係である．均衡関係という意味は静的な平和的な関係ということを意味するのではなくて，むしろ反対に，現実の力の強さの変化に応じてたえず均衡を破られつつしかもそれに対抗する力の運動によって回復されようとするところの闘争的な運動の過程である」（前掲書：146）という問題意識を共有するからである．そこで筆者は，現実の権利のための闘争的運動過程のなかで，どのように事実が承認されていくのかを本章で明らかにしたい．

　また，川島は法的規範と法秩序の関係を，法的規範ないし規定は法秩序の手段であり，一つの社会過程であると述べ，そのうえで法秩序が達成される社会過程は「社会制御」の過程として捉え得ることを指摘した．川島はこのようなアプローチを「法の社会制御モデル」あるいは「法の社会構造モデル」と呼んだ（川島，1972：328-329）[5]．これまで必ずしも社会制御という観点から，入管行政のあり方がアカデミックに問われることはなかった．筆者は法廷で争われた一つの事件を超えて，日本の入管政策が社会制御という観点からいかなる問題点をはらんでいるのかについても議論を行いたい．

　ところで本章で問題とする事件の東京地裁決定は，あくまで裁判手続中の執行停止に対する判断であって，最終的な判断ではない．にもかかわらず取り上げる意味があると考える理由は，第1に，執行停止の要件は「本案について理由がないとはいえない」程度で足りるのに，本案の勝訴可能性について具体

に裁判所が判断したこと．第2に，不法滞在者の収容という外国人の在留に関してもっともシビアな局面を論じる点で，国の政策的意図・外国人観があらわになっていること．第3に，地裁決定の後，在留特別許可が認められるという特異な経過が，裁量行政のあり方を考える貴重な資料を提供するからである．なお本章は，裁判資料に基づいた論考であるので，時間の経過については西暦ではなく元号による標記で事実関係を示す．

2. データと方法について

筆者は，主に日本における外国人労働者問題を研究しており，自らの研究をとおして実務法曹家とも付き合いをさせていただいている．その中には，自身の弁護活動において外国人の問題を中心に引き受けて活動している弁護士も複数いる．そうした弁護士が筆者に共通に語るのは「法学者を含めて，研究者が語る外国人問題・移民問題は，入管政策の実態や法的問題で，入管の実際とあった議論をしている人はいない，正確に言えば，実務法曹家に役立つ研究を行っている研究が見当たらない」というものであった．同時に，筆者がよく耳にした言葉は「ドイツがこうなっている．フランスはこうだ．アメリカはこうなっている．だから，日本はだめだ，という議論は研究者としては意味があるのかもしれないが，そんな議論は法廷では何の役にも立たない．日本には日本の法があるのだから，それに基づいて議論が提示され，そのうえで現在の法と過去の判例を理解した考察が行われなければ，研究者が実務法曹家に寄与することはないだろう」，というきわめて厳しい言葉であった[6]．筆者はこうした言葉に対して何の回答もできなかった．

たまたまではあるが，筆者の大学院での先輩にあたる弁護士が近時の外国人事件に関する重要な判例をいくつもとっていた[7]．そこで，筆者はこの弁護士に頼み込み，弁護士事務所に机を一つ確保したうえで，これまでの弁護士活動において携わってきたケースを見せていただく機会を得た．ただし個人情報保護の問題もあるので，筆者のケースについての記録及び取り扱いは以下のように行うこととした．(1)筆者は，個人情報に該当する部分を事前に抹消したうえで，ケースを自由に見ることはできるが，その記録はノートに自筆で書き込む

だけにする．(2)ノートは，毎日，チェックしてもらい，そのノートが最後の頁まで書き終えるまで事務所から持ち出さない．(3)最後の頁まで書いたノートを事務所から持ち出す前に，再度，チェックを受ける．そのうえで，(4)事務所の情報で論文を発表する場合には，事前に書いたものを見せる，というルールを取り決めた．

上記のルールのもと，筆者はケースの記録を調べると同時に，事務所のケース記録のなかではクライアントとの面接を通して事務所スタッフ内で暗黙の合意事項となっていたこと（書かれた記録には載っていないが，当該記録を読むうえで必要になる暗黙知），法廷闘争を進めるうえで主たる争点となった部分と便宜上の争点，法廷闘争を行うときに何を目的としたのか＝落としどころをどこに考えていたのか，といった事柄について逐一レクチャーを受けた[8]．以下では，このようにして収集したデータに基づいて議論を進めることにする[9]．

3. 現在の入管実務を規定する法的背景

本章で取り上げる在留特別許可をめぐる事件（平成13年（行ク）第143号事件，以下，本事件と表記）は，「(一) 退去強制令書に基づく執行が収容部分も含めて停止された事例」かつ「(二) 退去強制事由が存在するにもかかわらず，退去強制令書を発布することが，裁量権の濫用又は比例原則違反として違法である可能性が高い事例」として『判例時報』1771号に東京地裁の決定文全文が紹介された，画期的な判例である（『判例時報』No. 1771 : 76-83）[10]．この判例は，憲法学者からも，近時の行政事件訴訟法（以下，行訴法と表記）をめぐる注目すべき判断が示されたもの，と評価されている（笹田，2002 : 151）．現在では，本章で取り上げる事件自体が裁判の際に引用される一つの重要な判例となっているが，まずはこれまで入管実務において規定力をもっていた事柄を見ておこう．

判例として押さえておかなくてはならないのは次の三つである．第1に昭和32（1957）年の最高裁判例[11]，第2に昭和34（1959）年の最高裁判例[12]，そして最後が昭和53（1978）年の最高裁判例（いわゆるマクリーン事件）である．これらはそれぞれ，(1)外国人の移動の自由及びその入国に対する国家の裁

量，(2)在留特別許可に対する法務大臣の自由な裁量，(3)在留更新に対する法務大臣の自由な裁量を確定したといわれる最高裁判決である．簡単にそれぞれの事件の概要を見ていくことにしよう．

　昭和32年の最高裁判例は，外国人登録令3条，12条が憲法22条（移動の自由）との関係で争われた．少数意見として憲法の移動の自由は出入国という移動をも含むという補足意見が付されたが，多数意見として「憲法22条の右の規定の保障するところは，居住・移転及び外国移住の自由のみに関するものであって，それ以外に及ばず，しかもその居住・移転とは，外国移住と区別して規定されているところから見れば，日本国内におけるものを指す趣旨である事も明らかである．……中略……されば，憲法22条は外国人の日本国に入国することについてはなにら規定していないものというべきであって，このことは，国際慣習法上，外国人の入国の拒否は当該国家の自由裁量により決定し得るものであって，特別の条約が存しない限り，国家は外国人の入国を許可する義務を負わないものであることと，その考えを同じくするものと解し得られる」と判示した[13]．これにより外国人の入国に関しては国家が自由裁量を持つこと，その根拠が国際慣習法に求められることが判例として確立したとされる．

　昭和34年の最高裁判例では次のようなケースが争われた．戦前において許嫁関係にあり，これにしたがって日本に昭和29年8月に入国し内縁関係となった韓国人夫と在日の妻が，昭和31年3月に子供をもうけた．夫婦は，当時の日韓両国間の外交上の特殊事情ゆえに正式な婚姻が行えなかった．夫婦は煎餅屋を日本で営み，相当の資産及び信用もあり，生活の基盤が日本にあることから，出入国管理令50条に基づいて在留特別許可を求め事件となった．この事件では，一審において「外国人の出入国及び滞在の許否は，元来国家が自由にこれを決しうることがらであるから，特別審理官の判定に対する異議の申立てにつき法務大臣が審理の結果その申立てを理由がないと認めた場合において，在留を特別に許可するか又は異議の申立てを理由なしと裁決するかは法務大臣の自由な裁量に委ねられていると解すべきものである」との判断が示された（『最高裁判所民事判例集』Vol. 13, No. 12 : 1498）．高裁，最高裁でもこの判断は踏襲され，法務大臣の自由な裁量権を確立したとされる．

マクリーン事件は，昭和43（1968）年の5月に英語の語学教員として在留期間1年で来日した外国人が，翌昭和44（1969）年5月に出国準備として120日の在留期間の更新をした後，2度目の更新を願い出たところ，日本政府が当該外国人の日本における政治活動を理由に在留期間の更新許可を与えなかったことが争われた事件である．「法務大臣は，在留期間の更新の許否を決するにあたっては，外国人に対する出入国の管理及び在留の規制の目的である国内の治安と善良の風俗の維持，保険・衛生の確保，労働市場の安定などの国益の保持の見地に立って，申請者の申請事由の当否のみならず，当該外国人の在留中の一切の行状，国内の政治・経済・社会等の諸事情，国際情勢，外交関係，国際礼譲など諸般の事情をしんしゃくし，時宜に応じた的確な判断をしなければならないのであるが，このような判断は，事柄の性質上，出入国管理行政の責任を負う法務大臣の裁量に任せるのでなければとうてい適切な結果を期待することができないものと考えられる」と断じて，最高裁は昭和34年の判例と同様に法務大臣の広範な裁量権を認めた[14]．以後，これらの最高裁判例は，法廷闘争の場において，法務大臣の裁量権を認める強固な拠り所となっていた[15]．

　こうした判例に加えて，入管の実務を規定しているものとして，法務省本省から地方入国管理局長に宛てて出された通達の存在がある[16]．入管の実務を規定していた通達として平成4年4月8日，平成8年8月1日に出された日本人の配偶者等に関する通達（以下，「日配通達」と表記），平成8年7月30日に出された定住者の母子に関する通達（以下，「定住母子通達」と表記），平成11年4月16日の日配通達の見直しを行った通達（以後，この平成11年通達を「婚姻通達」と表記）の存在が大きい．日配通達は，日本人の配偶者の外国人にも，その地位に基づいて日本滞在の在留資格が存することを示し，該当者に対する定住資格の付与を地方入国管理局で決定してよいと伝えた．定住母子通達はこれを日本人の実子を持つ場合にも扶養者たる外国人親に在留資格を与え，日配通達と同様に地方入国管理局で決定できるとした．そして婚姻通達では，日本人の配偶者等については在留期間を問わないとした．

　ところで通達とはどのようなものか．少し長くなるが定住母子通達を全文掲げることにしよう．この通達は平成8年7月30日付で，地方入国管理局長および地方入国管理局支局長宛に法務省本省から出された通達であり，法務省管

在第2565号の通達番号が付されたものである.

「日本人の実子を扶養する外国人の取り扱いについての通達」
　標記については地方入国管理局長が諸般の事情を考慮して「定住者」として認めることが相当と判断した場合には本省に通達し,本省で個々に許容の判断を行い,許可されたときに限り,当該外国人親の在留を認めてきたところですが,日本人の実子としての身分関係を有する未成年者が我が国で安定した生活を営めるようにするために,その扶養者たる外国人親の在留についても,なお一層の配慮が必要と考えられます.ついては,扶養者たる外国人親から在留資格の変更許可申請があったときは,下記の通り取り扱うこととされたく通達します.
　なお,管下出張所所長に対しては貴殿から通知願います.
記
1. 日本人の実子を扶養する外国人親の在留資格変更許可申請の取り扱い
　未成年かつ未婚の日本人の実子(注1)を扶養する本邦在留を希望する外国人親については,その親子関係当該外国人が当該実子の親権者であること,現に相当期間実子を監護養育していること(注2)が確認できれば,地方入国管理局(支局を含む.以下同じ)限りで「定住者」(1年)への在留資格の変更を許可して差し支えない.ただし,実子が本邦外で成育した場合(本邦で出生し本邦外で成育した場合を含む),外国人親が「短期滞在」の在留資格で入国・在留している場合,地方入国管理局限りで拒否の判断が困難な場合には,本省に進達する.
(注1) 日本人の実子とは,嫡出,非嫡出を問わず,子の出生時点においてその父または母が日本国籍を有しているものをいう.実子の日本国籍の有無を問わない.日本国籍を有しない非嫡出子については,日本人父から認知されていることが必要である.
(注2) 監護養育とは,親権者が未成年を監督し,保護することをいう.民法が「親権を行うものは,子の監護及び教育をする権利を有し,義務を負う」(同法820条)と定めているものと同義である.なお外国人親に十分な扶養能力がなく,生活保護等を受給する場合であっても,監護養育の事実が

確認できれば足りる.
2. 在留資格変更許可申請及び同許可に際しての留意事項

　在留資格変更許可申請における理由欄には，日本人実子と同居し，実子を扶養するために定住を希望する旨の記載をするよう指導するとともに，日本在留中は日本人実子を自ら監護養育する旨の文書の提出を求めることとする.

　在留資格変更の許可に当たっては，日本人の実子を扶養する必要性が認められることから「定住者」の在留資格への変更を許可するものであること，及び今後の在留期間許可申請において，実子が未だ監護養育を必要とする時期において監護養育の事実が認められない場合には，「定住者」の在留資格での在留期間の更新が認められないこともあり得ることを申請人に伝えるとともに，このように伝えた旨を記録にとどめておくものとする.

3. 在留資格変更許可後の在留期間更新許可申請の取り扱い

　上記1により在留資格の変更を許可された者について，実子がまだ監護養育を必要とする時期において，在留期間の更新許可申請時に，実子の監護養育の事実が認められない場合は，原則として在留資格「定住者」での更新を許可しない.

4. 提出書類

(1)身分関係を証明する資料

ア 日本国籍を有することについては，戸籍謄本，住民票

イ 日本国籍を有しない日本人の実子については出生証明書及び父の認知の事実の記載のある戸籍謄本

ウ 外国人登録済証明書

(2)親権を行うものであることを証する書類

(3)日本人の実子の養育状況に関する書類

ア 在学証明書・通園証明書等実子の就学又は保育に係る資料

イ その他実子の養育状況に関する証明書

(4)扶養者の職業及び収入に関する証明書

(5)本邦に居住する身元保証人の身元保証書

塩野宏が「解釈基準としての通達は下級行政機関を拘束する. しかし, 通達

の効果はそれにとどまるのであって，対国民との関係で裁判所で基準として用いられることはない．その意味で外部効果を持つものではない」(塩野,2005a：94)と指摘するように，本来，通達は上位の機関から下位の機関に対して出されるものであり，通達によって縛られるのは下位の機関のみである[17]．日配通達にせよ，定住母子通達にせよ，あるいは婚姻通達にせよ，これらは地方入管局の実務の運用方法としてだされた指針を示す文書にすぎない．

しかもこれら通達の存在を入管はずっと公開していなかった．日配通達は筆者を受け入れてくれた弁護士が特殊なコネで手に入れ，婚姻通達はある事件に絡んで社民党の代議士に頼んで質問主意書を提出してもらったところ，小渕内閣総理大臣からの答弁の中で初めて明らかになったものであるという．定住通達のみが例外で，制定と同時に新聞等に発表されたものである．また，入管行政における通達は，戸籍に関する通達が雑誌『戸籍』[テイハン発行]や戸籍六法で公開されるのに対して，入管協会の発行する『国際人流』や入管六法に載ることはない．通達行政だから秘密主義になるのではなく，入管行政がきわめて秘密主義的に執り行われていくことに特徴がある．しかも，婚姻にかかわる通達である日配通達・婚姻通達は今ではすべて廃止されている（その理由は後述する）．

昭和30年代に出された最高裁判例が亡霊のように現在の入管法の実務を規定していると同時に，法や告示と異なって一般国民の目に触れることのない行政庁の内部文書によって法の運用範囲が変化する．これが日本の入管政策の最大の問題点であり，実務法曹家が研究者に不満を述べる点でもある．すなわち，研究者が得意とする公刊・公表されている資料からでは，日本の入管政策の実態を捉えることができないのだ．公表されることのない文書＝通達を把握し押さえていくことによって，おぼろげながら日本の入管政策の実態がようやく垣間見られるようになるのである．なぜこうしたことが生じるのかと言えば，入管行政が入管法という成文法によって規定されているからというより，「慣習法」，「判例法」，「行政上の一般原則」という不文法源に大きく依拠しているからである[18]．すでに慣習法については，(1)外国人の入国及び入国した外国人にいかなる権利を与えるかが国際慣習法に依拠していることを確認した[19]．そして判例法については，(2)昭和30年代に出た最高裁判決が判例法として入管行

政を規定していることも確認できた．最後の行政上の一般原則とは，「法律による行政の原理」，「平等取り扱いの原則（平等原則）」，「警察比例原則（比例原則）」，「行政上の諸原則」，「信義誠実の原則」等をいうが，次節以降でまさにこれらの一般原則が争われることになる．

こうした実務を規定する背景と論理を理解したうえで，これらの規定力がどのように働いているのかを次節以降で具体的に検討していく．

4. 本事件の経緯

本節では，本件の申立書[20]および申立書に対する入管側意見書[21]にでてくる事実関係を中心にして，当該事件で何が争われていくことになったのかをみてみることにする[22]．入管側意見書から示される国の態度は，次節で詳細に検討し，入管にとっての実務の実態を明らかにする．

本章では『判例時報』1771号に準じて，事件の当事者である外国出身の申立人を甲，妻である日本人の配偶者を乙山と記す．申立人甲は，家計を助けるために就労目的でありながら，平成4年5月14日に親族知人訪問を理由に短期滞在資格・在留期間15日で成田から入国する[23]．入国後すぐに土木建設業の会社で働き始める．不況で仕事がなくなったため，同じ土木建設業の○○工業に働き口をかえる．この会社で働いているときに，仕事の後に飲みにいっていた葛飾区金町のバーで同じように飲みにきていた乙山と平成9年3月頃に知り合い，6月から交際を始める．平成9年9月頃，勤務先の寮をでて乙山の知人が経営するアパートに転居する[24]．このときから甲と乙山は生計を一にするようになり，甲の土木作業による収入と乙山のパート労働の収入で，甲の生活費と乙山家族（乙山と乙山の未成熟[25]の子2人）の生活費をまかなうようになった．平成11年12月に甲と乙山は婚姻届を葛飾区に提出し，外国人登録法3条1項に基づく新規の登録を申請する[26]．甲と乙山は，乙山と同居している子どもの気持ちを考え，2人の子どもの了解が得られるまでは同居をしないと決めて，甲は結婚後もこれまで住んでいたアパートに住むことにした．

甲は平成12年1月6日，自ら東京入管第二庁舎へ出頭し不法残留事実を申告する[27]．東京入管入国警備官は平成12年1月18日に甲から郵送された書面

を受領し，同年6月8日東京入管第二庁舎において違反調査をし，甲と乙山に関する供述調書を作成する[28]．東京入管入国警備官は同年8月9日，甲が法24条4号ロ（不法残留）に該当すると疑うに足るに相当の理由があるとして，東京入管主任審査官から収容令書の発布を受け，同月11日に収容令書を執行し東京入管入国警備官に引き渡す．東京入管主任審査官は8月11日，甲の申請に基づいて仮放免を許可した．東京入管主任審査官は仮放免を許可した8月11日および11月20日に，甲に関する違反調査を行った[29]．11月20日には，甲が法24条4号ロ（不法残留）に該当すると主任審査官が認定し，認定通知書を交付する．甲は直ちに法48条1項に基づいて口頭審理請求を行った[30]．甲は，入国警備官の調査及び入国審査官の審査を通じて不法残留の事実を認めたうえで，乙山とその子どもとともに日本で生活したいことを希望する．平成13年4月20日，甲の口頭審理請求に基づいて東京入管特別審理官が乙山の立ち会いのもと，甲に関する口頭審理を行い，入国審査官の認定に誤りがないと判定する．甲は直ちに異議申出をおこなった．

平成13年5月ころより，将来2人で料理店を経営することを夢みて，甲と乙山は加工食材の製造販売を始めることとした．またこのころ乙山と同居している2人の子どものうち（乙山には子どもが3人いるが，長男は独立していた），すでに両人の結婚を認めていた上の子ども（二男）は就職し，就職先の寮に入ることになった．結婚をなかなか認めなかった下の子どもも，次第に甲に打ち解けるようになり，友達が遊びにくるときは甲が子どもの気持ちを配慮し以前のアパートに移っていたが，平成13年6月ころより3人は同居するようになっていた．

法務大臣が，平成13年8月8日に，甲に係る異議申出については理由がない旨の裁決をし，東京入管主任審査官が8月13日に退去強制令書の発布をした[31]．甲は直ちに入管収容場に収容されることになった．乙山はパートの仕事に加えて，これまで甲が担当していた加工食材製造の部分までおこなわなくてはならなくなった．同時に同居する三男の養育，収容されている甲への面接や甲の退去強制令書の執行停止を求めて弁護士との打ち合わせ等をこなさねばならなくなった．家計の主たる収入であった甲の収入が失われることによって乙山は生活が困難になるとともに[32]，極度の睡眠不足を強いられる状況が続くよ

うになる．甲は平成13年11月1日入国者収容所東日本管理センターに移収される．そして11月9日に，法務大臣及び東京入管主任審査官を被告として，法務大臣がおこなった本件裁決と主任審査官による退去強制令書発布処分の取消を求めて，東京地裁に提起した．

5. 申立人側による問題提起

申立人側は，法50条1項の在留特別許可は，法49条3項の裁決で法務大臣が当該容疑者に異議の申出に理由がないと認めた場合でも，一定の条件のもとで特別に在留を許可する制度であることを問題とする．特に法50条1項1号が「永住許可を受けているとき」，同第2号が「かつて日本国民として本邦に本籍が有したことがあるとき」と類型化されているのにたいして，同第3号は法務大臣が在留を許可すべき事情があると特に認めるケースとして類型化されていない[33]．しかしながら，裁量とはいっても，入管は，それを通達による類型的な事務処理で対応し，ルーチンワーク化している．ルーチンワークであるからこそ運用上の基準が存在している．一般的な「在留特別許可の申出」に対する審査は，この運用上の基準に合致しているかどうかで判断されている[34]．本事件についても，この運用基準に照らして判断せよ，というのが申立人側代理人の主張であった．では，運用上の基準はどのように成立しているのか．

申立人側代理人は，以下のことを指摘する．「平成4年4月8日及び平成8年8月1日付法務省入国管理局長通達」（日配通達）で，「(1)不法入国，不法上陸，不法残留事案については上陸後（不適法・適法を通じて）3年以上本邦に在留していること．(2)日本人または永住者と婚姻し，その婚姻に信憑性及び安定性がみられること．(3)当該外国人が在留特別許可を申請（入管用語では，「在留を希望して異議を申し出ている」こと）していること．(4)当該外国人が在留を希望していて異議を申し出ていることの各要件を満たす場合は在留特別許可をする．右基準に該当する事例についての在留特別許可処分（法務大臣裁決）は地方入管局長が専決する」となっている．

さらに「平成11年4月16日付法務省入国管理局長通達『出入国管理及び難民認定法に基づく上陸又は在留に関する異議の申出に対する法務大臣の裁決の

特例による許可の一部を地方入国管理署の長に専決させることについて』」では,「政治,外交,治安等に影響を及ぼすおそれがあるなど重要な案件以外のもので,日本人等と婚姻しており,その婚姻の信ぴょう性及び安定性が認められるものについては,行政の簡素化を図るため地方入国管理署の長が専決できることとする」となっている.そのうえ,以下に示す平成12年3月24日発表の「第2次出入国管理基本計画」において全般的な国の基本方針が示されている.

我が国では,不法滞在者については,入管法に定める退去強制手続きにのっとり,法務大臣が特別に許可すべき事情があると認めた場合に,個別に在留を特別に許可することとしている.

在留特別許可を受けた外国人の多くは,日本人等との密接な身分関係を有し,また実態として,様々な面で我が国に将来にわたる生活の基盤を築いているような人である.より具体的な例としては,日本人と婚姻し,その婚姻の実態がある場合で,入管法以外の法令に違反していない外国人が挙げられる.

法務大臣は,この在留特別許可の判断にあたっては,ここ[ママ]の事案ごとに在留を希望する理由,その外国人の家族状況,生活状況,素行その他の事情を,その外国人に対する人道的な配慮の必要性と他の不法滞在者に及ぼす影響とを含めて総合的に考慮し,基本的にその外国人と我が国社会のつながりが深く,その外国人を退去強制することが人道的な観点等から問題が大きいと認められる場合に在留を特別に許可している.……中略……個別事案において,日本人,永住者又は特別永住者との身分関係を有するなど,我が国社会とのつながりが十分に密接と認められる不法滞在者に対しては,これまで行ってきたように人道的な観点を十分に考慮して適切に対処していくこととする.

加えて日本が批准している「市民的及び政治的権利に関する国際規約」(以下B規約という)は,17条1項で「何人もその私生活,家族,住居に対して恣意的にもしくは不法に干渉されない」としている.さらに,23条1項では「家族は社会の自然かつ基礎的な単位であり,社会及び国による保護を受ける

権利を有す」と，同2項において「婚姻することのできる年齢の男女が，婚姻しかつ家族を形成する権利は，認められる」としている．これらを考えると，在留特別許可を与えないことの方が問題であると，申立人側代理人は主張する[35]．

申立人側代理人はさらに，「回復困難な損害を避けるための緊急の必要があるとき」（行訴法25条2項）との関連で，本事件は退去強制令書の執行停止の要件が満たされる，と訴える．退去強制令は先にも述べたように収容部分と送還部分とが一体となって執行される．申立人側代理人はそれぞれに以下のように主張していた．収容部分に関して，(1)入管は1年以上の長期の収容が続いたときに，はじめて人道上の問題が生じて仮放免を行っていると主張している．だが，もともと帰国できないと主張し，長期の収容が明らかに見込まれている者である甲に対して現在の収容を継続する意味はない．また，(2)乙山の健康状態や子どもも含めた甲と乙山との婚姻の実態が，収容という事実により大きく損なわれている．この部分の損害は甲の収容の停止以外にはあり得ない．送還部分の執行に関しても，(3)もし送還されてしまったら憲法32条に保障する「裁判を受ける権利」を甲が行使する可能性がきわめて制限される．また，一旦退去強制処分が行われてしまえばその取消を求める訴えが事実上無意味なものとなり，訴えの利益そのものを失わせてしまう．本来，(4)法50条1項3号に基づく法務大臣の裁決の妥当性は，適法で厳格な証拠調べに基づいてなされるべきものであり，退去強制処分の執行はこの適法かつ厳格な証拠調べをも不可能にさせる．よって，収容部分・送還部分ともに執行停止が妥当であると主張するのである．

こうした，在留特別許可がなされるロジックを検討したうえで，申立人側代理人は，甲と乙山の婚姻が実態の伴ったものであることを説明する．（ア）婚姻当初に住居をともにしなかったことは，同居する子どもの気持ちを考えたためであること．（イ）この別居期間中も乙山は甲のアパートに通い夕食をほとんど毎晩ともにし，勤務のために夕刻時にあえないときは弁当をつくっておいたり，ノートや手紙を取り交わしたりしていた事実が述べられる[36]．そして（ウ）甲と乙山が生計をともにしていたからこそ，甲が収容されたため，乙山1人で生計を支えられなくなり過重負担が生じている．そのうえ，（エ）本事

件への対処のために乙山が心血を注いだことにより，乙山には肉体的・精神的な変調がみられる．これらの状況こそが2人の婚姻が真性のものであったことを物語る事実だと訴えた．加えて，(オ)甲の婚姻以前の法違反が入管法以外にないこと．(カ)出身地における生活基盤が日本滞在期間中に失われており甲の帰還可能性が低く，婚姻している事実を考えると乙山とその子どもを連れていくにはさらに無理があることが述べられて，退去強制令書の執行停止を求めたのである．

6. 入管側意見書にみる国の主張[37]

前節でみたように，本件は甲が自発的に入管に出頭し不法残留の事実を申告することによって始まった事件であるので，具体的な事実に関する争いはない．争点は，(1)退去強制令書の執行停止をすることができる行訴法25条2項に定める「回復困難な損害を避けるため緊急の必要があるとき」に本件が該当するかどうか．反対に，(2)執行停止をすることができない場合である行訴法25条3項に定める「公共の福祉に重大な影響を及ぼす恐れがあるとき」および「本案について理由がないと見えるとき」に本件が該当するかどうか，ということだと入管は問題点を絞り込む．

入管側主張によれば，そもそも憲法上，外国人は日本に入る自由，在留する権利，在留し続けることを要求する権利を保障されておらず，法務大臣の在留期間更新の許可についての裁量権はマクリーン事件による最高裁判例，在留特別許可の拒否についての裁量権は東京高裁平成2年6月28日判決によって，判例的にも確定している（『訟務月報』Vol. 47, No. 10：3023-3044）．また，日本国憲法との関連でみても憲法22条1項（移動の自由）は外国人の場合は日本国内における居住・移転の自由を保障するのみで，日本への入国の自由を保障するものではない．国際慣習法から言っても，国家は外国人の受け入れ義務を負わず，外国人を受け入れるかどうか，受け入れるとして外国人にいかなる制約を課すかどうかは，当該国家が自由に決定できる[38]．よって，外国人は在留する権利を保障されないし，引き続き在留を要求する権利も保障されない，と述べる[39]．そのうえで憲法に定める基本的人権は，外国人の場合，入管法に

基づく外国人在留制度の範囲内で保障されるものであると位置づける．その結果，B規約に違反するかどうか，および外国人に対して法のもとの平等が担保されるかどうかについての憲法問題は，そもそも当てはまらないと主張するのである．反対に，憲法は入管法の範囲内で保障されるという論理構成をとることで，この入管サイドの論理では，実務上，あたかも入管法が，憲法上の基本的人権を認めるか否かを規定するかのような位置づけになるのである[40]．

　このような憲法と入管法との関係が発生するのは，法50条1項に定められた在留特別許可を与えるかどうかは，あくまで外国人の出入国に関する処分であり法務大臣の自由裁量に委ねると入管法が規定しているからであると，入管は主張する．そして法務大臣の自由裁量に委ねなくてはならない理由として，(1)当該外国人の個人的事情の考慮，(2)その時々の国内の政治・経済・社会等の諸事情を総合的に考慮して在留特別許可の可否の判断が行われていることを挙げる．とりわけ上記(2)の要件を判断するためには多面的かつ専門的な知識が要求され，かつ政治的配慮もまた必要になる．その結果，こうした判断は国内外の情勢に通暁していることが求められるので，必然的に広範な裁量が必要とされる，というのだ．そのうえで，在留特別許可をもうけた趣旨を「法律上当然退去強制されるべき外国人であっても，なおかつ本邦に在留することを認めなければならない積極的理由があり，このような極めて特別な事情が存する場合に，はじめて在留特別許可を与えないことが違法となる余地（が）生ずるにすぎない」と述べて，積極的理由があったときにはじめて在留特別許可を与えないことが違法になりうる，という[41]（筆者は入管の主張するこのような裁量権の定義を「法務省見解」と呼ぶこととしたい）．

　入管は，法務省見解がでてくる必然性として，在留特別許可は法50条1項3号の「特別に在留を許可すべき事情が認められるとき」で許可の規定を定めたものと認めつつ，他方でこの法50条1項3号が付与すべき要件が何であるか規定していないことを挙げる．つまり，付与すべき要件が規定されていないから裁量に任されるべきだ，というのである．そして本件については，甲と乙山の主張が仮に真実であったとしても，積極的理由になりうると認められない場合は，「そもそもその主張自体失当であって，直ちにその請求は棄却されるべきであると解される」というのだ．主張が真実であっても，法務大臣が積

極的な理由になりうると認めない限り請求が棄却される，というきわめて一方的な判断が合理的だと言い切るのである[42]．そして，積極的理由を法務大臣が見いださなかった時点で，「本案について理由がないと見えるとき」に当たると解釈するのである．

　意見書において，入管は甲に在留特別許可を与えず，退去強制令書を発布したことを甲の素行が不良であったことを理由にする．素行不良の根拠は，第1に，入国時の短期滞在・滞在期間15日を過ぎて不法残留したこと．第2に，当初目的から不法就労であり，自発的に入管に出頭するまで8年以上にわたって不法残留していたこと（そしてこの間，半ば必然的に，不法就労していたこと）．第3に，甲の兄も不法残留していた事実があり，この兄が退去強制されていること（反省していれば，兄と一緒にかえっていたはずだ，ということ）．第4に，結婚するまで7年7ヵ月にわたって外国人登録を行っておらず，外国人登録法違反であること等を挙げる．また，甲の家族が外国にいて帰国することにより生活に支障が出るとは考えられないこと．乙山との婚姻の事実はあっても，婚姻の事実は法務大臣の考慮する材料の一つにすぎないことの2点が，甲の素行不良性に加えて裁決の判断になったと示された．

　これらが明らかにされたうえで，争点となった「回復困難な損害を避けるための緊急の必要性」については，訴訟代理人が選任されており，情報通信手段が格段によくなっている現代においては，退去強制したとしても訴訟を続けることができる．そのため裁判を受ける権利が退去強制令の執行により侵害されるものではなく問題にならない．さらに退去強制令の執行に伴う収容部分の執行が，送還のためには身柄を確保し在留活動を禁止するため必要である．また，収容に伴う身体的拘束，自由の制限・精神的苦痛は通常発生することが予定されているから「回復の困難な損害」には当たらず，これらは受忍限度内であると述べる．

　最後に公共の福祉との関連が指摘される．適法的に在留している外国人ですら法による在留資格と在留期間の管理を受け，仮放免の外国人は保証金を積んだうえで住居や行動範囲を制限されている．もし収容部分の執行が行われないと，違法に在留する外国人が規制を受けないということになり，これを司法が認めたことになる．また，仮放免のように保証金の納付等の措置もないから，

逃亡防止手段がなくなり，逃亡により退去強制令の執行が不能になって「公共の福祉に重大な影響を及ぼすおそれ」が存在する．

以上のような主張をすることで，入管は甲の申立ては執行停止要件を欠くものであると主張するのである．

7. 申立人側意見書にみる入管政策批判(1)——実務の運用

前節で述べた入管の見解を受けて，申立人側は，入管が論拠に挙げる判例の存在のみを認めてその他すべての主張を争う反論書[43]（以下，申立人側意見書という）を提出した[44]．第1に，申立人側代理人が問題とするのは，すべての入管行政の拠り所になっている法務大臣の裁量権についての定義である．第2に，本件に対する裁決が違法であり，本案には異議申立の理由がある（＝だから，行訴法に基づく執行停止案件である），と考えていたからだ．

まずは，法務大臣の裁量権に対する反論から順次みていくことにしよう．申立人側代理人は，まず裁量権があるかどうか以前に，在留特別許可制度の運用の実態から問題を提起する．それによると，そもそも在留特別許可は，1990年の入管法改正以前は在日朝鮮・韓国人を救済する制度として機能していた．1980年代後半にニューカマー外国人が増加し始めた．それらニューカマー外国人の滞在の長期化や日本人との結婚が見られるようになっても，これまでとかわらない運用をしていると入管は主張していた．その典型が『ジャパンタイムズ』等に，入管局長名で「子供が生まれても，格別日本人との婚姻のみでは，『特別に在留を許可する状況』には該当しない」とする見解を公表していたことである．他方で，個別の事案としては婚姻に保護すべき法的利益があることを否定することはできないとし，日本人との婚姻を理由として在留特別許可をおこなうようにもなってきていた．その頃出された通達が日配通達であったと申立人側代理人は指摘する．

申立人側代理人は，ここで在留特別許可の付与が地方入管局長の専決事項となっていることを問題とする．専決であるならば，地方入管局長のできることは決定だけであり，不許可処分を下すことはできないからである．本件は不許可処分となっているから，地方入管局長は本件を入国管理局審判課に進達して

いたはずである[45]．ところが婚姻に基づく在留特別許可事案については，専決案件にせよ，進達案件にせよ，結婚の真性及び安定性が審理対象とされ，そのほとんどが許可されてきた事実がある．一般アムネスティを日本は採用したことはないが，個別的アムネスティである在留特別許可も，地方入管局で裁決できるように，日配通達や定住母子通達のように原則として許可すべき類型が専決通達にて定められている．その結果，個別的な合法化措置と言いつつも現実にはその運用を通して一般化が進められている．

また，平成11年の婚姻通達では，「政治・外交・治安等に影響を及ぼす恐れがあるなど重要な案件以外のもので，日本人等と婚姻しており，その婚姻の信ぴょう性および安定性が認められるものなどで……地方入管局長が在留特別許可について専決することができる」とし，入国後の滞在期間も不問とされることとなった．さらに，平成12年1月に法務省は婚姻による在留特別許可以外の在留基準を緩和した．法務大臣が意図した新たな基準は，(1)日本入国（不法入国を含む）後，適法不適法を通算して10年が経過していることと，(2)子どもが日本の学校に通学する等日本への定着が認められることであった．これらを条件に，家族全員が在留資格のない外国人であっても，その外国人家族全員に在留特別許可をするというものもあった（ただし専決基準ではない）[46]．

加えて平成12年発表の『出入国管理基本計画』においても「在留特別許可を受けた外国人の多くは，日本人等との密接な身分関係を有し，また実態として，様々な面で，我が国に将来にわたる生活の基盤を築いているような人である．より具体的な例としては，日本人と婚姻し，その婚姻の実態がある場合で，入管法以外の法令に違反していない外国人が挙げられる」としている．これは実態を伴った日本人等との婚姻が「在留を特別に許可すべき事情」にあたり，これに基づいて在留特別許可を出していること，今後もこの方針が維持されることを法務省自らが明らかにしたものである．

さらに，入管側意見書では，法に在留特別許可の申請権の規定がないことから，外国人には在留特別許可申請をする権利がないという．しかし，「在留特別許可申請」の用語がないことをして在留特別許可申請がないとはいえない．判例や行政解釈上，違反判定に対する異議の申出は「在留特別許可申請（入管用語における在留特別許可希望）」の趣旨を含んでおり，法務大臣は申請（希

望）に対する応答義務を負っている．だからこそ異議の申出に理由がないと裁決されると，在留特別許可を不許可とする処分が可能になる．このように考えると，入管の立論はその前提自体が誤っていることになるのである．

8. 申立人側意見書にみる入管政策批判(2)——法務大臣の裁量

　入管は，外国人の受け入れ及び受け入れた際にいかなる条件を課すかは，国家が自由に決定できるという立場をとる．だが，その一方で日本国は憲法前文及び憲法98条で国際協調主義をとっているから，入管の主張するような立場をとることは妥当ではない，と申立人側代理人は考える．仮に上記の立場をとるにしても，外国人にいかなる条件を課すのかを決定するのは法律事項である．そのため，裁量権は行政権に依拠するものではなく立法権に依拠しなくてはならない．法9条1項は「外国人が上陸条件（法7条1項）の一に適合する場合は，上陸の許可の証印をしなければならない」と定め，外国人の入国における裁量を否定している[47]．これから上陸しようとする外国人は一般的に日本に生活の根拠などなく，家族もない．こうした外国人に対してすら，法は法務大臣の自由裁量を否定している．日本での生活に根拠があり，家族を持った外国人に対しては，なおさら法務大臣の制限なき自由裁量論はあり得るはずがない．申立人側代理人はこのように入管法のロジックにおいて法務大臣の裁量権の範囲に限界があることを指摘するのである．

　すでに述べたように，在留特別許可の可否については内部基準が設けられており，それにそった諾・否の決定が地方入管局長限りの決裁で法務大臣裁決として行われている．建前上は事案ごとの個別の裁量判断で決定されていることになっているが，現実には裁決がルーチンワーク化しており，このこと自体が法務大臣の裁量を否定している．個別的な判断ではなく，類型的な処理ですまされているからである．また，入管は在留資格のない外国人の在留は法的保護を受ける資格がないとの前提で，在留特別許可を「恩恵的」と表現する．しかし，もし「恩恵」であるとすると，通達によって年間2,000件以上の外国人が，在留特別許可を受けている事実は説明できない．入管法は不法残留を罪とする一方で，そうした滞在のなかにも保護されるべき滞在があることを前提に法

50条1項3号を規定し，その保護を法務大臣の責務とした．そうであれば，保護の要件は人道思想の進展とともに変容していくものであり，外国人の在留に法的保護に値する利益があることは所与であって恩恵ではない．

　マクリーン事件を持ち出した在留期間更新事件と比較して，入管は在留期間更新ですら法務大臣は広範な裁量権を持つのだから，在留資格が問題となる在留特別許可ではなおさらであるとの立場をとっている．だが，近時の裁判例をみると，東京地裁平成6年4月28日判決（『判例時報』No.1501：90-96），最高裁平成8年7月2日判決（『判例時報』No.1578：51-55），東京地裁平成9年9月19日判決（『判例時報』No.1650：66-77），大阪高裁平成10年12月25日判決（判例集未搭載）では，同居・協力・扶助といった夫婦の中核的な義務の遂行だけでなく，別居夫婦の場合では婚費分担や婚姻関係回復へ向けた話し合い，離婚の話し合いに至るまで夫婦の地位に基づく様々な活動の必要性に応じて，きめ細かな事実認定とそれに対する評価を行って，在留期間の更新の適・不適を判断している．また，マクリーン事件の判決文のなかにも「その判断が全くの事実の基礎を欠き又は社会通念上著しく妥当性を欠くことが明らかである場合には裁量権の範囲をこえ又はその濫用があったとして違法になる」とあることを申立人側代理人は指摘する．

　さらに，申立人側代理人は，入管の依拠する最高裁昭和34年判決でも「その裁量論にも限界があると解するのが相当」として，原審判決が維持されたことを重視する．この立場によると，最高裁判例は「『特別に在留を許可すべき事情』に関する法務大臣の判断が，事実の基礎を欠くかどうか，又は社会通念に照らして著しく妥当性を欠くことが明らかであるかどうかについて審理し，それが認められる場合は，法務大臣が在留特別許可を与えなかったことが，その裁量権の範囲をこえ，又はその濫用があったものとして違法であるとすべきである」と解釈しなくてはならなくなる．これは法務省見解とは正反対の解釈が可能であることを示したものである．そのうえで，本事件の場合は，甲と乙山の真実の婚姻実態という考慮すべき点が考慮されず，8年以上の在留とその間の就労，その後の外国人登録という考慮してはならない要素を考慮し判断を下したことが，裁量権の範囲を超えた濫用に当たると断じたのである．

　最後に，(1)法務大臣が考慮した不法滞在や不法就労期間が問題になると，在

留特別許可を与える外国人のほぼ100%がこれに該当してしまい，在留特別許可の制度自体が存在しなくなってしまうこと．また，(2)在留特別許可の申請にあたって入管自身が申請者の生活の安定している証拠として「在職証明書」を定型的に要求していること．(3)外国人登録法違反に関して，法24条4号(ヘ)で，執行猶予の言い渡しを受けた者を除く禁固刑以上の刑に処せられた者としており，外国人登録法違反については入管法自身が禁固刑以上の実刑を受けた者以外を悪質性がないと評価しているのだから，これを退去強制事由に入れることは入管法の趣旨からも外れる判断である，と反論を加えたのである．

9. 申立人側意見書にみる入管政策批判(3)——行訴法25条

申立人側代理人によると，入管は「行政処分又はその執行自体により発生する損害については，当該行政処分の根拠法が，当該処分の結果として通常発生するものであることを予定しているものである場合には，受忍限度内である」と解釈することによって「回復困難な損害には当たらない」としている．申立人側代理人はこの論理を「通常損害基準論」と呼び，論駁を開始する．通常損害基準論では，「法は，被収容者が収容に伴う自由の制限や精神的苦痛の不利益を受けることを当然予定している」．この場合に回復困難な損害に相当するには，被収容者の身体的状況，収容所等の環境に照らして，被収容者に収容に通常伴う不利益をこえる損害が生じているおそれがあるなど，収容の維持を不相当とする特別の損害の生ずることが予想されなくてはならない．

しかし，上の通常損害基準論は，すでに金科玉条ではなくなっている，と申立人側代理人は指摘する．アフガニスタン人に対する収容令書に基づく収容及びパキスタン人に対する退去強制令書に基づく収容について，収容されている人間の人間性を認めた決定や通常随伴して発生する損害ではなく，予想される損害の重大さと執行停止することの影響との比較考量に基づいた基準を採用した決定が行われているのである[48]（平成12年（行ク）第11号執行停止申立事件）．

なぜ近時の裁判例で通常損害基準論がとられなくなってきたのかを，申立人側代理人は以下のように説明する．行訴法25条に定める執行停止制度は，行

政処分取消の訴えが提起されても，その処分の効力等に影響がないという原則をとる．そして，この原則を貫いた結果，処分を受けた者が，取り返しのつかない重大な損害を受けた後に勝訴判決を得ても，処分を受けた者に対する救済とならないような場合に，本案採決までの間その処分の停止を認める．ゆえに，この場合の「回復困難性」とは，(1)勝訴判決を得てその処分が取り消されても，それが当事者の救済措置とならない場合[49]，(2)金銭的な補償が可能でも，社会通念的に金銭を受けたことだけでは損害が補塡されたとは認められない場合[50]と解すべきとする．

　神戸地裁平成4年6月12日判決は，こうした解釈を示したものであり（『判例時報』No.1438：50-70），退去強制令書の執行停止事件でも送還部分について「回復困難な損害」がないとした裁判例はない．すると，本邦に戻れなくなることが，法の予定した不利益であっても，このことによって「回復困難な損害」であることが否定されたわけではない．行訴法が「回復困難な損害の生じるおそれのある場合」に執行停止を認めているのは，行政処分は一旦それがなされると多数に対して効果を生じ，ひとたびされた処分が先例となり，以後積み重ねられていくからである．デモの不許可によって申請内容のデモができない損害，議員除名によって議員活動ができない損害，営業取消によって営業ができない損害など，処分の当然の効果が通常生じる損害であっても，執行停止の必要性を認めた裁判例は多い．収容に限って，通常随伴する損害は回復困難な損害にならないというのは論理が通らない．

　ところで，身体の自由を拘束するとき，自国民に対しては，現行犯以外は令状主義がある．そのため逮捕状の発布，勾留状の発布のそれぞれの段階で，裁判所による事前審査がある．また，逮捕・勾留されても準抗告により速やかに司法のチェックを受けることができ，身体拘束後にも公訴事実の存否とは別に，保釈や勾留取消による身体拘束からの解放の制度がある．しかるに，外国人に対する退去強制令書は主任審査官が発布するものであり（法49条5項による），司法の事前関与は排除されている．直ちに送還ができないときは，「送還が可能なとき」までという不確定な期限にわたる収容を認めている（法52条5項）．長期にわたる収容・身体拘束に対して司法の事前審査がないばかりか，身体拘束に対する不服申立の機会すら与えられていない．身体拘束からの解放である

仮放免についても，入国収容所長または主任審査官による決定であり，ここでも司法の関与は認められていない．入管法では手続保証がほとんど存在しない．被収容者の身体の自由を解放する司法の関与しうる唯一の手続が，退去強制令書発布処分の執行停止であり，執行停止制度を活発に運用することによって人権の保障が初めて可能になる．こうしたことから，申立人側代理人は，回復困難な損害の要件については法文以上に厳格に鑑みなくてはならないとし，手続法としての入管法の持つ構造的な欠陥を問題にしたのであった．

10. 東京地裁はどのように判断したか

　東京地裁民事第三部（藤山雅行裁判長）は，平成13年12月27日「主文，一，相手方[51]が平成13年8月1日付けで申立人に対して発布した退去強制令書に基づく執行は，本案事件（当庁平成13年（行ウ）第316号退去強制令書発布処分取消等請求事件）の第一審判決の言い渡しの日から起算して10日後までの間これを停止する．二，申立人のその余の申立を却下する．三，申立費用は，これを四分し，その一を申立人の負担とし，その余を相手方の負担とする」との決定をした．

　東京地裁がこのような判断を下した第1の理由は，前節で取り上げた行訴法25条2項「回復の困難な損害を避けるための緊急の必要があるとき」の要件を満たすかどうか，ということであった．そのためまず，「回復の困難な損害」とは「処分を受けることによって被る損害が，原状回復又は金銭賠償が不能であるとき，若しくは金銭賠償が一応可能であっても，損害の性質・態様にかんがみ，損害がなかった現状を回復させることは社会通念上容易でないと認められる場合をいう」と定義する．そのうえで，申立人が被る損害を「収容による身柄拘束を受けること」とし，これが「個人の生命を奪うことに次ぐ人権に対する重大な侵害であり，精神的・肉体的に重大な損害をもたらすものであって，その損害を金銭によって償うことは社会通念上容易でないというべきである．元来，我が国の法体系下において，このように人権に重大な制約を及ぼす行為を単なる行政処分によって行うこと自体が異例なのであるから，それに直接携わる行政機関はもとより，その適否を審査する裁判所においても，この処分の

取り扱いには慎重の上にも慎重を期すべきであり，このことは執行停止の要件該当性の判断にあたっても妥当するものというべきである」(傍点は筆者挿入)とし，申立人側代理人の意見を取り入れた判断基準を判示した．

次いで，(1)甲と乙山の婚姻が，当初，同居に至るには調整期間を要するものであったこと．(2)そのような調整を要するものであったとしても，すでに甲と乙山は生計を一にしていたこと．(3)甲の収容の直前に始めた加工食材販売業が甲の収容によって乙山に過重な負担をかけて家計への経済的な影響ばかりか，乙山およびようやく同居するに至った子どもの精神状態にも影響を与えていること．(4)ひいてはこれらが続くと，甲，乙山，そして同居する子どもの家族の関係に決定的な影響を及ぼす．もし家族関係が崩壊することにでもなってしまったら，この損害の回復は，金銭賠償が不可能であるばかりか，金銭賠償が一応可能であっても社会通念上損害がなかった現状を回復させることは容易でない．それゆえ退去強制処分は回復の困難な損害にあたると認めた．

他方で，法に定められた行政処分が当然に予定している損害であるという入管側の主張に対しては，「処分そのものや法が当然予定した損害であっても，そのことにより後の勝訴判決が実効性を持たない場合には，執行停止の必要性を肯定すべきである．そして回復が困難か否かとその損害が処分の結果として当然発生するか否かは必ずしも一致するものではなく，処分の結果として当然発生する損害であっても，回復が困難な場合はあるし，他方，処分の結果として法が予定していないものであっても，事後的な回復が容易な損害もあるから，処分の性質やその結果である損害の性質，さらには申立人の事情等を考慮して，当該当事者が回復困難な損害といえるか否かを検討すれば足りるものである」(傍点は筆者挿入)とした．このように東京地裁は事実認定が重要であることを示し，入管の主張を退けた[52]．さらに，退去強制令書の収容部分の執行停止については，「刑事手続きにおいてすら身柄拘束のためには令状主義により司法審査を経ることが原則とされていることに照らせば，司法審査を経ずに行政庁が行政処分として身柄拘束をすることが許されていること自体極めて例外的な制度であるといわざるを得ず，そのような類型の処分については，身柄拘束を伴う処分の執行停止の要件を満たす可能性が結果として類型的に高くなるとしても，なんら不合理なことではない」として収容するための条件が高く設定

されることはやむをえないとの見解が示された.

そして，これまで退去強制事由に関連して行われた執行停止において送還部分に限った執行停止が多かったことを，(1)退去強制事由の存在については争いがなかったこと，(2)送還がやむを得ないと思われる事案が多かったときの勝訴した場合との比較が行われてきた結果であるとした．それに対し，本件には勝訴の見込みが相当程度あり，(3)本件はこれまでの事案とは問題の把握や争点設定が異なる，として先例とは異なった判断＝収容部分の執行停止が行われうることを示した[53]．

東京地裁決定の第2の理由は，行訴法25条3項の「本案について理由がないとみえるとき」に該当するかどうかであった．ここでは入管法における「本邦からの退去を強制することができる」という法文の解釈が問題とされる．「法律の文言が『……することができる』と規定している場合には，その裁量の範囲が全くの自由裁量か[54]羈束(きそく)裁量であるか[55]の点を別とすれば，立法者が行政庁に対して一定の幅の効果裁量を認める趣旨を表したものであると解するのは極めて一般的な見解である」，よって法24条は入管の裁量を実体規定したものである．また，行政法では「権力発動要件が充足されている場合にも行政庁はこれを行使しないことができるし（行政便宜主義），とりわけ外国人の出入国管理を含む警察法の分野では，行政庁の権限行使の目的が公共の安全と秩序維持であるから，そのための権限行使は必要最小限度にとどまるべき（警察比例の原則）と考えるのが一般的である」と述べる．そして，行政便宜主義と警察比例の原則を前提とすると，仮に「法所定の処分要件に該当する事実があったとしても，当該事実関係の下において処分を行わなくても実質的にみて公共の安全と秩序を乱すおそれがない場合はもちろん，そのおそれがある場合にも，事態を放置することによって発生する弊害の程度が低く，かつ当該処分を行うことによって発生する弊害の程度が低く，かつ当該処分を行うことによって発生する権利自由の制限がこれを大きく上回るときには，もはや行政庁はその権限を行使することができないと解するのが相当である」と述べる．

そして一連の退去強制に関する手続規定に関して，「主任審査官の行う退去強制令書の発布が，当該外国人が退去を強制されるべきことを確定する行政処分として規定されており（法47条4項，法48条8項，法49条5項），退去強

制についての実体規定である法24条の認める裁量は，具体的には，退去強制に関する上記手続規定を介して主任審査官に与えられ，その結果，主任審査官には，退去強制令書を発布するか否か（効果裁量），発布するとしていつこれを発布するか（時の裁量）につき，裁量が認められており，比例原則に違反してはならないとの規範も与えられているものというべきである」と整理する．さらに，退去強制手続きには，主任審査官以外に，入国警備官，入国審査官，特別審理官，法務大臣に，各段階において裁量が認められているとした．

　これらの裁量を検討したうえで，「本案について理由がないとみえるとき」に該当するかどうかは，(1)法務大臣が法49条3項の裁決を下したこと，(2)法務大臣の裁決に従った主任審査官による退去強制令書の発布処分が，甲と乙山の婚姻関係の事実をどのように判断したのかに依拠する．その結果，甲と乙山の婚姻関係は真実のものであるから，これを事実誤認した法務大臣裁決及び退去強制令書発布処分は裁量権の逸脱又は濫用に当たるものであり，本件は「本案について理由がないとみえるとき」には該当しないとの判断を示した．

　下級審での決定であるが，下級審における新しい判断の積み重ねが上級審の決定に影響を与える．東京地裁のこの決定が今後の退去強制令書の執行停止事件でリファーされていくことで，裁判における新しい「社会通念」の形成が始まったのである．

11. 法治国家を凌駕する行政統治

　さて，論じてきた東京地裁による決定は，近時の外国人の日本滞在資格において重要な判例となった．この決定がでると，入管は即時抗告し，争いは東京高裁に移った[56]．東京高裁での論争は，入管にとっての「法務大臣の裁量権」を確保することの意味（法務省見解に固執することの意味）を考えるうえで重要な論点を見いだせる[57]．しかし，紙幅も限られることから，この東京高裁における論争は稿を改めて議論することにしたい．ここでは東京高裁決定において，本件が申立人側の敗訴となったことだけを簡単に確認しておく[58]．『判例時報』において決定文が全文掲載され，近時の行訴法訴訟において注目すべき決定と評された一審決定は確定裁判にならなかったのである．

しかし，この後の経過は，実務法曹の世界に疎い人間には（とりわけ筆者には）きわめて理解しがたい．東京高裁において入管が勝訴するということは，退去強制令書の執行が認められたのであり，甲は収容部分の執行停止をかちとることができなかったということである．そうであるならば，あれだけ争った入管は本案でも対決してくるはずだった．だが現実には，入管はまったく異なる対応をとった．甲に対して出されていた平成13年8月13日付け東第二5128号[59]の退去強制令書に対し，平成14年5月10日付けで退去強制令書取消書が出され，それと同時に，同日付けで在留特別許可が出たのである[60]．

　それではいったいどうして入管は控訴したのか．その理由として，第1に，地裁決定文に入管としては受け入れられない文言があり，これを確定裁判とするわけにはいかなかったためと思われる．「主任審査官の裁量権」という概念[61]がこれに当たる．これには二つの特色があり，①裁量を法務大臣ではなく主任審査官がもつとしたこと．②裁量が比例原則によって制限を受けるとしたことである．①の裁量を主任審査官がもつとしたことは，裁判官の独自説で当事者の誰もが困惑するものであった[62]．②の比例原則による制限は，裁量の幅に係るもので，入管が絶対に受け入れられないものであった．これを受け入れてしまうと，完全な自由裁量論が成立しなくなるからだ．

　第2に，退去強制令の執行停止が，送還の部分のみならず，収容の部分も含めて執行停止とされたことも関係していよう．現行法の不法滞在を認めたうえで在留特別許可を願い出る制度では，申立人がこの制度に願い出た時点で，在留特別許可を得ることができるか，退去強制処分（いわゆる強制送還）になるかの二つに一つしかなくなる．とりわけ，退去強制令書が発布され執行するという段階では，国外への強制送還を確保するためには身柄の収容が必要であり，この点で退去強制令書は収容と送還が一体化していないと入管行政ができない，という認識が強く入管にある．たとえ，現実には，退去強制令書が執行されているにもかかわらず仮放免が行われて，日本社会で通常に就労し生活している人が多数存在しているとしても，それはあくまで個別的な例外措置として行っている事柄にすぎないというスタンスである[63]．

　在留特別許可をめぐっては，そもそも法において法務大臣の自由裁量を与えてしまっている．行政訴訟の場合，「裁判機関による審査は，法を司るという

その使命からして,少なくとも原則的には,行政行動の違法・適法の判断にのみ限られざるを得ないのであって,行政機関が専ら政策的・行政的見地から行う決定に対して,その政策的判断の当・不当をコントロールするのは,本来,裁判所の権限外であるということにならざるを得ない」(藤田,2005：98).「法律による行政の原理」と呼ばれる法に基づいた行政という行政法の前提が当てはまらず,裁判所での争点は,2節でも論じたように,法の前提条件となる不文法源をめぐってなされる[64].ただし,広範な法務大臣の裁量を認めた入管法といえども,法文と実態が乖離していることが,そのままよしとされているわけではない.前後関係ははっきりしていないが近時の改正で,在留特別許可の裁決が法文上も地方入管局長が行うことが可能になった.これにあわせて,婚姻に関する通達が廃止されている.このことは,それまでの間,通達を通してであったとはいえ,地方入管局長の裁決による在留特別許可がいかに多かったのかを物語っている.今回の改正で,法文上も地方入管局長が在留特別許可をすることを可能としたのは,法文と実態の乖離を埋めるためであったであろうことは容易に想像がつくのだ.

　この裁判を通して,申立人側代理人が問題にしたことは,以下の5点であった.まず,(1)人を拘束して強制的に領域内から取り除く作用が,完全な自由裁量であることはありえない.裁量の幅や性質,制限される権利の内容が,当該国の国民と外国人とで差が出ることはあっても,国の行う作用である以上,公正でなければならない.そして,(2)公正の内容が,B規約,児童の権利条約等の国際条約や憲法を探ることによって,時代や社会状況によって「何が公正か」が揺れ動いたとしても,その時々の一定の幅のなかに客観的に決めることができる.そして,この一定の幅こそ裁量のふるうことのできる範囲である.(3)「公正」を探る作業は,数が少ないうちは場当たり的なものにならざるを得ないが,数が多くなれば,平等性,客観性を保つ必要が出てくる.裁量的判断として,国が第一義的に何が公正かを探る権能を持つとしても,一旦あることを決めた以上は,等しい状況にある場合には等しく扱うべきである.(4)通達によって,地方入管局長に在留特別許可の裁決を行うことを認めるようになったのは,実務作業として上記(1)(2)(3)が煮詰まったことの現れだ.すなわち,この段階で問題になるのは,裁量の問題ではなく平等原則の問題になる.ところが,

(5)国側は裁量の問題と言えば，平等原則の問題はパスできると考えている．これらの連関で入管行政を問い直すことはできないかと，代理人は考えていたのである．

ところでこの裁判は，申立人である甲が在留特別許可を願って出頭したことから始まった．裁判の申立て事項が退去強制令書の執行停止であったのは，在留特別許可が認められなかったために，退去強制令書が収容部分のみではあるが執行されたからである．こうした経過からすれば，申立人側が求めていたのは，退去強制令書が執行停止になることだけではない．言うまでもなく，ゴールは甲の在留特別許可取得にあった．申立人側代理人からすれば，高裁で負けて，画期的な決定と言われた一審決定が確定しなくても，依頼人の利益は守れたのである．

入管の実務は通達を通して，法務大臣の裁量から地方入国管理局での類型的判断へと大きく変わってきた．その結果，平成15（2003）年以降は年に1万人以上の非正規滞在者の正規化が，一切の議論を経ることなく行われている．1990年の入管法改正をめぐっては「開国」vs.「鎖国」の論争が展開され，国会においても審議されるという経緯があった．しかし，その後こうした論争はほとんど姿を消してしまった．にもかかわらず，1990年と比べると実に約30倍以上の数の在留特別許可が現在では発給されるに至っている．すべてが入管行政の実務上の運用の変化によって引き起こされたことを考えると，あたかも法治国家が行政国家に飲み込まれてしまったような状況が発生していると言わざるを得ない．

12. 外国人から見る日本の権力のあり方

地裁決定に至る過程を通して申立人側が問題としたのは，一貫して本件が通常的に在留特別許可を与えているケースに該当するかどうかということである．だからこそ申立人側代理人は，在留特別許可が実際にどのような手続きによって運用されて，いかなる場合に認められているのかを論じてきた．在留特別許可件数の近年の推移は，図11-1のようになっている[65]．総数で見ると平成2（1990）年の入管法改正以後で総数5万5,741人の正規化がおこなわれた．そ

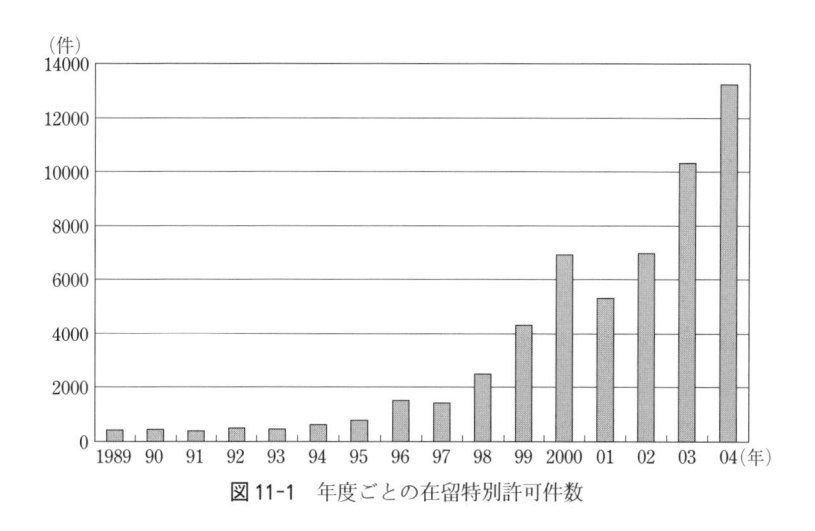

図11-1　年度ごとの在留特別許可件数

れも平成7（1995）年まではほぼ毎年500名前後に限られていたのにである．

　この日本の在留特別許可件数は，諸外国と比べて小さなものではない．アメリカは1987-1988年にかけて一般アムネスティとして180万人，特別農業労働者プログラムとして127万人の合計300万人以上の正規化がおこなわれているが，フランスでの正規化の規模はアメリカよりずっと小さくなり，1981-1982年に13万人，1997-1998年に7万8,000人である（近藤，2001：290-295）．アムネスティを行っている欧米諸国では，移民法が改正される場合など，大きな制度の変更に際して行われることが多い．例えば，上記のアメリカでの1987-1988年の大規模な正規化は，1986年の移民改革規制法の制定にともなって行われた[66]．大きな制度改革は一定の期間ごとに行われる公算が高いとしても，次にいつ行われるかは分からない[67]．それに比べて日本は一定規模の不法移民を毎年正規化してきた．その数は欧米でアムネスティが行われるタイムスパンで考えれば，極端に少ない数ではないのである．

　このような規模で行われ，しかも拡大している在留特別許可は，表面的には1件ごとに個別的に審査している．だが，上記の在留特別許可件数の急速な増加傾向は，申立人側代理人の主張する通り，定型化されたルーチンワークとして処理されているとしか考えられない．欧米と比べても遜色のない規模になりつつある非正規滞在者の正規化が，行政庁の内部の手続だけで進められている

のである.

　急激な非正規滞在者の正規化が,政府・行政庁の内部の論理と密接に関係している一例を示しておこう.それは第3次出入国管理基本計画にみいだせる.「平成15年12月の犯罪対策閣僚会議において決定された『犯罪に強い社会の実現のための行動計画』においても,今後5年間で不法滞在者を半減させ,国民が安心して暮らすことができるようにするとともに,平穏かつ適法に滞在している多くの外国人に対する無用の警戒感を払拭することが必要とされている」という文言がそれである.在留特別許可件数の増大が,この閣議決定の内容に関係していることは想像がつくだろう.不法滞在者を減らすための施策の一つが,不法滞在者の合法化(＝在留特別許可を与えること)なのだ.

　かつて丸山眞男は思想史の観点から,日本の近代化を形式だけの西欧化であり,そもそも日本の思想がこれまであらゆる外来の思想を換骨奪胎しながら融通無碍に取り込み,それを内側に抱え込んで発達してきたことを指摘した(丸山,1961).法務省は,平成15年以後,入管局のホームページで在留特別許可を与えた事例を一部ではあるが発表したり,最高裁もホームページで行政訴訟の一つとして「退去強制令書の執行停止」に関する重要判例の判決・決定文を開示したりしている.しかし,近年開示されるようになったこれらの事例は,丸山が『日本の思想』で言い表した事態が,法制度のなかにも発生していることを示している.在留特別許可という形式は,その内容として多種多様なケースを融通無碍に取り込みながら発達している[68].ただし,この制度が法の定める例外規定として存在していることを考えると,融通無碍に在留特別許可が発達したこと自体が問題になるのではない.例外規定であるからこそ,曖昧な部分が生じざるをえないからである.問題は,(1)この制度が設置された当時の立法趣旨と現実があわなくなり,換骨奪胎されながら存続していることである.加えて言うならば,(2)内部基準や通達が,行政法上はともかく,立法府が立法機能を果たしていない現実を前にしたとき,事実上法源として機能してしまっているのに,このことがまったく問題にされないことである.

　ところで本章で論じてきたように,在留特別許可の量的な拡大は,「裁量による個別ケースの判断」から「通達による類型的基準の設定とその基準に照らした判断」に変換されることによって行われた[69].しかし,こうした行政庁内

部の論理に起因する制度の変更は，行政庁外部の者には制度の運用が融通無碍に変えられているように見えるし，日本の外国人受け入れを非常にわかりにくくさせている[70]．この時点で，在留特別許可の制度は社会制御として失敗していると言えるかもしれない．本事件のように入管側の勝訴に終わったにもかかわらず在留特別許可の許可に帰結するというのは[71]，これから在留特別許可を申請しようとする外国人の側には理解しにくいばかりか，日本国民にとっても入管行政を理解不能なものへと導きかねないからである．そして在留特別許可という制度が，外国人からも，日本国民からも疑念の目で見られることになれば，この制度を通して安定的な法秩序が形成されるとは思えない．法秩序が形成されるには，むしろ国はこの制度の現代的な意味を真正面からとらえ返すべきだ．在留特別許可が立法措置された時代の日本と，現代の日本とでは，世界に占める日本の位置は大きく変わった．欧米に追いつくことを目標としていた戦前の日本は，満州，朝鮮半島，南洋諸島，そしてラテンアメリカに過剰人口を送り出す貧しい国であった．今は違うのだ．現実の在留特別許可も発展途上国から日本に来た者に出されているのであって，強制送還されるにしてもアメリカやフランスに送り返されるのであればほとんど問題になることはない．在留特別許可は，現実的には「グローバルな人権保障」の手段として機能しているのである．このようなものとして在留特別許可の存在を提示できれば，法的秩序をもたらす制度となり，裁量権も正当に位置づけられるようになる．かつまた，これまでの複雑な判例と行政上認めてきた前例との関連を詳細に論じることなしには，この制度の当否を論じることはできない．感情的・時代的な風潮に影響されるような，国民的議論で決着することは必ずしも最善ではない．きわめてセンシティブなマイノリティの権利保護だからこそ理性に基づいた議論が必要であり，この限りで，この制度の存続には行政側の裁量もまた認めざるをえないのである．ただしこの場合であっても，身体を拘束し領域内から強制的に排除する特異な権力の行使であるから，裁量がどのように発揮されたのか権力を監視することができなければならない．

13. 結語——自由・平等・川島武宜

　本書は，日本で働く外国人労働者をどのように把握できるのか，という問題関心から，セオリティカルなアプローチと徹底した現状分析の両面から問題を挟撃してきた．筆者のたどりついた結論は，外国人労働者をめぐって日本社会のなかに経済社会とそれ以外の法社会，生活社会，政治社会との分裂が発生しており，それがフィクション（嘘）によってつなぎ合わされているということである．

　分裂する経済社会と生活社会および政治社会の関係について，筆者は梶田・丹野・樋口（2005）で「顔の見えない定住化」をキーワードにして論じたことがある．しかし，本書ではさらに一歩踏み込んで，このような経済領域の出来事とその他の世界の出来事の分離の本質が，外国人に対する法社会における定義に発すること，そしてこの法社会の矛盾がフィクションによって正当化されていることを指摘したい．

　筆者を受け入れてくれた弁護士は「外国人労働者は鵺（ぬえ）である」という．職務内容に応じて発給される別表1のカテゴリーである研修生は，在留資格の定義として一人前の労働者になるために研修を受けにきた外国人であるから労働者ではない．他方で，地位又は身分に応じて発給される別表2の定住者・永住者およびその配偶者のカテゴリーである日系人労働者は，長期に日本に居住する外国人であって，これもまた外国人労働者ではない．現実にはどちらも外国人労働者として日本で就労しているのに，法律上はどちらも外国人労働者と考えられないことを指した言葉である．明らかに，法が嘘をついているのだ．末弘厳太郎は，大岡越前の越前裁きを例に，名奉行（あるいは名裁判）の本質とは，法を曲げるのではなく事実を法にあわせて解釈することにあるという．その際に「あったことをなかった」と言ったり，「なかったことをあった」と言ったりすること＝嘘をつくことで，法（裁き）と現実の調和をとることが，名奉行（名裁判）のエッセンスであるという（末弘，1988）．

　しかし，フィクションをもって法と現実を架橋することは，巨大な罪も創り出す．労働者でない研修生は職業選択の自由や雇用主を選択する自由がないか

ら，劣悪な条件のもとでも声を上げることもできずに就労し続けなくてはならない．他方で，職業選択の自由をもった日系人労働者は，職業選択の自由はもつが，本書で明らかにしてきたように，現実には業務請負業のなかでの職業移動を意味するにすぎない．彼・彼女たちの自由な意思で，短期の有期雇用を選択したこととされ，彼・彼女たちの問題は請負労働や違法派遣・偽装派遣の問題であって外国人労働者の問題ではなくなる．こうして日系人の雇用問題は不安定就労の問題として論じることはできても，外国人労働者ではないという大前提があるため，これを労働政策のなかに位置づけることはできない．

　筆者はかつて，日系人労働者を「身分としての外国人労働者」として論じたことがある（丹野，2001b）．ブラジル人だけで30万人以上の滞日人口を数え，ペルー，アルゼンチン，ボリビア等を含めれば37万人を超える人口である．この人びとのほとんどが業務請負業で就労している．事実だけをとってみれば，就労人口のほとんどが請負業にしか就労していないのだから，社会的に就職差別・雇用差別が発生していると見られても仕方がない．欧米であれば，アファーマティブアクションの対象として，大企業には新規の正規労働者の採用のうち，一定のパーセントを日系人としなければならない割当が当てられたとしてもおかしくないのだ．日系人は外国人労働者のなかでは優遇されているかもしれない．しかし外国人ゆえに非正規雇用にとどめおかれ，この意味で国籍はあたかも身分のように機能し，社会階層の固定化に寄与している．すべてが，フィクションが生み出した害悪である．

　外国人労働者が，単純作業労働者として機能していることは誰もが認めている．2007年5月に相次いで発表された研修生・実習生制度に対する見直しに関する新聞報道がこれを示す[72]．しかし，新聞報道も含めて，このフィクション（嘘）が問題にされることはなかった．現実には労働者であるのに法的には労働者でないという，まさに鵺的な存在に落とし込んでいることこそ，日本の外国人労働者に対する国・地方自治体の政策を隘路に追い込んでいるのだ．本章で見た日配通達→婚姻通達→定住母子通達にいたる変遷は，外国人女性が単身者→日本人または定住者・永住者と結婚→離婚後の母子家庭，と家族形態を変化させていることを示す．実際，これらの通達は日本人との結婚が問題になったとき，その後，日本人との結婚が破綻して子どもを連れて離婚する女性が

問題になったときに,それぞれだされた.この例が示すのは,外国人労働者が単身者として存在する間は労働政策で対処できるかもしれないが,外国人労働者が長期に居住し,家族を持つようになると,それにあわせた配慮が必要になるということである.つまり,労働政策は社会政策の裏づけがあって,初めて可能になる[73].外国人労働者が家族を支える収入を得る場については労働政策でコントロールし,長期に居住することによって生じる保険や年金の問題,さらには子どもの教育問題,労働者自身の高齢化問題といった側面について社会政策で対応しなくてはならなくなるのだ.しかし,現実の日本に目を転じてみると,労働者であることを認めないがゆえに労働政策が打てず,労働政策なきままになし崩し的に社会政策の課題が押し寄せている.だが,この労働政策なき社会政策では,人間が生存するために必要な収入を確保するエンタイトルメントを欠如しており,外国人労働者は社会保障支出を増加させるだけの存在で終わってしまう.

　グローバリゼーションの進行のなかで,終身雇用・年功序列の社会システムに代替する,労働力構成の差異化された社会システムが構築された.日経連の「新時代の日本的経営システム」は,こうした労働力を差異化する嚆矢であった.外国人労働者は権利のうえで差異化されており(国民でない以上,担保される平等性は異ならざるを得ない),この人びとが労働力構成を差異化する業務請負業にのることで外国人労働力はニッチを確保した.そして,このニッチは10章でも論じたように,国境を越えて再生産され,差異化された雇用システムである業務請負業が越境する雇用システムとなることで,業務請負業全体の再生産も可能になるという仕組みをもつに至ったのである.

　ヨプケは,スメルサーの「制度,役割,行為の組織化と正統化の前提となる最も規定的な文化的価値や信念」であるところの「原初主義(primordialism)」の概念を引きつつ(Smelser, 1991 : 39),イギリスの移民政策が原初主義に規定されていることを論じた(Joppke, 2004).さしずめ日本の外国人労働者に関して言えば,原初主義による規定は血統主義にあったのであろう.

　序章でも触れたが,筆者は晩年の梶田(1999 ; 2001 ; 2002)の議論について疑問を持っている.これらの梶田の研究に対して「官僚の語ったことを鵜呑みにしている」という批判を,筆者はよく聞く.しかし,「入管政策における

原初主義の規定」という観点からすると，彼の問題意識もあながち的外れでもない．ただ，見逃していたことがあるのだ．それは，最も重要な問題は，官僚が事実をどう認識していたのかということではなく，官僚にそのように語らせる論理がどこにあるのかということなのだ．これは法文の作成過程である法の「生成過程」と法文通りに法が執行される過程である法の「実現過程」を区別したときに，後者の法の実現過程（すなわち法の執行過程）において「社会体制の基本思想」（スメルサーの言葉で言えば「原初主義」）が論理的に展開された証左となるものであった[74]．日本にとっての社会体制の基本思想は国籍法から察するに，血統主義だ．この観点からすると，日系人はきわめて都合がよかった．受け入れの論理は原初主義＝日系という形容詞に求められ，これが大きな正統化の根拠にすることができたからだ[75]．血統の神話が日系人の就労を可能とさせたが，すでにこの神話は崩れた．法務省は「日系人の受け入れは間違いだった」と評価しているし，実際2006年4月から，日系人の新規の入国やビザの更新の際に，出身国および日本における犯歴照会が求められるようになった．日系＝日本文化を共有する者という図式が成り立たないことを，国もまた認めているのだ．

　では，「日系」というカテゴリーをどのように理解することができるのか．筆者は，もちろん，血統主義に基づくこのカテゴリーは，まったく意味がないと思っている．しかし，こと労働政策としてみた場合に限り，このカテゴリーに若干の意味を見いだせる．それはこのカテゴリーが限定的な外国人労働者の導入を可能にさせるからである．日本人移民の子孫とその家族だけが入れるという仕組みは，入国できる外国人労働者にある限界値を設定する．たとえ外国人労働者の導入に失敗するにせよ，それが無限に広がらない，ということだ．例えばブラジルの日系人人口は130万人とも140万人とも言われる．だが，このことは140万人以上入ってくることはないということにもなる．日系カテゴリーがこのような機能をもつ限り，今後も常に政策的キー概念になり，論争の種になり続ける．しかし，今のままの労働者と認めない日系カテゴリーであれば，どういじったところで現状発生している問題は引き続くであろう．

　また，なぜ日本が国際人権レジームから逃れることが可能なのか，ということも確認しておこう．本章で扱った事件でもそうであったが，日本の裁判所は

日本が批准した「国際人権規約」や「子どもの権利条約」に違反があったかどうかを判断することはきわめて少ない．日本は国際人権条約に批准してもその条約にほとんど縛られていない，と言ってよいぐらいだ．ここには日本の法社会を象徴する構造的な問題が隠れている．国際人権レジームと言われる状況が発生するのは，通常はその条約に批准すると，ウィーン条約（条約に関する国際条約）との関係で，批准した国の裁判所は他の批准国の判例も自国の判例と同じように判例として用いる．なぜこのようなことが行われるのかと言えば，自国の最高裁判所での決定に不満があった場合に個人が国際司法機関に訴えることができ，個人が国際司法機関に訴えたとき，国際司法機関の判断には条約締結国の判例が用いられるからである．しかし，日本は国際人権条約に，個人が国際司法機関に訴えることのできる条項を除いて批准している．そのため，個人にとって，最高裁判所を超える上級審は存在せず，裁判所もまた批准国の判例を用いて判断をするという姿勢を欠くことを可能にさせているのである[76]．

　だが，こうした日本の姿勢こそが，日本の外国人問題の解決能力を削いでいる．越境する雇用システムを成り立たせる，日系旅行社と業務請負業者の連携を統治する仕組みはない．研修生・実習生の受け入れシステムにもほぼ相似形の雇用システムを見いだすことができる．このシステムでは，労働力のリクルーティング地におけるコントロールについては，国はビザの発給以外に行なえない．事実上，国家は仕組みそのものをコントロールすることはできないのだ．日本の行政が得意とする業界や事業者に対する指導を通して適正化をはかることでは所期の目的を達成することはできない．むしろ，日本の法制度が最も嫌う，個人を権利ある存在と捉え，権利侵害された個人が自身の権利を訴え出ることができる仕組みを作ることによって，越境する雇用システムに人間の顔を持たせることができるのである．川島が指摘したように，近代が近代たりえたのは，名目だけだったかもしれないが市場で取引相手として対等な関係を取り結ぶことができたからであろう．法的に対等な取引相手として市場に登場できるようにすること，とりわけ日本の労働市場という具体的な条件設定のもとで，対等な取引相手となりうる制度設定が行われることこそ，いま最も必要なことである．その第一歩が，社会的には労働者であるのに法的には労働者でないというフィクションを取り払うことであることは言うまでもない．この場合，国

民である日本人の労働者とすべてにおいて等しくすることはできないだろう．
だからこそ「外国人労働者」として法的に位置づけられる必要があるのだ．

1) これまで本章で扱う在留特別許可は法50条1項3号に基づいて出されていた．最近の改正で，これまでの50条1項3号は人身売買被害者向けの在留特別許可となった．人身売買被害者への在留特別許可が入ることにより番号が繰り下がり，旧50条1項3号は現行法では50条1項4号となっている．
2) 在留許可を与えられると，法50条2項に基づいて条件を定めるとされ，その条件の一つとして在留資格を指定するとなっている．つまり，在留特別許可を得ると在留資格が決まることになっているが，法務省の論理では在留を特別に許可することと，在留資格を決定することとは別の論理になっている．
3) 第3次出入国管理基本計画はその抄訳を出入国管理法令研究会編（2005）の中で見ることができ，本文に引用した文章について確認できるが，全文はhttp://www.moj.go.jp/NYUKAN/nyukan35.htmlで見ることができる．
4) 第2次出入国管理基本計画では「不法就労を意図する外国人を『来る気にさせない→来させない→入れない→在留させない→退去強制する』という総合的な対策」としてより退去させる側の論理をストレートに展開している．全文はhttp://www.moj.go.jp/PRESS/000300-2/000300-2-2.htmlを参照のこと．
5) 「法の社会構造モデル」あるいは「法の社会構造モデル」の原理論は，小室直樹（1972）が詳細に論じている．
6) 筆者を受け入れてくれた弁護士は以下のように言う．「本当は，外国の例を参照しない司法や行政に問題があると思う．ただ，歴史を縦軸に，世界空間を横軸にして，その中に当該国の事例と日本の事例を正確に位置づけないと，説得的な議論にはならない．特に，日本は，地理的，歴史的，文化的に特殊性があるのだから，フランスの経験をドイツに参照したり，コロンビアの経験をベネズエラに当てはめたりするのとは違った作業が必要になるだろう．その点で，これまでの研究者の成果は，外国の事例紹介にとどまっている面が強いと思う」．
7) 筆者を受け入れてくれた弁護士は，最近では『判例時報』(No. 1890 : 27-40)，『判例タイムズ』(No. 1175 : 106-119) に取り上げられた，出生後認知された子どもの国籍に関して国籍法3条1項の「嫡出要件」を争った事件（東京地裁平成15年（行ウ）第110号事件）でも，東京地裁で違憲判決を勝ち取っている（平成17年4月13日，東京地裁民事第三部判決）．しかし，この事件はその後東京高裁で国側の勝訴となり，現在最高裁で争っている．国籍法3条1項をめぐるこの事件の持つ意味は右崎・諸根・小林（2006 : 5-6）を参照のこと．
8) このレクチャーは，ケース記録を採っているなかで，筆者が疑問を感じたときに毎回行ってもらった．
9) 本章はこのようにして2006年に記録した5冊のノートをもとに論文化したものである．ノート1は4月11日から19日にかけての記録（30時間30分），ノート2は4

月25日から4月27日にかけての記録(16時間),ノート3は5月3日から5月16日までの記録(29時間),ノート4は5月16日から5月30日までの記録(24時間30分),ノート5は5月31日から7月6日までの記録(18時間30分)であり,本章はこれら5冊のノートの記録に基づいている.( )内は弁護士事務所内におけるノートの作成時間を示す.
10) 本章では,判例が掲載されている判例集の巻,号,頁を本文中または脚注にて開示し,参考文献リストには載せていない.
11) 最高裁判所昭和29年(あ)第3594号事件で,本件は最高裁判所大法廷で昭和32年6月19日に決定.
12) 本件に関しては,『最高裁判所民事判例集』(Vol. 13, No. 12 : 1493-1499)に所収され,一審東京地裁民事第三部昭和33年4月22日決定,二審東京高裁第一一民事部昭和33年10月8日決定についても見ることができる.一審から三審に至るまで,法務大臣の自由な裁量権を認めている.
13) 判決文全文はLEX/DBインターネットTKC法律情報データベースより入手.本件は上記データベースの文献番号27760584として所収されている.
14) この事件はとりわけ反戦平和運動をしていた外国人の表現の自由の問題として注目を集めた.
15) 行政法の代表的なテキストである塩野(2005a)では,マクリーン事件は「裁量領域の拡張」における「要件裁量の承認」の例として紹介され(塩野,2005a : 116-118),芝池(2005)においても「行政裁量」の例として挙げられている(芝池,2005 : 13-14).さらに,いわゆる『入管六法』である出入国管理法令研究会編『注解・判例 出入国管理/外国人登録 実務六法』(2005)でも,法21条(在留期間の更新)の判例としてマクリーン事件が取り上げられている.
16) 通達がいかにして法廷闘争および外国人の日本滞在に影響を与えているかは,ななころび(2005)に生き生きと描き出されており,通達の詳細についても詳しく論じられている.
17) 塩野はさらに続けて述べている.「ある通達に示された解釈に従って行政処分がなされ,その適法性が裁判所で問題となったときには,裁判所は独自の立場で法令を解釈・適用して,処分の適法・違法を判断すべきであって,通達に示されたところを考慮する必要はなく,むしろ考慮してはならないのである」と(塩野,2005a : 94).つまり,通達による法の運用があっても,その通達が裁判で問題になったときには,裁判所が判断をするにあたって通達は効力を持たないというのである.
18) 塩野はこれを「行政法の法源としては,成文法源が重要であるが,その補完としての不文法源の存在を否定しえない.その種類として,慣習法,判例法,行政上の法の一般原則がある」と述べる(塩野,2005a : 54-55).
19) 国の国際慣習法に依拠する説明に対して,本件申立人側代理人は「①国は,あたかも外国人の入国及び滞在の許否について国家に広範な裁量があって,それすなわち,法務大臣の裁量であるかのような主張をするけれども,そのような国際慣習法の存在については全く立証していない.国際法においては,国際慣習法は条約と並ぶ重要な

法源の一つであり，国際司法裁判所規定38条1項bも，国際法の法源として『法として認められた一般慣行の証拠としての国際慣習』(international custom as evidence of a general practice accepted as law) を準則として適用するとしている．だが，これらの事件で争われているのは，日本の法律に基づく処分に関する争いであり，しかも行政法の分野では『法律による行政の原理』が妥当するため，国際慣習法が根拠になる余地は小さいはずだ．少なくとも，それを主張する側が（ア）同様の実行が反復継続されることにより一般性を有するに至ること（一般慣行（consuetude））と，（イ）国家その他の国際法の主体が当該実行を国際法上適合するものと認識し確信して行うこと（法的確信（opinio juris sivenecessitatis））の二つについて主張立証する必要がある．②また，国際慣習法を絶対視する態度と，B規約その他の明文の国際条約が裁判規範でないとする態度は矛盾しないのか．矛盾しないのであるならば，それは都合の良いところのつまみ食いではないのか．B規約や児童の権利条約で強制送還に制限を加えている他国の例は国際慣習法には反しないのか．こういう根本的な議論については書面に書いても反論もなければ判断もない．それでは単なる黙殺ではないのか」と国の言う国際慣習法を根拠のないものであると考えていた．

20) ノート2からノート3に記録．
21) ノート2に記録．
22) 事実関係については，甲と乙山より東京地裁に出された陳述書からも補足してある．陳述書はノート5に記録．
23) 入管側意見書では，疎乙第1号証（外国人入国記録），第2号証（調査報告書）が疎明資料として挙げられる．
24) 甲の居住するこのアパートは乙山名義で借りることとなった．申立書疎明資料として疎甲第3号証（賃貸借契約書）を示しつつ，この事実が開示される．
25) 未成熟とは，同居していて扶養を受けていることを指す法律上の概念である．
26) 入管側意見書では，疎乙第3号証（外国人登録原票）が疎明資料として挙げられる．
27) 入管側意見書では，疎乙第4号証（申告書）および疎乙第18号証（受理証明書）が疎明資料として挙げられる．
28) 入管側意見書では，疎乙第20号証（甲の供述調書）および疎乙第21号証（乙山の供述調書）が疎明資料として挙げられる．
29) 入管側意見書では，疎乙第26号証（8月11日の審査調書）および疎乙第27号証（11月20日の審査調書）が疎明資料として挙げられる．
30) 異議の申立ては3日以内に行わなければならないとされている．
31) 入管側意見書では，疎乙第32号証（裁決通知），疎乙第33号証（裁決通知書），および疎乙第34号証（退去強制令書）が疎明資料として挙げられる．
32) 申立書では，乙山の在職証明書が疎甲第6号証として，乙山の特別区民税・都民税非課税証明書が疎甲第7号証として示される．
33) 法50条1項第3号が類型化されていないがゆえに法務大臣の裁量にまかされている，というのが入管の論理である．反対に申立人側が問題にしているのは，類型化さ

れていないから裁量的判断になるにしても，それがいかなる判断を下してもかまわないということを意味するものではない，ということである．
34) 筆者はここで「在留特別許可の申出」と表記したが，これは当初「在留特別許可申請」と記述していた．なぜ表記法を変えたのかは，筆者を受け入れてくれた弁護士から，以下のアドバイスを頂いたからである．このアドバイスは入管法を考えるうえで重要な問題を含んでいると思われるので，ここに記しておく．「在留特別許可が申請であるか否かは議論になっている．私は，①日本の入管法の母法である米国移民法244条Aは "CANCELLATION OF REMOVAL ; ADJUSTMENT OF STATUS" はb項 "CANCELLATION OF REMOVAL AND ADJUSTMENT OF STATUS FOR CERTAIN NONPERMANENT REZIDENTS" において "(1) IN GENERAL. The Attorney General may cancel removal of and adjust to the status of an alien lawfully admitted for permanent residence, an alien who is inadmissible or deportable from the United States if the alien-(A) has been physically present in the United States for a continuous period of not less than 10 years immediately preceding the date of such application" とあるように，外国人が司法長官に対し退去強制の停止及び永住許可を「申請」することができる旨定めていること（米国法を輸入した結果である．日本法が「在留特別許可申請」の用語を採用しなかったことをもってただちに「在留特別許可申請」がないと断定することはできない），②判定に対する異議の申出は「在留特別許可希望」の趣旨を含むものとされ，法務大臣はこれに対して，主任審査官を通じて応答する義務を負っているとされていること，③裁量が広いとはいえ無限定のものではないこと＝つまり，解釈によって突き詰めていかなければならない要件であるとはいえ，どこかに要件そのものはあるはず，ということから，これを申請と捉えている．ただし，［入管は］一般に，①在留期間更新や資格変更と異なり申請という用語が使われていない，②許可の判断を申出人ではなくて，主任審査官にする，という点などを根拠として，申請とはしていない」．なお，米国移民法が日本の入管法の母法であることについては，坂中・斉藤（2007）を参照のこと．
35) 申立人側代理人はこのB規約違反については，最初の申立書以外ではほとんど触れないか，触れたとしても入管に論争を挑むような問いのたて方をおこなわない．せいぜいのところ，入管が主張する国際慣習法にしたがって国家は外国人に対して制約を課すことができる，という主張の根拠をあぶりだす際の論理の一つとして用いられるのみである．すなわち，本事件における争点としてのウェイトは低い．その理由は，①裁判所は国際人権条約についての裁判規範性をめったに認めないこと．②執行停止事件であるのでじっくり議論していられないこと．③執行停止については，本案＝在特を与えなかったことの違法性については「理由がないとはいえない」というところまで主張すればよく，日本人の配偶者等の事案で，本案に理由がないとして切られることはあり得ない，といった理由によるとのことである．なお，代理人はB規約17条と23条の関係を，前者が権利の規定，後者が制度的保障の規定と考えている．個人の権利を主張しているのだから，この請求が認められる根拠は17条に求められるべき，と考えていた．23条を載せたのは，それに言及した判例があったからだ．と

ころで，このB規約23条にふれた判例というのは次節で入管側が在留特別許可についての法務大臣の裁量が確認された判例として持ち出している東京高裁平成2年6月28日判決である．この事件の代理人も，筆者を受け入れてくれた弁護士が担当していた．そこでは，B規約17条と23条は，B規約3条が満たされたときに有効になるとの論理が裁判所によって説かれた．代理人は，この辺りにも外国人の在留を権利として構成したくないことが判例に現れた結果と考えていた．

36) 申立書では疎甲8として「乙山から甲への手紙」が疎明資料として挙げられる．
37) 入管側意見書は，東京入国管理局主任審査官名で，平成13年12月3日付提出．
38) この主張の論拠は昭和32年最高裁判決に求められる．
39) だからB規約は問題にならない，と入管は言外に述べていると思われる．
40) 外国人の場合，憲法は入管法の範囲のなかで適用されることは，以下のマクリーン事件の最高裁判決の文章のなかにも見いだすことができる．「外国人の在留の許否は国の裁量にゆだねられ，わが国に在留する外国人は，憲法上わが国に在留する権利ないし引き続き在留することを要求することができる権利を保障されているものではなく，ただ，出入国管理令上法務大臣がその裁量により更新を適当と認めるに足りる相当の理由があると判断する場合に限り在留期間の更新を受けることができる地位を与えられているにすぎないものであり，したがって外国人に対する憲法の基本的人権の保障は，右のような外国人在留制度のわく内で与えられているにすぎない」(傍点は筆者挿入) と断じている．
41) このような定義の仕方では，たとえ積極的な理由があったとしても，在留特別許可を与えなくてもよいということもできる．
42) このこと自体は，行政処分はたとえ違法であっても事実上通用する効力＝公定力を持つと考えられることと考え合わせると理解しやすい．入管は制限のない公定力を主張しているのである．公定力については，芝池（1999：146）を参照のこと．
43) ノート1に記録．
44) 提出日は2001年12月13日である．
45) このような法務大臣の権限を，地方入管局長が専決するということについて，代理人は相当危うい論理をはらんでいる，と考えていた．百歩譲ったとして「それが許容されるぎりぎりを考えると，①事前に明確な基準が定まっていることに加えて，②特に退去強制のような人権侵害的な処分の場合，不利益処分でないことが必要となるはずだし，入管の実務もそうなっていたはずだ．しかしながら，文言上は入管局長が専決するとなっているので，許可も不許可もできる形になっている．彼らの言い分からすると，専決通達は，単に手続を決めただけで，許可不許可の要件とは無関係という．そうであるならば，婚姻が真実だとかなんとか書いているのはいったいなんなのか．そういう当たり前の議論にまったく答えないですむのが入管だ．ただし，近時の法改正で，地方入国管理局局長は，法務大臣から委任を受けて在特等について判断できることになったので，専決通達も廃止された」．
46) これは明らかに，平成11（1999）年の支援者団体のもとで在留特別許可を求めてオーバーステイの外国人が集団出頭したことへの対応と思われる．この事件に関して

は，駒井・渡戸・山脇編（2000）を参照のこと．
47) 法9条1項は外国人の入国に関する入国審査官の裁量を否定している．法10条6項では，特別審理官に裁量のないことが，法11条3項では，法務大臣にも入国に関して裁量がないことを規定している．
48)「処分の執行などにより維持される行政目的の達成の必要性とこれを執行することによって相手方が被るおそれのある損害とを比較考量し，前者を一時的に犠牲にしてもなお後者を救済しなければならない緊急の必要性があるか否かの観点」という言葉が「通常随伴する損害」にかわって用いられた．
49) 宇都宮地裁平成2年11月2日決定（『判例時報』No. 1377：54-69）がこれに当たる．
50) 新潟地裁平成5年12月24日決定（『判例地方自治』No. 124：80-82），名古屋地裁平成5年6月29日決定（『判例地方自治』No. 119：84-86）がこれに当たる．
51) 相手方とは東京入管主任審査官のこと．
52) 上記の判決文の引用部分にすぐ続いて「行政事件訴訟法の文言も，当該処分の結果として当然発生するものであることを予定している損害を排除しているものではないから，このような解釈を妨げるものではない．相手方の主張は，法の規定しない新たな要件を設定しているに等しく，到底採用できない」と入管の主張を棄却している．
53) この部分では，繰り返し，退去強制令書の発布に関しては「退令の発布により申立人に回復し難い損害が発生するおそれの有無及び程度等」が十分に考慮されなければならないし，こうした考慮がなされなかった場合は，「社会通念に照らし著しい過誤欠落があった可能性が少なからず認められる」のであり，こうした過誤欠落があった場合は違法であるということが示されている．
54) 自由裁量の定義は，以下の藤田宙靖の説明が理解しやすい．「法律が行政機関に対し，……中略……広範な授権を行っている場合，通常，『法律は行政機関（行政庁）に，［自由］裁量権を与えている』といい，このような裁量権に基づく，行政機関（行政庁）の政策的・行政的判断によって行われた行為を，『［自由］裁量行為』あるいは『［自由］裁量処分』と呼んでいる」（藤田，2005：95）．
55) 藤田は羈束裁量については「法律の文言の上では一義的には確定しないように見えるが，しかし実は行政機関の自由な裁量が許されるのではなく，法律が予定する客観的な基準が存在する，と考えられる場合を，行政法学上，通常，『法規裁量』または『羈束裁量』と呼んでいる」と説明している（藤田，2005：96-97）．
56) 平成14年（行カ）第1号として平成14年1月28日に東京地裁に抗告されている．抗告理由書はノート3に記録．
57) 東京高裁における両者の論争はノート3からノート4に記録．
58) 本事件の東京高裁の決定文は，全文が最高裁判所ホームページにおける「裁判例集」の「行政事件裁判例集」のなかで公開されている．主文だけをここで簡単に紹介しておくと「一，原決定を次の通り変更する．(1)抗告人が平成13年8月13日付けで相手方に対して発布した退去強制令書に基づく執行停止は，送還部分に限り，本案事件（東京地方裁判所平成13年（行ウ）第316号退去強制令書発布処分取消等請求事

件）の第一審判決の言い渡しの日から起算して 10 日後までの間これを停止する．(2) 相手方のその余の申立てを却下する．二，本件申立費用及び抗告費用は，これを二分し，その一を抗告人の，その余を相手方の各負担とする」というものであった．
59） 退去強制令書の番号は正しくは「東第2 5128 号」となっている．ここでは番号に誤解が出ないようにするために，第2を第二と標記した．
60） 退去強制令書取消書および在留特別許可はノート3に記録．
61） 主任審査官に裁量権がないことについて，二審の抗告理由書では相当の部分を割いて，入管側は申し立てている．この二審の抗告は東京入管主任審査官により申し立てられた形式をとっているが，一審時とは異なる主任審査官に交代している．
62） 申立人側代理人は，裁量が広く確保されているのであれば，法務大臣の裁量権であろうと主任審査官の裁量権であろうと，入管は受け入れたのだろうかと疑念をもっていた．ただし，この場合，もし受け入れようとしても相当困難な説明を入管は強いられることになる，と考えていた．この主任審査官の裁量権という概念は，申立人側代理人からしても想定外の考え方であったという．
63） この点で，現在の入管行政は非常にアンビバレントな人びとを多数生み出している．強制送還と聞くとあたかも日本が国費を使って出身国へ送り返していると思われることもあるが，原則は送還される者の個人負担である．日本就労中にためた貯金のある者は，その蓄えのなかから航空チケットの購入を求められるし，航空券代のない人には，出身国に住む家族がこの費用を負担できないか確かめられる．出身国の家族も航空券代を払えそうもないときで，かつ当人が帰国の意志が強く＝逃亡のおそれがないと認められたときは，仮放免が行われて航空券代を稼ぐことが期待されるのである．不法就労が問題とされた人びとに，自身の費用負担のためとはいえ，国がなかば不法就労者の就労を認める態度をとるのだ．国家が認めれば，不法就労も単なる就労になるということであろうが，そうだとするとどうして不法就労が問題とされなくてはならないのだろうか．
64） これまで追ってきたことを筆者なりに総括すると，在留特別許可が法務大臣の自由裁量に任されると法文上は定義されていても，在留特別許可の権限を通達によって地方入管局に移した段階で，羈束裁量の領域に移っていたと考えられるのではないだろうか．しかも，通達の内容が，法61条の9に基づいて出される出入国管理計画に盛り込まれることによって，実質的に告示したのと同様になっていたのである．
65） 平成元（1989）年総数 432 件，平成 2（1990）年総数 446 件，平成 3（1991）年総数 393 件，平成 4（1992）年総数 482 件，平成 5（1993）年総数 465 件，平成 6（1994）年総数 612 件，平成 7（1995）年総数 789 件，平成 8（1996）年総数 1,511 件，平成 9（1997）年総数 1,431 件，平成 10（1998）年総数 2,497 件，平成 11（1999）年総数 4,318 件，平成 12（2000）年総数 6,930 件，平成 13（2001）年総数 5,306 件，平成 14（2002）年総数 6,995 件，平成 15（2003）年総数 10,327 件，平成 16（2004）年総数 13,239 件となっている．各年度の在留特別許可件数については法務省大臣官房編『出入国管理統計』各年度版より．なおこの出入国管理統計は各年度を西暦で表示してあるので，図は西暦で表した．

66) ただし，単純な人数の比較は何の有益な議論も生み出さない．1990年代以降，欧米諸国では，移民法や国籍法が改正され，移民の子どもたちの国籍取得が容易になってきている．単純な数字の比較では，これらの法制度の変更により隠れてしまう部分がまったく見えなくなってしまうからだ．そこで，ここでアメリカとフランスの例を出したのは，単純に日本の在留特別許可の件数が決して極端に低いものではない，ということを示すにとどまる事例紹介と考えてほしい．
67) アメリカはその後アムネスティを行っていない．
68) もちろん，これまでまったくのブラックボックスであった法務大臣の裁量が実際にどのように下されているのかについて一部とはいえ開示されるようになった，という積極的な理解も可能だ．
69) その一方で，裁量による個別の判断という原理もまた強固に残り続けている．その結果，法務大臣及び地方入管局長の裁量権を証明するためには，デファクトスタンダードが発生していたとしてもパブリックなスタンダード（公的な基準）は存在してはならない．もし，この基準をクリアーしていれば在留特別許可を与えなければならないということになれば，もはや裁量の存在する余地はなくなるからである．
70) 国は年に1万人近いあるいは1万人以上の非正規滞在者を合法化させている一方で，合法化させた人びととほとんどかわらない条件の人間の退去強制も少なからず存在する．また，突然の行政庁内部の政策の変更により，ある日を境に在留特別許可が出なくなるということも起こりうる．
71) 入管側が勝訴したにもかかわらず在留特別許可を与えるからこそ，国はこの制度を恩恵的と言っているのかもしれない．
72) 2007年5月11日に厚生労働省が厚生労働省案を発表し，2007年5月14日に経済産業省が経産省案を発表した．経産省案発表の翌15日に法務大臣が両省の案に対して，法務大臣私案を当日の閣議後の記者会見の場で発表している．これらに関する新聞報道は，『朝日新聞』が5月11日，5月12日の1面で，『日本経済新聞』が5月11日の1面で伝えている．筆者は厚労省の研修生・技能実習生制度研究会の委員の1人であったが，新聞報道は研究会の論点を正しく伝えなかった，と今でも考えている．
73) 移民に対する社会政策とは一般的に移民政策と呼ばれるものを念頭に置いている．
74) 法の「生成過程」および「実現過程」そして「社会体制の基本思想」の関係については，井上（1973：第2章）が詳しく論じている．筆者はこの二つの過程の違いに，梶田は気づいていなかったと思う．
75) いまになって，この「日系」という言葉による正統化の根拠の揺らぎがようやく顕在化してきたと言えるだろう．日系人の集住地では10年前から明らかであったことが，実態のレベルを超えて，言説のレベルでも正統性を担保することができなくなってきているのだ．
76) この国際人権条約と日本の裁判所の判断についても，筆者を受け入れてくれた弁護士から教えていただいた．この部分の問題は，彼の事務所スタッフも理解している者がまったくなく，筆者の質問に端を発して事務所スタッフ全員を集めて講義が行われた．

参考文献

【日本語文献】

アマゾン日本人移住60年記念史委員会,1994,『アマゾン——日本人による60年の移住史』ベレン:汎アマゾニア日伯協会.
安西愈,1997,『労働者派遣法の法律実務』[第二版補正二版]総合労働研究所.
青木秀男,2000,『現代日本の都市下層——寄せ場と野宿者と外国人労働者』明石書店.
青木昌彦,2001,『比較制度分析に向けて』NTT出版.
青木昌彦・奥野正寛・村松幹二,1996,「企業の雇用システムと戦略的補完性」青木昌彦・奥野正寛編『経済システムの比較制度分析』東京大学出版会.
荒井一博,2001,『文化・組織・雇用制度——日本的システムの経済分析』有斐閣.
荒川龍,1998,「日系ブラジル人問題が問う『日本』——息子を失った両親の訴え」『週刊金曜日』No. 230.
浅沼萬里,1997,『日本の企業組織——革新的適応のメカニズム』東洋経済新報社.
浅生卯一,1994,「自動車部品メーカーにおける労務管理と日系人労働者」『社会政策学会年報』No. 38.
ボリビア日本人移住100周年移住史編纂委員会,2000,『ボリビアに生きる——日本人移住一〇〇周年誌』サンタクルス:ボリビア日系協会連合会.
ブラジル沖縄県人会,2000,『ブラジル沖縄県人移民史——笠戸丸から90年』サンパウロ:移民史刊行委員会.
中部産業・労働政策研究会,1994,『長期雇用の変質と人事・労務政策のゆくえ——中京地区自動車産業の事例から』日本労働研究機構委託調査研究報告書,財団法人中部産業・労働政策研究会.
中部産業・労働政策研究会,1998,『労働の多様化に向けた労使の役割』日本労働研究機構委託調査研究報告書,財団法人中部産業・労働政策研究会.
中馬宏之,2001,「構内請負業活用の実態と分析——イノベーションの進展から」電機総合研究センター編『IT時代の雇用システム』日本評論社.
コロニア・オキナワ入植四十周年記念誌編纂委員会,1995,『うるまからの出発(たびだち)——コロニア・オキナワ入植40周年記念誌』サンタクルス:オキナワ日本ボリビア協会.
コチア産組中央会刊行委員会,1987,『コチア産業組合中央会60年の歩み——1927-1987』Sao Paulo : Cooperativa Agricola de Cotia-Cooperativa Central.
江口英一,1957,「労働市場の問題」福武直ほか編『講座社会学6 階級と組合』東京大学出版会.
江口英一,1980,『現代の「低所得層」——「貧困」研究の方法』(中)未來社.

藤田栄史，1999,「社会経済環境変化と生産・開発体制の再編成」浅生卯一・猿田正機・野原光・藤田栄史・山下東彦『社会環境の変化と自動車生産システム』法律文化社．
藤田宙靖，2005,『行政法Ⅰ　総論』[第四版改訂版] 青林書院．
福井秀夫，2006,『司法政策の法と経済学』日本評論社．
福井秀夫・大竹文雄編，2006,『脱格差社会と雇用法制——法と経済学で考える』日本評論社．
玄田有史，2001,『仕事のなかの曖昧な不安』中央公論新社．
具志堅興貞，1998,照井裕編『沖縄移住地——ボリビアの大地とともに』沖縄タイムス社．
汎アマゾニア日伯協会，1994,『アマゾン——日本人による60年の移住史』パラ州ベレン：汎アマゾニア日伯協会．
半田知雄，1966,『今なお旅路にあり——一日系移民の歩んだ道』サンパウロ：サンパウロ人文科学研究所．
半田知雄，1970,『移民の生活の歴史——ブラジル日系人の歩んだ道』サンパウロ：サンパウロ人文科学研究所．
八田達夫，2006,「効率化原則と既得権保護原則——2つの政策評価基準の比較」福井秀夫・大竹文雄編『脱格差社会と雇用法制——法と経済学で考える』日本評論社．
林隆春，1996,「業務請負業について」『インフォメートNagoya』名古屋銀行くらしと相談センター．
樋口直人，2001,「ブラジル・パラナ州における日系人労働者斡旋組織」『徳島大学社会科学研究』No. 14.
樋口直人，2002,「国際移民におけるメゾレベルの位置づけ——マクロ−ミクロモデルをこえて」『社会学評論』Vol. 52, No. 4.
樋口直人・丹野清人・樋口里華，1998,「越境する食文化と移民ネットワーク——在日ムスリム移民の増加とハラール食品産業の展開」『食生活研究』Vol. 19, No. 3.
樋口直人・丹野清人，2000,「食文化の越境とハラール食品産業の形成——在日ムスリム移民を事例として」『社会科学研究』No. 13.
平井宜雄，1996,「いわゆる継続的契約に関する一考察——『市場と組織』の法理論』の観点から」中川良延ほか編『日本民法学の形成と課題——星野英一先生古稀祝賀』（下）有斐閣．
平野義太郎，1934,『日本資本主義社会の機構』岩波書店．
五十嵐泰正，1999,「職場の同僚／部下としての外国人」『大原社会問題研究所雑誌』No. 491.
飯笹佐代子，2007,『シティズンシップと多文化国家——オーストラリアから読み解く』日本経済評論社．
池上重弘，1998,『ブラジル人集中居住地区における地域社会の現状と課題——浜松市の事例から』平成9年度静岡県立大学学長特別研究成果報告書，静岡県立大学短期大学部．

池上重弘・飯島久美子・太田夏子，1998,「静岡県西部地域におけるニューカマーの増加と行政の対応——湖西市の事例を中心に」『地域の国際化に伴う文化的摩擦とその回避』平成9年度静岡県立大学学長特別研究成果報告書，静岡県立大学短期大学部.

今田高俊，1986,『自己組織性——社会理論の復活』創文社.

今井賢一・金子郁容，1988,『ネットワーク組織論』岩波書店.

移民八十年史編纂委員会，1991,『ブラジル日本移民八十年史』サンパウロ：ブラジル日本文化協会.

稲上毅，1973,「労使関係」松島静雄編『社会学講座6　産業社会学』東京大学出版会.

稲上毅，1990,『現代英国労働事情——サッチャーイズム・雇用・労使関係』東京大学出版会.

稲上毅，1992,「経営戦略・外国人労働市場・雇用管理——事例からみたスペクトラム構造」稲上毅・桑原靖夫・国民金融公庫総合研究所『外国人労働者を戦力化する中小企業』中小企業リサーチセンター.

井上民二・加藤真編，1993,『花に引き寄せられる動物——花と送粉者の共進化』平凡社.

イシ，アンジェロ，1995,「『出稼ぎビジネス』の発生と生活環境の変化——食生活・レジャー・メディア等の観点から」渡辺雅子編『共同研究　出稼ぎ日系ブラジル人』（上・論文編）明石書店.

石井由香・稲葉奈々子，1996,「住宅問題——居住の長期化のなかで」宮島喬・梶田孝道編『外国人労働者から市民へ——地域社会の視点と課題から』有斐閣.

石川友紀・町田宗博，1986,「ブラジルにおける沖縄県出身移民の集団形成——サンパウロ市ビーラカロン地区の場合」琉球大学法文学部地理学教室『南米における沖縄県出身移民に関する地理学的研究——ボリビア・ブラジル』（文部省科学研究費海外学術調査，昭和60年度調査総括，課題番号60043053）琉球大学法文学部地理学教室.

磯村健太郎，1998,「疎外感強めるブラジル人——不況で露呈した外国人差別の背景」『AERA』No. 40.

女性の家サーラー，2002,『女性の家サーラー10年の歩み——外国籍女性への暴力の実態』女性の家サーラー.

加賀見一彰，2001,「下請取引関係における系列の形成と展開」岡崎哲二編『取引制度の経済史』東京大学出版会.

加護野忠男・野中郁次郎・榊原清則・奥村昭博，1983,『日米企業の経営比較』日本経済新聞社.

梶田孝道，1998,「凝縮された移住サイクル——日系人にみるデカセギの変容」『比較文明』No. 14.

梶田孝道，1999,「乖離するナショナリズムとエスニシティ——『日系人』における法的資格と社会学的現実の間」青井和夫・高橋徹・庄司興吉編『市民性の変容と地域・社会問題——21世紀の市民社会と共同性：国際化と内面化』梓出版社.

梶田孝道編，1999,『トランスナショナルな環境下での新たな移住プロセス——デカセギ10年を経た日系人の社会学的調査報告』科学技術振興調整費による総合研究「人

間の社会的諸活動の解明・支援に関する基盤的研究における『トランスナショナルな環境下に於ける文化的共創に関する研究報告書』』一橋大学社会学部.
梶田孝道, 2001,「三つの『シティズンシップ』——『三つのゲート』論による整理」NIRA・シティズンシップ研究会編『多文化社会の選択』日本経済評論社.
梶田孝道, 2002,「日本の外国人労働者政策」梶田孝道・宮島喬編『国際社会1 国際化する日本社会』東京大学出版会.
梶田孝道・丹野清人・樋口直人, 2005,『顔の見えない定住化』名古屋大学出版会.
金子郁容, 1986,『ネットワーキングへの招待』中公新書.
金子勝編, 1996,『現代資本主義とセイフティ・ネット——市場と非市場の関係性』法政大学出版局.
川人博, 2006,『過労自殺と企業の責任』旬報社.
川島武宜, 1959,『近代社会と法』岩波書店.
川島武宜, 1972,「『法』の社会学理論の基礎づけ」川島武宜編『法社会学講座4 法社会学の基礎2』岩波書店.
川島武宜, 1982a,『川島武宜著作集第1巻 法社会学1 生ける法と国家法』岩波書店.
川島武宜, 1982b,『川島武宜著作集第5巻 法律学1 法律学の方法と課題』岩波書店.
風早八十二, 1937,『日本社会政策史』日本評論社.
木本喜美子, 1995,『家族・ジェンダー・企業社会——ジェンダー・アプローチの模索』ミネルヴァ書房.
児玉晃一, 2005,「退去強制からの救済と人権条約」宮川成雄編『外国人法とローヤリング——理論と実務の架橋をめざして』学陽書房.
小池和男, 2005,『仕事の経済学』[第三版]東洋経済新報社.
小池洋一, 1995,「戦後のブラジル経済発展と日本企業の進出」日本ブラジル修好一〇〇周年記念事業組織委員会『日本ブラジル交流史——日伯関係一〇〇年の回顧と展望』社団法人日本ブラジル中央協会.
駒井洋・渡戸一郎・山脇啓造編, 2000,『超過滞在外国人と在留特別許可——岐路に立つ日本の出入国管理政策』明石書店.
小室直樹, 1972,「規範社会学」川島武宜編『法社会学講座4 法社会学の基礎2』岩波書店.
近藤敦, 2001,『外国人の人権と市民権』明石書店.
小杉礼子編, 2002,『自由の代償／フリーター』日本労働研究機構.
神代和欣・連合総合生活開発研究所編, 1995,『戦後50年 産業・雇用・労働史』日本労働研究機構.
小山陽一編, 1985,『巨大企業体制と労働者——トヨタの事例』御茶の水書房.
雇用・能力開発機構, 2001,『いわゆる人手不足の観点からみた外国人労働者雇用問題の実態について』財団法人雇用開発センター.
熊沢誠, 1997,『能力主義と企業社会』岩波新書.
桑原靖夫, 1993,「外国人労働者問題の政治経済学——分析・政策立案のための枠組み」花見忠・桑原靖夫編『あなたの隣人 外国人労働者』東洋経済新報社.

ラテン・アメリカ協会, 1969, 『ブラジル移住60年——ブラジル日系社会の研究』ラテン・アメリカ協会.
李鋌, 2000, 「解雇の手続き」日本労働法学会編『講座21世紀の労働法4 労働契約』有斐閣.
前山隆, 1981, 『非相続者の精神史——或る日系ブラジル人の遍歴』御茶の水書房.
前山隆, 1997, 『異邦に「日本」を祀る』御茶の水書房.
マルクス, カール／フリードリッヒ・エンゲルス, 1951, 大内兵衛・向坂逸郎訳『共産党宣言』岩波文庫.
丸山真男, 1961, 『日本の思想』岩波新書.
右崎正博・諸根貞夫・小林直樹, 2006, 「判例回顧と展望 憲法」『法律時報 判例回顧と展望 2005』6月臨時増刊号.
宮城松成, 1998, 『ブラジルの沖縄県人 トップ・リーダー』サンパウロ：私家版.
宮尾進, 2004, 『ボーダーレス化する日系人』(人文研研究叢書) サンパウロ：サンパウロ人文科学研究所.
水谷英夫, 1997, 「労働者派遣事業のあり方をめぐる課題」『法律の広場』Vol. 50, No. 8.
森幸一, 1992, 「ブラジルからの日系人『出稼ぎ』の推移」『移住研究』No. 29.
森幸一, 1993, 「日系人の『出稼ぎ』を巡る状況の変化」二宮正人編『「出稼ぎ」現象に関するシンポジューム報告書』ブラジル日本文化協会.
森幸一, 1995a, 「ブラジルからの日系人出稼ぎの特徴と推移」渡辺雅子編『共同研究 出稼ぎ日系ブラジル人』(上・論文編) 明石書店.
森幸一, 1995b, 「日系集団地にとっての『出稼ぎ』のもつ意味——3日系集団地の出稼ぎ送出形態とその影響」渡辺雅子編『共同研究 出稼ぎ日系ブラジル人』(上・論文編) 明石書店.
森幸一, 1998, 「戦後における沖縄系移民のエスニック職業としてのクストゥーラ(縫製業)——ミドルマン・マイノリティーへの道」『人文研』No. 1.
森幸一, 2001, 「沖縄県移民の経済的適応戦術と都市エスニック・コミュニティの生成——サンパウロ市『カロン』地区の沖縄系エスニック・コミュニティの事例」『人文研』No. 5.
森幸一, 2005, 「ブラジル沖縄系人の祖先崇拝の実践」『アジア遊学』No. 76.
森建資, 2003, 「雇用関係の変化をどのように捉えるか」社会政策学会編『社会政策学会誌』No. 9.
森田桐郎編, 1987, 『国際労働力移動』東京大学出版会.
森田桐郎編, 1995, 『世界経済論——〈世界システム〉アプローチ』ミネルヴァ書房.
本久洋一, 2000, 「違法解雇の効果」日本労働法学会編『講座21世紀の労働法4 労働契約』有斐閣.
村上泰亮・公文俊平, 1974, 「組織原理」富永健一編『社会学講座8 経済社会学』東京大学出版会.
中村隆英, 1993, 『日本経済——その成長と構造』[第三版] 東京大学出版会.
中野麻美, 2003, 「労働者派遣の拡大と労働法」社会政策学会編『社会政策学会誌』

No. 9.
ななころびやおき，2005,『ブエノスディアス・ニッポン』ラティーナ．
南米産業開発青年隊40年史刊行委員会，1997,『青年隊——1956-1996』サンパウロ：南米産業開発青年隊40年史刊行委員会．
南米三翠同窓会史編集委員会，2004,『回り道をした男たち』サンパウロ：三重大学農学部南米三翠同窓会史編集委員会．
日本経営者団体連盟，1995,『新時代の「日本的経営」——挑戦すべき方向とその具体策』新・日本的経営システム等研究プロジェクト報告，日本経営者団体連盟．
日本経営者団体連盟関東経営者協会，1996,『「新時代の日本的経営」についてのフォローアップ調査報告』日本経営者団体連盟関東経営者協会．
日本経済団体連合会経営労働政策委員会編，2002,『経営労働政策委員会報告——多様な価値観が生むダイナミズムと創造をめざして』日本経団連出版．
日経連労働問題研究委員会，2001,『労働問題研究委員会報告——多様な選択肢をもった経済社会の実現を』日経連出版部．
日経連労働問題研究委員会，2002,『労働問題研究委員会報告——構造改革の推進によって危機の打開を　高コスト体質の是正と雇用の維持・創出を』日経連出版部．
西口敏宏，2000,『戦略的アウトソーシングの進化』東京大学出版会．
西口敏宏／アレクサンダ・ボーデ，1999,「カオスにおける自己組織化——トヨタ・グループとアイシン精機火災」『ORC組織科学』Vol. 32, No. 4.
西野瑠美子，1999,『エルクラノはなぜ殺されたのか——日系ブラジル人少年・集団リンチ殺人事件』明石書店．
西山賢一，1997,『複雑系としての経済——豊かなモノ離れ社会へ』日本放送出版協会．
西澤晃彦，1995,『隠蔽された外部——都市下層のエスノグラフィー』彩流社．
西澤晃彦，2002,「グローバルシティの下層マイノリティ——間隙を縫う」梶田孝道・宮島喬編『国際社会1　国際化する日本社会』東京大学出版会．
野邊地慶三，1931,「南洋の天地」『戦友』No. 247.
野原光・藤田栄史編，1988,『自動車産業と労働者』法律文化社．
野村正實，1993,「日本における『熟練』論の流れ——小池理論はなぜひろまったか」『大原社会問題研究所雑誌』No. 416.
野村正實，1998,『雇用不安』岩波新書．
野村正實，2001,「日本の生産主義と労働者——国際的視角からみた日本の労働社会」戸塚秀夫・徳永重良編『現代日本の労働問題——新しいパラダイムを求めて』[増補版]ミネルヴァ書房．
野村正實，2003,『日本の労働研究』ミネルヴァ書房．
小川浩一，2000a,「日本における外国人労働者の組織化（上）——神奈川シティユニオンのケース・スタディを通して」『労働法律旬報』6月上旬号．
小川浩一，2000b,「日本における外国人労働者の組織化（下）——神奈川シティユニオンのケース・スタディを通して」『労働法律旬報』7月上旬号．
沖縄労働経済研究所，1988,『沖縄県労働力の県外移動に関する調査研究報告書——経

済自立に向けて労働市場の役割を探る』財団法人沖縄労働経済研究所.
奥野正寛・鈴村興太郎, 1988, 『ミクロ経済学 II』岩波書店.
奥野正寛, 1993, 「現代日本の経済システム——その構造と変革の可能性」岡崎哲二・奥野正寛編『現代日本経済システムの源流』日本経済新聞社.
奥山明良, 2000, 「雇用・就業形態の多様化と均等待遇」日本労働法学会編『講座 21 世紀の労働法 6　労働者の人格と平等』有斐閣.
小内透・酒井恵真編, 2001, 『日系ブラジル人の定住化と地域社会——群馬県太田・大泉地区を事例として』御茶の水書房.
小野旭, 1997, 『変化する日本的雇用慣行』日本労働研究機構.
大河内一男, 1944, 『社会政策の基本問題』[増訂版] 日本評論社.
大久保武, 2001, 「日系人労働者における労働市場の構造」『日本労働社会学会年報』No. 12.
大沢真理, 1993, 『企業中心社会を超えて——現代日本を〈ジェンダー〉で読む』時事通信社.
大内力, 1952, 『日本資本主義の農業問題』[改訂版] 東京大学出版会.
労働省職業安定局編, 1995, 『外国人雇用対策の現状』労務行政研究所.
坂中英徳, 2005, 『入管戦記』講談社.
坂中英徳・斉藤利男, 2007, 『出入国管理及び難民認定法逐条解説』[改訂第三版] 日本加除出版.
佐野哲, 1996, 『ワーカーの国際還流』日本労働研究機構.
猿田正機, 1999, 「大手自動車メーカーの生産と労働——変貌するトヨタの生産・労働システムと労務管理」三井逸友編『日本的生産システムの評価と展望——国際化と技術・労働・分業構造』ミネルヴァ書房.
笹田栄司, 2002, 「憲法 2」『法学教室』No. 266.
佐高信, 1991, 『「非会社人間」のすすめ』講談社文庫.
佐武弘章, 1994, 「大量生産方式とムダ（空費）の増大——NPS 研究会の実験にかんする調査と分析」『大原社会問題研究所雑誌』No. 431.
佐藤博樹, 1998, 「非典型的労働の実態」『日本労働研究雑誌』No. 462.
佐藤忍, 1996a, 「日系ブラジル人の雇用管理——冷凍食品加工メーカーの事例」『大原社会問題研究所雑誌』No. 453.
佐藤忍, 1996b, 「構内下請けと日系ペルー人——造船業の事例をめぐって」『大原社会問題研究所雑誌』No. 454.
盛山和夫, 1995, 『制度論の構図』創文社.
芝池義一, 1999, 『行政法総論講義』[第三版増補] 有斐閣.
芝池義一編, 2005, 『判例行政法入門』[第四版] 有斐閣.
芝池義一, 2006, 『行政救済法講義』[第三版] 有斐閣.
下井隆史, 1990, 『労働基準法』有斐閣.
塩野宏, 2005a, 『行政法 I　行政法総論』[第四版] 有斐閣.
塩野宏, 2005b, 『行政法 II　行政救済法』[第四版] 有斐閣.

塩沢由典，1990，『市場の秩序学』筑摩書房．
塩沢由典，1997a，『複雑さの帰結』NTT 出版．
塩沢由典，1997b，『複雑系経済学入門』生産性出版．
白井邦弘，2001，「セル生産方式と人材活用」都留康編『生産システムの革新と進化——日本企業におけるセル生産方式の浸透』日本評論社．
宍戸善一・常木淳，2004，『法と経済学——企業関連法のミクロ経済学的考察』有斐閣．
末弘嚴太郎，1924，『農村法律問題』改造社．
末弘嚴太郎，1988，川島武宜編『嘘の効用』（上）冨山房百科文庫．
末弘嚴太郎，1994，川島武宜編『嘘の効用』（下）冨山房百科文庫．
隅谷三喜男，1960，「日本資本主義と労働市場」東畑精一編『農村過剰人口論』日本評論社．
隅谷三喜男，1961，「労働市場論の解雇と展望」社会政策学会編『労働市場と賃金』有斐閣．
隅谷三喜男，1964，『日本の労働問題』東京大学出版会．
隅谷三喜男，1966，『日本労働運動史』有信堂．
隅谷三喜男，1969，『労働経済論』筑摩書房．
隅谷三喜男，1975，「労働市場論ノート——日本における研究史」『経済学論集』Vol. 41, No. 2.
諏訪康夫，2002，「労働をめぐる『法と経済学』——組織と市場の交錯」『日本労働研究雑誌』No. 500.
出入国管理法令研究会編，2005，『注解・判例　出入国管理・外国人登録・実務六法　平成 17 年』日本加除出版．
橘木俊詔，2000，『セーフティネットの経済学』日本経済新聞社．
田島浩，2006，「外国人刑事弁護と入管法」東京弁護士会外国人の権利に関する委員会編『実務家のための入管法入門』［改訂版］現代人文社．
丹野清人，1998，「創り出される労働市場——非合法就労者の移動のメカニズム」『大原社会問題研究所雑誌』No. 478.
丹野清人，1999a，「外国人労働者の法的地位と労働市場の構造化——日本における西・南アジア系就労者と日系ブラジル人就労者の実証研究に基づく比較分析」『国際学論集』No. 43.
丹野清人，1999b，「在日ブラジル人の労働市場——業務請負業と日系ブラジル人労働者」『大原社会問題研究所雑誌』No. 487.
丹野清人，2000a，「日系人労働市場のミクロ分析——日系人雇用と地域コミュニティ」『大原社会問題研究所雑誌』No. 499.
丹野清人，2000b，「日系人労働者の雇用と都市間移住」『都市問題』Vol. 91, No. 9.
丹野清人，2001a，「雇用構造の変動と外国人労働者——労働市場と生活様式の相補性の視点から」梶田孝道編『講座・社会変動 7　国際化とアイデンティティ』ミネルヴァ書房．
丹野清人，2001b，「身分としての外国人労働者——職場における位置と権利」NIRA シ

ティズンシップ研究会編『多文化社会の選択——「シティズンシップ」の視点から』日本経済評論社.
丹野清人, 2002a, 「日本人に置き換えられる外国人労働力——外国人労働者, 女性, そして高齢者による周辺部労働力間競争」(上)『労働法律旬報』No. 1534.
丹野清人, 2002b, 「日本人に置き換えられる外国人労働力——外国人労働者, 女性, そして高齢者による周辺部労働力間競争」(下)『労働法律旬報』No. 1536.
丹野清人, 2002c, 「グローバリゼーション下の産業再編と地域労働市場——自動車産業にみる周辺部労働間競争」『大原社会問題研究所雑誌』No. 528.
丹野清人, 2003a, 「ブローカーの社会学——『ピンポイント移住』と地域労働市場」『現代思想』Vol. 31, No. 6.
丹野清人, 2003b, 「契約の時代と日系人労働者——外国人労働と周辺部労働市場の再編」『労働社会学年報』No. 14.
丹野清人, 2004, 「グローバリゼーションと労働市場改革」『季刊ピープルズ・プラン』No. 28.
丹野清人, 2005, 「なぜ社会統合への意志が必要か」『NIRA政策研究』Vol. 18, No. 5.
丹野清人, 2006a, 「自動車産業一時下請けにおける非正規雇用の変化」『寄せ場』No. 19.
丹野清人, 2006b, 「総合デカセギ業の誕生——日系旅行社の変容とブラジル日系コミュニティの資本蓄積」『大原社会問題研究所雑誌』No. 573.
丹野清人, 2007, 「在留特別許可の法社会学——日本で暮らす外国人の法的基礎」『大原社会問題研究所雑誌』No. 582.
丹野清人・武藤かおり・西岡千恵子・新倉久乃, 2003, 「人身売買の社会学——シェルターに逃れてきたトラフィッキング被害者からみえてくるもう一つの市民社会」『人文学報』No. 338.
豊田市, 2001, 『豊田市内産業及び地域社会における国際化進展の影響調査報告書』豊田市.
常木淳, 2006, 「不完備契約理論に基づく解雇法制法理正当化の問題点」福井秀夫・大竹文雄編『脱格差社会と雇用法制——法と経済学で考える』日本評論社.
筒井美紀, 2001, 「外国人労働者と高卒就職者の雇用代替——『間接雇用によるマス代替』のプロセスとインパクト」『日本労働社会学会年報』No. 12.
都築くるみ, 1995, 「地方都市とエスニシティ——愛知県豊田市H団地における日系ブラジル人と地域住民」松本康編『増殖するネットワーク』勁草書房.
都築くるみ, 1996, 「地方産業都市における日系ブラジル人受け入れと地域の変容——葛藤, 緊張を経て共生へ」『URC都市科学』Vol. 30.
都築くるみ, 1998, 「エスニック・コミュニティの形成と『共生』——豊田市H団地の近年の展開から」『日本都市社会学会年報』No. 16.
内田貴, 1990, 『契約の再生』弘文堂.
内田貴, 2000, 『契約の時代——日本社会と契約法』岩波書店.
氏原正治郎, 1953, 「大工場労働者の性格」日本人文科学会編『社会的緊張の研究』有斐閣.

氏原正治郎，1957，「労働市場論の反省」『経済評論』1957 年 2 月号.
氏原正治郎，1966，『日本労働問題研究』東京大学出版会.
氏原正治郎，1989，『日本経済と雇用政策』東京大学出版会.
梅村又次，1964，『戦後日本の労働力——測定と変動』岩波書店.
梅村又次，1971，『労働力の構造と雇用問題』岩波書店.
我妻栄，1987，『法律における理屈と人情』[第二版] 日本評論社.
渡辺雅子編，1995a，『共同研究　出稼ぎ日系ブラジル人——論文編　就労と生活』明石書店.
渡辺雅子編，1995b，『共同研究　出稼ぎ日系ブラジル人——資料編　体験と意識』明石書店.
山田盛太郎，1934，『日本資本主義分析』岩波書店.
山口元一，2006，「国籍・戸籍・身分関係」東京弁護士会外国人の権利に関する委員会編『実務家のための入管法入門』[改訂版] 現代人文社.
山本潔，1982，『日本の賃金・労働時間』東京大学出版会.
山本潔，1994，『日本における職場の技術・労働史　1854-1990 年』東京大学出版会.
山本潔，2002，「丹野清人『グローバリゼーション下の産業再編と地域労働市場——親企業の経営戦略が引き起こす周辺部労働問題競争』(2002 年 1 月，報告用ペーパー) に対するコメント」国際労働センター.
山中啓子／エウニセ・コガ・イシカワ，1996，「日系ブラジル人の日本流入の継続と移動の社会化——移住のシステム論を使って」『移住研究』Vol. 33.
柳川範之，2000，『契約と組織の経済学』東洋経済新報社.
八代尚宏，1997，『日本的雇用慣行の経済学』日本経済新聞社.
八代尚宏，1999，『雇用改革の時代——働き方はどう変わるか』中公新書.
八代尚宏，2003，「規制改革を通じた公平性の確保」樋口美雄・財務省財務総合政策研究所編『日本の所得格差と社会階層』日本評論社.
横山正博，1997，「パートタイム労働の基幹労働力化の背景と方向」『大原社会問題研究所雑誌』No. 460.
依光正哲・佐野哲，1992，『地域産業の雇用開発戦略——地域雇用問題の現状と課題』新評論.
在伯沖縄県人会，1987，『ブラジル沖縄移民史』サンパウロ：在伯沖縄県人会.

【欧文文献】

Alston, Lee J., 1996, "Empirical Work in Institutional Economics : an Overview," Lee J. Alston, Thrainn Eggertsson and Douglass C. North, eds., *Empirical Studies in Institutional Change,* New York : Cambridge University Press.
Alston, Lee J., Thrainn Eggertsson and Douglass C. North, eds., 1996, *Empirical Studiesin Institutional Change,* New York : Cambridge University Press.
Aoki, M., H. K. Kim and F. M. Okuno, 1996, *The Role of Government in East Asian Economic Development,* World Bank. 白鳥正喜監訳，1997，『東アジアの経

済発展と政府の役割——比較制度分析アプローチ』日本経済新聞社.
Berger, S. and M. J. Piore, 1980, *Dualism and Discontinuity in Industrial Societies,* New York : Cambridge University Press.
Bulow, J., J. Geanakoplos and P. Klemperer, 1985, "Multimarket Oligopoly : Strategic Substitutes and Complements, " *Journal of Political Economy,* 93, pp. 488-511.
Coase, Ronald H., 1937, "The Nature of Firm, " *Economica,* No. 4, pp. 386-405.
Coase, Ronald H., 1960, "The Problem of Social Cost, " *Journal of Law and Economics,* No. 3, pp. 1-44.
Coleman, James S., 1990, *Foundations of Social Theory,* Cambridge Mass. : The Belknap of Harvard University Press.
Commons, John R., 1990, *Institutional Economics : Its Place in Political Economy,* Vol. 1, New Brunswick : Transaction.
Commons, John R., 1995, *Legal Foundations of Capitalism,* Jeff E. Biddle and Warren J. Samuels, eds., New Brunswick : Transaction.
Cornelius, Wayne S., Philip L. Martin and James F. Hollifield, eds., *Controlling Immigration : A Global Perspective,* Stanford : Stanford University Press.
Dasgupta, Partha and Karl G. Maler, 1992, *The Economics of Traditional Commons,* Oxford : Clarendon Press.
Del Castillo, A., 1999, *Los Peruanos en Japon* (Printed in Japan) 現代企画室.
Dore, Ronald P., ed., 1967, *Aspects of Social Change in Modern Japan,* Princeton : Princeton University Press.
Doeringer, Peter B. and Michael Piore, 1971, *Internal labor market and manpower analysis,* Lexington Mass. : Heath Lexington Books.
Eggertsson, Thrainn, 1996, "A Note on the Economics of Institutions, " Lee J. Alston, Thrainn Eggertsson and Douglass C. North, eds., *Empirical Studies in Institutional Change,* New York : Cambridge University Press.
Eggertsson, Thrainn, 2003, "Open Access versus Common Property, " Terry J. Anderson and Fred S. McChesney, eds., *Property Rights : Cooperation, Conflict, and Law,* Princeton : Princeton University Press.
Engerman, Stanley, 1997, "Cultural Values, Ideological Beliefs, and Changing Labor Institutions : Notes on Their Interaction, " John N. Drobak and John V. C. Nye, eds., *The Frontiers of The New Institutional Economics,* San Diego : Academic Press.
Engeström, Yrjö, 1993, "Developmental Studies of Work as a Testbench of Activity Theory : The Case of Primary Care Medical Practice, " Seth Chaiklin and Jean Lave, eds., *Understanding Practice : Perspectives on Activity and Context,* New York : Cambridge University Press.
Engeström, Yrjö, 1999, "Activity Theory and Individual and Social Transforma-

tion," Yrjö Engeström, Reijo Miettenen and Raija-Leena Punamäki, eds., *Perspectives on Activity Theory*, Cambridge UK. : Cambridge University Press.

Furubotn, Eirik G. and Rudolf Richter, 2000, *Institutions and Economic Theory : The Contribution of the New Institutional Economics*, Ann Arbor : The University of Michigan Press.

Frank, Andre G., 1978, *Development Accumulation and Under Development*, Monthly Review Press. 吾郷健二訳, 1980, 『従属的蓄積と低開発』岩波現代選書.

Granovetter, Mark, 1998, "Coase Revisited : Business Groups in the Modern Economy," Giovanni Dosi, David J. Teece and Josef Chytry, eds., *Technology, Organization, and Competitiveness : Perspectives on Industrial and Corporate Change*, New York : Oxford University Press.

Greif, Avner, 1997, "On the Interrelations and Economic Implications of Economic, Social, Political, and Normative Factors : Reflections from Two Late Medieval Society," John N. Drobak and John V. C. Nye, eds., *The Frontiers of The New Institutional Economics*, San Diego : Academic Press.

Grief, Avner, 2005, "Institutions, Markets, and Games," Victor Nee and Richard Swedberg, eds., *The Economic Sociology of Capitalism*, Princeton : Princeton University Press.

Harris, Jose and Michael P. Todaro, 1970, "Migration, Unemployment, and Development : A Two-Sector Analysis," *American Economic Review*, Vol. 60, No. 1, 126-142.

Harrison, Jeffrey L., 1995, *Law and Economics*, St. Paul, Minn. : West Publishing Co. 小林保美・松岡勝実訳, 2001, 『法と経済学』多賀出版.

Hayek, Frederic A., 1949, *Individualism and Economic Order*, London : Routledge & Kegan Paul. 嘉治元郎・嘉治佐代訳, 1990, 『個人主義と経済秩序』春秋社.

Hayek, Frederic A., 1952, *The Sensory Order*, London : Routledge & Kegan Paul. 穐山貞登訳, 1989, 『感覚秩序』春秋社.

Hayek, Frederic A., 1960, *The Constitution of Liberty*, London : Routledge & Kegan Paul. 気賀健三・古賀勝次郎訳, 1987, 『自由と法——自由の条件 II』春秋社.

Hayek, Frederic A., 1961, Freedom and Coercion : Some Comments on a Critique by Mr. Ronald Hamowy, *The New Individualist*, Review Vol. 1, No. 2.

Hayek, Frederic A., 1966, "Personal Recollections of Keynes and the 'Keynesian Revolution' *The Oriental Economist*. 田中真晴・田中秀夫編訳, 1986, 『市場・知識・自由』ミネルヴァ書房.

Hirschman, Albert, 1970, *Exit, Voice, and Loyalty : Responses to Decline in Firms, Organizations, and States*, Cambridge Mass. : Harvard University Press.

Joppke, Christian, 2004, "Primodial Beliefs and Immigration Policy : The Case of Britain's Patrials," Jeffrey C. Alexander, Gary Marx and Christine L. Williams, eds., *Self, Social Structure, and Beliefs : Explorations in Sociology*,

Berkeley : University of California Press.

Keohane, Robert O., 1984, *After Hegemony : Cooperation and Discord in the World Political Economy*, Princeton : Princeton University Press. 石黒馨・小林誠訳, 1998, 『覇権後の国際政治学』晃洋書房.

Keohane, Robert O. and Elinor Ostrom, 1995, "Introduction," Robert O. Keohane and Elinor Ostrom, eds., *Local Commons and Global Interdependence : Hegemony and Cooperation in Two Domains*, London : Sage.

Keynes, John M., 1921, *A Treatise on Probability*, London : Macmillan.

Keynes, John M. and Piero Sraffa, 1938, "Introduction," John M. Keynes and Piero Sraffa, eds., *An Abstract of a Treatise of Human Nature 1740 : A Pamphlet Hitherto Unknown by David Hume*, Cambridge UK : Cambridge University Press.

Kuutti, Kari, 1996, "Activity Theory as a Potential Framework for Human-Computer Interaction Research," Bonnie A. Nardi, ed., *Context and Consciousness*, Cambridge Mass. : The MIT Press.

Lakatos, Imre, 1970, "Falsification and the Methodology of Scientific Research Programmes," Imre Lakatos and Alan Musgrave, ed., *Criticism and the Growth of Knowledge*, Cambridge UK : Cambridge University Press.

Lave, Jean, 1993, "The Practice of Learning," Seth Chaiklin and Jean Lave, eds., *Understanding Practice : Perspectives on Activity and Context*, New York : Cambridge University Press.

Lueck, Dean, 2003, "First Possessions the Basis of Property," Terry L. Anderson and Fred S. McChesney, eds., *Property Rights : Cooperation, Conflict, and Law*, Princeton : Princeton University Press.

March, James G. and Johan P. Olsen, 1989, *The Organizational Basis of Politics and Rediscovering Institutions*, New York : Free Press. 遠田雄志訳, 1994, 『やわらかな制度』日刊工業新聞社.

Marsden, David, 1999, *Theory of Employment System*, Cambridge UK : Cambridge University Press.

Marsden, David, 2003, "Can Reform of the Employment Relationship Help Create Jobs?" Antonio Argandona and Jordi Gual, eds., *The Social Dimensions of Employment : Institutional Reforms in Labour Markets*, London : Edward Elgar.

Marsden, David and P. Ryan, 1990, "Institutional Aspects of Youth Employment and Training Policy in Britain," *British Journal of Industrial Relations*, Vol. 28, No. 3, pp. 351-370.

Martin, Lisa L., 1995, "Heterogeneity, Linkage and Commons Problems," Robert O. Keohane and Elinor Ostrom, eds., *Local Commons and Global Interdependence : Heterogeneity and Cooperation in Two Domains*, London : Sage.

Munger, Frank, ed., 2001, *Laboring below the Line*, New York : Russell Sage

Foundations.

Nardi, Bonnie A., 1996, "'Studying Context': A Comparison of Activity Theory, Situated Action Models, and Distributed Cognition," Bonnie A. Nardi, ed., *Context and Consciousness,* Cambridge Mass.: The MIT Press.

Nash, June and Maria Patricia Fernandez-Kelly, eds., 1983, *Women Men and the International Division of Labor,* New York: State University of New York Press.

North, Douglass C., 1990, *Institutions, Institutional Change and Economic Performance,* New York: Cambridge University Press. 竹下公視訳, 1994, 『制度・制度変化・経済成果』晃洋書房.

North, Douglass C., 2005, *Understanding the Process of Economic Change,* Princeton: Princeton University Press.

Ostrom, Elinor, 1990, *Governing the Commons: The Evolution of Institutions for Collective Action,* New York: Cambridge University Press.

Ostrom, Elinor, 1995, "Constituting Social Capital and Collective Action," Robert O. Keohane and Elinor Ostrom, eds., *Local Commons and Global Interdependence: Heterogeneity and Cooperation in Two Domains,* London: Sage.

Ostrom, Elinor, Roy Gardner and James Walker, James, 1994, *Rules, Games, and Common-pool Resources,* Ann Arbor: University of Michigan Press.

Pareto, Vilfled, 1917, *Traite Sociologie Generale,* Lausanne: Librairia Payot & Cie. 北川隆吉・廣田明・板倉達文訳, 1987, 『社会学大綱』青木書店.

Piore, Michael P., 1979, *Birds of Passage: Migrant Labor and Industrial Societies,* New York: Cambridge University Press.

Portes, Alejandro, 1982, "International Labor Migration and National Development," Mary M. Kritz, ed., *U.S. Immigration and Refugee Policy: Global and Domestic Issues,* Lexington Mass.: Lexington Books.

Portes, Alejandro, 1997, *The Economic Sociology of Immigration,* New York: Russell Sage Foundation.

Posner, Eric, 2000, *Law and Social Norm,* New York: Harvard University Press. 太田勝造監訳, 2002, 『法と社会規範——制度と文化の経済分析』木鐸社.

Posner, Richard A., 1998, *Economic Analysis of Law,* 5th ed., Aspen Law & Business.

Putnam, Robert D., 1993, *Making Democracy Work: Civic Traditions in Modern Italy,* Princeton N. J., Princeton: Princeton University Press. 河田潤一訳, 2001, 『哲学する民主主義——伝統と改革の市民的構造』NTT 出版.

Ramsey, F. P., 1990, "Truth and Probability," *F.P.Ramsey: Philosophical Papers,* D. H. Mellor, ed., Cambridge U. K.: Cambridge University Press. 伊藤邦武・橋本康二訳, 1996, 『ラムジー哲学論文集』勁草書房.

Sable, Charles F., 1981, *Work and Politics: The Division of Labor in Industry,*

New York : Cambridge University Press.
Sandler, Todd, 2004, *Global Collective Action,* Cambridge U. K. : Cambridge University Press.
Sassen-Koob, Saskia, 1983, "Labor Migration and the New Industrial Division of Labor," June Nash and Maria Patricia Fernandez-Kelly, eds., *Women Men and the International Division of Labor,* New York : State University of New York Press.
Sassen, Saskia, 1988, *The Mobility of Labor and Capital : A Study in International Investment and Labor Flow,* New York : Cambridge University Press. 森田桐郎ほか訳, 1992, 『労働と資本の国際移動——世界都市と移民労働者』岩波書店.
Sassen, Saskia, 1995, "Immigration and Local Labor Market," Alejandro Portes, ed., *The Economic Sociology of Immigration : Essays on Networks, Ethnicity, and Entrepreneurship,* New York : Russell Sage Foundation.
Sassen, Saskia, 2002, "Deconstructing Labor Demand in Today's Advanced Economies : Implications for Low-Wage Employment," Frank Munger, ed., *Laboring Below the Line : The New Ethnography of Poverty, Low-Wage Work, and Survival in the Global City,* New York : Russell Sage Foundation.
Sen, Amartya, 1982, *Choice, Welfare and Measurement,* Basil Blackwell. 大庭健・川本隆史訳, 1989, 『合理的な愚か者——経済学＝倫理学的探究』勁草書房.
Simon, Herbert A., 1996, *The Science of The Artificial,* 3rd edition, Cambridge Mass. : The MIT Press. 稲葉元吉・吉原英樹訳, 1999, 『システムの科学』[第三版] パーソナルメディア.
Simon, Herbert A., 1997a, *Models of Bounded Rationality : Empirically Grounded Economic Reason,* Cambridge Mass. : The MIT Press.
Simon, Herbert A., 1997b, *Administrative Behavior : A Study of Decision-Making Processes in Administrative Organizations,* 4th edition, New York : The Free Press.
Smelser, Neil, 1991, *Social Paralysis and Social Change : British Working Class Education in the Nineteenth Century,* Berkeley : University of California Press.
Smith, Adam, 1766=1937, *Lectures on Juris Prudence,* Glasgow : Glasgow University Press. 水田洋訳, 2005, 『法学講義』岩波文庫.
Smith, Adam, 1940, *An Inquiry into the Nature and Causes of the Wealth of Nations,* New York : The Modern Library. 水田洋監訳・杉山忠平訳, 2000, 『国富論』（一）岩波文庫.
Smith, Tony, 2000, *Technology and Capital in The Age of Lean Production : A Marxian Critique of The "New Economy",* New York : State University of New York Press.
Snidal, Duncan, 1995, "The Politics of Scope : Endogenous Actors, Heterogeneity and Institutions," Robert O. Keohane and Elinor Ostrom, eds., *Local Com-*

mons and Global Interdependence : Heterogeneity and Cooperation in Two Domains, London : Sage.

Tanno, Kiyoto, 2002, "Who Govern the Ethnic Migrant Labor Market in Japan? : Pakistani and Iranian Labor Turnover Before and After 1990," Yasuro Hase, Hiroyuki Miyake and Fumiko Oshikawa, eds., *South Asian Migrant in Comparative Perspective : Movement, Settlement and Diaspora,* JCAS Symposium Series 13, The Japan Center for Area Studies (JCAS), Osaka : National Museum of Ethnology.

Todaro, Michael P., 1997, *Economic Development,* sixth edition, London : Longmans. 岡田靖夫監訳, 1997, 『M・トダロの開発経済学』国際協力出版会.

Veblen, Thorstein, 1998, *The Theory of the Leisure Class,* New York : Prometheus Books. 小原敬士訳, 1961, 『有閑階級の理論』岩波文庫.

Veblen, Thorstein, 1904, *The Theory of Business Enterprises,* New York : Charles Scribner Sons Ltd. 小原敬士訳, 1965, 『企業の理論』勁草書房.

Webb, Beatrice, 1926, *My Apprenticeship,* London : Longmans.

Webb, Beatrice, 1982, *The Diary of Beatrice Webb : 1873-1892 Glitter Around and Darkness Within,* Vol. 1, Mackenzie, Norman and Jeanne Mackenzie, Cambridge Mass. : The Belknap Press of Harvard University Press.

Williamson, Oliver E., 1975, *Markets and Hierarchies : Analysis and Antitrust Implications,* New York : Free Press.

Williamson, Oliver E., 1985, *The Economic Institution of Capitalism,* New York : Free Press.

Williamson, Oliver E., 1998, "Transaction Cost Economics and Organization Theory," Giovanni Dosi, David J. Teece and Josef Chytry, eds., *Technology, Organization, and Competitiveness : Perspectives on Industrial and Corporate Change,* New York : Oxford University Press.

Wittgenstein, Ludwig, 1921, *Tractatus Logico-Philosophicus,* London : Routledge & Kegan Paul. 橋本隆志・坂井秀寿訳, 1968, 『論理哲学論考』法政大学出版局.

Yandle, Bruce, 2003, "Property Rights or Externalities?" Terry L. Anderson and Fred S. McChesney, eds., *Property Rights : Cooperation, Conflict, Law,* Princeton : Princeton University Press.

あとがき

「越境する雇用システムと外国人労働者」という本書の研究テーマに取り組み始めたのが1996年．それからおよそ10年，私はこの間に2度の網膜剥離を患うことになった．2度目は2006年末の海外出張中，しかもクリスマスの日に網膜剥離になった．このため私は急遽帰国し，仕事納めの日に緊急手術をした．最初の網膜剥離から5年．やっと以前のペースで仕事ができると思った矢先のことだった．そうして，2007年の1月1日を，私は病院のベッドの上で迎えた．暗澹たる気持ちだった．

首都大学東京の同僚や，さまざまな仕事でお付き合いがあった方々にも多大な迷惑をかけることになってしまった．新年1月からの学部・大学院の授業を行うこともできず，入試業務等の校務も免除してもらった．引き受けていた学会誌のレフリーも辞退した．2月になり，もう大丈夫だろうと出かけた厚生労働省の研究会では，霞ヶ関の中央合同庁舎5号館にたどりついた途端，目に異常を感じて急いで帰宅しなければならなかった．3月にようやく職場復帰したが，本を読むことも，パソコンのディスプレーを見ることもできない．教授会等の会議に出て，ただ座っているだけの私であった．

2007年9月．そんな私が，いま，サンパウロでこの「あとがき」を書いている．夢のようである．今日は，サンパウロ市に隣接するスザーノ (Suzano) 市の斉藤ヴィットリオさん宅のガーデンパーティに行ってきた．正確に言えば，何度も訪問している私のために，斉藤さんがパーティを開いてくれたのだ．日本就労で家を建て，ブラジルでビジネスを営んでいる斉藤さんに，これまで，どれだけお世話になったことか．

思い起こせば，1997年の初めてのブラジル調査は，今は亡き梶田孝道一橋大学社会学部教授と一緒だった．梶田先生のご葬儀の弔辞でも述べさせていただいたが，1カ月後に樋口直人君がブラジル調査に加わるまで，「丹野さん，イグアスに行こうよ．イグアス．すごいんだろーねー」とか「ここまできたんだからさ．やっぱりアマゾンかパンタナウに行ってみようか」と，油断してい

ると「暴走」しそうになる梶田先生の姿や声が懐かしく思い出される．

　さて，本書は，2003年に一橋大学大学院社会学研究科に学位を請求した博士論文『変容する産業組織と外国人労働者』を元に，その後発表した関連する論文をあわせて，大幅に書き直したものである．この間，私の理論的な問題関心も大きく変化しており，本書は厳密には必ずしも一貫した論理で編まれたものではない．社会の諸制度は，本来，自分が何をしているのか理解することもない多くの人びとがそれぞれの行為を個別に（勝手にといってもよいだろう）行うことによって生じてくるのであり，これによって人間関係に秩序ある目的的制度が生まれるのだとハイエクは述べている（私からするとデカセギの変容はこのハイエクモデルの典型である）．ハイエクによると，その結果，ときには，社会のなかの制度やその制度を支える考え方にはさまざまなあいいれない概念が同時に存在するのである（Hayek, 1960 : Chap3）．そうだとするならば，移民の多様な局面に関わらざるを得ない状況のなかで生み出された本書には，あいいれない論理が同居することも許されるのではないか．

　本書が形になるまでの過程で，多くの人のお世話になった．博士論文の主査を引き受けてくださった加藤哲郎一橋大学大学院社会学研究科教授，副査を引き受けてくださった故梶田孝道一橋大学大学院社会学研究科教授と町村敬志一橋大学大学院社会学研究科教授に，はじめにお礼を申し述べたい．私は梶田孝道ゼミの学生に間違えられることが多いが，主ゼミは梶田ゼミではなく，マルクス主義国家論の加藤哲郎ゼミである．この加藤ゼミ，いい意味でも悪い意味でもレッセフェールで，私が加藤先生からしていただいた最大のことは「何もしないでくれたこと」と胸を張って言えるほどである．マルクス主義者がレッセフェールとはどういうことかと思われるかもしれないが，加藤先生は「僕は大学院をでていないから，君らを指導なんてできない」と真面目な顔で語っていた．一切口出しすることなく，当人のやりたいことをとことん突き詰めてやることを許していただいたのは，たいへん幸いであった．町村先生には，副査として私の博士論文を通していただいただけでなく，本書を東京大学出版会からの出版する際にも労をとっていただいた．

　大学院博士課程を終えて，日本学術振興会の特別研究員（PD）になる際に

引き受けていただいた渡会勝義一橋大学社会科学古典資料センター教授（当時，現在は早稲田大学教授）にもお礼を申し述べたい．渡会先生からは，古典の読み方，市場という概念の捉え方を原理に立ち返って学ばせていただいた．加えて文献の探索の仕方も教授していただいた．ともすると引用の仕方がルーズになりがちな社会学の学徒に，より厳しい学問の世界を覗かせていただいたことが，いま，財産になっていると思う．

　これまでの多くの調査で一緒に現地調査をともにしてきた樋口直人徳島大学総合科学部准教授および稲葉奈々子茨城大学人文学部准教授の両氏には，格別にお礼を申し述べたい．樋口君とは浜松や豊田，ブラジルやボリビアで合宿生活を行った．さらに稲葉さんを加えてアルゼンチン，イランでも合宿生活を行い，朝から晩まで議論し続けたことは，本書全体に寄与している．また，愛知県経営者協会の福原道雄さん（当時，現在は日本ガイシ本社CSR推進室）には，経営者サイドの考え方を考える際に，しばしばヒントをいただいた．

　個別の章に関して言えば，1章は，金子文夫横浜市立大学教授，よこはまアクションリサーチセンター代表遠野はるひさん，白川真澄ピープルズ・プラン研究所代表，川股隆横浜市病院協会理事長，金井淑子横浜国立大学教授，猪俣美恵川崎市市議会議員らと月1回のペースで行っている「地方自治研究会」での議論から生まれたものである．

　2章は，西岡千恵子さん，武藤かおりさん，新倉久乃さん，そして押久保亜紀子さん「女性の家サーラー」のスタッフとの会話から，この章全体の論理的展開の着想のヒントを得た．また，私自身が当初気付いていなかった点を，藤田栄史名古屋市立大学教授に教えていただいた．

　4章には，横浜法律事務所で不定期に行っている「労災職業病研究会（現在は「外国人・労災職業病研究会」と改称）」で私が報告をした際に，この研究会を主催する神奈川労災職業病センター川本浩之さん，会場を提供してくださる三木恵美子弁護士，そして東京都労働経済局小川浩一さんから寄せられたコメントが反映されている．序章にもこの研究会でのやりとりが一部反映されている．

　6章は，国際労働センターでの私の報告のコメンテーターを引き受けてくださった山本潔東京大学名誉教授のコメント，および戸塚秀夫東京大学名誉教授

の指摘を活用させていただいている．

7章は，豊田市社会部国際課と豊田市国際交流協会の委託調査の成果である．当時一介の大学院生にすぎなかった私に調査を委ねてくださったことに，感謝したい．とりわけ当時の倉橋靖俊国際課課長，安藤悠国際交流協会専務理事，ブイ・チ・トルン事務局長，成田英昭事務局次長，事務局員の松岡真理恵さんには，さまざまな点で便宜をはかってもらった．その後，まず安藤さんが定年を迎えられ，倉橋さんが豊田市国際交流協会に移り，成田さんが豊田市の環境課に異動した．そのおふたりも定年を迎え，トルンさんは愛知淑徳大学に転出した．松岡さんも今は浜松市国際交流協会で働いている．みなさんに，心から感謝の意を表したい．さらに，この章に関する内容では，岡崎市商工会議所の早川秋夫さん，奥田敏夫さん，岡崎地区外国人雇用企業推進協議会を引っ張ってこられた喜栄工業会長同前慎治さんにも企業調査で大変お世話になった．

8章は，当時，浜松でエスパソミックスブラジルを運営していた大町ネルソンさん，西原サンドラさん，豊田カルロスさんに，浜松の日系ブラジル人の集まる場所に連れていってもらいながら，日系人労働者の考え方・行動様式を教えていただき，調査の際の宿も提供していただいた．また，市原淳宏中部生産請負協同組合事務局長には様々な面で協力をいただいた．

9章は，『大原社会問題研究所雑誌』に発表したものに，渡辺雅男一橋大学大学院社会学研究科教授から丁寧なコメントをいただき，それを参考にしながら大きく書き換えている．

10章は，森幸一サンパウロ大学人文学部教授との交流に大きく負っている．森さんとは2007年の8月・9月もサンパウロ市リベルダージで何度となく顔を合わせ，情報の交換を行うことができた．森さんはいつまでたっても私の名前を覚えてくれないが，顔だけは覚えているようだ．サンパウロにいるとすぐに見つけてくれる．そういえば森さんは，同僚である高桑文子首都大学東京・都市教養学部・社会学コース社会人類学分野教授の後輩だそうだ．なんとこの業界の狭いことか．サンパウロでも悪いことはできないな，と自戒している．また，本章に関する調査では，サンパウロで高野書店（Livraria Takano）を開いている高野泰久さんにもお礼を申し上げたかった．2003年調査，2005年調査，2006年調査では，高野さんから，街中から見えなくなった旅行社がど

こにあるか教えてもらい，約40社の旅行社を探し出すことができた．経営している人々の背景——出身移住地がどこか，どの移民制度でわたってきた人か，出身県がどこか，どの農業組合に入っていたのか等——を教えてもらい，考察を深めることができた．高野さんは，2007年4月に癌のために亡くなった．2007年8月，高野夫人に聞いたところでは，死の前日まで，仕事をしていたということだった．高野書店で売られている『顔の見えない定住化』に挟まれた注文票には，私が訪れた日が記されて「著者，調査のための来泊のおりに来る．有意義なひとときを過ごすことができた」と書かれていた．ありがたかった．同時に，本書の感想を聞かせていただきたい1人を失ったことを，辛く感じた．ご冥福をお祈りしたい．

　11章は，山口元一弁護士と彼のスタッフである真島まどかさん，立岩涼子さん，野村（佐藤）千恵さん，鯨井菜穂美さん，小池快枝さんの理解があって初めて可能になったものである．この章は，2006年の7月に書き始め8月までにほぼ書き上げていたが，最後の詰めの作業を私と山口さんの間で何回もワードファイルを行き来させ，7カ月ほど経過した2007年3月に本当の意味での完成を迎えることができた．この章について，私は，真のファーストオーサーは山口さんであると考える．だが，彼は10年で3日しか休みを取らない多忙な人であり，彼に内容への応答責任を負わせるのは酷であるので，私の単著として発表させてもらったと理解している．もちろん，私にすべての責任があることは言うまでもない．彼と彼のスタッフには，現在も，お世話になっている．私は時間が空いているときに勝手気ままに訪問し，事務所で何時間も資料を記録させてもらい，さらに分からないこと・疑問に思ったことを質問させてもらっており，感謝に堪えない．

　また，大原社会問題研究所にも謝意を表したい．本書の実証研究に関する各章はすべて『大原社会問題研究所雑誌』に発表させてもらったものである．特殊な現場に出かけていって，そこでの問題を論文にする私にとって，『大原社会問題研究所雑誌』は大変貴重な発表媒体である．『社会学評論』をはじめ多くの社会学関係の雑誌が400字詰めで50枚，20,000字の字数制限を厳密に行っている．先行研究を挙げていくだけで条件設定のできる研究であれば，この分量で足りるかもしれない．しかし，必ずしも先行研究があるわけではない社

会問題をとりあげると,議論の条件設定を述べるだけで 20,000 字を要することもある.生きた社会問題を考察するとき,字数制限のある場所で発表することは難しい.研究発表の機会をいただいた大原社会問題研究所に,重ねて感謝したい.

通常は,勤務する大学に対しての謝辞も入るのだろうが,その気にはなれない.東京都立大学が首都大学東京になるにあたり,いろいろな問題があったことは周知であろう.この過程に何を言っても始まらないが,出来上がった大学組織には首をひねることが多い.同僚にはたいへん感謝しているが,組織としての大学には呆れることばかりだ.

このような状況の中,本書が世にでるのは,それは東京大学出版会編集部宗司光治さんのおかげである.宗司さんは,一橋大学で博士論文が通ってから,ずっと私に博士論文の出版を勧めてくれていた.しかし,東京都立大学から首都大学東京への移行期であったため,私は大学で多忙な時期にあった.おかげで,私は首都大学東京の社会学分野の教員の中で多分もっとも新大学の学則に詳しい人間になった.その間,宗司さんは,毎年,「今年はどうでしょうね」と誘い続けてくださった.何の実績もない私に声をかけ続けてくれたことはありがたい限りである.

本書の諸章の初出先を示すと以下のようになる.1 章は「グローバリゼーションと労働市場改革」の題で『季刊ピープルズ・プラン』31 号,2 章は「ブローカーの社会学」の題で『現代思想』31 巻 6 号,3 章は「雇用構造の変動と外国人労働者」の題で『国際化とアイデンティティ』(2001,ミネルヴァ書房),4 章は「外国人労働市場はどうして分断されるのか」の題で『国際化する日本社会』(2002,東京大学出版会),6 章は「契約の時代と日系人労働者」の題で『労働社会学年報』14 号,7 章は「グローバリゼーション下の産業再編と地域労働市場」の題で『大原社会問題研究所雑誌』528 号,8 章は「在日ブラジル人の労働市場」の題で『大原社会問題研究所雑誌』487 号,9 章は「日系人労働市場のミクロ分析」の題で『大原社会問題研究所雑誌』499 号,10 章は「総合デカセギ業の誕生」の題で『大原社会問題研究所雑誌』573 号,11 章は「在留特別許可の法社会学」の題で『大原社会問題研究所雑誌』582 号に発表したものである.いずれの章も当初発表したものに加筆修正している.

本書は，以下の研究助成を受けることによって得られた成果である．(1)1996年度日本証券奨学財団助成「エスニック・インフラストラクチャーと移住過程」(研究代表者梶田孝道)．(2)1996年度，科研費基盤研究C「ポスト・バブル期大都市における階層分極化に関する研究」(研究代表者町村敬志)(3)1997-1998年度，科学技術振興調整費による研究「人間の社会的諸活動の解明支援に関する基盤的研究」(研究代表者梶田孝道)．(4)2000年度，豊田市「豊田市内産業及び地域社会における国際化進展の影響調査」(産業構造研究会・代表丹野清人)．(5)2001年度，日本経済研究奨励財団助成「少子高齢化時代における中小企業での外国人直接雇用の戦略的有効性に関する研究」(研究代表者丹野清人)．(6)2003-2005年度，科研費若手研究(B)「労働力供給事業の総合研究」(研究代表者丹野清人)．(7)2006-2009年度，科研費基盤研究(B)海外学術「国際移民の比較制度分析——日伯間の移民制度の変容とコミュニティ」(研究代表者丹野清人)．これまでの私の国内調査，海外調査は，上記の研究助成があって初めて可能になったものである．初期にいただいた助成基金に対しては，最終的な成果を世に問うまでに時間がかかってしまったことをお詫びしたい．なお本書は，独立行政法人日本学術振興会平成19年度科学研究費補助金（研究成果公開促進費）の交付を受けた．

ブラジルの独立記念日2007年9月7日
冬とはいえツツジの花が満開に咲くサンパウロ州スザーノ市の一隅にて

丹 野 清 人

人名索引

ア

青木秀男　1
青木昌彦　131
浅沼萬里　173
荒井一博　173
池上重弘　218
稲上　毅　174
今田高俊　88
ウィトゲンシュタイン, L.　87
ウィリアムソン, O. E.　242, 249
ヴェブレン, T.　130, 242
氏原正治郎　141
内田　貴　31, 141
江口英一　141
エンゲルス, F.　23, 37
大竹文雄　34
オストロム, E.　33

カ

風早八十二　169
梶田孝道　11, 56, 222
香山六郎　56
川島武宜　3, 132, 252
グライフ, A.　249
ケインズ, J. M.　87
小池洋一　55
コース, R. H.　242
コーネリウス, W. S.　15
コヘイン, R. O.　33
小室直樹　249
コモンズ, J. R.　242, 249
ゴーン, C.　18

サ

サイモン, H. A.　85
佐武弘章　174
サッセン, S.　1, 39-41
佐藤博樹　28
猿田正機　106, 170
塩沢由典　183
塩野　宏　258
宍戸善一　34
末弘厳太郎　35
スミス, A.　2, 123
隅谷三喜男　133
スメルサー, N.　286
諏訪康夫　138

タ

高橋幸恵　56
中馬宏之　28
常木　淳　34
トダロ, M. P.　39, 54
ドリンジャー, P. B.　140, 145

ナ

西澤晃彦　113
ノース, D. C.　242

ハ

ハイエク, F.　115, 118, 124, 142
バーガー, S.　195
ハーシュマン, A.　140
八田達夫　26, 35-36
ハモウィ, R.　124

ハリス, J. 39
パレート, V. 85
ピオリ, M. 140, 145, 195, 225
樋口直人 56, 88, 219
平井宣雄 37
平野義太郎 142
福井秀夫 34, 36
藤田宙靖 294
フリードマン, J. 1
ポルテス, A. 225

マ

前山 隆 245
マルクス, K. 2-3, 23, 37
丸山眞男 282
三木恵美子 10
森 幸一 56, 197, 244
森田桐郎 1

ヤ

八代尚宏 26
山本 潔 132
ヤンドル, B. 25
横山正博 173
ヨプケ, C. 286

ラ

ラムジー, F. P. 87
ルエック, D. 25

事項索引

ア

愛知県住宅供給公社　201
愛知生産請負協同組合　198
アウトソーシング化　190
アウトソーシング活用の提言　93
アソセリア　137, 229-232
アムネスティ　251, 281
　　一般――　269, 281
　　個別的――　269
家制度　133
　　――規定型　132-133
以遠権　44
生ける法　15
違法派遣　285
移民改革規制法　281
『インターナショナル・プレス』　101, 250
インターフェース装置　64, 87
ウィーン条約　288
請負　176
　　――単価　8-9, 178, 181
　　――労働　285
　　偽装――　17
後ろ向きの雇用戦略　165, 169
裏の契約　8
　　――書　32
永住者の配偶者等　128
エスニック・アントレプレナー　52, 84
エスニック・メディア　95-96
越境する雇用システム　2, 16, 127-128, 288
FLU (Foreigner Labor Union)　107

エンターテイナー　61
縁辺労働力型　132
OJT (On the Job Training)　236
応答義務　270
岡崎地区外国人雇用管理推進協議会　143, 169, 174
岡崎地区外国人雇用企業連絡協議会　246
オキナワン　96
オーバーステイ　88
表の契約　8
恩恵　270

カ

解雇　211
外国人労働市場の終焉　30
回復困難性　273
回復困難な損害　264, 267, 273-274
外部労働市場　92
開放的労働市場　141
顔の見えない定住・定着　72, 284
拡大アナウンス効果　226-227
数としての戦力　192
家族での雇用　213
神奈川シティユニオン　107
下部構造　75
貨幣　183
慣習法　259
間接信用　81
かんばん　166
　　――方式　196
管理売春　57, 61
「帰一」の原理　3

期間工としての女子労働力　160
企業特殊的人的資本　28
期限の定めのない労働　23
規制緩和　26
　　――論　24-25
偽装日系人　61
偽装派遣　285
羈束裁量　276, 294, 295
「期待賃金」格差モデル　39-40
旧制度学派　242
9.11　240-241
共進化現象　86
共生　117
　　結果としての――　86
強制　118
行政国家　280
行政上の一般原則　259-260
行政便宜主義　276
業務請負業　28, 48, 56, 64-65, 94-95, 175-176, 180-181, 184, 188
　　――者　187
　　――の採用事務所　190
協力会一次下請　158-161
切り離し装置　184, 196
勤労志向から消費志向へ　79
空費（ムダ）　166-167
グルッポオキナワ　248
グローバル化時代の国家　31
グローバルな人権保障　283
グローバル・ワンプライス　163
経済社会学　25
警察比例原則（比例原則）　260, 276-278
継続的契約（継続的取引）　32
契約の原理　30
契約の時代　141
経路依存性　85
血統主義　287
ゲートキーパー　74, 138
ゲーム　110

――のルール　242
外国人労働者の働き方――　120
企業間のルール――　119
企業グループ内の役割――　120
権利――　112-113
個別企業の社会的・地理的条件――　120
滞在――　112-113
賃金――　111-113
日本人労働者の働き方――　120-121
法制度――　119-120
研修生・技能実習生　10, 12, 18, 61, 284
　　――制度研究会　296
原初主義　286-287
県人会組織　47, 230
権利をめぐる闘争　252
効果裁量　277
工場内送り出し労働　195
合成命題　65
高度専門能力活用型　173
顧客のリピーター化　237, 239
国際慣習法　255, 265, 290
国際人権規約　288
国際人権レジーム　287-289
コース型　25
コースの定理　25, 34
コチア産業組合　246
孤独な日系人　113
子どもの権利条約　288
雇用柔軟型　173
雇用不安　76, 160
雇用ポートフォリオ　163
コロニア・オキナワ　233, 235, 247

サ

在庫　183
再生産活動　73
再入国許可　231
裁判を受ける権利　264

在留特別許可　283
　　――申請　269, 292
　　――の拒否についての裁量権　265
　　――の申出　262
在留特別許可制度　251, 268
裁量行政　253
裁量による個別の判断　296
サンパウロ領事館　55, 227
資格外外国人労働者　10
資格外就労　5
　　――者　61
事業経営上の独立性　177
自生的秩序　115
事前審査　273
執行停止制度　272
執行停止の要件　252
質としての戦力　192
児童の権利条約　279
市民的及び政治的権利に関する国際規約
　　（B 規約）　263-264, 279, 292-293
社会体制の基本思想　287, 296
ジャストインタイム　114, 157, 167
『ジャーナル　トゥード　ベン』　250
住環境改善に関する要望書　219
自由裁量　276, 294
　　――論　270, 278
住宅都市整備公団　193, 199
　　――中部支社　48
収容　278
出入国管理及び難民認定法（入管法）
　　10, 251, 274
　　――違反　234
　　――改正　45, 55, 106, 128
出入国管理基本計画　251, 263, 269, 282, 289
主任審査官の裁量権　278
準抗告　273
条件付き確率　65
少子高齢化の進行　76

省人化の徹底　53-54
湘南台　42-43
消費志向　110
上部構造　75
職業移動・転職の企業間ルール　60
職場の多様化　69
人材派遣業　176
新時代の「日本的経営」　76, 163, 286
真実の婚姻実態　271
人身売買　57
新制度学派　25, 38, 242
申請取次ぎ者　219
身体拘束　273, 275
進達　268
信念　242
生活エンジョイ型　71, 110, 113, 193
正規労働　23
生産活動　72-73
制度　242
絶対的人手不足　59, 61
セーフティネット　70-71, 213-214
セル生産方式　167
専決　268, 293
　　――通達　293
選好　113
選択　112-113
戦略的市場　181
戦略的補完性　91, 97, 99, 105-106
送還　278
相補性　33, 79
組織　242
　　――と個人のフィードバック回路　121
　　――へ声をあげる　140
ソーシャル・キャピタル　105-106

タ

退去強制　263
　　――処分　278

事項索引　325

——令書の執行停止 261, 280
——令書の発布 261
滞在の長期化 99
退出 140
代理店システム 238
タコ部屋的住居環境 193
短期滞在ビザ 55, 176
探索的知識 54
男女雇用機会均等法 77, 120
担当者 187
地域問題 73
地域ユニオン 103-104
地域労働市場 39, 41, 54, 127
中間組織 74
中部アウトソーシング協同組合 124, 196
中部産業・労働政策研究会 168
中部生産請負協同組合 194, 196, 201
注文者としての指図 177
長期蓄積能力活用型 173
調整可能な経営体 64
賃金格差 93
賃金の多様化 69
通常随伴する損害 294
通常損害基準論 272
通達 258-259
　婚姻—— 256, 259-269, 285
　定住母子—— 256, 259-269, 285
　日配—— 256, 259, 262, 268-269, 285
通訳スタッフ 203-204, 209-212
定住者 128
定住ビザ 55, 176, 231
デカセギ
　——エージェント 245
　——日系人型 133
　——の過剰消費性向 71, 110
　——の派生体 65
　——パック旅行 236
　——ビジネス 234

——ブーム 129, 226
——命題 65-68
——旅行社 237, 244-245
成功への—— 242, 249
総合——業 236
多様な—— 65
プロト・—— 129-131, 142
出稼・家計補充型 132
デュアリズム 195
時の裁量 277
特別農業労働者プログラム 281
都市雑業層 132-134
——型 132
豊田市 148-150, 199
トヨタ自動車 13, 19
トヨタ生産方式（TPS） 157, 166, 196
トランジットビザ 240
取引費用の理論 242

ナ

内部労働市場 92
流れ生産方式 196
二重構造 3, 59-60, 92, 155
　賃金の—— 60
二重の調整メカニズム 63
日米航空協定 44, 47, 55
日系人雇用企業連絡協議会 201
日系新聞 68
日系旅行社 47, 49, 102, 225, 245
　——協会 228
日本型雇用システム 2
日本経営者団体連盟 76
日本構内請負業協会 194
日本人の実子 257
日本人の配偶者等 128
日本力行会 56
ニューカマー 59
認知枠組み 242
ネットワーク 84, 187, 230

エスニック・—— 80-84
　　リクルーティング・—— 214
『ノバ ビゾン』194, 250

ハ

ハラール・フードショップ　84
犯罪に強い社会の実現のための行動計画　282
判例法　259
引き抜き　171
ピグー型　25
ビザ発給　231
非正規労働　23
必要労働の調達　182
人質としての雇用　161
平等取り扱いの原則（平等原則）260, 279-280
ビラ・カロン　233, 235, 247, 250
ピンポイント移住　41-43, 55
不安定就労部門　62, 181-182
フィクション（嘘）284-285, 288
　　——の効用　11, 14
　　越境する労働者をとりまく——　16
福祉国家の後退　31
プッシュ＝プル理論　225
不当解雇　103-104
不文法源　279
ブラジル人直接雇用　12
フリーライダー
　　可視化された——　109
　　強制された——　109, 119, 122
　　見えない——　109, 122
ブローカー　46-48, 51-53
　　エスニック・——　81-83
　　送金——　83-84
プロモーター　239
編入様式　50
法規裁量　294
法的規範　252

法的秩序　252, 283
法と経済学　25-26
法の実現過程　287, 296
法の社会構造モデル　252
法の社会制御モデル　252
法の生成過程　287, 296
法務省見解　266
法務大臣の裁決の妥当性　264
法務大臣の在留期間更新の許可についての裁量権　265
法務大臣の裁量権　268
法務大臣の自由裁量　295
法務大臣の自由な裁量権　255
法律による行政の原理　260, 279
募集経費　188
保見　42-43
　　——団地　48, 88
ボリビア旅行社　233

マ

マクリーン事件　254, 256, 271
負け犬の出稼ぎ　130, 226, 242, 249
見えざる手　122, 243
見える手　122, 243
ミドルマン　86
身分としての外国人労働者　285
無責任の社会構造　117, 119
命令なき秩序　109, 115-117
モジュール化　164

ヤ

有期雇用　23
　　短期の——　134
遊軍的人員　195
ユーザー企業　178
ゆらぎ　183
要約表現　131, 134

ラ

ランク分け　227-228
リスク管理　243
リピーター確保戦術　243
令状主義　275
連鎖移民　80
連続2交代制　60-61
レント　51
労働市場の変化　78
労働者派遣事業の適正な運営の確保及び派遣労働者の就業条件の整備等に関する法律（労働者派遣事業法）　176
労働政策なき社会政策　286
『労働問題研究委員会報告』　27, 121
労働力供給システム　194
労働力供給者　231
労働力貯水池　48
労働力のポートフォリオ　4, 162
　　──の構築　134
労働力募集システム　237
労働力輸出機構　47, 49, 136-139
労務管理上の独立性　177
露天市場（フェイラ）　235

著者略歴
1999 年　一橋大学大学院社会学研究科博士課程単位修得
　　　　退学
2002 年　東京都立大学人文学部講師
現　在　首都大学東京都市教養学部准教授

主要著書等
「雇用構造の変動と外国人労働者」(梶田孝道編『国際化と
　アイデンティティ』ミネルヴァ書房, 2001 年所収)
「外国人労働市場の分岐の論理」(梶田孝道・宮島喬編『国
　際化する日本社会』東京大学出版会, 2002 年所収)
『顔の見えない定住化』(共著, 名古屋大学出版会, 2005
　年)
『国境を越える』(共著, 青弓社, 2007 年)

越境する雇用システムと外国人労働者

2007 年 12 月 26 日　初　版

［検印廃止］

著　者　丹野清人（たんの きよと）

発行所　財団法人　東京大学出版会
　　　　代 表 者　岡本和夫
　　　　113-8654　東京都文京区本郷 7-3-1 東大構内
　　　　電話 03-3811-8814　FAX 03-3812-6958
　　　　振替 00160-6-59964

印刷所　大日本法令印刷株式会社
製本所　誠製本株式会社

© 2007 Kiyoto Tanno
ISBN 978-4-13-056102-0 Printed in Japan
〈日本複写権センター委託出版物〉

本書の全部または一部を無断で複写複製（コピー）することは，著作
権法上での例外を除き，禁じられています．本書からの複写を希望さ
れる場合は，日本複写権センター（03-3401-2382）にご連絡ください．

梶田孝道 宮島 喬 編	国際社会1	国際化する日本社会	46・2800円
宮島 喬 加納弘勝 編	国際社会2	変容する日本社会と文化	46・2800円
梶田孝道 小倉充夫 編	国際社会3	国民国家はどう変わるか	46・2800円
宮島 喬 梶田孝道 編	国際社会4	マイノリティと社会構造	46・2800円
小倉充夫 梶田孝道 編	国際社会5	グローバル化と社会変動	46・2800円
小倉充夫 加納弘勝 編	国際社会6	東アジアと日本社会	46・2800円
加納弘勝 小倉充夫 編	国際社会7	変貌する「第三世界」と国際社会	46・2800円
梶田孝道		国際社会学のパースペクティブ	A5・3800円
宮島 喬 太田晴雄 編		外国人の子どもと日本の教育	A5・3800円

ここに表示された価格はすべて本体価格です．御購入
の際には消費税が加算されますので御了承下さい．